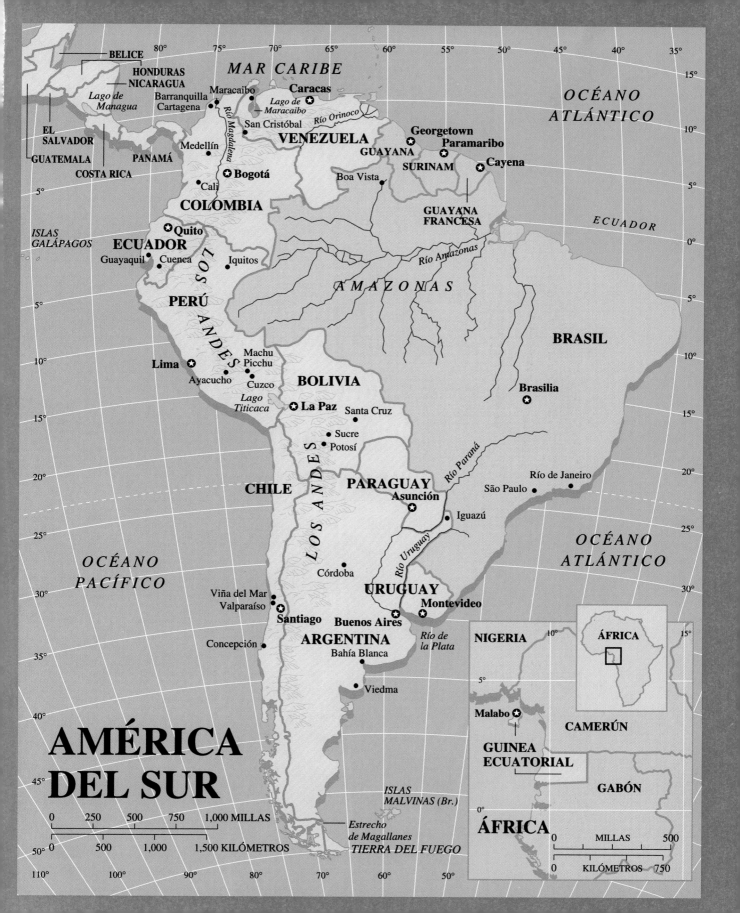

MAR CARIBE

OCÉANO
ATLÁNTICO

BELICE
HONDURAS
NICARAGUA
Lago de
Managua
Barranquilla
Cartagena
Maracaibo
Lago de
Maracaibo
Caracas
VENEZUELA
Río Orinoco
Georgetown
Paramaribo
GUAYANA
SURINAM
Cayena

EL
SALVADOR
San Cristóbal
Medellín
Boa Vista
GUAYANA
FRANCESA

GUATEMALA
PANAMÁ
Cali
Bogotá
ECUADOR

COSTA RICA
COLOMBIA

ISLAS
GALÁPAGOS
Quito
ECUADOR
Río Magdalena
Río Amazonas

Guayaquil
Cuenca
Iquitos

A M A Z O N A S

L O S   A N D E S

PERÚ

BRASIL

Lima
Machu
Picchu
Brasilia
Ayacucho
Cuzco
BOLIVIA
Lago
Titicaca
La Paz
Santa Cruz
Sucre
Potosí

CHILE
PARAGUAY
Río Paraná
Río de Janeiro
São Paulo
Asunción
Iguazú

OCÉANO
PACÍFICO
Córdoba
Río Uruguay
OCÉANO
ATLÁNTICO

Viña del Mar
Valparaíso
URUGUAY
Montevideo
NIGERIA
ÁFRICA

Santiago
Buenos Aires
Río de
la Plata

Concepción
ARGENTINA
Bahía Blanca
CAMERÚN

Viedma
Malabo

AMÉRICA
DEL SUR

GUINEA
ECUATORIAL
GABÓN

ISLAS
MALVINAS (Br.)
ÁFRICA

0   250   500   750   1,000 MILLAS

0   500   1,000   1,500 KILÓMETROS
Estrecho
de Magallanes
TIERRA DEL FUEGO

0   MILLAS   500

0   KILÓMETROS   750

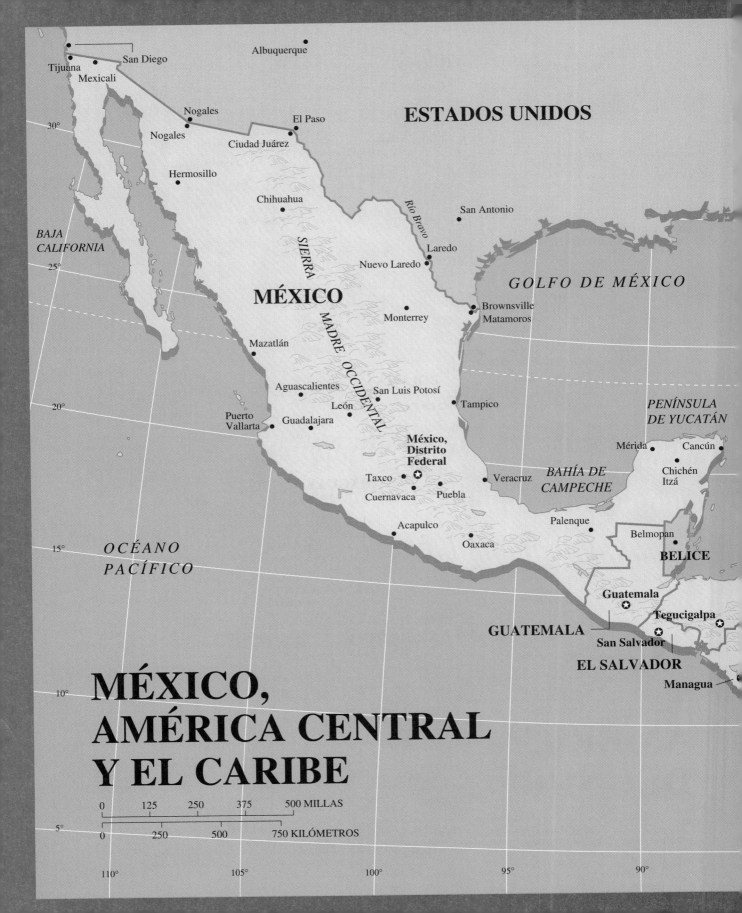

Albuquerque

San Diego

Tijuana
Mexicali

ESTADOS UNIDOS

Nogales

30°

Nogales

El Paso

Ciudad Juárez

Hermosillo

Chihuahua

Río Bravo

San Antonio

*BAJA
CALIFORNIA*

SIERRA

Laredo

Nuevo Laredo

GOLFO DE MÉXICO

25°

MÉXICO

MADRE

Monterrey

Brownsville
Matamoros

Mazatlán

*PENÍNSULA
DE YUCATÁN*

Aguascalientes

OCCIDENTAL

San Luis Potosí

20°

León

Tampico

Mérida

Cancún

Puerto
Vallarta

Guadalajara

**México,
Distrito
Federal**

*BAHÍA DE
CAMPECHE*

Chichén
Itzá

Taxco

Veracruz

Cuernavaca

Puebla

Palenque

Belmopan

*OCÉANO
PACÍFICO*

Acapulco

Oaxaca

BELICE

15°

Guatemala

Tegucigalpa

GUATEMALA

San Salvador

EL SALVADOR

10°

MÉXICO,
AMÉRICA CENTRAL
Y EL CARIBE

Managua

| 0 | 125 | 250 | 375 | 500 MILLAS |

5°

| 0 | 250 | 500 | 750 KILÓMETROS |

110°

105°

100°

95°

90°

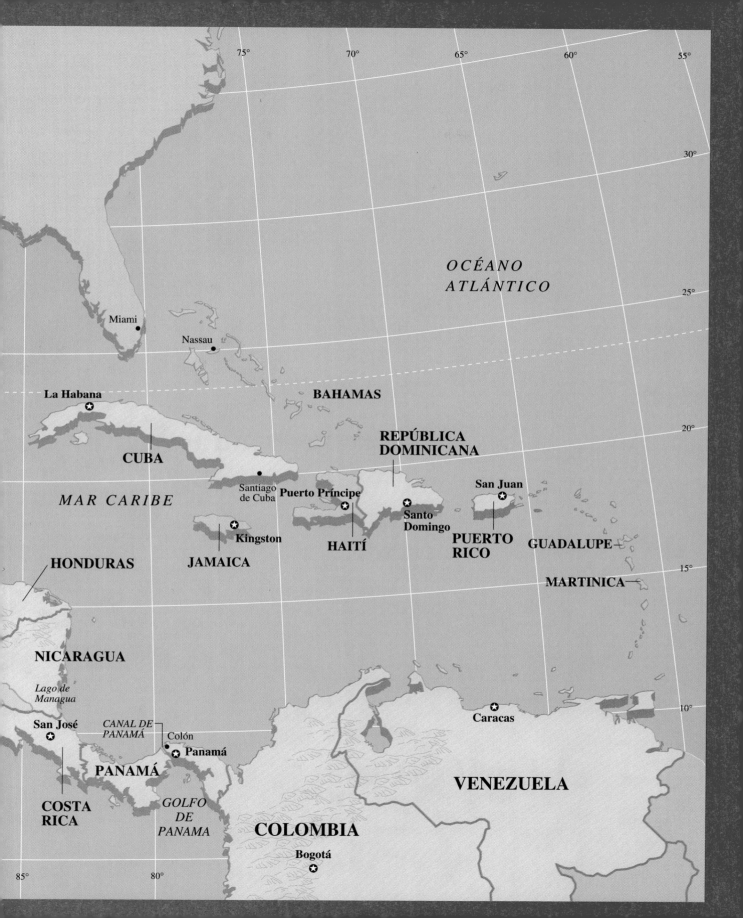

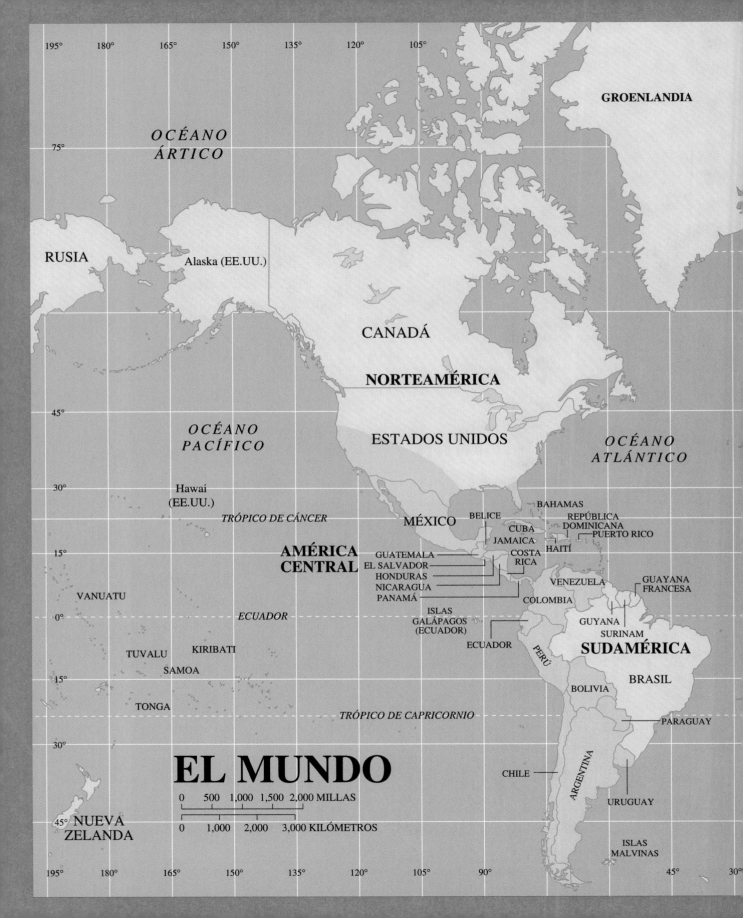

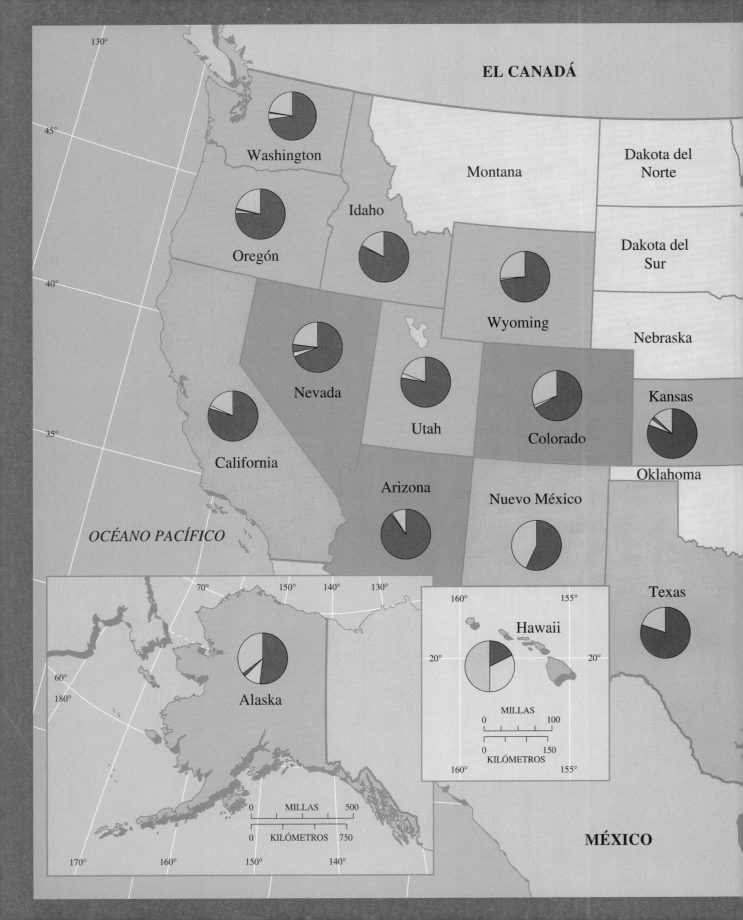

EL CANADÁ

Washington

Montana

Dakota del
Norte

Idaho

Oregón

Dakota del
Sur

Wyoming

Nebraska

Nevada

Kansas

Utah

Colorado

California

Oklahoma

Arizona

Nuevo México

OCÉANO PACÍFICO

Texas

Hawaii

MILLAS
0   100

KILÓMETROS
0   150

Alaska

MILLAS
0   500

KILÓMETROS
0   750

MÉXICO

LOS HISPANOHABLANTES EN LOS ESTADOS UNIDOS

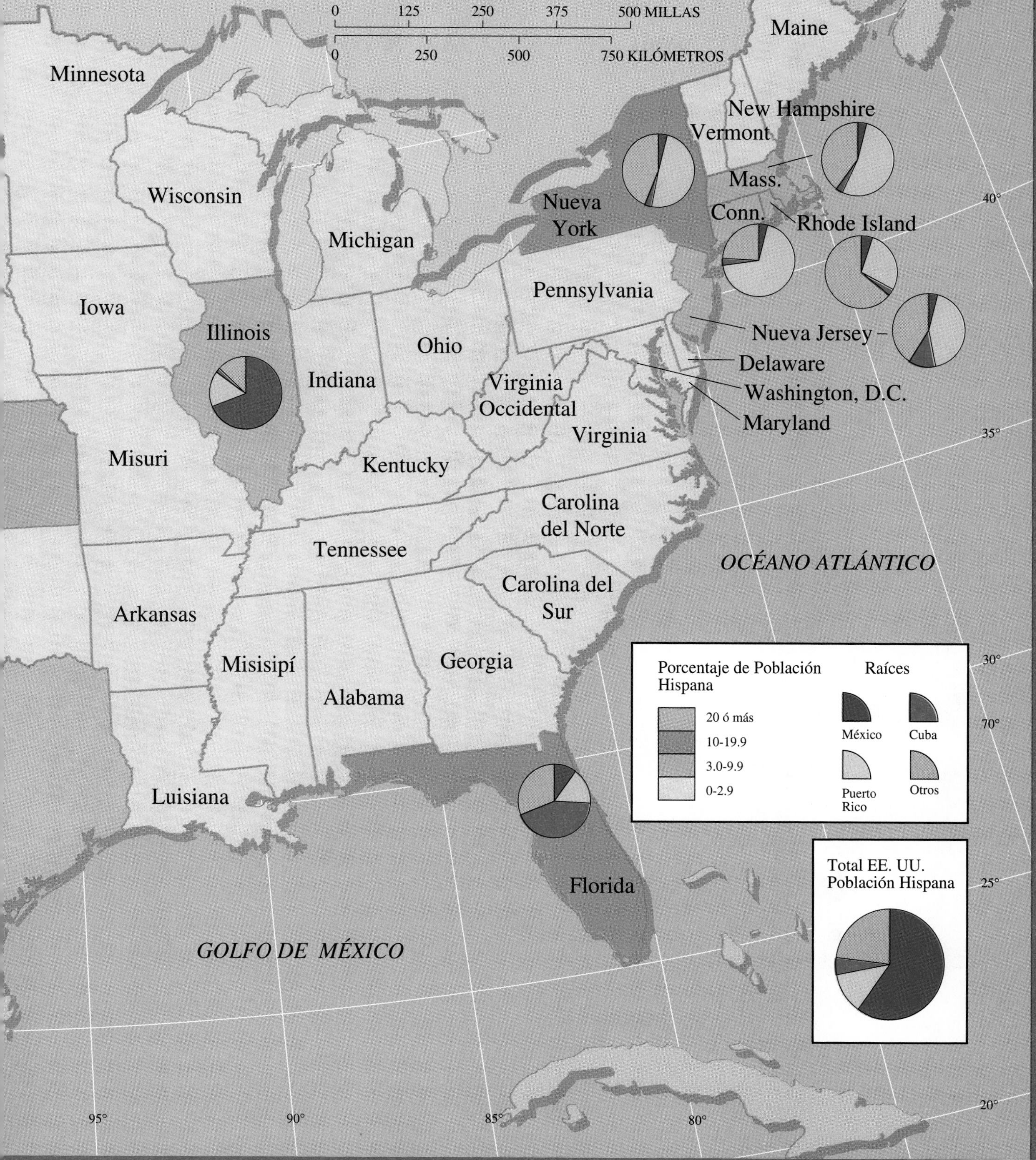

0   125   250   375   500 MILLAS

0   250   500   750 KILÓMETROS

Minnesota

Maine

New Hampshire

Vermont

Mass.

Wisconsin

Conn.

Rhode Island

Nueva York

Michigan

Iowa

Illinois

Pennsylvania

Nueva Jersey

Delaware

Washington, D.C.

Maryland

Ohio

Indiana

Virginia
Occidental

Virginia

Misuri

Kentucky

Carolina
del Norte

Tennessee

OCÉANO ATLÁNTICO

Carolina del
Sur

Arkansas

Misisipí

Georgia

Alabama

Luisiana

Porcentaje de Población Hispana

- 20 ó más
- 10-19.9
- 3.0-9.9
- 0-2.9

Raíces

México

Cuba

Puerto
Rico

Otros

Total EE. UU. Población Hispana

Florida

GOLFO DE MÉXICO

40°

35°

30°

70°

25°

20°

95°   90°   85°   80°

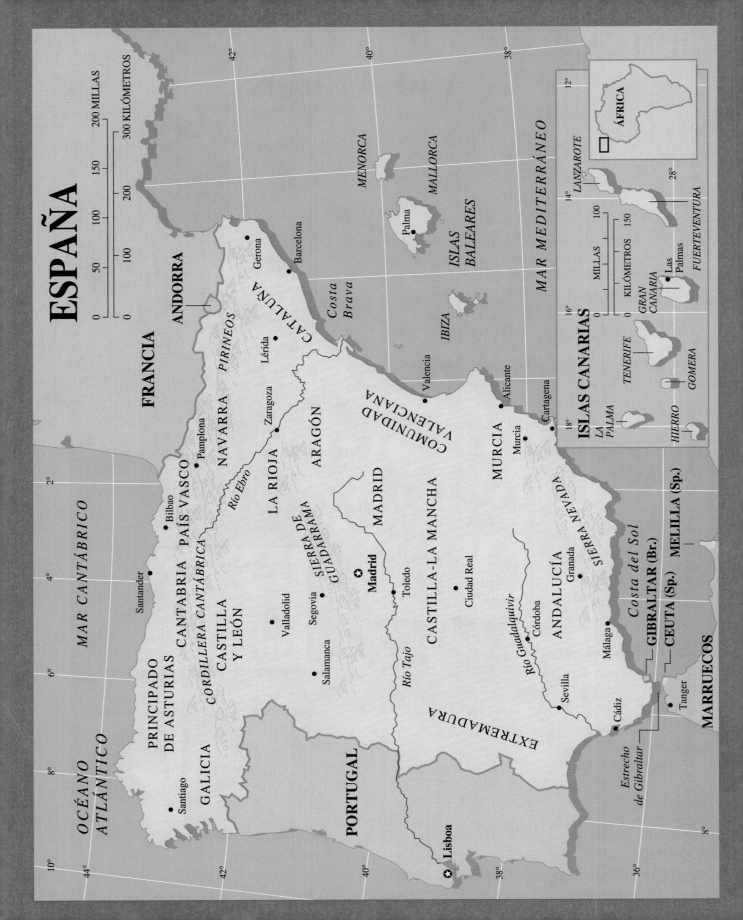

ESPAÑA

FRANCIA

ANDORRA

PORTUGAL

MARRUECOS

OCÉANO
ATLÁNTICO

MAR CANTÁBRICO

MAR MEDITERRÁNEO

GALICIA

PRINCIPADO
DE ASTURIAS

CANTABRIA   PAÍS VASCO

CORDILLERA CANTÁBRICA

NAVARRA

PIRINEOS

CASTILLA
Y LEÓN

LA RIOJA

ARAGÓN

CATALUÑA

SIERRA DE
GUADARRAMA

MADRID

COMUNIDAD
VALENCIANA

CASTILLA-LA MANCHA

EXTREMADURA

MURCIA

ANDALUCÍA

SIERRA NEVADA

Costa del Sol

Costa
Brava

ISLAS
BALEARES

MENORCA

MALLORCA

IBIZA

GIBRALTAR (Br.)

CEUTA (Sp.)   **MELILLA (Sp.)**

Estrecho
de Gibraltar

Santiago

Santander

Bilbao

Pamplona

Zaragoza

Lérida

Gerona

Barcelona

Valladolid

Segovia

Salamanca

Madrid

Toledo

Ciudad Real

Valencia

Alicante

Murcia

Cartagena

Granada

Málaga

Córdoba

Sevilla

Cádiz

Tánger

Palma

Río Ebro

Río Tajo

Río Guadalquivir

Lisboa

ISLAS CANARIAS

ÁFRICA

LANZAROTE

FUERTEVENTURA

GRAN
CANARIA

Las
Palmas

TENERIFE

LA
PALMA

GOMERA

HIERRO

200 MILLAS

300 KILÓMETROS

200 MILLAS

150

200

100

100

50

0   0

MILLAS

100

150

KILÓMETROS

0   0

42°   40°   38°

2°

4°

6°

8°

10°

44°

42°

38°

40°

36°

8°

12°

14°

16°

18°

28°

¡Hablemos español!

To Our Parents
Fredesvinda Vall de Méndez and the late Epifanio Méndez Fleitas
Earl Richard McVey and the late Mary Elizabeth Bolen McVey

¡HABLEMOS ESPAÑOL!

SIXTH EDITION

TERESA MÉNDEZ-FAITH
Saint Anselm College

MARY McVEY GILL

THOMSON
✦
HEINLE

Australia Canada Mexico Singapore Spain United Kingdom United States

¡Hablemos español! Sixth Edition
Teresa Méndez-Faith, Mary McVey Gill

Publisher: *Rolando Hernández-Arriessecq*
Acquisitions Editor: *Terri Rowenhorst*
Developmental Editor: *Jeff Gilbreath*
Project Editor: *Louise Slominsky*
Production Manager: *Annette Dudley Wiggins*
Art Director: *Burl Dean Sloan*

Cover image by Terry Hoff

Printed in the United States of America
   7 8 9 10   06 05 04 03 02

For more information contact Heinle, 25 Thomson Place, Boston, MA 02210 USA,
or you can visit our Internet site at http://www.heinle.com

ISBN: 0-03-020439-9

Library of Congress Catalog Card Number: 97-77279

Preface

This sixth edition of *¡Hablemos español!,* a widely used program for first-year college Spanish, has been carefully revised in response to the advice and suggestions of reviewers. As in previous editions, it presents the basic grammar of Spanish, introduces the culture of the contemporary Hispanic world, and provides for the development of listening, speaking, reading, and writing skills with a range of communicative activities for the classroom.

Organization

The sixth edition consists of a preliminary lesson and sixteen chapters, plus an optional, supplementary chapter. There are also five illustrated cultural readings. The preliminary lesson emphasizes introductions, practical classroom vocabulary, **estar** and subject pronouns, negation, yes / no questions and Spanish word order, and an overview of pronunciation. Each of the subsequent chapters focuses on a theme and a particular Hispanic country or one of the Hispanic communities of the United States and follows this sequence:

1. Objectives of study and some basic information about the country or geographic area covered begin the chapter.
2. **Vocabulario del tema,** an illustrated presentation of thematic vocabulary with exercises and activities, follows.
3. In the section **Estructuras,** three to five grammar topics are each introduced by a minidialogue, passage, or piece of realia showing the structure in a natural context. Grammar explanations are clear, concise, and thoroughly illustrated with example sentences. A broad spectrum of activities follows, from controlled to open ended. Exercise instructions are in Spanish beginning with Chapter 10. Personalized questions, interviews, and small-group activities at the end of the sequence encourage students to internalize the structure and take a step toward genuine communication. Many of the activities lend themselves to pair or small-group work.

4. **Para leer,** in the **Mosaico cultural** section, presents further insight into Hispanic life in the form of an interview, a letter, a short piece of literature, a long dialogue, or other format. Exercises or activities follow. Cultural notes in English accompany the long dialogues and some of the other **Para leer** sections and describe customs and points of interest. Many of the **Mosaicos culturales** are accompanied by exercises that present reading skills (skimming, scanning, etc.).

5. A section called **Para escuchar,** which is recorded on a compact disc accompanying the textbook, provides students with practice in listening comprehension. They can do this section on their own or in class. Many types of listening exercises are included, such as listening for main ideas, making inferences, listening for specific information, and so on. Answers to this section are included in the corresponding tapescript section contained in the *Instructor's Resource Manual.*

6. The section called **Para comunicarnos** presents and practices language functions, such as agreeing and disagreeing, expressing sympathy, asking for and understanding directions, and so on. Many of the exercises are interactive, such as pair or small-group activities.

7. Following the section on language functions is an optional writing activity called **Para escribir.**

8. A list of active vocabulary concludes the chapter. The list begins with cognates that have been introduced at least twice in the chapter; these words are not defined, as students are encouraged to recognize them. Other cognates may be used in the chapter, but if they are used only once they are not included in the active vocabulary list. Following the cognates section are verbs, thematic vocabulary, **Otras palabras y frases, Expresiones útiles** (which include those expressions from the functions sections that are practiced within the chapter), and, in some chapters, **Cognados falsos,** or false cognates.

The dialogues, passages, realia, example sentences, contextualized exercises, and communicative activities in a chapter all focus on the chapter's theme, country or region, and vocabulary, leading to a highly integrated language experience. Five optional **Vistazos culturales** provide additional cultural information.

At the back of the text are appendices detailing Spanish rules of pronunciation and word stress; information on the future and conditional perfect tenses and the present and past perfect subjunctive; verb tables; a Spanish–English vocabulary, an English–Spanish vocabulary, and an index to the grammar and functions of the book. Entries in the Spanish–English vocabulary include the number of the chapter where the word or expression first occurs (in the case of active vocabulary only).

Changes in the Sixth Edition

1. Each chapter contains one or two cultural boxes related to academic disciplines such as history, art, literature, business, or politics and focuses on the country or countries featured in the chapter. These augment the cultural information of the chapter; each is followed by a short exercise.

2. The theme of Chapter 14 was changed from **En casa** to **La comunicación,** including Internet communication, and the chapter was extensively revised. Chapter 5 was broadened to cover city life in general; it now includes many new sections focusing on contributions of Hispanic residents.

3. Exercises were added where needed to augment grammar sections. In each chapter there is one or more **¡Vamos a repasar!** exercises, practicing previously covered vocabulary and structures.

4. Geographic chapter opener boxes have been expanded to add more cultural information and each is now accompanied by a short exercise.

5. Chapter 9 now focuses on Guatemala, El Salvador, and Honduras. Chapter 11 focuses on Nicaragua, Costa Rica, and Panama. Uruguay is covered in Chapter 15 with Paraguay; Bolivia is covered in Chapter 14 with Peru. Chapter 5 was broadened from New York to the northeastern United States, focusing on Puerto Ricans and Dominicans.

6. Five interchapter photo essays (**Vistazos culturales**) replace the **Lecturas** of the previous edition and include (1) **El mundo hispánico;** (2) **Los hispanos de Estados Unidos;** (3) **La música;** (4) **Las fiestas;** and (5) **El arte.** These are accompanied by photos and a short exercise.

7. More cultural information has been added to many of the minidialogues or short readings in the grammar sections and also to the exercises.

8. An English–Spanish end vocabulary was added.

9. More annotations to the instructor have been added throughout the book, providing additional exercise ideas or cultural information.

10. New exercises were added as needed in the *workbook / lab manual* and there is now a greater use of music in the lab section.

Acknowledgments

The authors would like to thank the following people from Holt, Rinehart and Winston for their help on the sixth edition: Rolando Hernández-Arriessecq, Terri Rowenhorst, and Jeff Gilbreath for their guidance in shaping the new edition. Special thanks are due to Jeff Gilbreath for his excellent editing and review of the entire manuscript and his extensive work in revising Chapters 1 through 3. Thanks also to Louise Slominsky and Annette Wiggins for a superb job on the production phase of the book; Miriam Bleiweiss for her fine work on the ancillaries; and Burl Sloan for the beautiful text design. We would also like to thank our artist, Axelle Fortier, for her work through many editions; Judy Mason, for researching photos; Laura McKenna, for procuring the permissions; Cristina Cantú Díaz for preparing the index and helping with some of the cultural boxes; Dolores Fernández and Yolonda Magaña for their linguistic advice; and Joan Banna for her work on the end vocabularies. Finally we would like to express our appreciation to the following reviewers, whose comments, both favorable and critical, were instrumental in the development of this edition:

Thomas Acker, *St. Anselm College*
Elaine Brigandi, *Rowan College*
Kathryn Bulver, *Eastern Illinois University*
Robert Chavez, *West Valley College*
Ifan Chen, *Odessa College*
Howard Cohen, *James Madison University*
Frank Crothers, *Delgado Community College*
Gustavo Fares, *Lynchburg College*
Joseph Guara, *Dickinson College*
Roland Hamilton, *San Jose State University*
William E. Hauser, *Central Missouri State University*
Barbara Hergianto, *South Florida Community College*
Pedro Hoyos, *Augusta College*
Silvia Hubbell, *Cerritos College*

Kathleen Jeffries, *Catawba College*
Kay Kringlie, *Valley City State University*
Celeste Mann, *Dickinson College*
Alberto Méndez, *Suffolk University*
Eva Mendieta-Lombardo, *Indiana University Northwest*
Marianne Perlman, *Catonsville Community College*
David Petreman, *Wright State University*
Jorge Prats, *Knox College*
Oralia Preble-Niemi, *University of Tennessee at Chattanooga*
Stephen Sadow, *Northeastern University*
Cindy Schuster, *University of Massachusetts at Boston*
Beverly Wills, *Indiana University at South Bend*

Contents

CAPÍTULO 8   *Comidas y bebidas*

COMUNICACIÓN

Expressing Likes / Expressing Dislikes / Ordering a Meal in a Restaurant

CULTURA

Las comunidades mexicano-americanas de Estados Unidos

CAPÍTULO 9   *Novios y amigos*

COMUNICACIÓN

Telling a Story / Giving the Speaker Encouragement / Using Polite Expressions

CULTURA

Guatemala, Honduras y El Salvador

CAPÍTULO 12 *Fiestas y aniversarios*

COMUNICACIÓN

*Extending and Accepting Invitations / Declining Invitations /
Making a Toast / Making Introductions*

CULTURA

México

Vistazo cultural: **LAS FIESTAS**

CAPÍTULO 13 *La salud y el cuerpo*

COMUNICACIÓN

*Expressing Doubt / Asking for, Granting, or Denying
Permission / Giving Advice*

CULTURA

*La comunidad cubano-americana del sureste
de Estados Unidos*

¡Hablemos español!

México, D. F. (La ciudad de México)

¡Bienvenidos! (Welcome!)

¡Bienvenidos al mundo hispano!

Cultura

This chapter provides an introduction to the cultural variety of the Hispanic world.

Estructuras

You will discuss and use:

- Subject pronouns (corresponding to *I, you,* etc.)
- The verb **estar,** *to be*
- Negation
- *Yes / no* questions

Vocabulario

In this preliminary chapter, you will use expressions for basic communication and classroom interaction.

Comunicación

- Greetings and introductions
- Useful classroom expressions

I. Las presentaciones *(Introductions)*

Formal

—Buenos días. Me llamo Elvira García.
 ¿Cómo se llama usted, señorita?*
—Me llamo Elena Ramírez.
—Mucho gusto, señorita.
—El gusto es mío, señora García.

Informal

—Hola. Me llamo Joaquín.
—Yo me llamo Francisca.
—Mucho gusto.
—Igualmente.

---

*Note that an inverted question mark precedes a question in Spanish. Also, an inverted exclamation mark precedes an exclamation: **¡Bienvenidos al mundo hispano!** (*Welcome to the Hispanic world!*)

Práctica

A. Conversación 1. Practice the first conversation with your instructor, using real names. Listen carefully and imitate your instructor's pronunciation.

el señor   *man, Mr., Sir*   Buenos días.   *Good morning. Hello.*
la señorita   *young lady, Miss*   Buenas tardes.   *Good afternoon.*
la señora   *lady, Mrs., Ma'am*   Buenas noches.   *Good evening.*
    (There is no equivalent for *Ms.*)   (generally used after sundown)

B. Conversación 2. Work with a partner and practice the second (informal) conversation. Use your real names.

EL ALFABETO

*In Spanish, the letter **ñ** follows **n** and **rr** follows **r**. The letters **k** and **w** appear only in words borrowed from other languages. Listen to your instructor and try to imitate his or her pronunciation. Appendix I has detailed information about pronunciation, and there are pronunciation exercises in your laboratory manual.*

a	(a)	Ana, mamá	**ñ**	(eñe)	señor, español
b	(be)	Bogatá, Bárbara	**o**	(o)	Óscar, Antonio
c	(ce)	Cecilia, Carlos	**p**	(pe)	Pablo, papá
d	(de)	día, Eduardo	**q**	(cu)	Quito, Enrique
e	(e)	Elena, Teresa	**r**	(ere)	Patricia, profesor
f	(efe)	Francisco, elefante	**rr**	(erre)*	terrible, error
g	(ge)	Gerardo, Santiago	**s**	(ese)	Silvia, sí
h	(hache)	Hugo, hotel	**t**	(te)	Tomás, Vicente
i	(i)	sí, Cristina	**u**	(u)	Cuba, universal
j	(jota)	Jorge, Jalisco	**v**	(ve)	Víctor, Bolivia
k	(ka)	kilogramo, kilómetro	**w**	(doble ve)	Washington, whisky
l	(ele)	Lima, Manuela	**x**	(equis)	exterior, examen
m	(eme)	Marta, Miguel	**y**	(i griega)	Yolanda, y
n	(ene)	no, Nicaragua	**z**	(zeta)	Venezuela, plaza

*At the beginning of a word, or after **l, n,** or **s, r** sounds like **rr: Rosa, alrededor** *(around),* **Enrique, Israel.**

Práctica

Me llamo… Practice spelling your first and last names in Spanish. Then work in pairs and write your partner's name as he or she spells it.

MODELO   **Me llamo Jane Meyer: jota-a-ene-e   eme-e-i griega-e-ere.**

II. El mundo hispano

The Hispanic world. A note on the use of *Hispanic* or **hispano:** Some Hispanics in the United States don't like this term because it is used on forms to categorize people as if their language were their race (e.g., black, white, Hispanic, Asian, etc.). Many prefer to be known as *Latinos*. Most prefer to use a term with a hyphen that includes their country of origin (e.g., Mexican-American, Cuban-American). In his book, *The Hispanic Condition,* the Mexican writer Ilan Stavens calls this "life in the hyphen." Stavens writes, "*Latino* has then become . . . a sign of rebellion, the choice of intellectuals and artists. . . . Although I honestly prefer *Hispanic* as a composite term and would rather not use *Latino,* I herewith suggest using *Latino* to refer to those citizens from the Spanish-speaking world living in the United States and *Hispanics* to refer to those living elsewhere." This book focuses on Hispanics all over the globe, not just in the United States, and the term *Hispanic* or **hispano** is used for the sake of convenience.

CUESTIONARIO

Just for fun, see if you can answer any of the following questions about the Spanish-speaking world. Work with a partner or in groups. Guess at each question, even if you aren't sure of the answer.

1. What are the four most-spoken languages in the world today?
2. Approximately how many Hispanics are there in the United States?
3. Approximately how many newspapers and magazines are published in Spanish in the United States at this time?
4. Can you identify any of these areas of the Spanish-speaking world?

(a) (b) (c)

(d) (e) (f)

5. Complete this map with the names of the Spanish-speaking countries that are missing. Write the names in the blanks.

RESPUESTAS (ANSWERS)

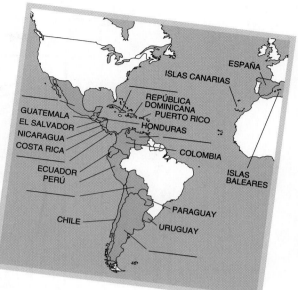

1. The four most-spoken languages in the world today, in their respective order, are Mandarin, English, Spanish, and Hindi.
2. According to 1994 census information, there were twenty-six million Hispanics in the United States, although some Hispanic groups say that this number is low because not all Hispanics were counted. The United States now has the fourth largest Spanish-speaking population in the world!
3. There are 145 Spanish-language and thirty bilingual (Spanish–English) newspapers and magazines published in the United States today. There are more than 200 radio stations and fifty television stations with some Spanish news or other programming.
4. (a) Machu Picchu, Peru, an abandoned Inca city; (b) the Panama Canal; (c) pyramids (**pirámides**) at Teotihuacán, México; (d) the Alhambra, Granada, Spain—a Moorish castle; (e) Argentinean **pampas** (grasslands) with **gauchos** (cowboys); (f) Lake Titicaca (**el lago Titicaca),** the highest, large navigable lake in the world, located between Perú and Bolivia.
5. The missing countries are México (south of the United States), Panamá (which joins Central and South America), Venezuela (northeast of Colombia), Bolivia (east of Perú and Chile), Argentina (east of Chile), and Cuba (the large island south of Florida).

Práctica

A. **La pronunciación.** Listen as your instructor pronounces the names of these countries in Spanish. Then answer the questions that follow.

Honduras	Argentina	Jamaica	España
las Antillas	Venezuela	México	Paraguay

1. What letter is silent in Spanish?
2. What English letter represents the sound of the Spanish **j?** The Spanish **ll?** The Spanish **z?**
3. What letter in Spanish sounds like *ny* in English?
4. Compare the words **Argentina** and **Paraguay.** What two sounds does **g** have in Spanish? (It has one sound before **a, o,** or **u** and another sound before **e** or **i.**)

B. **En español.** Visit a nearby library and ask about periodicals published in Spanish. Are there any local Spanish newspapers or magazines? If so, try to obtain a copy to take to class.

C. **En la radio o en la televisión.** Is there any Spanish programming available in your area? If so, try listening to the news or reading a newspaper in English, then watch or listen to the news in Spanish. You'll be amazed how much you can understand! Later in the course, you might want to listen to the radio or watch television as a way of acquiring vocabulary and improving your listening comprehension skills.

III. En clase: Expresiones útiles

—¿Qué es esto? —¿Cómo se dice *door* en español?
—Es el libro. —Se dice «puerta».
  —Excelente.

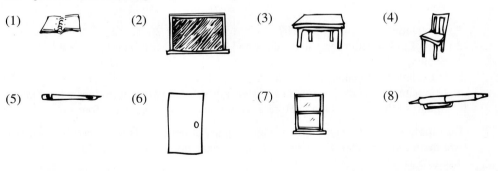

Práctica

A. ¿Cómo se dice en español…?

(1) (2) (3) (4)

(5) (6) (7) (8)

B. ¿Qué es esto? Working in pairs, one student points out an object and the other tells what it is. Take turns.

MODELO ESTUDIANTE 1 **¿Qué es esto?**
  ESTUDIANTE 2 **Es el libro. Y… ¿qué es esto?**
  ESTUDIANTE 1 **Es la silla.**

RECOGNIZING COGNATES

Cognates are words that are similar in spelling and meaning in two languages.

A. Some Spanish cognates are identical to English words: **chocolate, final, capital, doctor, horrible.**

B. Sometimes the words differ in minor or predictable ways.

1. Except for **cc, rr, ll,** and **nn,** double consonants are not used in Spanish: **oficial, profesor.**
2. Many English words beginning with *s* have cognates beginning with **es: especial, español, escuela, esquí.**
3. The endings **-ción** or **-sión** in Spanish correspond to the English endings *-tion* or *-sion:* **constitución, nación, televisión.**
4. The Spanish ending **-dad** corresponds to the English *-ty:* **actividad, realidad, universidad.**
5. The Spanish endings **-ente** and **-ante** generally correspond to the English endings *-ent* and *-ant:* **presidente, accidente, restaurante, importante.**
6. The Spanish ending **-mente** generally corresponds to the English *-ly:* **finalmente, rápidamente.**

C. En clase. Each of the following classroom expressions in Spanish contains at least one cognate. You don't need to memorize these expressions, but you should be able to understand them when your instructor uses them. Match the Spanish expressions with their English equivalents.

1. Repitan, por favor.
2. No comprendo.
3. En voz alta.
4. Conteste en español.
5. Abran el libro en la página 10.
6. Muy bien. Excelente.
7. Rápidamente.

a. I don't understand (comprehend).
b. Open your books to page 10.
c. Repeat, please.
d. Very good. Excellent.
e. Out loud (in a loud voice).
f. Rapidly.
g. Answer in Spanish.

IV. *Estar* and Subject Pronouns; Negation; Yes / No Questions

SR. HERNÁNDEZ	Hola, María. ¿Cómo *estás?*
MARÍA	*Estoy* muy bien, señor Hernández, gracias.
SR. HERNÁNDEZ	Y la familia, ¿*está* bien?
MARÍA	Papá *no está* aquí. *Está* en Barcelona. Mamá *está* más o menos. ¿Y *ustedes?*
SR. HERNÁNDEZ	Nosotros *estamos* bien, gracias.
MARÍA	Bueno… Adiós, señor Hernández.
SR. HERNÁNDEZ	Adiós, María.

MR. HERNÁNDEZ: Hi, María. How are you? MARÍA: I'm fine, Mr. Hernández, thank you. MR. HERNÁNDEZ: And the family, how are they? MARÍA: Dad isn't here. He's in Barcelona. Mom's so-so (literally, "more or less"). And you? MR. HERNÁNDEZ: We're fine, thanks. MARÍA: Well . . . Good-bye, Mr. Hernández. MR. HERNÁNDEZ: Good-bye, María.

A. **Estar** *(to be)* is an infinitive verb form. It is conjugated by removing the **-ar** ending and adding other endings to the **est-** stem.

		estar *to be*				
Person		**Singular**			**Plural**	
1st	yo*	estoy	*I am*	nosotros nosotras	estamos	*we are*
2nd	tú	estás	*you are*	vosotros[†] vosotras	estáis	*you are*
3rd	él ella usted	está	*he is* *she is* *you are*	ellos ellas ustedes	están	*they are* *you are*

B. Subject pronouns are used far less frequently in Spanish than in English because the verb endings in Spanish indicate the subject of the sentence. Subject pronouns are used in Spanish mainly to avoid confusion or for the sake of emphasis.

Estoy bien.	*I'm fine. (statement of fact)*
Yo estoy bien.	*I'm fine. (emphatic)*
Ella está aquí.	*She is here. (clarification)*

C. There are several ways of saying *you* in Spanish. The familiar singular form, **tú,** is used in speaking to friends, young children, and family members. It corresponds roughly to "first-name basis" in English. Students usually address each other with the **tú** form. The **usted** form (abbreviated **Ud.** or **Vd.**) is used in more formal situations, such as with older people, people you do not know, or people in authority. Students usually address their teacher with the **usted** form. If you are in a situation in which

---

¿TÚ O USTED?

Richard Rodríguez, a Mexican-American writer and author of Days of Obligation, *describes the use of **tú** versus **usted** in one of the book's chapters, "Mexico's Children."*

At the heart there is **tú**—the intimate voice—the familiar room in a world full of rooms. **Tú** is the condition, not so much of knowing, as of being known; of being recognized. **Tú** belongs within the family. **Tú** is spoken to children and dogs, to priests; among lovers and drunken friends; to servants; to statues; to the high court of heaven; to God Himself.

The shaded arcade yields once more to the plaza, to traffic and the light of day. **Usted,** the formal, the bloodless, the ornamental you, is spoken to the eyes of strangers. By servants to masters. **Usted** shows deference to propriety, to authority, to history. **Usted** is open to interpretation; therefore it is subject to corruption, a province of politicians. **Usted** is the language outside Eden.

---

*Notice that **yo,** the first-person-singular subject pronoun, is not capitalized.
[†]Since the **vosotros** form is not widely used, except in Spain, it is not practiced extensively in this book.

you are unsure which form to use, it is usually better to use the **usted** form unless the native speaker requests otherwise. In most parts of Spain, the plural of **tú** is **vosotros** (masculine), **vosotras** (feminine). However, in Latin America, **ustedes** (abbreviated as **Uds.** or **Vds.**) is used as the plural of both **tú** and **usted.**

¿Ud. está con Manuel?	*Are you with Manuel?*
¿Vds. están bien?	*Are you fine?*

D. The subject pronouns **él, ella, nosotros, nosotras, vosotros, vosotras, ellos,** and **ellas** show gender, either masculine or feminine. In speaking about two or more males, or a mixture of males and females, the masculine forms **nosotros, vosotros** and **ellos** are used. The feminine forms **nosotras, vosotras,** and **ellas** are used only to refer to two or more females.

Ellos (Juan y José) están en Madrid.	*They (Juan and José) are in Madrid.*
Ellos (Juan y María) están en clase.	*They (Juan and María) are in class.*
Ellas (Rita y Teresa) están en México.	*They (Rita and Teresa) are in Mexico.*
Nosotros (Elena, Ricardo y yo) estamos en casa.	*We (Elena, Ricardo, and I) are at home.*

E. To make a sentence negative place **no** before the verb.

Papá no está en el hospital.	*Dad is not in the hospital.*
No me llamo Roberto.	*My name is not Roberto.*

F. Spanish word order is especially flexible in questions. The most common way of asking a yes / no question is to invert the normal order of subject and verb.

Ellos están con Marta. ¿Están ellos con Marta?	*Are they with Marta?*
Ana está en clase. ¿Está Ana en clase?	*Is Ana in class?*

G. Sometimes, however, the normal word order for statements is used in a question, but the voice rises at the end of the sentence to make it clear that a question is being asked.

¿Ellos están con Marta?	*They're with Marta?*
¿Ana está en clase?	*Ana is in class?*

H. In negative questions, **no** normally precedes the verb.

¿Juan no está en casa?	*Juan isn't home?*
¿No está Juan en casa?	*Isn't Juan home?*

Práctica

A. Los pronombres *(Pronouns).* Read each of the following phrases and then provide the corresponding subject pronouns.

MODELOS	Sara y Pepe	**ellos**
	tú y el profesor	**ustedes** (or **vosotros,** in Spain)

1. Josefina
2. Carlos
3. Carmen y Beatriz
4. Eduardo y yo

5. Elena y yo
6. Amalia, Alicia, Ana y Arturo
7. tú y Marta
8. tú y yo

B.   **La señora Ramos.**   Mrs. Ramos always likes to know where everyone is and how they are. Answer her questions in the affirmative and use subject pronouns, as in the example.

> **MODELO**   ¿Eva está en Guatemala?
> **Sí, ella está en Guatemala.**

1. ¿Ana y Jorge están en Madrid?
2. ¿Pedro está en San Francisco?
3. ¿Alberto y Elena están aquí?
4. ¿Usted y Ricardo están bien?
5. ¿Eva y Luisa están con Marta?
6. ¿La señora López está en casa?

C.   **¿Cómo? No comprendo muy bien…**   You're not sure you heard correctly. Ask questions in two ways to confirm the information.

> **MODELO**   Usted se llama Martín.
> **¿Usted se llama Martín? ¿Se llama usted Martín?**

1. Carmen está en España.
2. Paco está con el profesor.
3. Nosotros estamos muy bien.
4. Elena no está en clase.
5. La Paz no está en Ecuador.
6. La Paz está en Bolivia.

D.   **¿Está(n)…?**   Work with a partner. Look back at the photos on page 4 or at other photos in the book. Ask and answer questions, following the model. Student 1 asks a question that has incorrect information. Student 2 gives the correct answer. Take turns.

> **MODELO**   ESTUDIANTE 1   **¿Está Machu Picchu en Ecuador?**
> ESTUDIANTE 2   **No, no está en Ecuador. Está en Perú.**

1. los gauchos
2. el canal
3. las pirámides de Teotihuacán
4. el lago Titicaca
5. la Alhambra
6. las pampas

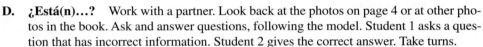

Para comunicarnos

Greetings and Introductions

In Spanish, as in English, there are many ways to say the same thing, some more formal than others and some appropriate only to very specific circumstances. In the **Para comunicarnos** sections, you'll see different ways to express various language functions, or uses—in this case, greetings and introductions. What do you say to someone to open a conversation? That depends on the circumstance.

1.   With a friend or in an informal situation:

Hola, Miguel. ¿Cómo estás?	*Hi, Miguel. How are you?*
Hola. ¿Qué tal?	*Hi. How's it going?*

¿Qué tal? has many uses and meanings. Basically, it just means *How are things?* But combined with other words, it has other meanings; for instance, **¿Qué tal el examen?** (*How did the exam go?*); **¿Qué tal la familia?** (*How's the family?*)

2.   With a stranger or in a more formal situation:

Buenos días. ¿Cómo está?	*Good morning (good day). How are you?*
Buenas tardes.	*Good afternoon. (until about sunset)*
Buenas noches.	*Good night. (used mainly after sunset)*

And what do you say in response to the question **¿Cómo está(s)?** Here are some possible answers:

Muy bien, gracias.	*Very well, thanks.*
Más o menos.	*So-so.*
Bien.	*Good.*
Mal.	*Bad.*
No muy bien.	*Not too well.*

3. You meet someone for the first time:

Hola. Me llamo…   *Hi. My name is . . .*

When meeting someone for the first time you can say:

Mucho gusto.   *Glad to meet you.*

And in reply:

Igualmente.	*Same here. Likewise.*
El gusto es mío.	*The pleasure is mine.*

ACTIVIDADES

A. Una expresión apropiada.   Give an appropriate expression for each drawing. Refer to the **Vocabulario activo** at the end of this chapter for help.

(1)

(2)

(3)

(4)

(5)

(6)

B. Situación. With a partner, create a short conversation for the following situation. You meet a friend on the street. Say hello and ask how things are going ("How are things?"). Your friend responds, "So-so." He or she asks you how the exam went. "Badly," you say. "How's the family?" you ask, and he or she replies that they are well. Both of you say good-bye.

Vocabulario activo

COGNADOS
(COGNATES)

la clase*	el español	el examen	la familia	el hospital
el ejercicio	el, la estudiante	excelente	hispano	el profesor, la profesora

EN LA SALA DE CLASE

(IN THE CLASSROOM)

el bolígrafo	*ballpoint pen*	el libro	*book*	el papel	*paper*	la puerta	*door*
el capítulo	*chapter*	la mesa	*table*	la pared	*wall*	la silla	*chair*
el cuaderno	*notebook*	la página	*page*	la pizarra	*chalkboard*	la ventana	*window*
el lápiz	*pencil*						

OTRAS PALABRAS
(OTHER WORDS)

aquí	*here*	o	*or*
la casa	*house*	el señor	*man; Sir; Mr.*
en casa	*at home*	la señora	*lady; Ma'am; Mrs.*
con	*with*	la señorita	*young lady; miss; Miss*
de	*of, from*	sí	*yes*
el día	*day*	y	*and*
estar	*to be*		
estar bien	*to be well*		
(mal, más o menos)	*(unwell, so-so)*		

---

*In the vocabulary lists in this text, definite articles (**el, la, los, las**) are given with all nouns to indicate gender.

Expresiones útiles (Useful Expressions)

Adiós.	Good-bye.
Bien. Muy bien.	Good. Very well.
Bienvenidos.	Welcome (pl.).
Buenas noches.	Good night.
Buenas tardes.	Good afternoon.
Buenos días.	Good morning. Good day.
¿Cómo está(s)?	How are you?
¿Cómo se dice…?	How do you say . . . ?
¿Cómo se llama…?	What is the name of . . . ?
Conteste en español.	Answer in Spanish.
Gracias.	Thank you.
El gusto es mío.	The pleasure is mine.
Hola.	Hello. Hi.
Igualmente.	Likewise.
Me llamo…	My name is . . .
Mucho gusto.	Glad to meet you.
Por favor.	Please.
¿Qué es esto? Es…	What is this? It's . . .
¿Qué tal?	How are things?
¿Qué tal el examen?	How was the exam?
Repitan.	Repeat.

Don't forget: Subject pronouns, page 9.

La familia Torrens, Madrid, España

ESPAÑA

BILBAO
BARCELONA
MADRID
TOLEDO
VALENCIA
SEVILLA
MÁLAGA

¿Sabía usted que...?
(Did you know that . . . ?)

- The government of Spain is what is known as a **monarquía parlamentaria.** The Spanish Constitution, approved in 1978, provides for separation between legislative, executive, and judiciary branches and gives institutional backing to the king (Juan Carlos I) as head of state and supreme head of the armed forces.

- Legislative power is held by a two-chamber parliament, called the **Cortes,** whose members are elected by all citizens eighteen or over, for a maximum term of four years.

- **El presidente del gobierno** (prime minister, currently José María Aznar) is head of the government and is elected directly by the populace. All ministers (similar to cabinet members in the United States) report directly to him.

- Spain has a **población** (population) of about **treinta y nueve millones de habitantes** (thirty-nine million inhabitants) and its **moneda** (currency) **oficial** is **la peseta.**

PREGUNTAS

1. How is the government of Spain similar to that of the United States?
2. How is it different from that of the United States?
3. To what other government in Europe is the Spanish government similar?

Una familia española
en el parque

CAPÍTULO UNO

La familia

Cultura

This chapter focuses on Spain.

Estructuras

You will discuss and use:

- The present tense of verbs ending in **-ar**
- Gender and number of nouns and articles
- Cardinal numbers 0–99
- The verb **hay** (there is, there are)
- Interrogative words and word order in questions

Vocabulario

In this chapter, you will talk about family relationships.

Comunicación

- Asking for information
- Using the telephone
- Ending a conversation

Vocabulario del tema

La familia de Juan

Las personas

hombre	*man*
mujer	*woman*
niño	*boy*
papá	*dad, papa*
mamá	*mom, momma*
parientes	*relatives*

Catalina y José

esposos	*spouses* (esposo *husband*, esposa *wife*)
padres	*parents* (padre *father*, madre *mother*)
abuelos	*grandparents* (abuelo *grandfather*, abuela *grandmother*)
suegros	*mother- and father-in-law* (suegro *father-in-law*, suegra *mother-in-law*)

Ana y Rafael

cuñados	*sister- and brother-in-law* (cuñado *brother-in-law*, cuñada *sister-in-law*)
tíos	*aunt and uncle* (tío *uncle*, tía *aunt*)

Juan y Amelia

hijos	*children* (hijo *son*, hija *daughter*)
nietos	*grandchildren* (nieto *grandson*, nieta *granddaughter*)
sobrinos	*nephews and nieces* (sobrino *nephew*, sobrina *niece*)
hermanos	*brothers and sisters* (hermano *brother*, hermana *sister*)
primos	*cousins* (primo *male cousin*, prima *female cousin*)

Práctica

A. Los parientes. Supply the correct answer.

MODELO ¿La esposa de Rafael? **Alicia**

1. ¿Los hijos de Rafael y Alicia?
2. ¿Los primos de Carlos?
3. ¿Los abuelos de Amelia?
4. ¿La hermana de Juan?

B. El árbol genealógico (*The family tree*). Look at Juan's family tree and explain who each person is by choosing the correct term from the list.

MODELO hermana, hija, madre, tía
Alicia es (*is*) **la hermana de Víctor y la tía de Carmen.**

Mujeres y niñas: abuela, esposa, hermana, hija, madre, prima, tía

1. Carmen es la _____ de Juan y la _____ de Ana y Víctor.
2. Catalina es la _____ de Alicia y la _____ de Carlos.
3. Ana es la _____ de Eduardo y la _____ de Víctor.
4. Amelia es la _____ de Rafael y la _____ de Juan.

Hombres y niños: abuelo, esposo, hermano, hijo, padre, primo, tío

5. José es el _____ de Víctor y Alicia y el_____ de Carlos y Carmen.
6. Víctor es el _____ de Catalina y el _____ de Amelia.
7. Juan es el _____ de Carmen y Carlos y el _____ de Eduardo y Amelia.
8. Rafael es el _____ de Alicia y el _____ de Eduardo.

Mi *(My)* árbol genealógico. Draw your own family tree with the vocabulary you have just learned and then explain to a classmate who each person is.

Preguntas

1. Ana y Víctor son *(are)* los padres de Juan. ¿Cómo se llama el padre de Amelia? ¿y la madre? 2. Catalina es la esposa de José. ¿Cómo se llama el esposo de Alicia? 3. ¿Cómo se llaman los primos de Carmen? 4. Eduardo y Amelia son los hijos de Rafael y Alicia. ¿Cómo se llaman los hijos de Ana y Víctor? 5. Ana y Víctor son los tíos de Eduardo y Amelia. ¿Cómo se llaman los tíos de Carlos, Carmen y Juan?

Estructuras

I. The Present Tense of Regular *-ar* Verbs

La Universidad de Madrid, España

EN LA UNIVERSIDAD DE MADRID

ANDREA ¿Tú también *estudias* sociología, Susana?

SUSANA Sí, ahora *estudiamos* la familia hispana en la clase de «Familia y sociedad».

ANDREA ¿Sí? ¡Qué interesante! Yo *busco* información sobre «la situación de la mujer». *Necesito* un libro... o ¿*habláis* vosotros en clase sobre la situación de las mujeres en España? ¿Cómo se llama el profesor de sociología?

SUSANA La profesora, Andrea. Se llama Graciela Villegas y mañana *habla* sobre la situación de las mujeres aquí en España. ¡Qué suerte!, ¿no? ¿Por qué no *visitas* la clase?

ANDREA ¡Buena idea! ¡Hasta mañana!

1. ¿Estudia sociología Susana?   2. ¿Estudian ahora «la situación de la mujer» en clase?   3. ¿Busca Andrea información sobre los profesores en España?   4. ¿Mañana hablan sobre la situación de las mujeres en México?

A. Verbs that end in **-ar** in Spanish are referred to as **-ar** verbs. Regular **-ar** verbs are conjugated by removing the infinitive ending **-ar** and replacing it with the endings **-o, -as, -a, -amos, -áis, -an. Hablar*** *(to speak)* is a regular **-ar** verb:

hablar	*to speak*		
yo	habl**o**	nosotros(-as)	habl**amos**
tú	habl**as**	vosotros(-as)	habl**áis**
él		ellos	
ella	habl**a**	ellas	habl**an**
usted		ustedes	

B. Other common regular **-ar** verbs are:

buscar	*to look for*	llevar	*to carry; to take*
desear	*to want*	mirar	*to look (at)*
enseñar	*to teach*	necesitar	*to need*
escuchar	*to listen to*	pasar	*to pass; to spend (time)*
estudiar	*to study*	trabajar	*to work*
hablar	*to speak, to talk*	viajar	*to travel*
llegar	*to arrive*	visitar	*to visit*

AT THE UNIVERSITY OF MADRID
ANDREA: Are you studying sociology too, Susana? SUSANA: Yes, now we're studying the Hispanic family in the class "Family and Society." ANDREA: Yes? ("Really?") How interesting! I'm looking for information about the situation of women. I need a book . . . or do you talk in class about the situation of women in Spain? What is the sociology professor's name? SUSANA: The woman *professor, Andrea. Her name is Graciela Villegas, and tomorrow she's talking about the situation of women here in Spain. What luck, right? Why don't you visit the class? ANDREA: Good idea! See you tomorrow!*

***Estar,** which you saw in the preliminary lesson, is an irregular **-ar** verb; that is, it has its own special forms.

Práctica

A.   Nosotros dos.   Francisco is taking his twin brother Alejandro to class today. Change his statements about his usual routine to include Alejandro.

> **MODELO**   Llevo los libros a la universidad.
> **Llevamos los libros a la universidad.**

1. Busco la cámara.
2. Necesito un cuaderno.
3. Llego a la clase.
4. Miro el libro.
5. Estudio la lección.
6. Hablo con el profesor.

B.   Conversaciones breves.   Work with a classmate and take turns answering and asking questions to have short conversations. Follow the model and add your own ideas whenever possible.

> **MODELO**   tomar café (no, Coca-Cola)
> ESTUDIANTE 1   **¿Tomas café?**
> ESTUDIANTE 2   **No, no tomo café. Tomo Coca-Cola.**

1. estudiar inglés (no, italiano)
2. necesitar un lápiz (no, bolígrafo)
3. mirar «Los Simpson» en la televisión (no, «Veinticuatro horas»)
4. bailar mucho (no, poco)
5. visitar San Francisco (no, Nueva York)

C.   En acción.   Describe to a classmate what the following people are doing.

> **MODELO**   El profesor y los estudiantes...
> **El profesor enseña y los estudiantes trabajan en la clase.**

(1) Pablo, Ana y Felipe...

(2) Nosotros...

(3) El abuelo...

(4) Tía Teresa...

(5) Tú...

(6) Papá...

Preguntas

1. ¿Estudia usted español? ¿Desea hablar bien el español?   2. ¿Hablamos español ahora? ¿Habla mucho el profesor (la profesora)?   3. ¿Lleva usted los libros a clase?   4. ¿Viaja usted mucho? ¿Desea viajar a España? ¿a México? ¿a Sudamérica?   5. ¿Mira mucho la televisión? ¿Escucha mucho la radio?

II. Articles and Nouns: Gender and Number

consulte en Iberia o en su Agencia de Viajes

IBERIA
LINEAS AEREAS DE ESPAÑA

EN EL AEROPUERTO DE BARAJAS, EN MADRID

AGENTE Buenos días. *Los* pasaportes, por favor.
RAMÓN *Un* momento... aquí están.
ISABEL Ramón, ¿dónde está *la* cámara? ¿Y *los* regalos para *las* hijas de Juan?
RAMÓN ¡Dios mío! ¡Están en *el* avión!

1. ¿Necesita los pasaportes el agente?   2. ¿Lleva los pasaportes Ramón?   3. ¿Dónde están la cámara y los regalos para las hijas de Juan?   4. ¿Dónde están Isabel y Ramón?

A. In Spanish all nouns are either masculine or feminine. An article in Spanish is also either masculine or feminine, to reflect the gender of the noun it modifies. The definite article has four forms:

	SINGULAR		PLURAL	
MASCULINE	**el** regalo	*the gift*	**los** regalos	*the gifts*
FEMININE	**la** cámara	*the camera*	**las** cámaras	*the cameras*

AT THE BARAJAS AIRPORT, IN MADRID
AGENT: Good morning. Passports, please. RAMÓN: Just a moment . . . here they are. ISABEL: Ramón, where is the camera? And the presents for Juan's daughters? RAMÓN: Good grief! They're on the plane!

B.   The indefinite article in Spanish also has four forms:

	SINGULAR		PLURAL	
MASCULINE	**un** primo	*a cousin*	**unos** primos	*some (a few) cousins*
FEMININE	**una** familia	*a family*	**unas** familias	*some (a few) families*

Notice that **unos (unas)** can mean *some* or *a few.*

C.   Most Spanish nouns ending in **-o** in the singular are masculine. Most nouns ending in **-a** in the singular are feminine.

el aeropuerto	*the airport*	la farmacia	*the drugstore, pharmacy*
el abuelo	*the grandfather*	la abuela	*the grandmother*

Some exceptions are **el día** *(the day),* **el problema** *(the problem),* and **la mano** *(the hand).*

D.   With nouns that do not end in **-o** or **-a** in the singular, it can be helpful to learn the definite article when you learn the noun. Notice that most nouns ending in **-dad** and **-ión** are feminine. (**El avión** is an exception.)

el hotel	*the hotel*	la verdad	*the truth*
el viaje	*the trip*	la dirección	*the address*
el inglés	*English*	la ciudad	*the city*
el restaurante	*the restaurant*	la capital	*the capital (city)*

E.   The gender of many nouns that refer to people can be changed by changing the noun ending and the article.

el primo	*the (male) cousin*	la prima	*the (female) cousin*
el señor	*the man, gentleman*	la señora	*the woman, lady*
un hijo	*a son*	una hija	*a daughter*
un amigo	*a (male) friend*	una amiga	*a (female) friend*

However, for some nouns the ending does not change and so the gender of the person the noun refers to is shown by the gender of the article.

un turista	*a (male) tourist*	una turista	*a (female) tourist*

F.   The plural of most nouns ending in a vowel is formed by adding **-s: libro, libros; mesa, mesas; viaje, viajes.** The plural of most nouns ending in a consonant is formed by adding **-es: hotel, hoteles; ciudad, ciudades; dirección, direcciones.*** A final **z** must be changed to **c** before adding **-es: lápiz, lápices.** The masculine plural of nouns referring to people may include both genders.

el niño	*the boy*
el señor González	*Mr. González*
el tío	*the uncle*
los niños	*the boys, or the boys and girls*
los señores González	*Mr. and Mrs. González*
los tíos (el tío y la tía)	*the aunt and uncle*

---

*Notice that there is no accent mark on **direcciones,** since the emphasis falls naturally on the next-to-the-last syllable, the normal stress for words ending in a vowel, **n** or **s.**

G. The definite article is used with titles such as **señor, señora,** or **señorita** when you are talking or asking about an individual.

Un estudiante habla con el señor Martínez.　　　　*A student is talking to Mr. Martínez.*

El doctor García necesita unas semanas de vacaciones.[*]　　　　*Dr. García needs a few weeks of vacation.*

The definite article is not used with titles when you are speaking to the person directly.

Buenos días, señor Martínez.　　　　*Good morning (Good day), Mr. Martínez.*

¿Cómo está usted, doctora Vilas?　　　　*How are you, Dr. Vilas?*

Hasta luego, señorita Soler.　　　　*See you later, Miss Soler.*

Práctica

A. **Preguntas y respuestas.** With a classmate, create questions and answers by replacing the nouns with appropriate words from the list given.

> MODELO　　ESTUDIANTE 1　**¿Están aquí *los turistas*?** (ciudad)
> 　　　　　ESTUDIANTE 2　**No, los turistas están en *la ciudad*.**

ESTUDIANTE 1
1. pasaportes
2. aviones
3. estudiantes
4. profesores

ESTUDIANTE 2
aeropuerto / clase / hospital / universidad / casa / hotel

> MODELO　　ESTUDIANTE 1　**¿Buscas *un lápiz*?** (bolígrafo)
> 　　　　　ESTUDIANTE 2　**No, busco *un bolígrafo*.**

ESTUDIANTE 1
1. farmacia
2. cuaderno
3. regalo
4. papel

ESTUDIANTE 2
cámara / libro / pizarra silla / restaurante / radio

B. **¿Qué necesitan...?** Marta and the Garcías have a list of things they need. Tell what they need, following the model.

> MODELO　　silla
> 　　**Marta necesita una silla. Los García necesitan unas sillas.**

1. cuaderno
2. lápiz
3. radio
4. papel
5. libro
6. mesa
7. cámara
8. semana de vacaciones

---

[*]*Vacation* (singular) in English is always expressed by **vacaciones** (plural) in Spanish.

C. **Formación de frases.** Make up sentences using the following words. Provide the definite articles, as in the model.

MODELO   abuelo de Pablo / hablar / con / señorita González
          El abuelo de Pablo habla con la señorita González.

1. niño / buscar / regalo
2. doctor / viajar / a / ciudad
3. estudiantes / hablar / con / profesor
4. mamá de Ana / llevar / pasaportes

5. tú / estudiar / lecciones
6. nosotros / mirar / pizarra
7. primo de Juan / llegar / a / capital
8. turistas / estar / en / hotel

III. Cardinal Numbers 0–99; *hay*

Hotel Santa Cruz

Avenida Lope de Vega 55

41   82   69

Direcciones y teléfonos de interés

Urgencias	Teléfonos		
Policía	091		
Doctor	42	10	35
Taxi	41	50	86
Restaurante Santa Cruz, Avenida Lope de Vega 57	41	55	08
Salón de belleza Santa Cruz, Avenida Lope de Vega 60	54	69	81
Oficina de turismo, Avenida Toledo 65	41	16	02
Aerolíneas Iberia, Plaza Mayor 3	55	91	83
Farmacia José Antonio, Avenida Toledo 74	23	31	75

1. ¿Hay *(Is there)* un restaurante en la Avenida Lope de Vega? ¿Cómo se llama?   2. ¿Hay una farmacia en la Avenida Toledo? ¿Cómo se llama?   3. ¿Está la oficina de turismo en la Plaza Mayor?

---

urgencias *(emergencies)*,   el salón de belleza *(beauty salon)*,   las aerolíneas *(airlines)*

A. Cardinal numbers 0–99.

0 cero	14 catorce	28 veintiocho
1 uno (un, una)	15 quince	29 veintinueve
2 dos	16 dieciséis	30 treinta
3 tres	17 diecisiete	31 treinta y uno
4 cuatro	18 dieciocho	(un, una)
5 cinco	19 diecinueve	32 treinta y dos
6 seis	20 veinte	33 treinta y tres...
7 siete	21 veintiuno (-ún, -una)	40 cuarenta
8 ocho	22 veintidós	50 cincuenta
9 nueve	23 veintitrés	60 sesenta
10 diez	24 veinticuatro	70 setenta
11 once	25 veinticinco	80 ochenta
12 doce	26 veintiséis	90 noventa
13 trece	27 veintisiete	

Notice the accents on **dieciséis, veintidós, veintitrés,** and **veintiséis,** all of which end in **-s.** The compound **veintiún** also takes an accent. **Uno** becomes **un** before a masculine noun and **una** before a feminine noun.

B. **Hay** is the impersonal form of **haber;** it means *there is* or *there are* and can be used with singular or plural nouns.

Hay treinta y una personas en la sala de clase. — *There are thirty-one people in the classroom.*
Hay siete días en una semana. — *There are seven days in a week.*
Hay un hotel en la Avenida Balboa. — *There is a hotel on Balboa Avenue.*
Hay veintiún hombres aquí. — *There are twenty-one men here.*

Práctica

A. **Cero, uno, dos, tres...** Count to fifty, each student taking a turn. Then count to fifty by twos, by threes, by fives, and by tens.

B. **Números y más números...** Read each of the following expressions.

1. 11 hombres
2. 81 libros
3. 52 semanas
4. 1 avión
5. 70 primos
6. 31 ciudades
7. 45 mujeres
8. 90 universidades
9. 65 páginas

C. **¿Verdadero o falso?** If the statement is true, say **verdadero.** If it is false, say **falso** and restate it, giving the correct answer.

MODELO Hay tres estudiantes en la clase.
Falso. Hay veintiún estudiantes en la clase.

1. Hay cinco profesores en la clase.
2. Hay doctores en un hospital.
3. Hay quince sillas en la clase.
4. Hay una pizarra en la pared.
5. Hay veinticuatro horas *(hours)* en un día.
6. Hay tres ventanas y cuatro puertas en la clase.
7. Hay aviones en un aeropuerto.

8. Hay pasaportes en una farmacia.
9. Hay veinte días en abril *(April)*.
10. Hay nueve días en una semana.

D. En el hotel.   Look at the hotel directory from the Hotel Santa Cruz at the beginning of this section. In pairs, ask and give addresses and phone numbers.

MODELO	ESTUDIANTE 1	**¿Hay una farmacia en la Avenida Toledo?**
	ESTUDIANTE 2	**Sí, la Farmacia José Antonio está en la Avenida Toledo, número 74.**
	ESTUDIANTE 1	**¿Número de teléfono?**
	ESTUDIANTE 2	**23 31 75.**

E. Entrevista *(Interview).*   In pairs, ask and give your own addresses and phone numbers. You can make up the information if you like. Give the numbers in groups of two when possible.

MODELO	ESTUDIANTE 1	**¿Dirección?**
	ESTUDIANTE 2	**101 (Uno cero uno) Walnut.**
	ESTUDIANTE 1	**¿Teléfono?**
	ESTUDIANTE 2	**323-0985. (Tres veintitrés cero nueve ochenta y cinco.)**

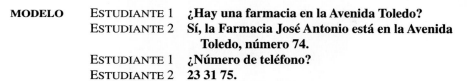

Antonio Banderas

ESPAÑA Y LAS ARTES VISUALES
El cine

One of the advantages of studying Spanish is the ability to eventually understand movies produced in Spanish-speaking countries.

However, one does not need to know Spanish to realize the importance of Spain in the movies. Antonio Banderas, star of such films as *Desperado* and *Assassins,* has made his mark in American cinema. Victoria Abril is well known both in Spain and in the United States for her work in such films as *Átame (Tie Me Up, Tie Me Down)* and *Tacones lejanos (High Heels).* Spain is also well known for some famous directors. Luis Buñuel gained celebrity with such classics as *Un Chien Andalou (Andalusian Dog)* and *Los olvidados (The Forgotten Ones).* The contemporary director Pedro Almodóvar is known for the above-mentioned *Átame* and *Mujeres al borde de un ataque de nervios (Women on the Verge of a Nervous Breakdown).*

PREGUNTAS

1. What Spanish-language films have you seen recently?   2. Other than the films mentioned above, what other U.S. films have featured Antonio Banderas?   3. If you have seen films of Buñuel and / or Almodóvar, say which ones, describe them briefly, and comment on their style.

IV. Interrogative Words and Word Order in Questions

Un muchacho madrileño que habla por teléfono

EN EL TELÉFONO, EN LA AVENIDA TOLEDO, EN MADRID

SRA. RIBERA	Dígame.
MIGUEL	Hola. ¿Está Teresa en casa?
SRA. RIBERA	Sí..., pero *¿quién* habla?
MIGUEL	Habla Miguel.
SRA. RIBERA	¡Ah, Miguel! Un momento, por favor.
TERESA	Hola, Miguel, *¿Cómo* estás?
MIGUEL	Bien, gracias. ¿Estudias ahora?
TERESA	Sí. Estudio con Adela. ¿Deseas estudiar con nosotras?
MIGUEL	Sí. Paso por ahí en unos minutos, *¿de acuerdo?*
TERESA	De acuerdo. Hasta luego.
MIGUEL	Adiós.

1. ¿Quién *(Who)* desea hablar con Teresa?   2. ¿Está Teresa en casa?   3. ¿Cómo está Miguel?   4. ¿Con quién estudia Teresa?   5. Miguel desea estudiar con ellas, ¿verdad?   6. ¿Cuándo pasa Miguel por la casa de Teresa?

ON THE TELEPHONE, ON TOLEDO AVENUE, IN MADRID
MRS. RIBERA: Hello. (literally, "Tell me.")   MIGUEL: Hello. Is Teresa home?   MRS. RIBERA: Yes . . ., but who is this?   MIGUEL: This is Miguel speaking.   MRS. RIBERA: Oh, Miguel! Just a minute, please.   TERESA: Hello, Miguel. How are you?   MIGUEL: Fine, thanks. Are you studying now?   TERESA: Yes. I'm studying with Adela. Do you want to study with us?   MIGUEL: Yes, I'll come by there in a few minutes, okay?   TERESA: Fine. See you later.   MIGUEL: Good-bye.

A. Statements can be made into questions by adding "confirmation tags," such as **¿de acuerdo?, ¿verdad?,** or **¿no?.**

Estudiamos ahora, ¿de acuerdo?	*We'll study now, okay?*
Ustedes viajan a España, ¿verdad?	*You are traveling to Spain, aren't you?*
Abuela llega hoy, ¿no?	*Grandmother is arriving today, isn't she?*
Hasta mañana (luego), ¿no?	*See you tomorrow (later), right?*

¿No? is not used after a negative sentence. Notice that **¿de acuerdo?** *(okay?, agreed?)* is most often used when an action is proposed.

B. Questions can also be formed with interrogative words. Some common interrogative words are:

¿Cómo?	*How?*	¿Por qué?	*Why?*
¿Cuál? ¿Cuáles?	*Which? Which one(s)? What?*	¿Qué?	*What?*
		¿Quién? ¿Quiénes?	*Who? Whom?*
¿Cuándo?	*When?*		
¿Dónde?	*Where?*		
¿Adónde?	*To what place? Where?*		
¿De dónde?	*From where?*		

Note that **¿Por qué?** is two words; **porque** *(because)* is one word:

¿Por qué no viajas a Barcelona?	*Why aren't you traveling to Barcelona?*
Porque ahora necesito estar en Madrid.	*Because I need to be in Madrid now.*

C. The word order for Spanish questions is interrogative word + verb + subject (if any) + remainder (if any). The voice normally falls at the end of a question with an interrogative word.

¿Cómo viajan los señores a Segovia?	*How are the gentlemen traveling to Segovia?*
¿Qué buscan los niños?	*What are the children looking for?*
¿Por qué estudias francés?	*Why are you studying French?*
¿Quién *(singular)* visita la clase?	*Who (singular) is visiting the class?*
¿Quiénes *(plural)* estudian inglés?	*Who (plural) is studying English?*
¿Dóndé están los mapas? —¿Cuáles?	*Where are the maps? —Which ones?*
¿Adónde viaja tío Juan?	*Where is Uncle Juan traveling?*
¿Cuál es el avión a Sevilla?	*Which one is the plane to Seville?*

D. Notice that question words always have a written accent and that both **¿quién?** and **¿cuál?** have plural forms. **¿Quién (quiénes)?** is also used after prepositions:

¿A quién escuchas?	*To whom are you listening?*
¿Con quién estudias?	*With whom are you studying?*

Práctica

A. **¿Verdad...?** You and a classmate are preparing for a test and are a little unsure about the following information. Ask for confirmation by adding **¿no?, ¿verdad?,** or **¿de acuerdo?,** as appropriate.

MODELO   Granada está en España.
          Granada está en España, ¿no?

1. Ahora estudiamos el vocabulario activo.
2. *City* se dice «ciudad» y *trip* se dice «viaje» en español.
3. El libro se llama *¡Hablemos español!*
4. Sevilla no está en México.
5. Miramos la televisión.
6. En Puerto Rico no hablan francés.

B. **¿Qué información necesita?** Use the following interrogative words to form questions that will correspond to the answers given. Follow the model.

MODELO   **¿Qué?**
          Pablo busca el mapa de España.
          ¿Qué busca Pablo?

1. **¿Qué?**
   a. Miguel busca los libros.
   b. Ana y José estudian francés.
   c. María necesita un pasaporte.
2. **¿Quién? ¿Quiénes?**
   a. Miguel busca los libros.
   b. Ana y José estudian francés.
   c. María necesita un pasaporte.
3. **¿Con quién? ¿Con quiénes?**
   a. La señora Rodríguez está con los niños.
   b. Viajan con el profesor.
   c. Juan estudia con Manuel.
4. **¿Dónde? ¿Adónde?**
   a. Estela está en la universidad.
   b. Viajan a Madrid.
   c. Felipe está en Barcelona.
5. **¿Cuándo? ¿Cómo?**
   a. El avión llega en un momento.
   b. Me llamo Marta Hernández.
   c. Llegamos en unos minutos.
6. **¿Por qué?**
   a. No están aquí porque están en clase.
   b. Llevan los pasaportes porque viajan a Bolivia.
   c. Busca un teléfono porque desea hablar con Teresa.

C. **Conversación.** Complete the following conversation between Pedro and Miguel with the appropriate interrogative words.

MIGUEL   Hola, Pedro. ¿_____ estás?
PEDRO   No muy bien, Miguel. ¿_____ es *(is)* el examen de geografía *(geography exam)?*

MIGUEL	Mañana. ¿Deseas estudiar con nosotros?
PEDRO	¿Con _____ estudias?
MIGUEL	Con Teresa y Adela.
PEDRO	¿_____ estudian hoy?
MIGUEL	Hoy deseamos estudiar Costa Rica.
PEDRO	Costa Rica..., ¿_____ está Costa Rica?
MIGUEL	En América Central.
PEDRO	¿Y _____ se llama la capital de Costa Rica?
MIGUEL	¡San José! Pedro, tú necesitas estudiar mucho, ¿no?

D. **Entrevista** *(Interview).*   Ask a classmate the following questions in Spanish. Some possible answers are given on the right. Your classmate should answer without looking at the book.

1. what his or her name is
2. with whom he or she studies
3. where he or she wants to travel
4. with whom he or she wants to travel
5. what he or she needs

Me llamo Martín (Laura).
Con un(a) amigo(-a).
A México.
Con Rosie Pérez (Antonio Banderas).

Una semana de vacaciones.

Zarzuela
SPANISH OPERETTA

ESPAÑA Y LA SOCIEDAD

La vida nocturna

Madrid is not only the political capital of Spain, it's also a bustling metropolitan center, with all the accompanying advantages and difficulties. Since the late 1970s, a "jet set" or "fast lane" attitude known as **la movida** has existed.

Nightlife plays a big part in the social activity of practically all **madrileños** (inhabitants of Madrid). Since many **madrileños** work until 7:00 or so in the evening, evening social activities begin rather late. Restaurants don't really start getting busy until 9:00 P.M., and many movies and live performances don't start until 11:00 P.M. To stave off hunger until the late evening meal, early in the evening a typical native may visit one or several of the many **tapas** bars spread throughout the city. Enjoyed with one's favorite beverage, **tapas** are snacks that can range from simple fare such as potato chips and olives to more elaborate items such as **calamares** (fried squid) and **empanadas** (turnovers filled with meat or vegetables).

PREGUNTAS
1. What is **la movida?** Why do you think it started in the late 1970s in Madrid?   2. Do you think you'd enjoy the night life of Spain? Why or why not?   3. What are **tapas** bars? Why do they exist in Spain? Do we have anything similar in this country?

¡*Vamos a repasar!*   *(Let's Review!)*

Un viaje a Madrid.   Fill in the blanks in Luisa's letter to her cousin with either the correct form of the verb **estar** or the correct subject pronoun to find out a bit about Luisa's trip to Madrid.

Querida* Elena:

Mamá y yo _____ en el Hotel Palacio. El hotel _____ cerca del *(near the)* Museo del Prado. El museo es muy interesante. Mañana mamá estudia el arte y _____ estudio la arquitectura del museo. La verdad es que *(that)* _____ necesitamos dos o tres días para mirar todas *(all)* las exposiciones.

_____ trabajas en un museo en Costa Rica, ¿verdad? Cuando _____ allí, en el museo, ¿tienes tiempo *(do you have time)* para mirar las exposiciones? ¿_____ contenta con el trabajo allí? David y tú _____ bien y _____ también están contentos en San José, ¿no?

Bueno *(Well)*, Elena, ahora _____ necesito una siesta porque _____ muy cansada *(tired)*. ¿Y mamá? _____ no _____ cansada. En este *(this)* momento _____ y una amiga española _____ en un restaurante cerca del hotel. Probablemente *(Probably)* _____ miran un mapa de Madrid... ¡y hablan de los planes para el fin de semana!

Hasta muy pronto,

Luisa

---

*In general, informal letters to friends or relatives are addressed as **Querido(-a)** + *name (Dear + name).*

Mosaico cultural

Para leer

EN MADRID, LA CAPITAL DE ESPAÑA

Antes de leer (Before Reading)

When you read, try to get the general sense of each sentence or paragraph. Do not be concerned about words you do not know. Guess at the meaning of words in context rather than looking them up in a dictionary or in the back of the book. This will make your reading a lot more pleasurable. Now look at the following reading and answer these questions: Who are the speakers? Are they friends or strangers? Where are they?

Lectura

Janet y su prima Susan son de Estados Unidos y pasan sus vacaciones en Madrid. En este momento están en La Puerta del Sol, una plaza importante de Madrid.

JANET	Perdón, señor, deseamos visitar el Museo del Prado.[1] ¿Qué autobús° tomamos°?	*bus / should we take*
SR. RUIZ	Pero hoy es lunes..., y los lunes todos° los museos están cerrados°. Muchos lugares° turísticos están cerrados los lunes°.	*all* / *closed / places* / **los...** *on Mondays*
SUSAN	¡Qué lástima!°	**¡Qué...** *What a pity!*
SR. RUIZ	¿Por qué no caminan° por° el centro de la ciudad?	*walk / through*
SUSAN	Necesitamos un mapa de Madrid. Señor, perdone..., ¿hay una librería° aquí cerca?	*bookstore*
SR. RUIZ	Sí. Hay una muy buena en la Calle Mayor.[2]	
JANET	Necesitamos comprar° unos libros..., un diccionario... ¡y el mapa!	*to buy*
SR. RUIZ	Yo también necesito comprar dos o tres libros. Los cursos de la Universidad comienzan° el lunes.	*start*
SUSAN	¿Es usted estudiante de la Universidad de Madrid?	
SR. RUIZ	No, señorita, yo no soy estudiante; soy profesor de la Universidad de Salamanca.[3]	
JANET	¿Y qué enseña usted en la universidad, señor...?	
SR. RUIZ	Manuel Ruiz, a sus órdenes°, señoritas. Enseño filosofía.	**a...** *at your service*
JANET	¡Ah! Mucho gusto. Me llamo Janet y ella es mi amiga Susan.	
SUSAN	¡Hola! Mucho gusto...	
SR. RUIZ	El gusto es mío, señoritas. Pues...,[4] ¿caminamos a la librería ahora?	
JANET Y SUSAN	Bueno,[4] de acuerdo°.	**Bueno...** *Well, OK*
SR. RUIZ	Vale, vamos...°	**Vale...** *OK, let's go*

Después de leer (After Reading)

1. ¿Qué museo desean visitar Janet y Susan?   2. ¿Están cerrados los museos? ¿Por qué?
3. ¿Qué necesitan comprar Janet, Susan y el señor Ruiz?   4. ¿Trabaja en Madrid el señor Ruiz? ¿En qué universidad trabaja? ¿Qué enseña?

NOTAS CULTURALES

1. **El Museo del Prado** is an art museum in Madrid that houses the world's richest and most comprehensive collection of Spanish paintings. The most important works of Velázquez are there, as well as major works by El Greco and Goya. The Prado also contains an impressive selection of other schools of European painting, especially Italian and Flemish art.

2. **La Calle Mayor** is one of several main streets of Madrid that converge at the **Puerta del Sol,** the heart of Madrid and location of the central metro station.

3. **La Universidad de Salamanca,** located in the city of Salamanca in western Spain, is one of Spain's leading universities. From its founding in 1218 until the end of the sixteenth century, the university was a leading center of learning in Europe, ranking with the universities of Paris and Oxford.

4. **Pues** and **bueno** are often used in Spanish when a person is momentarily at a loss for words. English speakers most often say *well, uh,* or *um.* Other ways to express hesitation are discussed in Chapter 7.

Para escuchar

¿Usted o tú...?   Listen to the segments of conversations on your tape and then match and write the number of each conversation next to the appropriate illustration. Determine whether the speakers are addressing each other in a formal or informal manner and circle **usted** for formal or **tú** for informal.

usted / tú

usted / tú

usted / tú

usted / tú

Para comunicarnos

In this chapter, you have seen examples of the following language functions or uses. Here is a summary and some additional information about these functions of language:

Asking for Information

To ask for information, you can use confirmation tags or interrogative words, as you have seen in this chapter.

Confirmation tags: ¿de acuerdo? ¿verdad? ¿no?

Remember that **¿no?** is not used after a negative sentence and that **¿de acuerdo?** is often used when some kind of action is proposed. In Spanish, just as in English, these tags can be used when you simply want to confirm an answer (that you think you know) or when you do not know the answer to your question. Remember, too, that the most common way of asking yes/no questions is to invert the normal order of the subject and verb:

¿Viaja usted a Sevilla mañana?

Interrogative words: Review the interrogative words on page 27 of this chapter.

Using the Telephone

In the conversation at the beginning of section IV, Mrs. Ribera (who is Spanish) answers the telephone by saying, «**Dígame.**» In Mexico and Central America, however, people are likely to say «**Bueno,**» and in some areas you may hear «**Aló.**» The most common expression is «**Hola.**» Notice that Mrs. Ribera asks who is calling by saying «**¿Quién habla?,**» but she might also say «**¿De parte de quién?**» (*"On behalf of whom?"*). With either question, you may say «**Habla**» and then your name—for example, «**Habla Ana.**» *"This is Ana" ("Ana speaking").*

Ending a Conversation

Adiós.	*Good-bye.*
Bueno, nos vemos.	*Well, see you. (Literally, "Well, we'll see each other [soon].")*
Feliz fin de semana.	*Have a good weekend. (literally, "Happy end of week.")*
Hasta luego.	*See you later.*
Hasta mañana.	*See you tomorrow.*
Hasta (muy) pronto.	*See you (very) soon.*

There are other ways to say good-bye, but the above are the most common. In the southern part of South America, where there has been a lot of Italian influence, people often just say **¡Chau!.**

ACTIVIDADES

A. ¿Qué dicen? *(What are they saying?)* Tell what the people in the following drawings are probably saying.

(1)

(2)

(3)   (4)

B.   Adiós.   Study the following situations where you would want to end a conversation. Which expression or expressions would be appropriate for each?

1. You see your friend Pablo on campus. He lives in your dorm. You chat for a few minutes and then say good-bye before you go to class.
2. You ask your professor a question after class and then say good-bye until tomorrow's class.
3. You meet a visiting lecturer, congratulate her on her presentation, and then say good-bye.
4. You call a friend to say that you've been delayed, but that you'll arrive at his house soon. Before you hang up, you say . . .
5. On Friday, you say good-bye to your classmate Ana. You'll see her again on Monday.

C.   Minidrama.   In small groups, create a conversation for the following situation. You and a friend are in a café in Madrid. You talk for a while, then your friend suggests visiting the **Museo del Prado.** You ask someone who is sitting at a table next to you if the museum is near or far from there. He / she answers, "It is very far and it is probably closed **(probablemente cerrado)** today." "What a pity!" **(«¡Qué lástima!»),** you reply. Then you thank him/her for the information. As an alternative, your friend suggests, "What if **(«¿Qué tal si...?»)** we visit the city of Toledo today?" You say, "OK, but we need a car. We'll take Uncle Jorge's car . . ." Your friend answers "OK," and you both leave the café.

Para escribir

Use the vocabulary and expressions learned in this chapter to tell about your family, including as many relatives as possible. Work out of class on your own or in class with a friend. If the exercise is done in class, each of you should write your description separately. Next, take turns reading your compositions aloud to each other. Correct any mistakes you hear and then prepare a final draft (in class or at home, according to your instructor's preference).

Vocabulario activo

COGNADOS

el aeropuerto	la exposición	el inglés	la oficina	el teléfono
la avenida	falso	la lección	el pasaporte	la televisión
la cámara	la farmacia	la liberación	la radio	el, la turista
la capital	el hotel	el mapa	el restaurante	la universidad
contento	la información	nervioso	la situación	las vacaciones

VERBOS

buscar	*to look for; to search (for)*	llegar	*to arrive*
desear	*to want, wish*	llevar	*to carry; to take*
enseñar	*to teach*	mirar	*to look at*
escuchar	*to listen to*	necesitar	*to need*
estudiar	*to study*	pasar	*to pass; to spend time*
hablar	*to talk, speak*	trabajar	*to work*
hay *(impersonal*	*there is, there are*	viajar	*to travel*
form of haber)		visitar	*to visit*

LA FAMILIA

la abuela	*grandmother*	la hija	*daughter*	los parientes	*relatives*
el abuelo	*grandfather*	el hijo	*son*	el primo, la prima	*cousin*
la esposa	*wife*	la madre	*mother*	la tía	*aunt*
el esposo	*husband*	el niño, la niña	*child*	el tío	*uncle*
la hermana	*sister*	el padre	*father*		
el hermano	*brother*	los padres	*parents*		

OTRAS PALABRAS Y FRASES

a	*at, to*	la ciudad	*city*
ahora	*now*	la dirección	*address*
allí *(or* allá)	*there*	en	*in, on, at*
el amigo, la amiga	*friend*	el fin de semana	*weekend*
el avión	*airplane*	el francés	*French*

el hombre	*man*	por	*by; for; through; because of*
hoy	*today*	porque	*because*
mañana	*tomorrow*	la pregunta	*question*
mucho	*much; many; a lot*	el regalo	*gift*
la mujer	*woman*	la semana	*week*
muy	*very*	sobre	*on, about*
el número de teléfono	*telephone number*	también	*also, too*
para	*for; in order to*	la verdad	*truth*
pero	*but*	verdadero	*true; real*

Expresiones útiles

¿de acuerdo?	*okay?, all right?, agreed?*
Hasta luego.	*See you later.*
Hasta mañana.	*See you tomorrow.*
Hasta (muy) pronto.	*See you (very) soon.*
¿verdad?	*right?, true?*

Don't forget: Definite articles, page 20; Indefinite articles, page 21; Cardinal numbers 0–99, page 24; Interrogative words, page 27.

La Avenida 9 de Julio, Buenos Aires

¿Sabía usted que…?

- In land area, Argentina is the largest Spanish-speaking country in the world. It has the highest mountain in the Western Hemisphere, **El Pico de Aconcagua,** located in the Andes.
- Argentines consume more beef per capita (more than ninety kilograms per year) than any other country.
- Buenos Aires, the capital, was the first Latin American city to revolt against Spanish rule in 1810.
- It has five symphonic orchestras; two of them play in the majestic **Teatro Colón*,** one of the most elegant opera palaces in the world.
- It also has the oldest subway system (called **el subterráneo**) in South America, built in 1913.
- Buenos Aires has been modernized so much in recent years that much of the exterior filming of the movie *Evita* (set in the 1940s and 1950s) had to be done in Hungary and England.
- Argentina has a **población** (population) of about **treinta y tres millones de habitantes** (thirty-three million inhabitants) and its **moneda** (currency) **oficial** is **el peso.**

PREGUNTAS

1. Only one other country in South America is larger in land area than Argentina. Which is it? What language do they speak there?
2. What is the highest peak in the Western Hemisphere? In what mountain range is it found?
3. What would you say about the dietary habits of Argentines?
4. Where were many of the exterior scenes of *Evita* filmed? Have you seen the film? If so, give your opinion of the film and of the political climate of Argentina in the 1940s and 1950s based on what you saw in the film.

ARGENTINA

TUCUMÁN
ROSARIO
CÓRDOBA
MENDOZA
BUENOS AIRES ✪
BAHÍA BLANCA

---

*See the photo on page 48.

Un café en el barrio
(neighborhood) *La
Recoleta, en Buenos
Aires, Argentina*

CAPÍTULO DOS

Descripciones

Cultura

This chapter focuses on
Argentina.

Estructuras

You will discuss and use:
- The present tense of **ser,** a
  second verb corresponding to
  to be
- Adjectives
- **Ser** versus **estar**
- The contractions **al** and **del**
- The personal **a**

Vocabulario

In this chapter you will describe
people, places, and things.

Comunicación

- Making descriptions (1)
- Expressing admiration
- Describing locations

Vocabulario del tema

Esteban es... argentino, rubio *(blond)* y sensible *(sensitive)*.

Él es muy cortés *(polite)* también.

Está en un restaurante pequeño *(small)* con Pedro, Luis y Alicia.

Maricruz es... joven *(young)*, idealista, optimista, alta *(tall)* y delgada *(slender)*.

Está en (la) clase. Está contenta.

Los estudiantes están contentos también.

La clase es larga *(long)*. Es de dos horas.

Marta es... morena *(dark),* realista, responsable, inteligente y simpática *(nice).*
Está en una universidad nueva *(new)* y moderna.

El museo es... importante, grande *(large),* interesante y viejo *(old).*
Está en la ciudad.

Antónimos *(Antonyms).*   Give the opposite of each word.

1. realista
2. insociable
3. irresponsable
4. pesimista
5. rubio

6. aburrido *(boring)*
7. pequeño *(small)*
8. insensible
9. descortés
10. bajo *(short in stature)*

11. estúpido
12. viejo *(old)*
13. corto *(short in length)*
14. malo *(bad)*
15. gordo *(fat)*

Preguntas

1. ¿Es optimista Esteban? ¿Maricruz? ¿Marta?   2.   ¿Están contentos los estudiantes?
¿Está contenta Maricruz?   3. ¿Está Maricruz en (la) clase o en un restaurante?   4. ¿Es
usted optimista o pesimista? ¿alto(-a) o bajo(-a)? ¿rubio(-a) o moreno(-a)? ¿idealista o
realista? ¿responsable o irresponsable?   5. ¿Están ustedes en (la) clase?   6. ¿Está la universidad Cornell en una ciudad grande o pequeña? ¿y Harvard? ¿y la universidad de
ustedes?   7. ¿Qué adjetivo(s) asocia usted *(do you associate)* con Michael Jackson? ¿con
Madonna? ¿con Julia Roberts? ¿con Jay Leno? ¿con Whoopi Goldberg? ¿con el profesor
(la profesora) de español? ¿con los estudiantes de la clase?   8. ¿Qué personas asocia
usted con estos *(these)* adjetivos: descortés, idealista, popular, alto(-a), delgado(-a),
pesimista, intelectual?

Estructuras

I. The Verb *ser*

Un café en el centro de Buenos Aires, Argentina

EN UN CAFÉ, EN BUENOS AIRES

PEDRITO ¿De dónde *son* ustedes, señor Larkin?
SR. LARKIN La doctora Silva y yo *somos* de Estados Unidos. Yo *soy* de Tejas.
PEDRITO Usted habla muy bien el español.
SR. LARKIN Gracias, *eres* muy amable.
PEDRITO Y usted, doctora Silva, ¿*es* también de Tejas?
DRA. SILVA No, yo *soy* de Nevada, Pedrito.
PEDRITO ¡Ah! ¡Tejas y Nevada!... ¡Dos estados con nombres en español!
¡Por eso ustedes hablan bien el español!

IN A CAFÉ IN BUENOS AIRES
PEDRITO: Where are you from, Mr. Larkin? MR. LARKIN: Dr. Silva and I are from the United States. I'm from Texas. PEDRITO: You speak Spanish very well. MR. LARKIN: Thanks, you're very nice. PEDRITO: And you, Dr. Silva, are you also from Texas? DR. SILVA: No, I'm from Nevada, Pedrito. PEDRITO: Ah! Texas and Nevada! . . . Two states with names in Spanish! That's why you speak Spanish well!

1. ¿Dónde están Pedrito, el señor Larkin y la doctora Silva?   2. ¿De dónde es el señor Larkin?   3. ¿Habla español el señor Larkin?   4. ¿De dónde es la doctora Silva? Y Pedrito, ¿de dónde es?   5. Según *(According to)* Pedrito, ¿por qué hablan bien el español el señor Larkin y la doctora Silva?   6. ¿De dónde es usted?

ser *to be*			
yo	soy	nosotros(-as)	somos
tú	eres	vosotros(-as)	sois
él		ellos	
ella	es	ellas	son
usted		ustedes	

Somos estudiantes.	*We are students.*
Eduardo es argentino.	*Eduardo is an Argentinean.*
Ricardo es agente de viajes.	*Ricardo is a travel agent.*

Note that after **ser** the indefinite article is not used with a profession or nationality unless it is modified by an adjective, as you will see later in the book.

Práctica

A.   A que eres de Chile... *(I'll bet you're from Chile . . .).*   Professor Benítez is a specialist in regional accents. Every time she hears someone speak, she guesses where the speaker is from. Make up questions she would ask, following the model.

MODELO   José / España
¿De dónde es José? ¿Es de España?

1. el doctor Lombardi / Argentina
2. los señores García / Cuba
3. Teresa / Paraguay
4. la profesora / Colombia
5. usted / Puerto Rico
6. los amigos de Susana / Chile
7. el profesor / Uruguay
8. ustedes / México

B.   ¿Verdadero o falso?   If the statement is true, say **verdadero.** If it is false, say **falso** and restate it to make it correct.

1. Buenos Aires es la capital de Bolivia.
2. Yo soy Julio Iglesias.
3. Madrid es la capital de Guatemala.
4. Ochenta y cinco más *(plus)* quince son noventa y cinco.
5. Fidel Castro es de Venezuela.
6. Ustedes son estudiantes.
7. Usted es primo (prima) de Jane Fonda.

C.   ¿Quién soy? Pues...   Tell a group of three or four classmates a few things about yourself.

MODELOS	ESTUDIANTE 1	**Soy Catalina. Soy estudiante de español. Soy de California. ¿Y tú?**
	ESTUDIANTE 2	**Soy Ricardo. No soy de aquí. Soy de Montreal. Hablo inglés y francés. También soy estudiante de español. ¿Y tú?**

D.   Personas famosas.   Work with a classmate to describe four famous personalities and tell where they are from. Use the list of adjectives below in your descriptions.

MODELO   **Ralph Nader es idealista y sensible. Es de Connecticut.**

pesimista	responsable	bajo(-a)	cortés	rubio(-a)
optimista	irresponsable	sensible	descortés	popular
egoísta	idealista	insensible	intelectual	rico(-a)
alto(-a)	moreno(-a)	amable	famoso(-a)	viejo(-a)

II. Adjectives

El Congreso, Buenos Aires

EN UNA AVENIDA DE BUENOS AIRES

ANA   Allí está Patricia, una amiga de Chile.
NINA   ¿Es *chilena?* Andrés también es *chileno.*
ANA   Patricia es muy *simpática—cortés, sensible, trabajadora...*
NINA   Pues, Andrés también es *simpático—cortés, sensible, trabajador...*
ANA   ¡Una pareja *perfecta!* Quizás Andrés y Patricia...
JUAN   Un momento, chicas. ¡Andrés es hermano de Patricia!

1. ¿Es mexicana Patricia?, ¿y Andrés?   2. ¿Cómo es Patricia?, ¿y Andrés?   3. Según Juan, ¿quién es Andrés?

A. Agreement of adjectives:

1. In Spanish, adjectives must agree both in number and in gender with the nouns they modify. The most common singular endings for adjectives are **-o** (masculine) and **-a** (feminine).

un doctor famoso	*a famous doctor*	una doctora famosa	*a famous doctor*
un estudiante mexicano	*a Mexican student*	una estudiante mexicana	*a Mexican student*
un regalo bonito	*a pretty present*	una ciudad bonita	*a pretty city*
un auto feo	*an ugly car*	una experiencia fea	*a bad experience*

2. Adjectives of nationality that end in consonants and adjectives that end in **-dor** are made feminine by adding **-a.**

un turista inglés*	*an English tourist*	una turista inglesa	*an English tourist*
un chico trabajador	*a hardworking boy*	una chica trabajadora	*a hardworking girl*

3. With very few exceptions (which are not presented in this book), adjectives that don't end in **-o, -a,** or **-dor** have the same forms in the masculine and the feminine.

un examen difícil	*a difficult exam*	una lección difícil	*a difficult lesson*
un chico joven	*a young boy*	una chica joven	*a young girl*
un examen fácil	*an easy exam*	una lección fácil	*an easy lesson*

4. To form the plural of an adjective that ends in a vowel, add **-s.** To form the plural of an adjective that ends in a consonant, add **-es.**

las ciudades grandes	*the big cities*	los pasajeros franceses	*the French passengers*
unos exámenes difíciles	*some difficult exams*	unas lecciones fáciles	*some easy lessons*

ON AN AVENUE IN BUENOS AIRES
ANA: There's Patricia, a friend from Chile.   *NINA: She's Chilean? Andrés is also Chilean.*   *ANA: Patricia is very nice—polite, sensitive, hardworking . . .*   *NINA: Well, Andrés is nice too—polite, sensitive, hardworking . . .* *ANA: A perfect couple (pair)! Perhaps Andrés and Patricia . . .*   *JUAN: Just a moment, girls. Andrés is Patricia's brother!*

---

*Remember that the written accent on the last syllable of the masculine form will not be necessary after you change the adjective to the feminine. Note also that adjectives of nationality are not capitalized.

Los dos restaurantes más tradicionales de Buenos Aires

La mejor carne argentina

B. Position of adjectives:

1. Most adjectives are descriptive—that is, they specify size, shape, color, type, nationality, and so forth. Descriptive adjectives usually follow the nouns they modify.

un hombre hispano	*a Hispanic man*	la chica norteamericana	*the North American girl*
unos restaurantes tradicionales	*some traditional restaurants*	la carne argentina	*the Argentine beef*

2. However, adjectives that specify quantity usually precede the nouns they modify.

dos restaurantes	*two restaurants*	mucho progreso	*a lot of progress*
muchos regalos	*many presents*		

3. **Bueno(-a)** *(good)* and **malo(-a)** *(bad)* may be placed before or after a noun.

una buena comida	} *a good meal*	una mala niña	} *a bad girl*
una comida buena		una niña mala	

4. Before a masculine singular noun, **bueno** is shortened to **buen** and **malo** to **mal.**

un buen restaurante   *a good restaurant*
un mal ejemplo   *a bad example*

5. **Grande** becomes **gran** before a singular noun of either gender; it normally means *great* when it precedes a noun and *large* when it follows a noun.

un gran libro   *a great book*
un libro grande   *a big book*
una gran universidad   *a great university*
una universidad grande   *a large university*

Práctica

A. Las invitadas *(The guests).* Ana's friends are giving her a surprise party (for women only). Who will be the guests? Follow the model to find out.

    MODELO   una prima (bueno y trabajador)
                     Una prima buena y trabajadora.

1. una estudiante (español)
2. una profesora (mexicano)
3. una señora (argentino)
4. una mujer (hispano)
5. una gran amiga (italiano)
6. una chica (inteligente y responsable)
7. una doctora (amable y simpático)
8. una señora (elegante y popular)
9. una tía (viejo y aburrido)

B. Una familia interesante. The Padillas are an interesting and unusual family. None of the children take after their parents. In fact, they are their exact opposites! Tell what each of them is like, following the models.

    MODELOS   El señor Padilla es sociable.   La señora Padilla es cortés.
                    Los hijos son insociables.   **Las hijas son descorteses.**

1. El señor Padilla es cortés y sensible.
2. La señora Padilla es idealista.
3. El señor Padilla es responsable.
4. La señora Padilla es altruista.
5. El señor Padilla es optimista.

C. ¿Cómo es el amigo (la amiga) ideal?   Describe the ideal friend to a classmate and then have your classmate describe him or her to you. Refer to the **Vocabulario activo** for help.

Entrevista

Ask a classmate the following questions and report the information back to the class.

1. ¿Hay buenos restaurantes mexicanos aquí? ¿españoles? ¿argentinos? ¿italianos? ¿Dónde?   2. ¿Preparas comida típica norteamericana? ¿mexicana?   3. ¿Cómo es la comida de la cafetería de la universidad? (¿buena o mala? ¿deliciosa? ¿horrible?) 4. ¿Cómo son los estudiantes de la universidad? (¿inteligentes? ¿responsables? ¿buenos? ¿malos? ¿trabajadores? ¿sensibles? ¿simpáticos? ¿sociables?)   5. ¿Cómo es la clase de español? (¿fácil o difícil? ¿interesante o aburrida? ¿grande o pequeña? ¿larga o corta?)

III. *Ser* versus *estar*

El Teatro Colón de Buenos Aires

EN LA AVENIDA CÓRDOBA, EN BUENOS AIRES

ROBERTO   Por favor, señor, ¿dónde *está* el Teatro Colón?
RAMÓN   *Está* en la Avenida 9 de Julio. Usted no *es* de aquí, ¿verdad?
ROBERTO   No, *soy* turista. *Estoy* aquí con unos amigos. *Somos* de Bariloche y *estamos* perdidos.
RAMÓN   Pues, el teatro no *está* lejos. *Es* fácil llegar allí. *Es* muy grande y *está* cerca de una plaza muy linda.

---

1. ¿Dónde está Roberto?   2. ¿Está el teatro en la Avenida Córdoba?   3. ¿Quién es Roberto? ¿Con quiénes está él? ¿De dónde son ellos?   4. ¿Cómo es el teatro? ¿Está lejos?

A.   **Ser** is used:

1.   To link the subject to a noun (or to an adjective used as a noun).

Silvia es italiana.	*Silvia is (an) Italian.*
Jorge y Luis son amigos.	*Jorge and Luis are friends.*
El señor García es agente de viajes.	*Mr. García is a travel agent.*

2.   With **de** to indicate origin (where someone or something is from).

Soy de (los) Estados Unidos. —¡Bienvenido!	*I'm from the United States. —Welcome!*
¿De dónde es el regalo? —Es de México.	*Where is the present from? —It's from Mexico.*

ON CÓRDOBA AVENUE, IN BUENOS AIRES
ROBERTO: Please, sir, where is the Colón Theater?   RAMÓN: It's on 9 Julio Avenue. You're not from here, are you?   ROBERTO: No, I'm a tourist. I'm here with some friends. We're from Bariloche, and we're lost. RAMÓN: Well, the theater isn't far. It's easy to get there. It's very big, and it's near a very pretty plaza.

3. To indicate where an event takes place.

   La ópera es en el Teatro Colón. *The opera is in the Colón Theater.*
   La exposición es en el museo. *The exhibit is in the museum.*

4. With **de** to describe what something is made of.

   ¿Es de oro el reloj? *Is the watch (made of) gold?*
   La mesa es de madera. *The table is wooden (made of wood).*

5. With **de** to indicate possession.

   El reloj es de Ricardo. *The watch is Ricardo's.*
   La cámara es de la señora italiana. *The camera is the Italian woman's.*

6. With an adjective that is considered normal or characteristic of the subject.

   Marta es trabajadora. *Marta is hardworking.*
   El señor Torres es amable. *Mr. Torres is nice.*

B. **Estar** is used:

1. To indicate location or position.

   El hotel está en la avenida Colón. *The hotel is on Colón Avenue.*
   Nosotros estamos enfrente de «La Casa *We are in front of "La Casa*
      Mexicana». *Mexicana."*
   Están de vacaciones en Bogotá. *They are on vacation in Bogotá.*
   ¿Dónde está la agencia de viajes? ¿A la *Where is the travel agency? On the left*
      izquierda o a la derecha? *or on the right?*

2. To indicate the condition of a person or thing at a particular time or with adjectives
   that are thought of as true of the subject at a particular time. (This is often the result of
   a change.)

   ¿Cómo estás? —Estoy bien, gracias. *How are you? —I'm fine, thanks.*
   A veces el aire está contaminado. *At times the air is polluted.*
   Adela está nerviosa hoy. *Adela is nervous today (though not*
      always).
   Otra vez estamos perdidos. *We are lost again.*

Práctica

A. **¿Ser o estar?** Complete the sentences, using the appropriate forms of **ser** or **estar.**

1. Los profesores ingleses _____ amables.
2. Tú _____ nervioso hoy, ¿verdad?
3. Juan _____ allí otra vez.
4. ¿_____ el examen de Rubén?
5. Nosotros _____ italianos.
6. Ustedes _____ en la clase de español.
7. Carmen _____ perdida.
8. Yo _____ de Argentina.
9. La silla _____ de madera.

B. Clarificación. You are not sure what you heard. In pairs, ask and answer questions, following the models.

MODELOS   ¿Los viajes? ¿interesantes?
      ESTUDIANTE 1   **¿Son interesantes los viajes?**
      ESTUDIANTE 2   **Sí, los viajes son interesantes.**

      ¿Tomás? ¿en clase?
      ESTUDIANTE 1   **¿Está Tomás en clase?**
      ESTUDIANTE 2   **Sí, Tomás está en clase.**

1. ¿Los López? ¿de vacaciones?
2. ¿La universidad? ¿grande?
3. ¿Los abuelos? ¿bien?
4. ¿Nosotros? ¿estudiantes?
5. ¿Yo? ¿de Nueva York?
6. ¿El (La) estudiante? ¿perdido(-a)?
7. ¿El libro? ¿de papel especial?
8. ¿Tú? ¿aburrido(-a) hoy?
9. ¿El concierto? ¿Teatro Nacional?

C. Las vacaciones de mis compañeros de clase. Complete the following paragraph using the appropriate forms of **ser** and **estar**.

Ahora yo (1) _____ en la clase de español. La clase (2) _____ interesante y la profesora (3) _____ muy simpática. Pero muchos de los estudiantes no (4) _____ en clase hoy. ¿Dónde (5) _____? Bueno, Felipe (6) _____ en Buenos Aires con su novia *(girlfriend).* Él (7) _____ un buen amigo y (8) _____ muy trabajador. Estoy seguro *(sure)* que ellos (9) _____ muy contentos en la capital, pasando *(having)* unas lindas vacaciones. Francisco y Fernando (10) _____ en Córdoba para una exposición de arte. Gabriela no (11) _____ aquí porque no (12) _____ bien. ¡Oh, no!, otra vez la profesora me habla *(is speaking to me)...* ¿Dónde (13) _____ todos los otros estudiantes? ¡Estoy frito *(sunk, literally "fried")*!

D. Juan Ramírez. With a classmate, take turns composing sentences about Juan Ramírez. Use the words shown below and **ser** or **estar** as appropriate.

MODELO   **Es inteligente.**

1. de Córdoba
2. doctor
3. en el hospital
4. altruista
5. bien
6. argentino
7. de vacaciones
8. en Mar del Plata ahora
9. nervioso
10. amigo del presidente

Entrevista

Ask a classmate the following questions and report the information back to the class.

1. ¿Eres norteamericano(-a)? ¿Eres de Nueva York? ¿de California? ¿De dónde eres?
2. ¿Eres inteligente? ¿trabajador(a)? ¿optimista? ¿Cómo eres?   3. ¿Estás nervioso(-a) hoy? ¿Por qué? ¿Cómo estás hoy?   4. ¿Dónde están los estudiantes que no están en clase hoy? (¿en casa? ¿en la cafetería? ¿en otra clase?)   5. ¿Está lindo el día?

Un club de tango en Buenos Aires

ARGENTINA Y LA MÚSICA

El tango

If you asked North Americans what is the national music form and dance of Argentina, the majority would most likely say *the tango* (**el tango**). Having had an amazing popularity in the early twentieth century (pop-culture historians credit the dance with helping catapult actor Rudolph Valentino to stardom), the tango has reemerged in popularity in recent years, being showcased in such films as *True Lies, Scent of a Woman,* and *Evita.*

The tango, which began as an underground dance form in the bordellos of 1880s Buenos Aires, has become one of the most enduring and influential popular dance styles of this century. While it has a repertoire of definite steps, it also allows for a certain amount of improvisation, as well as tremendous latitude in interpretation. The tango will never be danced the same way twice.

Tango clubs abound in certain neighborhoods of the Argentine capital and are a popular site with locals, as well as with tourists.

PREGUNTAS

1. What is the national dance of Argentina?   2. What movie star got his big break via the tango?   3. What do you think has helped the tango become popular again in the late twentieth century?   4. Where and when did the dance form begin? Why do you think it was considered an "underground" or "taboo" dance?
5. Why is it said that the tango is "never danced the same way twice?"   6. Where would one go to see the tango performed?

IV. The Contractions *al* and *del*

EN UN AUTOBÚS, EN LA AVENIDA CÓRDOBA

UNA TURISTA	¿Cómo llegamos *al* restaurante *La Chacra?* ¿Por qué no preguntas?
EL ESPOSO	Por favor, señor, ¿dónde está el restaurante *La Chacra?* ¿Está cerca o lejos de aquí?
UN SEÑOR	Muy cerca. Está allí a la izquierda, *al* lado *del* Café Córdoba.
LA TURISTA	Gracias, señor. (*Al* esposo) ¿Qué tal si bajamos *del* autobús ahora...?

1. ¿Dónde están los turistas?   2. ¿Está el restaurante *La Chacra* a la izquierda o a la derecha? ¿Está cerca?   3. ¿Está al lado del café o al lado del hotel?

a + el = al   **de + el = del**

The definite article **el** contracts with **a** to form **al** and with **de** to form **del.** The other articles do not contract.

Las chicas llegan al teatro (a la ciudad, a Estados Unidos, al país).	*The girls arrive at the theater (at the city, in the United States, in the country).*
Estamos lejos del museo (de la universidad, de los hoteles, de las agencias).	*We're far from the museum (from the university, from the hotels, from the agencies).*

ON A BUS ON CÓRDOBA AVENUE
WOMAN TOURIST: How do we get to the La Chacra restaurant? Why don't you ask?   HER HUSBAND: Excuse me, sir. Where is the La Chacra restaurant? Is it near or far from here?   A GENTLEMAN: Very near. It's there on the left, beside the Córdoba Café. WOMAN TOURIST: Thank you, sir. (To her husband) How about if we get off the bus now . . . ?

Práctica

A. Una lección de geografía argentina. Look at the map below. Then react to the following statements with **verdadero** or **falso.** If the statement is false, correct it.

Map of AMÉRICA DEL SUR showing CHILE, PARAGUAY, ARGENTINA, URUGUAY, and locations including Sucre, Potosí, Asunción, Iguazú, Córdoba, Viña del Mar, Valparaíso, Santiago, Concepción, Buenos Aires, Montevideo, Bahía Blanca, Viedma, ISLAS MALVINAS (Br.), Estrecho de Magallanes, TIERRA DEL FUEGO, OCÉANO PACÍFICO, LOS ANDES, Río Paraná, Río Uruguay, Río de la Plata.

NORTE

OESTE   ESTE

SUR

1. Las Islas Malvinas están al oeste del Estrecho de Magallanes.
2. Viña del Mar está cerca de Valparaíso.
3. Bahía Blanca está al sur de Viedma.
4. Santiago y Concepción están en Brasil.
5. Tierra del Fuego está al oeste de la Argentina.
6. Montevideo está al sur de Buenos Aires.
7. Buenos Aires está lejos de Asunción.
8. Montevideo está cerca del Océano Pacífico.

B.   Imaginación y lógica.   Form sentences for each group of words, using them in the order given.

> MODELO   hotel / izquierda / aeropuerto
> **El hotel está a la izquierda del aeropuerto.**

1. restaurante / lado / universidad
2. hospital / izquierda / farmacia
3. universidad / cerca / teatro
4. museo / derecha / agencia
5. aeropuerto / lejos / ciudad

Entrevista

Work with a classmate and take turns asking and answering the following questions.

1. ¿Deseas viajar a México? ¿a Perú? ¿Adónde deseas viajar?   2. ¿Llevas pasaporte cuando viajas a Canadá? ¿a Argentina? ¿a Tejas? ¿a Nueva York?   3. En la clase de español, ¿estás cerca o lejos de la puerta? ¿Quién está a la derecha de X *(name a student)?* ¿a la izquierda? 4. ¿Está la universidad lejos o cerca del aeropuerto? ¿de un buen restaurante?

V. The Personal *a*

El señor mira *a* la señorita.

El señor mira los precios.

Elena busca *al* niño.   Elena busca el Hotel Nacional en el mapa.

The personal **a** must precede a direct object that refers to a person or persons. The direct
object is the word that indicates the person or thing that is acted upon (or that receives the
action of the verb directly). In the sentence *I give the book to Jim, the book* is what is
given—it is the direct object. In the sentence *I see Jim, Jim* is the person who is seen—he's
the direct object. In Spanish, direct objects that refer to people must be preceded by the
personal **a.** Compare:

Teresa visita a los señores Navarro.   *Teresa is visiting Mr. and Mrs. Navarro.*
Necesitamos a la doctora.   *We need the doctor.*

but:

Teresa visita el Museo de Historia   *Teresa is visiting the National History*
   Natural.   *Museum.*
Necesitamos una casa grande.   *We need a big house.*

Like **visitar, mirar,** and **buscar,** the verb **llamar** *(to call)* often requires the personal **a:**

Llama al profesor.   *He (She) calls the professor.*

Práctica

A. Un detective.   Alfonso is an amateur detective. Tell what (or whom) he's looking
for, using the cues.

    MODELO   el hotel / los turistas
            Alfonso busca el hotel y también busca a los turistas.

   1. la casa de Luis / Luis   4. los abuelos / una mujer italiana
   2. el pasaporte / una dirección   5. las cámaras / los pasajeros
   3. el señor Méndez / un restaurante 6. los estudiantes / el profesor Ruiz

B. Traducción.   Give the Spanish equivalent of the following sentences.

   1. Juan looks at Adela.   4. I want to visit Mr. Flores.
   2. They are looking for a good   5. The travel agent is calling the
      restaurant.   tourists now.
   3. The student visits the museum.

Entrevista

Ask a classmate the following questions and report the information back to the class.

1. ¿Visitas a unos amigos hoy? ¿al (a la) profesor(a) de español?   2. ¿Llamas mucho a los amigos? ¿a un(a) amigo(-a) en particular? ¿A quién deseas llamar hoy? ¿mañana? 3. ¿Miras televisión? ¿Miras a veces *(sometimes)* al presidente en la televisión? 4. Cuando estás de vacaciones, ¿qué visitas? (¿museos? ¿teatros? ¿otras ciudades?) ¿A quién(es) visitas? (¿a amigos? ¿a la familia? ¿a otras personas?)

¡Vamos a repasar!

Un baile *(dance)* **en casa de Roberto.**   Complete the sentences in the following paragraphs with the correct form of the infinitives and the correct numbers in Spanish given in parentheses.

Hoy hay un baile en el apartamento de Roberto. Roberto _____ (invitar) a todos los amigos: _____ (54) en total, _____ (31) hombres y _____ (23) mujeres. Pero hay un problema; hay solamente *(only)* _____ (15) sillas en el apartamento. Roberto y los amigos _____ (necesitar) _____ (39) sillas más. Los amigos _____ (llegar) al baile en _____ (2) horas y _____ (45) minutos. ¡Qué lío! *(What a mess!)*

Yo _____ (llevar) _____ (11) sillas de mi casa. Ahora nosotros _____ (necesitar) solamente _____ (29) sillas. Nosotros _____ (buscar) más sillas en la casa de mi hermana Pilar. Ella _____ (trabajar) hoy y no _____ (necesitar) las _____ (8) sillas que hay en su casa. Ahora nosotros _____ (necesitar) _____ (21) sillas más.

—No hay problema, dice *(says)* Roberto. Muchas personas _____ (pasar) tiempo bailando *(dancing)* y no _____ (necesitar) sillas. A propósito *(by the way)*, ¿cuándo _____ (llegar) tú al baile?

—_____ (Llegar) _____ (60) minutos antes del *(before the)* baile. Nosotros _____ (preparar) la fiesta juntos *(together)*, ¿de acuerdo?

—De acuerdo. Hasta muy pronto.

Mosaico cultural

Para leer

EN BUENOS AIRES, EL PARÍS DE SUDAMÉRICA

Vista de Buenos Aires, Argentina

Antes de leer

Before reading the **Lectura,** take a look at the title of the reading and the photo accompanying it. What kind of things would you expect to see described about a city that calls itself "The Paris of South America"? If you were on vacation in Buenos Aires, what would you expect to see? At this time, you may wish to jot down some facts you already know about Argentina and its capital, Buenos Aires. You may even want to look up some additional facts in an almanac or reference book. Then, after reading, compare your notes with what you have learned.

Again, remember to read for the sense of the sentences, guessing at as many words as possible, rather than looking up every word you don't know.

Lectura

En un autobús. Los señores Smith están de vacaciones en Buenos Aires. Buscan el Museo de Historia Natural.[1]

SR. SMITH	¡Dios mío!, el tráfico está horrible y el aire está contaminado.
SRA. SMITH	Es el precio del progreso. Pero los porteños[2] son amables y la ciudad es bonita, ¿no?
SR. SMITH	Sí, pero es muy grande. Estoy perdido... ¿Cómo llegamos al museo?
SRA. SMITH	¿Por qué no preguntamos?
SR. SMITH	Buena idea. *(Habla con un pasajero.)* Por favor... ¿dónde está el Museo de Historia Natural?
EL PASAJERO	Está lejos. Ustedes no son de aquí, ¿verdad?
SRA. SMITH	No, somos ingleses.
EL PASAJERO	¡Ah!, son de Inglaterra.° Pues... bienvenidos al París de Sudamérica. ¿Por qué desean visitar el museo?
SRA. SMITH	Para mirar las exposiciones sobre los animales[3] típicos del país, sobre la cultura de los indios y sobre...
EL PASAJERO	Un momento, por favor. Me llamo Emilio Discotto[4] y soy agente de viajes. Por casualidad° estamos enfrente de la agencia *Viajes Discotto*. ¿Por qué no bajamos?
SR. SMITH	¿Para visitar el museo?
EL PASAJERO	No. Pero es posible visitar una estancia° moderna, visitar a los gauchos[5] y...
SRA. SMITH	Gracias, señor. Otro día, quizás. Hoy deseamos visitar el famoso Museo de Historia Natural.
EL PASAJERO	Bueno, adiós... ¡Y buena suerte!

England

Por... *By chance*

ranch

El señor Discotto baja del autobús. Los señores Smith no bajan.

SR. SMITH	¿Por qué no preguntas otra vez?
SRA. SMITH	Buena idea. *(A un pasajero)* Por favor... ¿dónde está el Museo de Historia Natural?
EL PASAJERO	Está lejos. Ustedes no son de aquí, ¿verdad?...

Después de leer

1. ¿Dónde están los señores Smith?   2. ¿De dónde son ellos?   3. ¿Qué buscan?   4. ¿Qué pregunta el señor Smith?   5. ¿Cómo se llama el pasajero?   6. ¿Por qué desean visitar el museo los señores Smith?   7. ¿Quién es el señor Discotto?   8. ¿Adónde desea llevar él a los señores Smith?   9. Al final *(In the end)*, ¿llegan al museo?   10. ¿Visita usted museos con frecuencia *(frequently)*? ¿Qué museos?

NOTAS CULTURALES

1. The **Museo de Historia Natural,** known also as the **Museo de la Plata,** is in the city of La Plata, about 40 miles from Buenos Aires. It is a famous museum of natural history, science, anthropology, and ethnology.

2. **Porteño** (literally, *port dweller)* is the usual term for someone who lives in Buenos Aires, Argentina's capital and main port of the **Río de la Plata. Porteños** call their city the "Paris of South America."

3. Because of the variety of its terrain, Argentina has a number of unusual animals, like the **jaguar;** the **cóndor,** the largest bird of flight; and the **carpincho,** the largest living rodent, which sometimes attains a weight of 100 pounds and in some parts of South America is hunted by natives for food.

4. If you think the name Discotto sounds more Italian than Spanish, you are correct. A large number of Argentineans are of Italian descent. The British, French, and Germans have also contributed to Argentina's population. Many Europeans settled in Argentina during the country's economic expansion during the second half of the nineteenth century.

5. The **gaucho,** or Argentine cowboy, is now more a legendary figure than a real one. In the early 1800s, thousands of these men led a nomadic life on the **pampas** *(dry grasslands),* living off the wild herds of cattle and horses that had descended from those of the Spanish conquistadors. The word is also used for the descendants of the original **gauchos** who now work as ranchhands on the large **estancias** *(Argentine ranches)* and preserve some of the old traditions.

Para escuchar

Dos presentaciones.   Jenny, a student from the United States, is planning to spend the summer in Buenos Aires with the Gambarinis. Jenny and the Gambarinis' daughter, Beatriz, have sent each other cassettes describing themselves. First listen to what each girl says, then choose the correct ending for each sentence in your textbook (on pages 59 and 60).

Vocabulario (Beatriz): tu *(your),* **vivo** *(I live),* **en realidad** *(actually),* **creo que** *(I believe [that]),* **alta** *(tall),* **deportes** *(sports)*

Beatriz

1. Beatriz vive con   (a) sus *(her)* padres.   (b) su hermana.   (c) unos ingleses.
2. Ella estudia inglés en   (a) la universidad.   (b) un instituto cultural.   (c) casa.
3. Beatriz habla español y también   (a) francés.   (b) italiano.   (c) alemán.
4. Los padres de Beatriz son de Buenos Aires pero los abuelos son de   (a) Italia.   (b) Estados Unidos.   (c) Canadá.
5. Beatriz es alta y practica *(practices)*   (a) el piano.   (b) deportes.   (c) el violín.
6. Según los padres de Beatriz, ella es   (a) inteligente.   (b) yanqui.   (c) difícil.
7. Según los amigos de Beatriz, ella es   (a) idealista.   (b) simpática.   (c) sociable.

Vocabulario (Jenny): **vive** *(lives),* **práctica** *(practical),* **siempre** *(always),* **escribo** *(I write),* **sábado** *(Saturday)*

Jenny

1. Jenny estudia en   (a) Manchester, NH.   (b) Boston.   (c) Montreal.
2. La familia de Jenny vive en   (a) Manchester, NH.   (b) Boston.   (c) Montreal.
3. La mamá de Jenny es de París y el papá es de   (a) Montreal.   (b) Buenos Aires.
    (c) París.
4. Ella viaja mucho para visitar a   (a) los abuelos.   (b) los amigos.   (c) su papá.
5. Según Jenny, ella es una persona   (a) idealista.   (b) altruista.   (c) realista.
6. Según los padres y amigos de Jenny, ella es   (a) sensible.   (b) elegante.
    (c) práctica.
7. Según la profesora de español de Jenny, ella es   (a) trabajadora.   (b) bonita.
    (c) argentina.

Para comunicarnos

In this chapter you have seen examples of the following language functions or uses. Here is a summary, and some additional information, about these functions of language.

Making Descriptions

In this chapter you've seen how to use adjectives with both **ser** and **estar.** Consult the **Vocabulario activo** for a complete list of adjectives from this chapter.

Expressing Admiration

A common way to express admiration is with an exclamation containing an adjective. To form exclamations, you can use the word **¡Qué...!** + an adjective. The adjective should agree with the noun it describes in gender and number.

¡Qué interesante! (el libro)   ¡Qué lindos! (los relojes)

To include a noun in the exclamation, use **¡Qué...!** + noun + **(más)** + adjective.

¡Qué señora (más) simpática!   *What a nice lady!*
¡Qué chicos (más) trabajadores!   *What hardworking young people!*

Describing Locations

Here are some prepositions referring to place or position that have been introduced in this book.

a la derecha   *on (to) the right*   detrás (de)   *behind*
a la izquierda   *on (to) the left*   enfrente (de)   *in front of*
al lado de   *beside, next to*   lejos (de)   *far from*
cerca (de)   *near*

ACTIVIDADES

A. **Descripciones.**   Use **¡Qué...!** + noun + **(más)** + adjective to describe the pictures below. You may want to choose from these adjectives: **grande, pequeño, elegante, delicioso, interesante, difícil, viejo, cortés.**

MODELO   **¡Qué pasajeros (más) corteses!**

(1)

(2)

(3)

(4)

(5)

(6)

B. En la Avenida Sante Fe. Describe the picture below using prepositions. Include answers to the following questions.

El doctor habla con el conductor *(driver)* del autobús. ¿Quién está más cerca de ellos: el policía *(the policeman)* o la señora? ¿Está el doctor a la izquierda o a la derecha del auto? ¿Quién está detrás del auto: la señora o el conductor? ¿Dónde están los pasajeros?, ¿y el conductor?

C. Una foto *(A photo).* For this activity, bring to class one or two photos of your family or friends (preferably taken at a birthday or graduation party or at some other celebration). In pairs, take turns describing your photos to each other. For example: **Aquí estamos en mi fiesta de graduación. Mamá está a la izquierda de papá y yo estoy con Kittie, la gata** *(cat)* **de mi hermana Anita. Anita no está en la foto pero ¡está aquí...!** (and shows the second photo he or she brought), and so on. Then, if time allows, each student should describe to the class who the people are in one of his or her partner's photos.

D. Situaciones. Role-play the following situations.

1. Your boyfriend or girlfriend has called you the following things during a fight: selfish, rude, insensitive, and so on. A friend calls you and you describe the conversation: _____ **dice que yo soy...** ([name] *says that I am . . .*). Your friend tells you that these things aren't true—you're not really selfish, rude, insensitive, and so on.

2. You and a friend are on a bus in La Plata, near Buenos Aires. "What a beautiful city!" your friend says. You ask another passenger where the Museum of Natural History is and if it is far. The passenger replies, "No, it's nearby." You have a short conversation with the passenger, who asks you who you are, where you are from, and so forth. The passenger compliments you on your Spanish, and you say, "Thank you, you're very nice." "The Museum of Natural History is there on the left," says the passenger. You say good-bye and get off the bus.

Para escribir

Poema.   In small groups, write a short poem about someone you know (or something you like, such as a favorite book, a pet, or similar topic). Use the following guidelines if you wish.

Line 1:	Subject	La profesora Valdés
Line 2:	two adjectives that describe the subject	simpática, inteligente
Line 3:	a place you associate with the subject	en la clase
Line 4:	a descriptive phrase	de español
Line 5:	other adjectives	amable y cortés

Vocabulario activo

COGNADOS

el aire	famoso	italiano	popular
altruista	la idea	mexicano	el, la presidente
argentino	idealista	moderno	el progreso
chileno	insociable	el museo	realista
colombiano	intelectual	norteamericano	responsable
delicioso	inteligente	la ópera	el teatro
el doctor, la doctora	interesante	optimista	típico
elegante	internacional	la persona	tradicional
el estado	irresponsable	pesimista	el tráfico

VERBOS

bajar de	*to get off*	preguntar	*to ask*
estar de vacaciones	*to be on vacation*	preparar	*to prepare*
llamar	*to call*	ser	*to be*

ADJETIVOS

aburrido	*boring*	insensible	*insensitive*
alto	*tall*	joven	*young* (plural: **jóvenes**)
amable	*nice, friendly*	largo	*long*
bajo	*low, short* (stature)	lindo	*pretty, good looking*
bonito	*pretty*	malo	*bad; sick*
bueno	*good*	moreno	*dark, brunette*
contaminado	*polluted*	nuevo	*new*
cortés	*courteous, polite*	pequeño	*small, little*
corto	*short* (length)	perdido	*lost*
delgado	*slender, thin*	pobre	*poor*
descortés	*impolite*	rico	*rich*
difícil	*difficult*	rubio	*blond*
egoísta	*selfish*	sensible	*sensitive*
fácil	*easy*	simpático	*nice*
feo	*ugly*	trabajador	*hardworking*
gordo	*fat*	viejo	*old*
grande	(**gran** before a masculine singular noun) *big, tall; great*		

* red hair - pelirroja(o)
∨ hair red

OTRAS PALABRAS Y FRASES

la agencia de viajes	*travel agency*	el oro	*gold*
el, la agente de viajes	*travel agent*	otra vez	*again, once more*
el autobús	*bus*	otro	*other, another*
la carne	*beef, meat*	el país	*country*
la chica	*girl, young person*	el pasajero, la pasajera	*passenger*
el chico	*boy, guy, young person*	el plato	*plate; dish*
la comida	*food; meal*	el precio	*price*
el este	*east*	quizás	*perhaps*
la exposición	*exhibit*	el reloj	*watch; clock*
la madera	*wood*	según	*according to*
el norte	*north*	el sur	*south*
el oeste	*west*		

Expresiones útiles

a la derecha	*on (to) the right*
a la izquierda	*on (to) the left*
al lado (de)	*beside, next to*
cerca (de)	*near*
detrás (de)	*behind*
enfrente (de)	*in front (of); across (from), opposite*
lejos (de)	*far (from)*

La biblioteca de la UNAM, Ciudad de México

MÉXICO

¿Sabía usted que...?

- La capital, México D.F. (Distrito Federal), tiene *(has)* más de veinte millones de habitantes y es la ciudad más grande del mundo *(world)*. También es la antigua *(former)* capital de los aztecas, **Tenochtitlán,** y la capital más vieja de Norteamérica y Sudamérica.
- La guerra *(war)* de independencia de México (de España) empezó *(began)* el 16 de septiembre de 1810 y ahora es el día de fiesta nacional más importante. El héroe nacional de la independencia mexicana es el padre Francisco Hidalgo.
- Otra figura importante de la historia mexicana es Benito Juárez. Juárez, un futuro presidente de la república, y sus seguidores *(followers)* ganaron la batalla *(won the battle)* de la ciudad de Puebla contra *(against)* los franceses el cinco de mayo de 1862. El cinco de mayo es también un día de fiesta muy importante en México.
- México tiene aproximadamente noventa millones de habitantes y su moneda oficial es el nuevo peso.

PREGUNTAS
1. ¿Cómo es la capital de México?
2. ¿Qué importancia tiene la capital mexicana en la cultura de los aztecas?
3. ¿Por qué es importante el padre Francisco Hidalgo en la historia de México?
4. ¿Qué representa el cinco de mayo en México?
5. ¿Desea Ud. visitar México? ¿Por qué sí o por qué no?

Preguntas

1. ¿Cuál es la profesión de John Mellencamp? ¿de Johnnie Cochran? ¿de Donald Trump? ¿de Jack Kevorkian? ¿de Stephen King?   2. ¿Cómo se llama la persona que trabaja en un restaurante? ¿en una boutique? ¿en una agencia de viajes?   3. ¿Qué profesión asocia usted con Marcia Clark? ¿con Danielle Steele?   4. ¿Qué materia *(subject)* asocia usted con Sigmund Freud? (See drawing on this page.) ¿con Stephen Hawking? ¿con William Shakespeare? ¿con Margaret Mead? ¿con Jonas Salk? ¿con Bill Gates? ¿con Bill Clinton? 5. ¿Estudia usted historia? ¿ciencias políticas? ¿español?   6. ¿Qué estudia usted? ¿Qué desea estudiar en el futuro?

Práctica

A. **En la librería universitaria.**   In the university bookstore, students from the Universidad Nacional Autónoma de México (UNAM) are looking for books. Say what field each is studying.

> MODELO   Consuelo busca libros sobre *(about)* las civilizaciones de Sudamérica.
> **Consuelo estudia antropología.**

1. Lola busca libros con muchas ecuaciones ($24x + 6y = 150$).
2. Sofía busca libros de Cervantes y de Shakespeare.
3. Chepa busca libros de Freud.
4. Maruja busca libros sobre los gobiernos *(governments)* de Sudamérica.
5. Manuel busca libros sobre la estructura del átomo.
6. Rosalía busca libros sobre los animales y las plantas.
7. Francisco busca libros sobre el jazz y el tango.
8. Esteban busca libros sobre las teorías económicas de Karl Marx, Adam Smith y John Kenneth Galbraith.

Entrevista

Work with a classmate and take turns using these questions to interview each other about your studies.

1. ¿Qué estudias?   2. ¿Crees que la química (la física, el español, la historia, la medicina) es aburrida(-o) o interesante? ¿Es fácil o difícil?   3. ¿Qué debes estudiar si deseas ser doctor(a)? (¿ingeniero[-a]? ¿biólogo[-a]? ¿psicólogo[-a])?   4. Ahora muchas personas estudian ciencias de computación, ¿verdad? ¿Y tú también estudias ciencias de computación? 5. ¿Deseas estudiar las civilizaciones de México? (¿la civilización española? ¿la historia de Sudamérica?)   6. ¿Lees libros de ciencias? (¿de ciencias naturales? ¿de literatura? ¿de música? ¿de matemáticas? ¿de sociología? ¿de ingeniería? ¿de ciencias políticas?)

Estructuras

I. Telling Time

¿Qué hora es?

el reloj *(watch, clock)*

Es la una y diez.

Es la una y cuarto (y quince).

Es la una y media (y treinta).

Son las dos menos veinte.

Son las dos menos cuarto.

Son las dos en punto *(on the dot).*

de la mañana

de la tarde

de la noche

¿A qué hora?

¿A qué hora llega el avión?   Llega a las diez y cuarto de la mañana.

A. Notice that from the half hour to the hour, minutes are usually subtracted from the next hour in Spanish.

La clase termina a las cuatro menos diez.	*The class ends at three-fifty.*

B. To identify a time as A.M., use **de la mañana.** To identify a time as P.M., from noon to sunset, use **de la tarde,** and for later hours, **de la noche.**

Hay una clase de ciencias políticas a las cuatro de la tarde.	*There is a political science class at 4:00 P.M.*
En México cenamos a las nueve de la noche.	*In Mexico we have dinner at 9:00 P.M.*

C. To say that something happened in or during the morning, afternoon, or night, use **por la mañana, por la tarde,** or **por la noche.**

Trabajamos por la mañana.	*We work in the morning.*
Ana estudia mucho por la noche.	*Ana studies a lot at night (in the evening).*

Práctica

A.   ¿Qué hora es? Look at the five clocks (**relojes**) below and tell the time in Spanish.

(1)   (2)   (3)   (4)   (5)

B. **¿A qué hora llega el avión?** Using the following chart, tell the arrival time of each of the planes coming from the cities listed there. Airline schedules in the Hispanic world are usually on a twenty-four-hour system, where 12:00 is noon and 24:00 is midnight.

MODELO   La Paz / 14:30
El avión de La Paz llega a las dos y media de la tarde.

Ciudad de origen	Hora de llegada (*arrival*)
Buenos Aires	18:30
San Francisco	8:45
Acapulco	22:15
San Juan	9:30
La Paz	14:30
Madrid	6:45
Caracas	17:00

C. **«TV al día».** Study the following TV schedule from the New York newspaper *El diario / La prensa.* In pairs, take turns asking and answering the following questions.

TV al día

VIERNES NOCHE   OCTUBRE 4

	7:00	7:30	8:00	8:30	9:00	9:30	10:00	10:30
PROGRAMACION EN ESPAÑOL								
(41)	Alcanzar una Estrella II		En Carne Propia	Amor de Nadie	Dona Beija / Dona Bella		El Show de Paul Rodriguez	
(47)	Manuela		Los Anos Perdidos		Pelicula: "Furia de Ladrones" Miguel Angel Rodriguez.			Ocurrio Asi
GALA	(6:30) Andale	T.V. O	Yo No Creo En Los Hombres		Milagro y Magia		Picara Sonadora	

1. ¿A qué hora presentan «Los años perdidos» (*"The Forgotten Years"*)? ¿«Milagro y magia» (*"Miracle and Magic"*)? ¿«Ocurrió así» (*"That's How It Happened"*)?
2. ¿En qué canal (*channel*) presentan «Manuela»? ¿«Doña Bella»?
3. ¿Qué programa presentan a las ocho en el canal Gala? ¿a las 10 en el canal 41?
4. ¿A qué hora presentan una película (*film*)? ¿A qué hora termina (*ends*) la película?
5. ¿Cuáles son tus (*your*) programas favoritos? ¿A qué hora y en qué canal miras tus programas favoritos?

Entrevista

Work with a classmate and take turns asking and answering these questions about time.

1. ¿Qué hora es ahora?   2. ¿A qué hora llegas a la clase de español? ¿Llegas tarde (*late*) o temprano? ¿a la hora exacta? ¿A qué hora termina la clase?   3. ¿A qué hora regresas (*do you return*) a casa?   4. En general, ¿estudias por la mañana, por la tarde o por la noche?   5. ¿Practicas español en el laboratorio? ¿a qué hora?   6. ¿Miras televisión? ¿programas en español? ¿Qué programas (en español o en inglés) miras? ¿a qué hora y en qué canal(es)?

II. The Present Tense of Regular *-er* and *-ir* Verbs

Luisa y Juan estudian en la biblioteca

JUAN	*Lees* y *escribes* mucho, Luisa. ¿Qué *lees* ahora?
LUISA	*Leo* un libro de filosofía y *escribo* notas para una composición.
JUAN	¿Cómo? No *comprendo. Vivimos* en el siglo veinte. *Debes* leer libros prácticos, aprender matemáticas, ciencias de computación, ingeniería o física.
LUISA	Pero Juan, también *debemos* estudiar filosofía. En la filosofía *descubrimos* «la verdad en la vida y la vida en la verdad».
JUAN	*Creo* que los filósofos *comprenden* el pasado, pero tú *debes* estudiar para el futuro.

1. ¿Lee mucho Luisa? ¿Qué lee ahora?   2. ¿Qué escribe Luisa?   3. ¿Qué cree Juan que debemos leer?   4. ¿Qué cree Juan que debemos aprender?   5. ¿Qué descubrimos en la filosofía?   6. ¿Con quién está usted de acuerdo *(in agreement):* con Juan o con Luisa? ¿Por qué?

JUAN: You read and write a lot, Luisa. What are you reading now?   LUISA: I am reading a philosophy book, and I'm writing (taking) notes for a composition.   JUAN: What? I don't understand. We live in the twentieth century. You should read practical books and learn mathematics, computer science, engineering, or physics. LUISA: But, Juan, we should also study philosophy. In philosophy we discover "truth in life and life in truth" (a well-known phrase of the Spanish philosopher Miguel de Unamuno).   JUAN: I think (believe) that philosophers understand the past, but you should study for the future.

A. To conjugate regular verbs ending **-er** or **-ir,** remove the infinitive ending and add the present-tense endings to the stem. The endings are the same for both types of verbs, except in the **nosotros** and **vosotros** forms.

	comer *to eat*	**vivir** *to live*
yo	co**mo**	vi**vo**
tú	co**mes**	vi**ves**
él ella usted	co**me**	vi**ve**
nosotros (-as)	co**memos**	viv**imos**
vosotros (-as)	co**méis**	viv**ís**
ellos ellas ustedes	co**men**	vi**ven**

B. Other verbs conjugated like **comer** are:

aprender	*to learn*	deber	*should, must, ought to*
comprender	*to understand*	leer	*to read*
creer	*to think, believe*	vender	*to sell*

Debe ser importante. —¡Claro!	*It must be important. —Of course!*
Leemos un libro sobre política.	*We are reading a book about politics.*
Creo que Manuela todavía vive cerca de la biblioteca.	*I believe that Manuela still lives near the library.*
¿Venden libros de texto en la librería de la Avenida Castro?	*Do they sell textbooks in the bookstore on Castro Avenue?*

C. Other verbs conjugated like **vivir** are:

abrir	*to open*	escribir	*to write*
decidir	*to decide*	recibir	*to receive*
descubrir	*to discover*		

¿Abres la ventana?	*Are you opening the window?*
¿Cuántas cartas escriben ustedes cada semana? ¿Cuántas reciben?*	*How many letters do you write each week? How many do you receive?*
Deben aprender español si deciden vivir en México.	*You should learn Spanish if you decide to live in Mexico.*

---

*¿**Cuánto(-a, -os, -as)?** is an interrogative word meaning *how much?* or *how many?* It agrees in gender and number with the noun it modifies, expressed or implied.

Práctica

A. En acción. Look at the drawings and tell what the people are doing.

(1) Susana…

(2) Los doctores…

(3) El señor Ortiz…

(4) Los estudiantes…

(5) La niña…

(6) El señor Montero…

B. ¿Dónde vives? Ask a classmate about what he or she lives near. Then report the information to the class.

MODELO   the university
   ESTUDIANTE 1 **¿Vives cerca de la universidad?**
   ESTUDIANTE 2 **Si, vivo cerca de la universidad. (No, vivo lejos
                 de la universidad.)**

1. a library
2. a good bookstore
3. the hospital
4. a Mexican (Italian, Spanish,
   French) restaurant

5. a museum
6. a theater
7. a café *(un café)*
8. a travel agency

Now make a sentence naming several things your classmate lives close to.

C.   ¿Sí o no?   In small groups, interview your classmates as to whether or not in their opinion they (or the people indicated) do the following things; then report your findings back to the class.

> **MODELO**   el presidente / recibir cartas de amigos
> ESTUDIANTE 1   **¿Recibe el presidente cartas de amigos?**
> ESTUDIANTE 2   **Sí, recibe cartas de amigos. (No, no recibe cartas de amigos.)**

1. Tom Cruise y Madonna / vivir en México
2. el profesor (la profesora) / leer libros en español
3. tú y yo / comer en restaurantes italianos
4. los otros estudiantes / recibir regalos con frecuencia
5. tú / deber estudiar más
6. nosotros / aprender mucho en la clase
7. *(name of student)* / vender los libros al final del año *(year)*
8. tú / comprender francés
9. yo / decidir visitar México

Preguntas

1. ¿Lee usted un libro ahora? ¿Cómo se llama?   2. ¿Lee usted muchos libros? ¿Lee libros de música? ¿de matemáticas? ¿de ciencias naturales?   3. ¿De qué libro o libros aprende usted mucho?   4. ¿Cree que la química es aburrida o interesante? ¿Es fácil o difícil? ¿y la filosofía? ¿y la literatura?   5. ¿Come usted en la cafetería de la universidad? ¿Come bien o mal en la cafetería?   6. ¿Escribe usted muchas cartas? ¿muchas composiciones?   7. ¿Recibe usted muchas cartas cada semana? ¿de quién(es)? ¿de dónde?   8. ¿Vive usted con un(a) amigo(-a)?   9. ¿En qué ciudad vivimos? ¿en qué estado?

III. Possessive Adjectives

En Uxmal, en la península de Yucatán, hay muchas cosas de interés, especialmente las ruinas de la civilización maya. Según su *(your)* opinión, ¿es un buen lugar *(place)* para unas vacaciones? ¿Por qué?

A. Possessive adjectives agree with the nouns they modify (the items possessed) in gender and number. They do not agree with the possessor.

POSESSIVE ADJECTIVES

SINGULAR	**mi(s)**	amigo(s)		PLURAL	**nuestro(s)** amigo(s)	
		amiga(s)	*my friend(s)*		**nuestra(s)** amiga(s)	*our friend(s)*
	tu(s)	amigo(s)			**vuestro(s)** amigo(s)	
		amiga(s)	*your friend(s)* (familiar)		**vuestra(s)** amiga(s)	*your friend(s)*
	su(s)	amigo(s)	*his (her, your* [formal]*, their)*			
		amiga(s)	*friend(s)*			

nuestro primo, nuestra prima, nuestros primos, nuestras primas	*our cousin* (m.), *our cousin* (f.), *our cousins* (m. or m. and f.), *our cousins* (f.)
tu hijo, tu hija, tus hijos, tus hijas	*your son, your daughter, your sons (sons and daughters), your daughters*

B. **Su** and **sus** have several possible meanings: *his, her, its, your, their.*

¿Cuántos niños hay en su familia?	*How many children are there in his (her, your, their) family?*
Es su propia madre.	*It's his (her, your, their) own mother.*

For this reason, it is often necessary to use **de** + a subject for clarity:

su hermano: el hermano de él (de ella, de usted, de ellos, de ellas, de ustedes)
sus hermanos: los hermanos de él (de ella, de usted, de ellos, de ellas, de ustedes)

Práctica

¿Cuántos niños hay en la familia de él?	*How many children are there in his family?*

A. **¿De quién es? (¿De quiénes son?)**   From the list of items, identify those that go with the key word, as shown in the model.

MODELO   mis: libro, cuadernos, doctora, calendarios, clases, mamá
mis cuadernos, mis calendarios, mis clases

1. nuestras: lección, amigas, mes, papel, clases, problemas
2. su: estudios, auto, casa, amigos, padre, abuelos
3. tus: padre, hermanos, lecciones, abuela, prima, abogado
4. mi: tío, vida, papeles, hija, familia, reloj
5. nuestro: lección, carta, pasado, verano, fecha, vacaciones

B. **¿Nosotros?**   In pairs, respond to the following questions. Use **nuestro(-a, -os, -as).**

1. ¿Cómo son sus padres? ¿sus hermanos?
2. ¿Cómo es su clase de español? ¿Cómo son sus amigos en esta clase?
3. ¿Cómo es su universidad? ¿su ciudad?

C. **¿De quién es?**   Make sentences using names of your classmates and the following items or others that you think of.

MODELOS   **Es el mapa de María. Es su mapa.**
Son los cuadernos de Pablo. Son sus cuadernos.

1. libros
2. bolígrafo
3. cartas
4. relojes
5. mochila *(backpack)*
6. calendario
7. lápices
8. examen

D.   Entrevista.   Interview a classmate to find the answers to the following questions.

1. ¿Cuál es tu clase favorita? ¿Por qué?
2. ¿Cuántas personas hay en tu familia?
3. ¿Cómo se llaman tus hermanos? ¿Son pequeños? ¿grandes?
4. ¿Dónde trabaja tu padre? ¿tu madre?
5. ¿Viven tus abuelos? ¿Dónde viven? ¿cerca o lejos de tu casa?
6. ¿Tienes muchos amigos? ¿Hablas con ellos todos los días?
7. ¿Cómo se llama tu amigo(-a) favorito(-a)? Descríbelo(-la) *(Describe him / her)* con dos o tres adjetivos apropiados.

IV. The Present Indicative of *tener*

Las pirámides de Teotihuacán, cerca de México, D.F.

BÁRBARA	¿*Tienes* tiempo para estudiar inglés hoy?
DORA	No, no *tengo* tiempo. Robert y yo *tenemos* otros planes. Él *tiene* ganas de visitar las pirámides de Teotihuacán.
BÁRBARA	Pero… ¿y el examen de inglés que *tienen* mañana?
DORA	No *tiene* importancia. El inglés es fácil, y con Robert aprendo más.
BÁRBARA	Comprendo. La escuela de la vida, ¿no?

1. ¿Tiene tiempo Dora para estudiar inglés con Bárbara?   2. ¿Qué planes tienen Dora y Robert?   3. ¿Por qué para Dora no tiene importancia el examen de inglés?

BÁRBARA: Do you have time to study English today?   DORA: No, I don't have time. Robert and I have other plans. He feels like visiting the pyramids of Teotihuacán.   BÁRBARA: But . . . what about the English test that you have tomorrow?   DORA: It's not important. English is easy, and with Robert I learn more.   BÁRBARA: I understand. The school of life, right?

A.   The verb **tener** is irregular.

tener	*to have*
tengo	tenemos
tienes	tenéis
tiene	tienen

Tengo muchos libros sobre
   medicina.

I have lots of books about medicine.

¿Tienes tiempo para comer ahora?

Do you have time to eat now?

Tenemos una clase de ingeniería a
   las dos.

*We have an engineering class at two
   o'clock.*

B.   **Tener que** + infinitive means *to have to* (do something). **Tener ganas de** + infinitive
means *to feel like* (doing something).

Tengo que escribir una composición
   sobre los dioses de los aztecas.

*I have to write a composition about the
   gods of the Aztecs.*

¿Tienes ganas de visitar a Enrique?

Do you feel like visiting Enrique?

C.   The verb **tener** is not normally followed by the personal **a: Tengo dos hermanos.
Tenemos una amiga chilena.**

Práctica

A.   **¿Tienes...?**   Ask a classmate whether he or she has the following things. Then make
a sentence telling the class a few of the things your classmate has.

1. una clase de literatura (filosofía, etc.)
2. un reloj alemán (japonés, francés)
3. ganas de viajar a México (España, etc.)
4. ganas de estudiar hoy
5. amigos hispanos (franceses, egoístas, sociables, etc.)
6. ideas interesantes o importantes
7. libros de antropología (biología, historia, etc.)

B.   **Conversación.**   Complete the conversation with the correct forms of **tener.**

DELIA   Ernesto, ¿ _____ (tú) tiempo de visitar al tío Pedro?

ERNESTO   Sí, mamá. _____ tiempo. Y Conchita y yo _____ un
          libro importante para él.

DELIA   Pero Conchita _____ un examen hoy, ¿no?

ERNESTO   ¡Sí! Y creo que ella _____ otros planes. El problema es que
          necesito unos pesos. ¿ _____ (tú) unos pesos para el taxi?

C. **No tengo ganas.** Tell a classmate five things that you have to do but don't feel like doing. Then say what you *do* feel like doing. Refer to the list of **verbos** in the **Vocabulario activo** at the end of this chapter.

MODELO **Tengo que leer la lección, pero no tengo ganas de leer. Tengo ganas de comer.**

Preguntas

1. ¿Tiene la universidad una buena biblioteca?   2. ¿Tienen programas de español aquí en televisión?   3. ¿Tiene usted una clase de francés? ¿de matemáticas? ¿de biología? ¿de literatura? ¿Son fáciles o difíciles?   4. ¿Tiene usted ganas de aprender música? ¿arte? ¿Qué tiene ganas de aprender?   5. ¿Tiene que estudiar hoy? ¿Tiene ganas de estudiar? 6. ¿Tenemos muchos estudiantes inteligentes en la clase? ¿y en la universidad? 7. ¿Tiene usted una familia grande o pequeña? ¿Cuántos hermanos tiene? ¿cuántos primos?

Una mujer de negocios norteamericana en México, D.F.

MÉXICO Y LOS NEGOCIOS

(Business)

En enero *(January)* de 1994 se firmó *(was signed)* el TLC o Tratado de Libre Comercio *(Free Trade Agreement)* de Norteamérica, o NAFTA en inglés. Ahora hay muchas oportunidades para compañías norteamericanas que desean hacer negocios *(do business)* en México. Si usted habla español también hay muchas oportunidades para usted.

Si usted desea hacer negocios en México, debe *(you should)* tener conocimientos *(knowledge)* generales en tres áreas:

1. Primero, tiene que aprender a hablar, leer y escribir español. No es difícil, pero es importante estudiar y practicar mucho.

2. Luego *(then),* debe tener conocimiento de un aspecto de los negocios: la venta *(sales),* el mercadeo *(marketing),* las finanzas o la contabilidad *(accounting).* Usted necesita estudiar formalmente estas materias *(these subjects).*

3. Finalmente, usted necesita tener conocimiento de la cultura latinoamericana, que es diferente a la cultura norteamericana. Parte del estudio de una lengua es el estudio de la cultura.

PREGUNTAS

1. ¿Qué es el TLC? ¿Cuándo se firmó?   2. ¿Qué oportunidades hay si uno habla español?   3. ¿Desea Ud. hacer negocios en México? ¿Por qué?   4. ¿En qué áreas debe uno tener conocimientos generales si desea hacer negocios en México?   5. ¿Qué es parte del estudio de una lengua?   6. ¿Qué materias desea usted estudiar en el futuro? ¿Por qué?

V. The Verbs *hacer, poner, salir,* and *venir*

Los policías *salen* de la policía.

Nosotros *hacemos* ejercicios.

El turista *pone* unos regalos en la maleta.

Ellos *vienen* de la biblioteca.

hacer	*to do; to make*	**poner**	*to put*
hago	hacemos	**pongo**	ponemos
haces	hacéis	pones	ponéis
hace	hacen	pone	ponen

salir	*to leave, go out*	**venir**	*to come*
salgo	salimos	**vengo**	venimos
sales	salís	vienes	venís
sale	salen	viene	vienen

The verbs **hacer, poner,** and **salir** have irregular first-person singular forms: **hago, pongo, salgo. Venir** is conjugated like **tener** except for the **nosotros** and **vosotros** forms.

¿Qué hace Miguel? —Hace las maletas.   *What is Miguel doing? —He's packing the suitcases.*

Pongo el libro de física aquí, ¿está bien?   *I'm putting the physics book here, okay?*
Salimos mañana para Acapulco.   *We're leaving tomorrow for Acapulco.*
Fernando siempre viene a las fiestas.   *Fernando always comes to parties.*

Práctica

A. **¿Qué haces los fines de semana** *(weekends)?* Working in pairs, take turns asking your partner what he or she does on weekends.

> MODELO   salir con amigos
> ESTUDIANTE 1 **¿Qué haces los fines de semana?**
> ESTUDIANTE 2 **Salgo con amigos. ¿Qué haces tú los fines de semana?**

1. no venir a clase
2. poner la mesa *(set the table)*
3. hacer ejercicios físicos
4. salir al cine
5. hacer la comida
6. poner ropa en la maleta

B. **Entre amigos.** It's Saturday afternoon and Jorge is trying to find someone to spend the afternoon with. Complete the conversation between Jorge and his friend Pedro, using the correct present-tense forms of the verbs in parentheses.

> JORGE   ¿Qué (1) _____ (hacer) tú hoy, Pedro?
> PEDRO Ahora estudio química, pero más tarde (2) _____ (salir) con Luisa. Deseamos ir al teatro.
> JORGE   ¿Y Roberto? ¿Qué (3) _____ (hacer) él?
> PEDRO El está en el aeropuerto. Debe recibir a unos amigos que (4) _____ (venir) de Guadalajara.
> JORGE   ¿Qué (5) _____ (hacer) Rita y Paco?
> PEDRO Ellos (6) _____ (poner) las maletas en el auto. En unos minutos ellos (7) _____ (salir) de viaje.

Entrevista

Ask a classmate the following questions and report the information back to the class.

1. ¿De dónde vienes ahora?   2. ¿Haces la comida por la noche? ¿Quién pone los platos y la comida en la mesa? ¿Preparas comidas deliciosas? ¿O sales con un(a) amigo(-a) a comer?
3. ¿A qué hora sales de casa por la mañana? ¿A qué hora vienes a la clase de español?
4. Cuando haces la maleta, ¿siempre pones allí una cámara? ¿un libro? ¿los pijamas?

¡Vamos a repasar!

El Bosque de Chapultepec. In the following paragraph, fill in the blanks with the correct present-tense form of **ser** or **estar** or the form **hay,** meaning "there is" or "there are."

En Ciudad de México _____ un parque muy interesante. _____ grande y se llama Bosque de Chapultepec. En general, _____ muchas familias en el parque, especialmente los domingos *(on Sundays).* Muchos turistas _____ de los Estados Unidos y _____ en el parque para ver *(to see)* las muchas cosas *(things)* de interés en el Bosque: el zoológico *(zoo),* el castillo *(castle)* de Maximiliano y Carlota y los museos.

_____ tres museos importantes en el Bosque. El Museo Rufino Tamayo y el Museo de Arte Moderno _____ museos de arte contemporáneo *(contemporary).* El museo más importante _____ el Museo Nacional de Antropología y _____ en el centro del Bosque. _____ personas que vienen de todas partes del mundo para ver las exposiciones de las culturas de los aztecas, de los mayas y de las otras civilizaciones prehispánicas. ¡_____ un lugar fantástico!

Mosaico cultural

La Piedra del Sol, o calendario azteca, en el
Museo Nacional de Antropología

El Museo Nacional de Antropología, en la Ciudad de México

Para leer

RECUERDOS° DE MÉXICO

Greetings

Antes de leer

You are going to read a letter from a student of anthropology studying in Mexico City. What do you think would excite her about Mexico City? What kind of study is anthropology? What would one expect to see in a Mexican museum of anthropology? What would Catalina tell her friend about the museum?

The first time you read the **Lectura,** try to guess at every unknown word; do not look at the translations in the margins. The second time you read, check your guesses by looking at the translations. How well did you do? Guessing words by their appearance in context is a skill that you will need to develop as you continue your study of Spanish.

Lectura

Catalina, una estudiante de antropología, le escribe una carta a Raquel, una amiga de la universidad

Querida° Raquel:

Dear

Estoy en Ciudad de México para estudiar antropología. Aquí hay varios° museos

several

impresionantes° y es posible aprender mucho sobre   impressive
las civilizaciones indígenas° del pasado°. Las fotos   native, indigenous / past
que te envío° aquí son: (1) de la famosa Piedra   **te...** I'm sending you
del Sol° o calendario azteca[1]; y (2) del Museo   **Piedra...** stone of the Sun
Nacional de Antropología[2], mi museo favorito. El
Museo Nacional de Antropología es una
maravilla°. Muchos antropólogos y estudiantes de   marvel, wonder
antropología vienen aquí solo° para visitar el   only
museo. Siempre hay programas diferentes de
conferencias° y películas° sobre la cultura y el arte   lectures / films
indígenas. Es posible pasar° todo el día en el   to spend
museo porque hay una excelente librería y también
una cafetería muy linda. La semana próxima°   **la...** next week
deseo visitar Teotihuacán[3], la antigua° ciudad   ancient
indígena donde está la famosa Pirámide del Sol.
Prometo enviarte° una postal° después de mi visita.   **Prometo...** I promise to
    send you / a postcard

*   Ahora deseo recibir noticias° de los amigos*   news
y de tus clases... ¿Cómo están Susana, Guillermo,
Carolyn y mi profesora favorita de español? México
realmente es un lugar° ideal para estudiantes de   place
antropología como yo y estoy muy contenta de estar
aquí. Espero carta tuya° muy pronto.   **Espero...** I hope for a
    letter from you

*   Con cariño°,*   **Con...** Affectionately,
    Fondly

*   Catalina*

Después de leer

1. ¿Dónde está Catalina? ¿Por qué?   2. ¿Qué es posible aprender en México?   3. ¿Cuántas fotos envía Catalina? ¿De qué son las fotos?   4. ¿Quiénes vienen a México para visitar el Museo Nacional de Antropología? ¿Por qué?   5. ¿Es posible pasar todo el día en el museo? ¿Por qué?   6. ¿Qué espera visitar Catalina la semana próxima?   7. ¿Qué es Teotihuacán? ¿Qué edificio famoso está allí?   8. ¿Desea usted visitar México? ¿Qué lugares desea visitar? ¿Teotihuacán? ¿Ciudad de México? ¿las playas de Veracruz?

ACTIVIDADES

Working in small groups, do one or both of the following activities.

1. Imagine that Catalina's letter is a response to an earlier letter from Raquel. Compose the letter that Raquel might have sent to Catalina. What questions would she have asked?
2. Imagine a telephone conversation where Catalina would be communicating the information in the letter to Raquel. Compose and act out a dialogue including Raquel's questions and Catalina's answers.

NOTAS CULTURALES

1. The Aztec calendar stone, or **Piedra del Sol,** (literally, *Stone of the Sun*) is a gigantic carved stone from the sixteenth century. The Aztec year consisted of eighteen months, each with twenty days. Five extra days, considered unlucky and dangerous, followed. During this time, the Aztecs stayed close to home and behaved cautiously for fear that an accident would set a bad pattern for the entire year ahead.

2. The National Museum of Anthropology in Mexico City is an immense building with a huge suspended roof and central patio. It houses exhibits from all over the world, but most contain artifacts from the many Indian peoples that have successively inhabited various regions of Mexico.

3. **Teotihuacán,** which means "city of gods" or "where men become gods," dates from the first century A.D. Located thirty-three miles north of Mexico City, it covers eight square miles and contained dwelling places, plazas, temples, and palaces of priests and nobles. The Pyramid of the Moon, at the north end, and the great Pyramid of the Sun, at the east end, are its most impressive features.

Para escuchar

A. En la librería. Teresa is shopping in Mexico City for presents to bring home to the United States. She notices some attractive calendars in a bookstore window and goes in to inquire about the prices. Listen to the conversation. What does Teresa buy?

_____ 1. $31,50   (a) el calendario con una foto grande del calendario azteca
_____ 2. $25,50   (b) el calendario con fotos del Museo de Antropología
_____ 3. $30,60   (c) un calendario con fotos de las pirámides de Teotihuacán

B. ¿Y el total? Listen to the conversation again. What is the total amount that Teresa pays?

Para comunicarnos

In this chapter, you have seen examples of the following language functions or uses. Here is a summary and some additional information about these functions of language.

Telling Time

See section I for time expressions. The use of digital watches has changed traditional ways of stating time. Spanish speakers now often say **Son las ocho y cincuenta** instead of the traditional **Son las nueve menos diez.**

Expressing Incomprehension

Even in your native language, you probably find that you frequently have to stop someone who is speaking and ask him or her to clarify or explain something, repeat part of a sentence, slow down, and so on. In a foreign language, it's even more important to learn how to stop a speaker and ask for clarification. Here are some ways to express that you just aren't following and need some help.

¿Cómo?	*What?*	¿Perdón?	*Pardon me?*
No comprendo.	*I don't understand.*	¿Qué?	*What?* (very informal)
¿Mande?	*What?* (Mexico)		

¿Cómo? is used to ask the speaker to repeat; **¿Qué?** will usually elicit a specific answer to the question *What . . . ?* If you want the speaker to repeat, you can also say:

Otra vez, por favor.　　*Again, please.*　　　　Repita, por favor.　　*Repeat, please.*

If you want him or her to slow down, you can say:

Más despacio, por favor.　　　　　　　　　*Slower, please.*

ACTIVIDADES

A. Un momento, por favor. You don't understand what someone is saying to you when you hear the following sentences. Interrupt the speaker and ask for clarification. Work with a classmate and take turns playing the roles of the speaker and the person asking for clarification. Ask your instructor for help with pronunciation.

> **MODELO**　　ESTUDIANTE 1　El avión de Caracas llega a las cuatro y cuarto.
> 　　　　　　　ESTUDIANTE 2　**¿Cómo? ¿A qué hora llega el avión?**
> 　　　　　　　　　　　　　　**¿De dónde viene?**

1. Roberto estudia ciencias sociales y matemáticas en la Universidad de Salamanca.
2. La señora Otavalo vive en Chiquinquirá, pero ahora está en Bucaramanga.
3. El señor Montenegro tiene sesenta y seis años. La señora Montenegro tiene sesenta y dos años. Ellos tienen una fiesta mañana.
4. El número de teléfono del señor Barrios es 62-84-51.
5. AquelestudiantesellamaOsvaldo. Creoqueesmuysimpático. (said rapidly)

B. Situación. Role-play the following situation. You are in the National Museum of Anthropology in Mexico City. Someone comes up to you and asks where the famous Aztec calendar stone is. You don't understand at first and ask for clarification. She explains, but you say you don't know. Then you ask her what time it is. She tells you, but you don't hear at first, so you ask her to say it more slowly. You thank her and say good-bye.

Para escribir

Compose a letter to a Mexican pen pal describing your college or university. Include information about yourself and what you are studying. Ask the pen pal questions about himself (herself) and his (her) program of studies. For some guidelines, listen again to Beatriz's and Jenny's descriptions of themselves in the **Para escuchar** section of Chapter 2 and review the vocabulary on fields of study in the **Vocabulario activo** for this chapter. For a sample letter, look at the letter from Catalina to Raquel on pp. 84–85. Note: You'll use "Querido" if writing to a male friend and "Querida" if your friend is a female.

Vocabulario activo

COGNADOS

azteca	el doctor	importante	la profesión
el calendario	exacto	maya	el programa
la civilización	el futuro	el momento	universitario
la composición	la importancia	práctico	

VERBOS

abrir	*to open*	leer	*to read*
aprender	*to learn*	poner	*to put*
comer	*to eat*	practicar	*to practice*
comprender	*to understand*	recibir	*to receive*
creer	*to think, believe*	representar	*to represent*
deber	*should, must, ought to*	salir	*to leave, go out*
decidir	*to decide*	tener	*to have*
descubrir	*to discover*	tener ganas de + *inf.*	*to feel like* (doing something)
escribir	*to write*	tener que + *inf.*	*to have to* (do something)
hacer	*to do; to make*	vender	*to sell*
hacer ejercicios	*to do exercises*	venir	*to come*
hacer la maleta	*to pack one's suitcase*	vivir	*to live*

ESTUDIOS UNIVERSITARIOS

la antropología	*anthropology*	la historia	*history*
la arquitectura	*architecture*	la ingeniería	*engineering*
la biología	*biology*	la literatura	*literature*
las ciencias de computación	*computer science*	las matemáticas	*mathematics*
las ciencias políticas	*political science*	la medicina	*medicine*
las ciencias sociales	*social science*	la psicología	*psychology*
la filosofía	*philosophy*	la química	*chemistry*
la física	*physics*		

PROFESIONES Y OFICIOS
(PROFESSIONS AND JOBS)

el abogado, la abogada	*lawyer*	la camarera	*waitress*
el ama de casa	*housewife*	el camarero	*waiter*

el, la comerciante	*businessperson*	el, la músico	*musician*
el cura	*priest*	el policía, la mujer policía	*police officer*
el escritor, la escritora	*writer*	el secretario, la secretaria	*secretary*
el ingeniero, la ingeniera	*engineer*	el vendedor, la vendedora	*salesperson*

◤LA HORA / EL TIEMPO

el año	*year*	por la mañana	*in the morning*
de la mañana	*A.M.*	por la noche	*at night*
de la tarde (noche)	*P.M.*	por la tarde	*in the afternoon*
en punto	*on the dot*	¿Qué hora es?	*What time is it?*
la hora	*hour*	el siglo	*century*
el mes	*month*	el tiempo	*time* (in a general sense)*
el pasado	*past*		

◤OTRAS PALABRAS Y FRASES

alemán (el alemán)	*German*	el lugar	*place*
bastante	*rather; enough*	la maleta	*suitcase*
la biblioteca	*library*	la muchacha	*girl*
cada	*each, every*	el muchacho	*boy*
la carta	*letter*	el mundo	*world*
¡Claro!	*Of course!*	por ejemplo	*for example*
la cosa	*thing*	pronto	*soon; fast*
¿Cuánto(s)?	*How much? How many?*	si	*if, whether*
despacio	*slowly*	siempre	*always*
el dios	*god*	todavía	*still, yet*
la escuela	*school*	todo	*all, every, everything*
estupendo	*great*	todos	*all, every, everyone*
la fiesta	*party*	la vida	*life*
la librería	*bookstore*		

Expresiones útiles	
¿Cómo?	*What?*
No comprendo.	*I don't understand.*

Don't forget: Possessive adjectives, page 77.

---

*The word **tiempo** normally refers to weather; this use is discussed in Chapter 4.

Vistazo cultural
EL MUNDO HISPÁNICO

El mundo hispánico es un mundo de contrastes. Primero llegamos a México, al sur de Estados Unidos. En el centro está la capital, Ciudad de México, una ciudad grande y moderna, con muchos parques (parks), museos y monumentos. El monumento de la foto honra a los héroes de la independencia de los mexicanos (de España). Se llama «Ángel de la Independencia.»

¿Visitamos ahora el Caribe (Caribbean)? En tres de las islas (islands) del Caribe la gente (people) habla español: los cubanos de Cuba, los puertorriqueños de Puerto Rico y los dominicanos en la República Dominicana. Aquí hay una magnífica playa (beach) de Puerto Rico. El Caribe es una región ideal para unas vacaciones, ¿verdad?

Preguntas

1. ¿Dónde está la capital de México? ¿Cómo se llama? ¿Cómo es?
2. ¿Cuáles son las tres islas del Caribe donde la gente habla español?
3. ¿Por qué es ideal el Caribe para las vacaciones?
4. ¿Cuántas repúblicas hispanas forman Centroamérica? ¿En qué país de Centroamérica no hablan español?
5. ¿Qué es posible visitar en Sudamérica? ¿Cómo son las ciudades?
6. ¿Cuál es uno de los animales típicos de Sudamérica?
7. ¿Dónde está la capital de España? ¿Cómo se llama?
8. ¿Dónde está la región de Andalucía? ¿Por qué es famosa?

Al sur de México está Centroamérica (América Central). Es una región tropical con muchas montañas y volcanes activos. En seis de las pequeñas repúblicas (Guatemala, El Salvador, Honduras, Nicaragua, Costa Rica y Panamá) la gente habla español. En Belice hablan inglés. Aquí vemos (we see) *una linda selva tropical* (rain forest) *de Costa Rica.*

Sudamérica (América del Sur) es un mundo de contrastes geográficos donde es posible visitar ruinas de civilizaciones muy antiguas y también ciudades muy modernas y cosmopolitas. Aquí vemos animales típicos como estas (these) *llamas, en un lugar* (place) *cerca del volcán Parinacota, en los Andes de Chile.*

Finalmente, cruzamos (we cross) *el Océano Atlántico y llegamos a España, un país de regiones muy diferentes. En la costa del Mediterráneo el clima* (climate) *es ideal. La capital, Madrid, está en la meseta* (plateau) *central donde las temperaturas son extremas. Andalucía, al sur, es famosa por sus* (for its) *ciudades históricas, su música y su baile* (dance), *como el famoso «flamenco», que* (that) *vemos aquí.*

Las famosas estatuas en la Isla de Pascua (Rapa Nui), territorio de Chile

CHILE

ANTOFAGASTA

VALPARAÍSO · SANTIAGO
CONCEPCIÓN

¿Sabía usted que...?

- En Chile hay montañas, desiertos, valles fértiles, bosques (forests) y glaciares. El país mide (measures) 4.300 kilómetros (2.700 millas) de norte a sur y aproximadamente 180 kilómetros (112 millas) de este a oeste.

- Hay muchas atracciones turísticas en Chile: playas muy bonitas, pesca (fishing), esquí, un sistema extensivo de parques nacionales, el distrito de los lagos (lakes), excursiones a Patagonia o a Antártida.

- Chile tiene una larga tradición de democracia; es un país democrático desde (since) su independencia en 1818.*

- Chile tiene aproximadamente catorce millones de habitantes y su moneda oficial es el peso.

PREGUNTAS

1. ¿Cuál es la capital chilena?
2. ¿Dónde están las estatuas de la foto?
3. ¿Hay muchos lagos y playas en Chile?
4. ¿Qué tipo de gobierno hay en Chile: autocrático o democrático?
5. ¿Tiene Chile una geografía muy diversa? Explique (explain).

---

*However, this long tradition was interrupted in 1973 when General Augusto Pinochet overthrew the elected government of Salvador Allende by a violent military coup. Civilian rule was restored in 1989.

El Pico de Osorno y el
pueblo (village) de
Puerto Varas en los
Andes chilenos

CAPÍTULO CUATRO

Las estaciones y el tiempo

Cultura

This chapter focuses on Chile.

Estructuras

You will discuss and use:
- The irregular verb **ir** *(to go);* adverbs with **-mente**
- Dates
- Cardinal numbers 100 and above
- Idiomatic expressions with **tener; hay que**
- Affirmative and negative words

Vocabulario

In this chapter you will talk about the weather, the seasons, and the calendar.

Comunicación

- Expressing obligation
- Making small talk
- Giving a warning

Vocabulario del tema

¿Qué tiempo hace hoy?

Hace (muy) buen tiempo.

Hace (muy) mal tiempo.
Llueve (mucho).*

Hace (mucho) frío.
Nieva en las montañas.*
Hay (mucha) nieve.

Hace (mucho) calor y
(mucho) sol en la playa.

Hace (mucho) viento.

Está nublado. (Hay nubes.)

Hay niebla.

Hace fresco.

Práctica

A. **Preguntas y respuestas.** Create questions to which the following would be possible answers.

MODELO   Hace mucho calor hoy.
¿Qué tiempo hace hoy?   **¿Hace mucho calor hoy?**

***Nieva** and **llueve** are forms of verbs that will be discussed in detail in Chapters 5 and 6.

1. Hace buen tiempo aquí.
2. Hace mucho frío en el sur de Chile.
3. Hace calor al norte, cerca de la playa (cerca del mar).

4. Hace viento cerca del mar.
5. Siempre llueve (*It always rains*) en el sur.

*Las estaciones del año**

el invierno

la primavera

el verano

el otoño

*Los meses del año**

enero	abril	julio	octubre
febrero	mayo	agosto	noviembre
marzo	junio	septiembre	diciembre

Práctica

A. ¿Verdadero o falso?   Si es falso, ¿por qué?

1. Aquí hace frío en el verano.   2. Hace mucho viento cerca de la playa.   3. Ahora hace buen tiempo en Alaska.   4. En el invierno hay mucha niebla aquí.   5. Aquí siempre llueve en el otoño.   6. Ahora hace frío en Chile.   7. Aquí no nieva en el invierno.

Preguntas

1. ¿Hace frío hoy? ¿calor?   2. ¿Hace frío en la clase? ¿calor?   3. ¿Qué tiempo hace aquí en el invierno? ¿en la primavera?   4. ¿Qué tiempo hace en los Andes? ¿en el Sáhara? 5. ¿En qué estación hace mucho sol aquí? ¿mucho viento?   6. ¿En qué meses hace frío? ¿calor?   7. ¿Cuáles son los meses de verano aquí?   8. Según usted, ¿qué mes del año es muy lindo? ¿Qué mes es terrible? ¿Por qué?   9. ¿En qué estación estamos ahora? 10. ¿En qué meses llueve aquí? ¿y cuándo nieva?

---

*The seasons are reversed in the southern hemisphere so that when it is winter in North America it is summer in countries like Chile and Argentina. Note that seasons and months are not capitalized in Spanish.

I. The Irregular Verb *ir;* Adverbs Ending in *-mente*

HUGO	¿Qué haces, Tomás?
TOMÁS	Hago la maleta. *Voy* con Ana al sur. *Vamos* a hacer un viaje por la isla Chiloé con Cruceros Skorpios. Hacen excursiones todos los sábados.
HUGO	¿Qué tiempo hace en el sur ahora?
TOMÁS	Creo que *va* a hacer un poco de frío. Pero ¡el viaje *va* a ser estupendo!

1. ¿Qué hace Tomás?   2. ¿Adónde van Tomás y Ana? ¿Qué van a hacer?   3. ¿Qué tiempo hace en el sur?

A.   The verb **ir** is irregular in the present tense.

ir	to go
voy	vamos
vas	vais
va	van

B.   Like other verbs of motion, **ir** is usually followed by the preposition **a** before a destination.

Todos los días (todas las semanas) vamos al mar.	*Every day (week) we go to the sea.*
En Viña del Mar todo el mundo va a la playa.	*In Viña del Mar everyone goes to the beach.*

HUGO: What are you doing, Tomás?   TOMÁS: I'm packing my suitcase. I'm going with Ana to the South. We're going to take a trip around Chiloé Island with Skorpios Tours. They have (make) excursions every Saturday. HUGO: What's the weather like in the South now?   TOMÁS: I think it's going to be a little cold. But the trip is going to be great!

C. The verb **ir** is also followed by the preposition **a** before an infinitive. The **ir a** + infinitive construction expresses an action or event that is going to take place in the near future.

Mañana voy a nadar en el lago Villarrica. | *Tomorrow I'm going to swim in Lake Villarrica.*

Van a esquiar en las montañas cerca de Portillo. | *They're going to ski in the mountains near Portillo.*

D. **Vamos a** + infinitive can mean *we're going to* (do something) or *let's* (do something).

Vamos al mar. | *We're going to the sea.*
Let's go to the sea.

E. The expression **ir de compras** means *to go shopping*. **Ir de vacaciones** is *to go on vacation.*

Vamos de compras. | *Let's go shopping.*
¿Adónde van de vacaciones? | *Where are you going on vacation?*

F. Many adverbs end in the suffix **-mente.** (A feminine form of the adjective is used, with **-mente** attached to it.)

Vamos rápidamente (lentamente). | *We're going fast (slowly).*
—¡Cuidado! | *—Be careful!*

Práctica

A. **¿Adónde vamos?** Everyone is leaving for vacation. Say what they are doing by completing the sentences with the correct forms of **ir.**

1. Felipe y Manuel _____ a ir a Santiago; van a visitar museos y teatros.
2. Elena _____ a las montañas; _____ a esquiar.
3. Yo _____ a visitar a los abuelos y _____ a pasar unos días cerca del lago que hay allí.
4. Tú _____ de vacaciones a Barcelona. _____ a leer muchos libros allí, ¿verdad?
5. Rafael y yo _____ a Valparaíso. _____ en auto.

B. **¿Qué van a hacer?** Complete the following sentences with the appropriate forms of **ir a** and any additional information needed to tell what is going to happen.

MODELO   En el verano el profesor…
En el verano el profesor va a estar en su casa.

1. Mañana mis amigos y yo…
2. En diciembre todos los estudiantes…
3. Hoy hace buen tiempo. Mañana…
4. En junio mi familia y yo…

C. **Encuesta** *(Survey).*   Interview six to eight classmates. Ask them how they are going to spend their vacations. Take notes about their answers.

MODELO   ESTUDIANTE 1 **Jason, ¿cómo vas a pasar las vacaciones?**
ESTUDIANTE 2 **Voy a trabajar (asistir a clases, esquiar, etc.).**

D. Tarjeta postal. Find five adverbs ending in **-mente** in the following postcard message. Tell what each one means. **Vocabulario: fincas** *(farms),* **pesca** *(fishing),* **aventureros** *(adventurers),* **mariscos** *(shellfish).*

¡Saludos de Chile!

Estamos ahora en el sur, que es realmente bonito. Hay muchos lagos y fincas, y los habitantes viven tranquilamente. Hay mucha influencia alemana; por ejemplo, muchas casas son típicamente alemanas. La pesca y los productos forestales son muy importantes. Naturalmente, la región es perfecta para el ecoturismo y hay un «boom» en el turismo para los aventureros. De aquí hay excursiones a Patagonia, a la isla Chiloé y a Aisén (del inglés «ice-end»). La comida aquí es excelente, especialmente el salmón y los mariscos. Bueno, ahora vamos a salir para el lago Todos los Santos.

Con mucho cariño*

Patricia

II. Dates

La playa de Viña del Mar, Chile

REPORTERO: Buenos días, señores y señoras. *Hoy es lunes, primero de octubre.* Y ahora, el tiempo. Aquí en Viña del Mar, hace calor; vamos a tener una temperatura máxima de 28 grados. Tiempo para mañana, *martes:* nublado, con niebla local y una temperatura máxima de 20 grados. Para el *miércoles* y el *jueves,* temperaturas frescas, con posibilidad de lluvia. Y ahora Silvia Parada, con un reportaje especial sobre la destrucción de la capa de ozono. ¿Silvia?

REPORTER: Good morning, ladies and gentlemen. Today is Monday, the first of October. And now the weather. Here in Viña del Mar, it's warm; we are going to have a high (maximum temperature) of 28 degrees. Weather for tomorrow, Tuesday: cloudy, with local fog and a high of 20 degrees. For Wednesday and Thursday, cool temperatures, with a chance of rain. And now Silvia Parada, with a special report about the destruction of the ozone layer. Silvia?

---

*Personal notes and letters end in many forms of set phrases: **con mucho cariño** *(affectionately),* **chau** *(bye* [from the Italian **ciao**]), **hasta pronto** *(see you soon),* **besos** *(kisses),* **abrazos** *(hugs),* and so on.

1. Según el reportero, ¿qué tiempo hace en Viña del Mar? ¿Qué día es?   2. ¿Cuál es la temperatura máxima probable?   3. ¿Qué tiempo va a hacer el martes? ¿el miércoles y el jueves?   4. ¿Sobre qué problema va a hablar Silvia Parada? (Los chilenos leen y hablan mucho sobre este *[this]* problema.)

A. The days of the week in Spanish are all masculine and are not capitalized.

lunes	*Monday*	viernes	*Friday*
martes	*Tuesday*	sábado	*Saturday*
miércoles	*Wednesday*	domingo	*Sunday*
jueves	*Thursday*		

B. The definite article is almost always used with the days of the week and dates as an equivalent of *on,* when *on* could be used in English. It is not used otherwise.

Hoy es lunes. ¿Es necesario ir a clase?
Today is Monday. Is it necessary to go to class?

Elena llega el quince de mayo. ¡Qué coincidencia!
Elena is arriving (on) May 15th. What a coincidence!

C. The plurals of **sábado** and **domingo** are formed by adding **-s: los sábados, los domingos.** The plurals of the other days are formed simply with the use of the plural article **los.**

Estoy en la universidad los martes y los jueves.
I'm at the university on Tuesdays and Thursdays.

D. Cardinal numbers (**uno, dos, tres, cuatro…**) are used to express dates, with one exception: **el primero** *(the first).**

¿Qué fecha es hoy? —Es el dos de abril.
What's today's date? —It's the second of April.

Celebramos el cumpleaños de Martín el primero de agosto.
We're celebrating Martín's birthday on the first of August.

Cardinal numbers are used with **siglo** *(century)* in Spanish.

el siglo veintiuno
the twenty-first century

Práctica

A.   ¿Qué fecha es…? In pairs, ask each other about the following dates.

MODELO   el Día de la Raza *(Columbus Day)*
    ESTUDIANTE 1   **¿Cuándo es el Día de la Raza?**
    ESTUDIANTE 2   **Es el doce de octubre.**

1. el cumpleaños de George Washington
2. el Día de Año Nuevo *(New Year's Day)*
3. el Día de la Independencia de Estados Unidos
4. la Navidad *(Christmas)*
5. el cumpleaños de Martin Luther King
6. el cumpleaños de Abraham Lincoln
7. el Día de San Valentín

***Primero** is also an adjective; as an adjective, it becomes **primer** before a masculine singular noun: **el primer día** *(the first day),* **la primera vez** *(the first time).*

Preguntas

1. ¿Qué día es hoy? ¿Cuál es la fecha de hoy?   2. En general, ¿cuáles son los días en que hay clases? ¿en que no hay clases?   3. ¿Qué día hay examen en nuestra clase? 4. ¿Cuál es su fecha favorita?   5. ¿Tiene usted un mes favorito? ¿Cuál? ¿Por qué? 6. ¿Cuándo es su cumpleaños? ¿Celebra su cumpleaños con una fiesta?

Isabel Allende,
escritora chilena

CHILE Y LA LITERATURA
Isabel Allende

El 8 de enero de 1981 (mil novecientos ochenta y uno), Isabel Allende, exiliada *(exiled)* en Venezuela por el régimen brutal del general Augusto Pinochet en Chile, comenzó *(began)* a escribir una carta para su abuelo. Fue *(It was)* «una forma de mitigar *(mitigate)* mi pena, mi dolor por el destino del país, por toda la gente *(people)* torturada… fue una terapia», según la autora. El resultado, la famosa novela *La casa de los espíritus,* es una alegoría de la historia de América Latina, una novela apasionante, espiritual, dinámica. «El mensaje *(message)* final del libro es de reconciliación», afirma la escritora. La película *The House of the Spirits* es una adaptación fílmica de esa *(that)* novela y en ella *(it)* trabajan muchos artistas famosos como Meryl Streep, Winona Ryder, Vanessa Redgrave, Antonio Banderas y Jeremy Irons. Isabel Allende es la autora de varios otros libros. Siempre comienza un libro nuevo el 8 de enero. «No creo en la inspiración. Creo en el trabajo.»

PREGUNTAS

1. ¿Cómo se llama una famosa novela de Isabel Allende? 2. ¿Cuándo comenzó la autora la novela?   3. ¿Qué idea expresa el mensaje final del libro?   4. ¿Lee usted novelas latinoamericanas? ¿Cuáles?

III. Cardinal Numbers 100 and Above

MOVIMIENTO DE AVIONES

MARTES

AEROPUERTO COMOD. ARTURO MERINO BENÍTEZ

LLEGAN:

PROCEDENCIAS	VUELO	COMPAÑÍAS	LLEGA
AMSTERDAM–RIO–SAO PAULO–BAIRES	791	KLM	04.55
MONTREAL–NUEVA YORK–MIAMI	161	LAN CHILE	08.10
BUENOS AIRES	040	ECUATORIANA	10.15
FRANKFURT–BRUSELAS–MADRID–MIAMI	502	PARAGUAYA	10.20
NUEVA YORK–MIAMI–BUENOS AIRES	027	EASTERN	10.46
MIAMI–CARACAS–MANAOS– SANTA CRUZ–LA PAZ	907	LLOYD	11.30
COPENHAGEN–LISBOA–RIO–BAIRES	957	SAS	11.35
RIO DE JANEIRO–SAO PAULO	920	VARIG	13.15
MIAMI–PANAMA–GUAYAQUIL–LIMA	695	AEROPERU	13.30
BUENOS AIRES–CORDOBA–MENDOZA	226	AEROLINEAS	14.45
CARACAS–LIMA	129	LAN CHILE	14.55
MIAMI–PANAMA	159	LAN CHILE	17.35
BUENOS AIRES	124	LAN CHILE	19.05
BUENOS AIRES	696	AEROPERU	19.35
MADRID–RIO DE JANEIRO–SAO PAULO	171	LAN CHILE	21.00

SALEN:

SALE	COMPAÑÍAS	VUELO	DESTINOS
07.50	KLM	792	BAIRES–SAO PAULO–RIO–AMSTERDAM
11.15	ECUATORIANA	040	GUAYAQUIL–QUITO–MEXICO–LOS ANGELES
12.00	PARAGUAYA	503	MIAMI–MEXICO–MADRID– BRUSELAS–FRANKFURT
12.20	SAS	958	BAIRES–RIO–COPENHAGEN
12.30	LLOYD	908	LA PAZ–STA. CRUZ–PANAMA–MIAMI
13.00	LAN CHILE	125	BUENOS AIRES
14.15	VARIG	921	SAO PAULO–RIO DE JANEIRO
14.20	AEROPERU	695	BUENOS AIRES
15.20	AEROLINEAS	227	MENDOZA–CORDOBA–BUENOS AIRES
18.40	EASTERN	010	BUENOS AIRES–MIAMI–NUEVA YORK
20.00	LAN CHILE	140	LIMA–MIAMI–NUEVA YORK
20.25	AEROPERU	696	LIMA–MEXICO (conex.)–MIAMI

Vocabulario: procedencias *(points of departure),* **destinos** *(destinations)*

Preguntas

1. ¿A qué hora llega el vuelo *(flight)* de Frankfurt al aeropuerto Arturo Merino Benítez de Santiago? ¿el vuelo de Caracas–Lima?   2. ¿Adónde va el avión que sale a la una? ¿y el avión que sale a las ocho?

100 cien(to)	900 novecientos(-as)
101 ciento uno (un, una)	1.000 mil
200 doscientos(-as)	10.000 diez mil
300 trescientos(-as)	100.000 cien mil
400 cuatrocientos(-as)	150.000 ciento cincuenta mil
500 quinientos(-as)	500.000 quinientos(-as) mil
600 seiscientos(-as)	1.000.000 un millón (de…)
700 setecientos(-as)	1.200.000 un millón doscientos(-as) mil
800 ochocientos(-as)	2.000.000 dos millones (de…)

A. **Cien** is used to mean *one hundred* before nouns and before the number **mil** *(one thousand).* It is also used in counting.

cien años	*100 years*	cien mil dólares	*100,000 dollars*
cien personas	*100 people*	cien mil ciudades	*100,000 cities*

B. **Ciento** is used in all other cases; it does not have a feminine form.

ciento una noches	*101 nights*	ciento un días	*101 days*
ciento cincuenta niñas	*150 girls*	ciento noventa niños	*190 boys*

C. The numbers 200 to 900 agree with the nouns they modify in gender.

doscientas páginas	*200 pages*
cuatrocientos diez pasajeros	*410 passengers*
quinientas cuatro horas	*504 hours*

D. To express numbers above 1,000, **mil** is always used. With **millón,** and exact multiples of **millón (dos millones, diez millones),** the preposition **de** is used before a noun. Notice that a decimal point is used in numbers in Spanish where a comma is used in English.

diez mil trescientas (10.300) personas

cien mil quinientos (100.500) años

quinientos mil cien (500.100) alemanes

cinco millones (5.000.000) de dólares

E. **Mil** is used for years over 999. In expressing dates, the day, month, and year are connected by **de.**

(el) trece de enero de mil ochocientos sesenta y tres	*January 13, 1863*
(el) ocho de diciembre de mil novecientos cuarenta y uno	*December 8, 1941*
Hoy no es el veintiocho de febrero de mil novecientos treinta y ocho.	*Today is not February 28, 1938.*

Práctica

A. **Un examen de historia.**   Work in pairs. Read the events listed below and match each of them with the corresponding date on the right. Take turns reading the events and giving the date.

MODELO   ESTUDIANTE 1   **el descubrimiento** *(discovery)* **de América**
    ESTUDIANTE 2   **1492 (mil cuatrocientos noventa y dos)**

1. la exploración de la luna *(moon)*	1492
2. la Guerra *(War)* Civil Española	1605
3. la Declaración de Independencia	1776
de Estados Unidos	1789
4. la publicación del *Quijote,* de Miguel de Cervantes	1910
5. la Revolución Cubana	1936
6. la Revolución Mexicana	1959
7. la Revolución Francesa	1969

B. **Los vuelos de hoy.** Look at the airline schedule at the beginning of this section (on page 101) and answer these questions.

1. ¿Cuál es el número de vuelo del avión que llega de Montreal? ¿del avión que viene de Santa Cruz–La Paz?   2. ¿Cuál es el número de vuelo del avión que llega a las diez y veinte? ¿a las dos cuarenta y cinco?   3. ¿Cuál es el número de vuelo del avión que sale para Copenhagen? ¿Qué vuelos salen para Buenos Aires? ¿a qué horas?   4. ¿A qué hora sale el vuelo número 908? ¿Adónde va?

C. **Agente de viajes.** In pairs, ask and answer questions about the airline schedule. One of you is the **agente de viajes,** and the other is the **pasajero(-a).** Practice a conversation and perform it for the class.

MODELO   PASAJERO   **¿A qué hora salen los vuelos para Nueva York?**
                AGENTE   **Hay un vuelo a las seis y cuarenta; es el vuelo**
                              número 10. Va primero a Buenos Aires y a Miami.
                              Y hay otro a las ocho, el vuelo número 140 de Lan
                              Chile que pasa por Lima y también por Miami.
              PASAJERO   **Pues, el vuelo de las ocho está bien.**
                AGENTE   **¿En qué fecha desea viajar?**
              PASAJERO   **El tres de noviembre.**
                AGENTE   **Está bien.**

D. **La vida urbana.** In groups, look at the following chart. Take turns asking and answering questions about it.

MODELOS   **¿En qué país está Caracas?**
                Está en Venezuela.
                ¿Aproximadamente cuántas personas van a vivir allí en el año
                   2010?
                Tres millones, seiscientos mil.

GRANDES CONGLOMERADOS URBANOS (miles de habitantes)

CIUDAD	PAÍS	1992	2000	2010	RANGO 1992
Barcelona	Esp.	3.500	3.557	3.600	59
Barranquilla	Col.	1.100	1.262	1.500	279
Bogotá	Col.	5.200	6.323	7.300	35
Buenos Aires	Arg.	11.800	12.822	13.700	8
Cali	Col.	1.600	1.981	2.300	166
Caracas	Ven.	2.800	3.165	3.600	82
Córdoba	Arg.	1.200	1.375	1.500	239
Cd. México	Méx.	15.300	16.190	18.000	4
Guadalajara	Méx.	3.000	3.422	4.000	78
Guadalupe	Méx.	1.300	2.167	2.800	223
Guayaquil	Ecu.	1.800	2.350	3.000	143
La Habana	Cuba	2.200	2.360	2.500	119
La Paz	Bol.	1.100	1.371	1.800	277
Lima	Perú	6.900	8.445	10.100	28
Madrid	Esp.	5.400	5.602	5.600	33
Maracaibo	Ven.	1.400	1.869	2.300	197
Medellín	Col.	1.600	1.912	2.200	164
Monterrey	Méx.	2.600	3.037	3.500	92
Montevideo	Uru.	1.300	1.364	1.400	217
Naucalpan	Méx.	1.500	2.145	2.600	179
Puebla	Méx.	1.100	1.353	1.600	265
Quito	Ecu.	1.500	2.143	2.800	178
Rosario	Arg.	1.100	1.259	1.400	259
San Juan	PR	1.400	1.588	1.700	198
Santiago	Chi.	5.100	5.754	6.400	37
Sto. Domingo	RD	2.400	2.967	3.500	105
Valencia	Ven.	1.100	1.524	1.900	271

Now answer the following questions:

1. ¿Cuál es la ciudad con más habitantes *(the most inhabitants)*?
2. ¿Cuál tiene el lugar número cuatro en el mundo («rango 1992»)? ¿y el lugar número ocho?

Preguntas

1. ¿Aproximadamente cuántos estudiantes hay en nuestra universidad?   2. ¿Cuántas personas viven en nuestra ciudad? ¿en nuestro estado? ¿en nuestro país? ¿en Chile? 3. ¿Qué precio debe tener un Toyota nuevo? ¿y un Mercedes Benz? ¿y un Rolls Royce?   4. ¿Qué precio debe tener una casa pequeña aquí?

IV. Idiomatic Expressions with *tener; hay que*

SR. GARCÍA	*¿Hay que* contestar todas las preguntas, señorita?
RECEPCIONISTA	Sí, es necesario poner el nombre, la nacionalidad, la fecha de hoy…

Unos minutos después

DOCTOR	*¿Cuántos años tiene usted,* señor García?
SR. GARCÍA	Treinta y ocho.
DOCTOR	¿Y por qué está aquí hoy?
SR. GARCÍA	Porque *tengo dolor de cabeza y de estómago.* También *tengo calor y sed.* Y estoy muy cansado.
DOCTOR	*Tiene que tomar* aspirinas y *tener cuidado* con la comida. Pero no *tiene fiebre* y en realidad está en muy buenas condiciones físicas.
SR. GARCÍA	¡Estupendo! Voy a morir sano.

1. Según la señorita, ¿hay que contestar todas las preguntas?   2. ¿Cuántos años tiene el señor García?   3. ¿Tiene dolor de cabeza? ¿Tiene dolor de estómago?   4. ¿Tiene calor? ¿sed?   5. ¿Está cansado?   6. ¿Qué tiene que tomar, según el doctor?   7. ¿Tiene fiebre? 8. ¿Está en buenas condiciones físicas?

MR. GARCÍA: Is it necessary to answer all these questions, miss?   RECEPTIONIST: Yes, it is necessary to put your name, nationality, today's date . . . (A few minutes later.)   DOCTOR: How old are you, Mr. García?   MR. GARCÍA: Thirty-eight.   DOCTOR: And why are you here today?   MR. GARCÍA: Because I have a headache and a stomachache. Also, I'm hot and thirsty. And I'm very tired.   DOCTOR: You must take aspirin and be careful about the food (you eat). But you don't have a fever, and, in reality (actually), you are in very good physical condition.   MR. GARCÍA: Wonderful! I'm going to die healthy.

A. In addition to **tener ganas,** which you saw in Chapter 3, many idioms in Spanish contain the verb **tener** *(to have).*

tener (veinte) años	*to be (twenty) years old*
tener dolor de cabeza, de estómago	*to have a headache, a stomachache*
tener fiebre	*to have a fever*

B. Many constructions with **tener** + noun are expressed in English with *to be* + adjective.

tener {
calor
frío
cuidado
razón
hambre
sed
}

to be {
warm, hot
cold
careful
right
hungry
thirsty
}

Note that **no tener razón** means *to be incorrect, wrong.* Also, note that to express the idea of *very* in Spanish, a form of **mucho** agreeing with the noun is used. The nouns **calor, frío,** and **cuidado** are masculine; **razón, hambre,** and **sed** are feminine.

Tengo mucho frío. Ellos tienen mucha hambre.	*I'm very cold. They're very hungry.*
Todo el mundo tiene sed.	*Everyone is thirsty.*

C. The impersonal expression **hay que** means *one (we, you, etc.) must, it is necessary to.*

Hay que estudiar todos los días (todas las semanas).	*It's necessary (you must) study every day (week).*
Hay que hablar lentamente.	*You must speak slowly.*

Práctica

Consejos *(Advice).*   In pairs, ask for and give advice, using the cues and an expression with **tener.** Follow the model.

MODELO   ganas de hacer ejercicios / nadar
ESTUDIANTE 1   **Tengo ganas de hacer ejercicios.**
ESTUDIANTE 2   **¿Por qué no nadas?**

1. calor / abrir la ventana
2. dolor de cabeza / tomar dos aspirinas
3. sed / tomar agua *(water)*
4. hambre / comer
5. dolor de estómago / tomar Alka-Seltzer

Preguntas

1. ¿Cuántos años tiene usted?   2. ¿Tiene hambre ahora? ¿sed?   3. ¿Tiene dolor de cabeza? ¿de estómago? ¿Tiene frío? ¿calor?   4. ¿Esquía usted en el invierno? ¿Tiene cuidado o va muy rápidamente?   5. ¿Tiene ganas de viajar? ¿Adónde? Para ir allí, ¿cómo hay que viajar? (¿en avión, tren, autobús, auto…?)

V. Affirmative and Negative Words

Proverbios

Muchos proverbios usan las palabras *nunca* o *siempre.* Aquí hay algunos *(some)* ejemplos:

Match the proverbs to their English equivalents. Write the correct letter next to the number.

_____ 1. Better late than never.
_____ 2. It's never too late to learn.
_____ 3. Cats and children always say "Mine, mine, mine."
_____ 4. God suffers (puts up with) bad people, but not forever.
_____ 5. It never rains to everyone's taste.

AFFIRMATIVE WORDS		NEGATIVE WORDS	
alguien	*someone, anyone*	**nadie**	*no one, not anyone*
algo	*something*	**nada**	*nothing, not anything*
algún, alguno(s), alguna(s)	*some, any*	**ningún, ninguno(s), ninguna(s)**	*none, not any, no, neither (of them)*
también	*also*	**tampoco**	*not either, neither*
siempre	*always*	**nunca, jamás**	*never, not ever*
o… o	*either . . . or*	**ni… ni**	*neither . . . nor*

A.   The negative words **nadie, nada, ninguno, tampoco,** and **nunca** can be placed either before or after a verb.

No va nadie ahora.
Nadie va ahora. } *No one is going now.*

No tienen hambre tampoco.
Tampoco tienen hambre. } *They aren't hungry either.*

No llevo reloj nunca (jamás).
Nunca (Jamás) llevo reloj. } *I never wear a watch.*

Notice that **no** precedes the verb when a negative word follows the verb. **No** is omitted when a negative word precedes the verb.

B.   **Alguno** and **ninguno** can refer to either people or to things, while **alguien** and **nadie** refer only to people. **Alguno** and **ninguno** usually refer to certain members or elements of a group that the speaker or writer has in mind. Before a masculine singular noun, **alguno** becomes **algún** and **ninguno** becomes **ningún. Ningún, ninguno,** and **ninguna** are generally used in the singular.

Nadie tiene ganas de estudiar ahora.	*No one feels like studying now.*
Ninguno de ellos contesta.	*None (neither) of them answers.*
¿Alguien tiene sed?	*Is anyone thirsty?*
¿Hay algunos chilenos aquí?	*Are there some (any) Chileans here?*
¿Hay algún problema?	*Is there some (any) problem?*

The personal **a** is used with the pronouns **alguien** and **nadie** and with **alguno** and **ninguno** when they refer to people in the same way that it is used with nouns or other pronouns.

¿Busca usted a algunos amigos de Enrique?	*Are you looking for some of Enrique's friends?*
No, no busco a nadie.	*No, I'm not looking for anyone.*

C.   Several negatives can be used in the same sentence.

¡No habla con nadie nunca!	*He never talks to anyone!*

D.   **Ni… ni** expresses *not either . . . or* or *neither . . . nor.*

Hoy no hace ni frío ni calor.	*Today it's neither hot nor cold.*
Aquí no venden ni libros ni cuadernos.	*They don't sell either books or notebooks here.*

El observatorio La Silla

CHILE Y LA GEOGRAFÍA

Las regiones del país

Entre *(between)* los Andes y el Pacífico, Chile es el país más angosto *(narrowest)* del mundo y tiene un clima muy diverso. Los Andes tienen picos de más de 6.000 metros y muchos son volcánicos. Es una zona de gran inestabilidad geológica.

En el norte, el desierto de Atacama es uno de los lugares más secos *(driest places)* del planeta; en algunas regiones no llueve nunca. Aquí está el observatorio más avanzado *(most advanced)* del mundo, La Silla, a una gran altitud y con un cielo casi siempre claro.

La fértil zona central de clima mediterráneo produce muchas frutas y verduras *(vegetables);* los vinos chilenos son excelentes. En el sur está el «distrito de los lagos», similar a Alemania o Suiza *(Germany or Switzerland)* en geografía y arquitectura. Allí la influencia de los inmigrantes alemanes y suizos es considerable. En el extremo sur, hay glaciares y pingüinos.

PREGUNTAS

1. ¿Qué es La Silla? ¿Dónde está? ¿Por qué está allí?   2. ¿Qué hay en el sur de Chile? ¿y en el extremo sur?   3. ¿Desea usted viajar a Chile? ¿A qué parte de Chile en particular? ¿Por qué?

Práctica

A. **Construcciones sinónimas.**   Change the negative constructions in these sentences, following the model.

MODELO   Yo nunca tengo frío.
Yo no tengo frío nunca.

1. ¿Nadie va con ustedes?
2. Ella nunca hace ejercicios.
3. ¿Tampoco nadan ustedes?
4. Ninguno de los chicos está aquí.
5. ¿Nunca vas a la capital?
6. Nada leo ahora.
7. ¿Ningún estudiante tiene papel?

B. **Dos amigos.**   Felipe and Guillermo are friends who are very different. Complete the sentences in the negative, following the model.

MODELO   Felipe siempre tiene ganas de estar con alguien, pero Guillermo…
Guillermo nunca tiene ganas de estar con nadie.

1. Felipe siempre tiene ganas de hacer algo, pero Guillermo…
2. Felipe siempre está contento, pero Guillermo…
3. Felipe va a algún restaurante mañana, pero Guillermo…
4. Felipe va o al mar o al lago los sábados, pero Guillermo…

C. **Diferencias entre amigos.**   Work in groups. Make at least five sentences contrasting yourselves and others using affirmative and negative words. You can talk about your classes, books, teachers, friends, relatives, and so on.

MODELOS   **Jack siempre sale a comer, pero Elizabeth casi nunca sale a comer.**
Cristina tiene algunos amigos franceses, pero Jay no tiene ningún amigo francés.
Julie tiene algunos primos en Minnesota, pero Bill no tiene ningún pariente en Minnesota.

¡Vamos a repasar!

En mi vida.   Conjugate the verbs in the **yo** form. Then complete the sentences.

1.   Siempre _____ (estar) contento(-a) cuando…
2.   Alguien a quien _____ (admirar) mucho es…
3.   No _____ (tener) ningún (ninguna)…
4.   Nunca _____ (ir) a…
5.   Algo que _____ (necesitar) mucho es…
6.   Yo no _____ (ser) ni… ni…
7.   Cuando no _____ (estudiar), _____ (leer)… o…

Mosaico cultural

Para leer

LOS DESAPARECIDOS

Santiago de Chile

Antes de leer

From 1973 to 1989 Chile had an oppressive military government, and many people were tortured and killed or "disappeared." (The niece of deposed president Salvador Allende, Isabel Allende, wrote about this era in her book *La casa de los espíritus, The House of the Spirits.*) Many of the **desaparecidos** *(disappeared)* were young people, students who protested against the government. Read the following poem by Marjorie Agosín, a Chilean writer who lives in the United States. First, match the Spanish words on the left with their English cognates on the right.

1. fotografía	a.	to collect
2. celebrar	b.	immense
3. álbum	c.	album
4. inmenso	d.	to celebrate
5. coleccionar	e.	photograph

Álbum de fotografías
MARJORIE AGOSÍN

Aquí están nuestros álbumes;
éstas° son las fotografías — these
de los rostros;° — faces
acérquese, no tenga
miedo.° — **acérquese...** come closer; do not be afraid.
¿Es verdad que son muy jóvenes? Es mi hija;
mire, ésta es° — **mire...** look, this one is
Andrea y ésta
es mi hija Paola;
somos las madres de los
desaparecidos.
Coleccionamos
sus rostros
en estas fotografías;
muchas veces hablamos con ellos,
y nos preguntamos:° — **nos...** we wonder
¿quién acariciará — **¿quién...** who will caress the hair
el pelo° de la Graciela?
¿qué habrán hecho con el cuerpecito° — **¿qué...** what have they done with the little body
de Andrés?
Fíjese que tenían° nombres, — **Fíjese...** Notice that they had
les gustaba° leer, — **les...** they liked
eran° muy jóvenes; — they were
ninguno de ellos alcanzó° a celebrar — ever got to
sus dieciocho años;
aquí están sus fotografías,
estos inmensos álbumes;
acérquese
ayúdeme;° — help me

a lo mejor usted	**a...** maybe you have seen him
lo ha visto,°	
y cuando se vaya al extranjero	**cuando...** when you go abroad take
lleve° una de estas fotografías.	

De: Circles of Madness / Círculos de locura *(Fredonia, NY: White Pine Press, 1992).*

Después de leer

Making deductions.   Discuss the answers to these questions.

1. Who is Paola? What does her mother want you to know about her and others like her?
2. What does the mother give the person she is talking to at the end of the poem? Why?

Para escuchar

A.   Situaciones.   Listen to the three conversations, which involve small talk between strangers. Match the numbers (1, 2, and 3) with the pictures. Write the number of the conversation in the box to the left of the appropriate picture. (Note that **caliente** = *hot.*)

B.   La respuesta apropiada.   You will hear the first line of each conversation again. Choose an appropriate response.

1. a. No viajo en autobús.
   b. A Valparaíso. Voy a visitar a la familia.
   c. Mañana voy a Santiago.

2. a. Soy estudiante.
   b. ¡Qué va! Es muy bonita la universidad.
   c. Sí, estoy en la clase del profesor Ortega.

3. a. Sí, hace sol.
   b. Sí, hace fresco.
   c. No, tengo calor.

C. El tiempo. Listen to the weather report. Match the type of weather to the city or place.

1. _____ Santiago   3. _____ Punta Arenas
2. _____ Viña del Mar   4. _____ Isla de Pascua

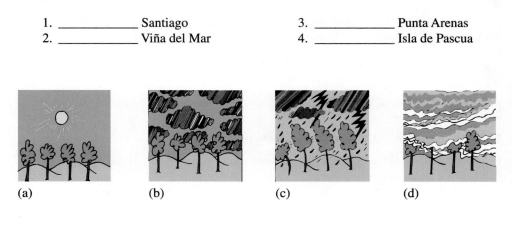

(a)   (b)   (c)   (d)

Para comunicarnos

In this chapter you have seen examples of the following language functions or uses. Here is a summary, and some additional information, about these uses of language.

Expressing Obligation

You've seen several ways to express obligation so far in this book:

hay que + infinitive:
  Hay que ir.   *One (you, etc.) must go.*

es necesario + infinitive:
  Es necesario ir.   *It's necessary to go.*

necesitar + infinitive:
  Necesito ir.   *I need (have) to go.*

tener que + infinitive:
  Tengo que ir.   *I have to (must) go.*

deber + infinitive:
  Debo ir.   *I should (ought to) go.*

Es necesario and **hay que** + infinitive express strong impersonal obligation. **Necesitar** + infinitive also expresses strong obligation but of a more personal nature—the person is indicated and the verb is conjugated. **Tener que** + infinitive also expresses personal obligation but not as strongly. **Deber** + infinitive expresses the least strong obligation.

Making Small Talk

Marjorie Agosín writes: "In Latin America, the community exists in the streets. It exists in the daily contact among commuters waiting for a bus, in the animated conversation between a street seller and a customer. Community can be found in a conversation that begins in a café and ends over a glass of wine in a bar."* Small talk is very important in Spanish. Here are some common phrases to open a casual conversation; as in English, weather is a common topic for small talk.

¡Qué calor (frío, viento…)!	*How hot (cold, windy . . .) it is!*
¡Qué tiempo más estupendo!	*What great weather!*
¿Cree(s) que vamos a tener lluvia (un invierno frío…)?	*Do you think we're going to have some rain (a cold winter . . .)?*

Here are some expressions unrelated to the weather that can be used to open conversations.

¿Qué hora es? No llevo reloj.	*What time is it? I don't have (am not wearing) a watch.*
¿Qué estudias tú?	*What are you studying?* (to another student)
¡Qué coincidencia! ¿Usted también va a Santiago (estudia biología, es de Estados Unidos…)?	*What a coincidence! You're also going to Santiago (studying biology, from the United States . . .)?*

Giving a Warning

¡**Cuidado!** means *Be careful!* ¡**Espere!** *(Wait!)* is an **usted** form ¡**Mire!** *(Look!)* is also used to give a warning.

ACTIVIDADES

A. Obligaciones… In pairs, take turns asking and answering questions in Spanish until you each find out at least two things your partner thinks he or she should or must do this week. The obligations may be related to school, home, work, family, or health. Here are some ideas: **no tomar café, hacer ejercicios, visitar a un(a) amigo(-a) o pariente en el hospital, estudiar, escribir una carta (composición), ir a la biblioteca, trabajar, leer la lección de español, ser cortés.**

---

*Marjorie Agosín, *Women of Smoke* (Canada: Williams-Wallace Publishers, 1989), p. 27.

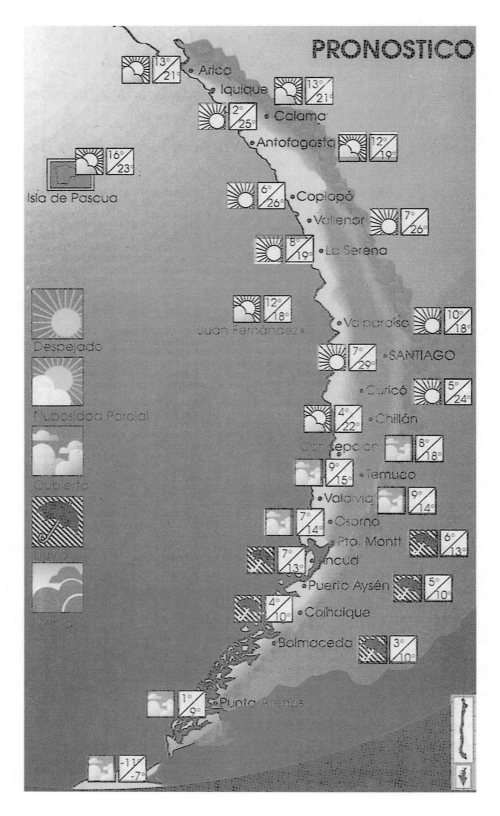

B. El tiempo. The weather map on page 114 is from the Chilean newspaper *El mercurio,* October 19, in the spring. Chile is so long that the map has to be distorted somewhat to fit. Temperatures are in Celsius. Take turns asking and answering questions about it. Note that **despejado** = *clear,* **cubierto** = *cloudy ("covered").*

MODELO	ESTUDIANTE 1	**¿Qué tiempo hace en Concepción?**
	ESTUDIANTE 2	**Está muy nublado. ¿Cuál es la temperatura mínima en Vallenar?**
	ESTUDIANTE 1	**Siete grados. Hace sol. (Está despejado.)**

C. Minidramas. Role-play the following situations.

1. You are waiting for a bus. A person your age is also waiting. You ask what time it is and he or she answers. You both make small talk about the weather. A car comes by close to the curb. "Watch out!" you say, as water splashes onto the curb. He or she thanks you. You ask where he or she is going and he or she responds, "The National Museum on the Avenida Matucana." "What a coincidence!" you say. You are going to the museum also. "The bus is coming (arriving)," says your new friend and you both get on.
2. You are at the doctor's office. The doctor asks how old you are. You reply with your age. He asks why you are there, and you reply that you have a stomachache and a headache and that you're also tired and cold. He tells you that you don't have a fever but that you should take two aspirins and call him tomorrow.

Para escribir

Write a letter to a Spanish-speaking friend who is planning to visit your area. Tell him or her what the weather is like at different times of the year. Follow this form:

_____ (la fecha)

Querido(-a) (Dear) _____ ,
Aquí en _____ (ciudad) *ahora* _____
_____ (descripción del tiempo).
En _____ (una estación) _____.
En _____. *Hace el mejor*
(best) *tiempo aquí es en* _____ (mes), *porque* _____
_____. *¡Ojalá*
que puedas venir a vernos! (I hope that you can come to see us!)

Con cariño (Affectionately),

_____

Vocabulario activo

COGNADOS

la aspirina	diverso	la fotografía	el problema	la revolución
el auto	el dólar	la montaña	el reportero, la reportera	la temperatura
el desierto	favorito	necesario		

VERBOS

celebrar	*to celebrate*
contestar	*to answer*
esquiar	*to ski*
hacer buen (mal) tiempo	*to be good (bad) weather*
hacer calor (frío, fresco, viento, sol)	*to be hot (cold, cool, windy, sunny)*
¿Qué tiempo hace?	*What's the weather like?*
hay que (*from* haber)	*it's necessary; one (we, you,* etc.) *must*
ir	*to go*
ir de compras	*to go shopping*
ir de vacaciones	*to go on vacation*
ir en auto (autobús, avión, tren)	*to go by car (bus, plane, train)*
nadar	*to swim*
tener… años	*to be . . . years old*
tener calor (frío)	*to be warm (cold)* (a person or animal)
tener cuidado	*to be careful*
tener dolor de cabeza (estómago)	*to have a headache (stomachache)*
tener fiebre	*to have a fever*
tener hambre (sed)	*to be hungry (thirsty)*
tener razón	*to be right*
tomar	*to take; to drink*

EL TIEMPO Y EL CALENDARIO

la estación	*season; station*	la nube	*cloud*
la fecha	*date*	Hay nubes.	*It's cloudy.*
el grado	*degree*	nublado	*cloudy*
el invierno	*winter*	estar nublado	*to be cloudy*
la lluvia	*rain*	el otoño	*fall, autumn*
Llueve.	*It's raining.*	la primavera	*spring*
el mes	*month*	el sol	*sun*
la niebla	*fog*	hacer sol	*to be sunny*
Hay niebla.	*It's foggy.*	el tiempo	*weather; time*
Nieva.	*It's snowing.*	el verano	*summer*
la nieve	*snow*	el viento	*wind*

OTRAS PALABRAS Y FRASES

caliente	*hot* (not used for weather or people)	el nombre	*name*
cansado	*tired*	la playa	*beach*
el cumpleaños	*birthday*	primero	*first*
el desaparecido, la desaparecida	*"disappeared" person*	rápidamente	*rapidly, fast*
el lago	*lake*	todo el mundo	*everyone*
lentamente	*slowly*	todos los días (todas las semanas)	*every day (every week)*
el mar	*sea*	el vuelo	*flight*

Expresiones útiles

¡Cuidado!	*Be careful!*
¡Qué coincidencia!	*What a coincidence!*
¡Qué mundo más pequeño!	*What a small world!*

Don't forget: Seasons and months of the year page 95; days of the week, page 99; cardinal numbers 100 and above, page 101; affirmative and negative words, page 107

La comunidad hispana celebra el Día de Puerto Rico en Nueva York

LAS COMUNIDADES PUERTORRIQUEÑAS Y DOMINICANAS DEL NORESTE DE ESTADOS UNIDOS

¿Sabía usted que...?

- Las islas de Puerto Rico y de La Española están en el Caribe, en las Antillas. Puerto Rico tiene aproximadamente cuatro millones de habitantes; su capital se llama San Juan. La capital de República Dominicana es Santo Domingo y el país tiene aproximadamente ocho millones de habitantes. Hay grandes comunidades de gente puertorriqueña (de Puerto Rico) y dominicana (de República Dominicana) en el noreste de Estados Unidos. En la ciudad de Nueva York hay más de tres millones de residentes hispanos. El 45 por ciento (%) de ellos son de origen puertorriqueño y el 16 por ciento son de origen dominicano.
- En 1898 Estados Unidos invadió *(invaded)* Puerto Rico. Desde *(Since)* 1917 los puertorriqueños son ciudadanos *(citizens)* de Estados Unidos y no necesitan visa para entrar a este *(this)* país; Puerto Rico es un «Estado Libre Asociado» *(Commonwealth)* de Estados Unidos.
- Muchos puertorriqueños viven en la ciudad de Nueva York y se llaman «nuyorriqueños» o *nuyoricans*.
- Santo Domingo, fundada *(founded)* en 1496 por Bartolomé Colón (hermano de Cristóbal Colón), es la primera ciudad fundada por los conquistadores españoles en el Nuevo Mundo. La Universidad Autónoma de Santo Domingo (fundada en 1538) es la universidad más antigua *(oldest)* de las Américas.

PREGUNTAS

1. ¿Cómo se llama la capital de Puerto Rico? ¿de República Dominicana?
2. ¿Cuántos habitantes tiene Puerto Rico? ¿República Dominicana?
3. ¿Cuántas personas hispanas viven en la ciudad de Nueva York?
4. ¿Necesitan los puertorriqueños visa o pasaporte para entrar a Estados Unidos?
5. ¿Cuál es la universidad más antigua de las Américas? ¿la primera ciudad fundada por los conquistadores españoles?
6. ¿Puede usted nombrar *(Can you name)* un(-a) puertorriqueño(-a) famoso(-a)? ¿Por qué es famoso(-a)?

Un desfile (parade) dominicano en la ciudad de Nueva York

La gran ciudad

Cultura

This chapter focuses on the Puerto Rican and Dominican communities of the northeastern United States.

Estructuras

You will discuss and use:
- Demonstrative adjectives and pronouns (corresponding to *this, that,* etc.)
- The present tense of verbs that change their stem vowel from **e** to **ie**
- Direct object pronouns
- The present tense of **saber** and **conocer,** which both mean *to know*

Vocabulario

In this chapter you will talk about life in big cities and about contributions of Hispanics in the northeastern part of the United States.

Comunicación

Expressing sympathy and lack of sympathy

Vocabulario del tema

En la ciudad

Repaso de vocabulario. Otros lugares *(places)* de la ciudad: la agencia de viajes, la biblioteca, la escuela, la farmacia, el hospital, el hotel, la librería, el museo, la oficina, el restaurante, el teatro, la universidad

Práctica

A. Asociación de ideas. What place do you associate with the following people or things? There may be more than one possible answer.

MODELO música «salsa» o «rock»
una discoteca

1. dinero o dólares ($), que necesita depositar
2. los ejercicios físicos
3. un libro que necesita
4. una carta
5. unas medicinas
6. unos niños pequeños

7. un picnic
8. una clase de inglés
9. una ópera
10. un menú
11. una exposición de arte
12. un(a) doctor(a)

Preguntas

1. ¿Adónde va usted para tomar té o café? ¿para comprar *(to buy)* sus cuadernos o libros? ¿para estudiar?   2. ¿A qué lugar va cuando necesita hacer ejercicios? ¿cuando necesita dinero (dólares)? ¿cuando va de viaje y necesita información?   3. ¿Vive usted en una ciudad grande o pequeña? ¿en una casa o en un edificio de apartamentos?   4. ¿En qué calle o avenida vive usted? ¿Es una calle principal?   5. ¿Cómo es su barrio? ¿grande? ¿pequeño? ¿elegante? ¿Tiene parques? ¿Tiene muchas tiendas?

I. Demonstrative Adjectives and Pronouns

INGLÉS
DESCUENTO de $10
¿Desea un empleo mejor? Para no perder más
oportunidades de trabajo, lleve <u>este</u> anuncio
a una de nuestras escuelas. Clases de lunes a sábado.
New York School of English

De: *El diario/La prensa*

Vocabulario: descuento *(discount),* **mejor** *(better),* **perder** *(miss),* **este anuncio** *(this ad)*

1. ¿Para qué es el anuncio?   2. Si alguien lleva el anuncio a una de las escuelas, ¿qué recibe?   3. ¿Cuándo hay clases?

A. Demonstrative adjectives:

1. Demonstrative adjectives are used to point out a particular person or object. They precede the nouns they modify and agree with them in gender and number.

DEMONSTRATIVE ADJECTIVES			
	MASCULINE	FEMININE	
SINGULAR	este	esta	*this*
	ese	esa	*that*
	aquel	aquella	*that (over there)*
PLURAL	estos	estas	*these*
	esos	esas	*those*
	aquellos	aquellas	*those (over there)*

Este autobús va muy despacio.	*This bus is going very slowly.*
¡Esta tienda es estupenda!	*This store is great!*
¿Quiénes son esas personas?	*Who are those people?*
Aquel hombre es el fundador de la organización.	*That man (over there) is the founder of the organization.*

2. Both **ese** and **aquel** correspond to *that* in English. **Ese, esa, esos,** and **esas** indicate persons or objects located fairly close to the person addressed. **Aquel, aquella, aquellos,** and **aquellas** indicate persons or objects that are distant from both the speaker and the person spoken to.*

B. Demonstrative pronouns:

1. Demonstrative pronouns in Spanish have the same forms as demonstrative adjectives, except that the pronouns have written accents. They agree in gender and number with the nouns they replace.

¿Éstos? Son calendarios.	*These? They're calendars.*
¿Qué son aquellos edificios?	*What are those buildings?*
—¿Aquéllos? Son edificios de apartamentos.	*—Those (over there)? They're apartment buildings.*

---

*Aquel and its forms are used less commonly in the Americas than in Spain.

2. There are three neuter demonstrative pronouns in Spanish: **esto** *(this)*, **eso** *(that)*, and **aquello** *(that* [more distant]*)*. They are used to refer to statements, abstract ideas, or something that has not been identified. There are no plural forms, and they do not have written accents.

Esto es el centro.　　　　　　　　　*This is downtown (the center).*
¿Qué es eso?　　　　　　　　　　　*What's that?*

Práctica

A. **Respuestas breves** *(Brief responses).*　Answer each question with one word, as in the model, pointing to the object(s) or person(s) as you respond.

MODELO　　¿Cuál es el lápiz de usted?
　　　　　　Éste.

1. ¿Cuáles son los papeles del profesor (de la profesora)?
2. ¿Cuál es el cuaderno de _____ (un[a] estudiante de la clase)?
3. ¿Cuál es la silla de usted?
4. ¿Cuáles son los libros de _____ (un[a] estudiante de la clase)?
5. ¿Cuál es la puerta principal?
6. ¿Cuál es el libro de español?

B. **En la fiesta.**　Complete these sentences overheard at a party with an appropriate demonstrative adjective, **este** or **ese,** or their feminine or plural forms.

1. «¿Quién es _____ hombre que está allí con Marta?»
2. «¡Huy! ¡_____ café está muy caliente!»
3. «_____ mujer que está allí en el patio es chilena, ¿no?»
4. «¿Cómo se llama _____ niño que está con los García?»
5. «Y, ¿de quiénes son _____ niñas que están aquí a mi lado?»
6. «Dame *(Give me)* _____ lápiz que tienes en la mano *(hand),* por favor.»

C. **Compañeros de clase** *(Classmates).*　Work with a partner. Using adjectives from the **Vocabulario activo** of Chapter 2, or others you know, describe your classmates. Use demonstrative adjectives and pronouns to indicate whom you mean.

MODELOS　　**Esa estudiante es buena y aquéllas son excelentes.**
　　　　　　Estos chicos son trabajadores y ésos también.

Preguntas

1. ¿Estudia mucho esa chica (que está al lado de usted)? ¿ésta? ¿aquélla?　2. ¿Cómo se llama este muchacho (que está cerca del profesor o de la profesora)? ¿ése? ¿aquél?　3. ¿Cómo es esta clase? ¿esta universidad? ¿esta ciudad?

El Teatro Rodante Puertorriqueño en Harlem, Nueva York

LOS NUYORRIQUEÑOS Y EL CINE / TEATRO

Los actores puertorriqueños

Las contribuciones de los actores y actrices puertorriqueños a la industria del entretenimiento *(entertainment)* de Estados Unidos son excepcionales. José Ferrer (1912–1992) ganó *(won)* el Oscar al Mejor *(Best)* Actor en 1948 por su trabajo en *Cyrano de Bergerac.* Rita Moreno (Rosita Dolores Alverio) ganó el premio *(prize)* en 1961 por *West Side Story.* Otros actores y actrices puertorriqueños son: Miriam Colón (fundadora del Teatro Rodante Puertorriqueño de Nueva York), Chita Rivera, Erik (Enrique) Estrada, Héctor Elizondo (de madre puertorriqueña y padre español), Raúl Juliá (1940–1994) y Rosie Pérez.

PREGUNTAS

1. ¿Quién es Rosita Dolores Alverio? ¿Por qué es famosa?
2. ¿Quién es Miriam Colón?   3. ¿Qué películas asocia usted con José Ferrer? ¿con Raúl Juliá? ¿con Rosie Pérez?

II. Stem-Changing Verbs: *e* to *ie*

EN LA AVENIDA BROADWAY DE NUEVA YORK

ANA	¡Qué suerte vivir cerca de un lugar donde hay películas en español! Margarita, ¿*quieres* una Coca-Cola, un café o...?
MARGARITA	Una Coca-Cola, por favor. ¿Y tú?
ANA	Yo *prefiero* café. ¿*Quieres* esperar aquí?
MARGARITA	*Prefiero* entrar.
(Ellas entran.)	
MARGARITA	Ana, *empieza* la película. Pero estas señoras hablan y hablan.
ANA	Perdón, señora. ¡Es imposible *entender!*
LA SEÑORA	¿Cómo? ¿No *entiende* usted? Pero, ¡caramba! Ésta es una conversación privada, señorita.

1. ¿Qué quiere Margarita, un café o una Coca-Cola?   2. ¿Qué prefiere Ana?   3. ¿Por qué no entienden la película Ana y Margarita?   4. ¿Cómo es la conversación de las señoras? 5. ¿Qué clase de películas prefiere usted: las cómicas o las dramáticas?

ON BROADWAY AVENUE IN NEW YORK
ANA: How lucky to live near a place where there are films in Spanish! Margarita, do you want a Coca-Cola, coffee, or . . . ?   MARGARITA: A Coca-Cola, please. And you?   ANA: I prefer coffee. Do you want to wait here? MARGARITA: I prefer to go in. (They go in.)   MARGARITA: Ana, the film is beginning. But these ladies are talking and talking.   ANA: Excuse me, ma'am. It's impossible to hear (understand).   THE WOMAN: What? You can't hear? But, good grief! This is a private conversation, miss!

A. Certain groups of Spanish verbs are known as stem-changing verbs. These verbs have regular endings but show a change in the stem when it is stressed. In the following verbs, the **e** of the stem is changed to **ie** in all but the **nosotros** and **vosotros** forms. In vocabulary lists, these verbs are followed by **(ie).**

entender	*to understand*
entiendo	entendemos
entiendes	entendéis
entiende	entienden

pensar	*to think; to plan*	**preferir**	*to prefer*
pienso	pensamos	prefiero	preferimos
piensas	pensáis	prefieres	preferís
piensa	piensan	prefiere	prefieren

B. Other **e** to **ie** stem-changing verbs are:

cerrar	*to close*
empezar	*to begin*
nevar	*to snow*
perder	*to lose; to miss* (a train, boat, etc.); *to waste* (time)
querer	*to want; to love*

¡Qué lástima! Cierran dos tiendas en la Avenida Lexington.	*What a shame! They're closing two stores on Lexington Avenue.*
No entiendo el problema.	*I don't understand the problem.*
Empiezas mañana.	*You begin tomorrow.*
Juan no quiere trabajar en ese lugar.	*Juan doesn't want to work in that place.*
Quiero a Paco.	*I love Paco.*
Pensamos ir a Santo Domingo.	*We are planning to go to Santo Domingo.*
A veces pienso en ella.	*Sometimes I think of her.*
¿Qué piensas del tema?	*What do you think about the subject (theme)?*
Preferimos regresar temprano.	*We prefer to return early.*
Ellos siempre pierden dinero.	*They always lose money.*
¡Caramba! Es tarde. ¡Voy a perder el avión!	*Good grief! It's late. I'm going to miss the plane!*

Notice that **pensar** takes the preposition **en** when it means *to think of* or *about* (someone or something); it takes **de** when it means *to think of* in the sense of *to have an opinion* (of someone or something).

Práctica

A. En Nueva York.   Complete the following conversation with the correct forms of the verbs in parentheses.

RAFAEL   La tía Marta y yo (1) _____ (querer) regresar a Puerto Rico. Nosotros (2) _____ (pensar) viajar en noviembre.

MIGUELITO   Pero... ¡qué lástima! Mamá (3) _____ (venir) de allí en diciembre. Ella (4) _____ (pensar) pasar aquí las fiestas *(holidays)*. ¿No (5) _____ (preferir) ustedes esperar?

RAFAEL   No, Miguelito, nosotros (6) _____ (cerrar) la tienda el primero. (7) _____ (Empezar) a hacer las maletas.

MIGUELITO   Pero, tío, (yo) no (8) _____ (entender). ¿Por qué no (9) _____ (cerrar) (ustedes) la tienda en enero?

RAFAEL   Es que aquí hace mucho frío en el invierno. Nosotros (10) _____ (preferir) pasar diciembre y enero en Puerto Rico.

B. ¿Pensar de... o pensar en...?   Complete the sentences using **de** or **en** as appropriate.

1. Papá siempre piensa _____ los problemas de la oficina.
2. ¿Qué piensas _____ la esposa de Bernardo?
3. ¿Piensas a veces _____ el pasado?
4. Ustedes no piensan eso _____ la abogada, ¿verdad?

Entrevista

Ask a classmate questions using the following cues and ideas of your own. Make a general statement to the class telling some of your classmate's answers.

MODELO   preferir vivir aquí o en Nueva York
ESTUDIANTE 1   **¿Prefieres vivir aquí o en Nueva York?**
ESTUDIANTE 2   **Prefiero vivir aquí.**

1. preferir vivir en una ciudad grande o en una región rural (¿Por qué?)
2. querer vivir en San Francisco (¿Los Ángeles? ¿Madrid? ¿Tokio? ¿París?)
3. preferir ir a la universidad en autobús, tren, auto o bicicleta
4. perder mucho tiempo en el tráfico
5. entender español (¿francés? ¿alemán? ¿japonés?)
6. tener muchas oportunidades de hablar español (¿de escuchar español?)
7. pensar estudiar esta noche (¿ver televisión? ¿ver una película? ¿visitar a algunos amigos?)

III. Direct Object Pronouns

TERESA   En esta ciudad hay mucha gente que vive en la calle. ¡Qué problema!
ROSA   Pues es de esperar. Muchos quieren vivir así. No quieren trabajar, *¿me*
entiendes?
TERESA   Sí, *te* entiendo, pero... ¿realmente *lo* crees? Pienso que debemos
ayudar*los* con comida y otras cosas. Por ejemplo, hay una mujer que
vive en la calle cerca de mi casa. Creo que tiene problemas mentales,
pobrecita. Deben poner*la* en una institución. En la calle tiene hambre
y frío y...
ROSA   ¿Y qué? En una institución la gente pierde la libertad.

1. ¿Cómo es Teresa? ¿Qué piensa ella?   2. ¿Cómo es Rosa? ¿Qué cree ella?   3. ¿Con quién está usted de acuerdo? ¿Por qué?

A.   Direct object pronouns replace the direct object of a sentence (either a person or a thing) and receive the direct action of the verb. For instance, in the sentence *I see it (the book),* the direct object pronoun is *it.*

DIRECT OBJECT PRONOUNS			
SINGULAR		PLURAL	
me	*me*	**nos**	*us*
te	*you* (tú)	**os**	*you* (vosotros)
lo*	*him, it, you* (usted)	**los**	*them, you* (ustedes)
la	*her, it, you* (usted)	**las**	*them, you* (ustedes)

TERESA: In this city there are a lot of people who live on the street. What a problem!   ROSA: Well, it's to be expected. Many people want to live like that. They don't want to work, do you understand me?   TERESA: Yes, I understand you, but . . . do you really believe that (it)? I think we should help them with food and other things. For example, there's a woman who lives in the street near my house. I think she has mental problems, poor thing. They should put her in an institution. In the street she's hungry and cold and . . .   ROSA: And so what? In an institution people lose their freedom.

---

*In Spain it is common to use **le (les)** instead of **lo (los)** as the masculine direct object pronoun to refer to a man (men) and to use **lo (los)** to refer to things or ideas. However, this distinction is not normally observed in Latin America. Depending on one's background, one may say **Le veo** or **Lo veo;** both mean *I see him.*

B. **Lo** and **la** are the direct object pronouns that correspond to the subject pronouns **él, ella,** and **usted. Lo** is used to refer to a person or thing of masculine gender, and **la** is used to refer to a person or thing of feminine gender. **Lo** is also used to refer to actions or situations.

¿La casa? No la compramos.	*The house? We're not buying it.*
No lo entiendo a usted, señor.	*I don't understand you, sir.*
¿Es su propia culpa? ¡No lo creo!	*It's his (her, your) own fault? I don't believe it!*

C. **Los** and **las** are the direct object pronouns that correspond to the subject pronouns **ellos, ellas,** and **ustedes. Los** is used to refer to people or things of masculine gender, and **las** is used to refer to people or things of feminine gender. **Los** is also used to refer to groups in which the genders are mixed.

¿Esos lugares? Los voy a visitar pronto.	*Those places? I'm going to visit them soon.*
¿Las bicicletas? Las voy a vender.	*The bicycles? I'm going to sell them.*
¿El hombre y la mujer? No los veo.*	*The man and woman? I don't see them.*

D. Use **te** as an object when speaking to someone you address as **tú.** Use **lo** when speaking to a man and **la** when speaking to a woman whom you address as **usted.**

Te llamo mañana, Carlota.	*I'll call you tomorrow, Carlota.*
Adiós, señorita. La llamo mañana.	*Good-bye, miss. I'll call you tomorrow.*

E. Direct object pronouns can be placed directly before a conjugated verb (a verb with an ending that tells the tense, person, and number).

¿Me esperas?	*Will you wait for me?*
Nos ayudan así.	*They are helping us like that (in that way).*

F. Direct object pronouns can also be placed after an infinitive and attached to it.

Vamos a visitarla mañana.	*We are going to visit her tomorrow.*
No tengo que hacerlo ahora. Es temprano.	*I don't have to do it now. It's early.*

---

*The first-person singular of **ver** *(to see)* is **veo.** The other forms of the present tense are regular.

However, if the infinitive is part of a larger verb construction, the direct object pronoun can be attached to the infinitive, as above, or it can be placed in front of the entire verb construction. In spoken Spanish, the latter position is more common.

¿Mi programa favorito?
Lo voy a mirar ahora. ⎫
Voy a mirarlo ahora. ⎭

My favorite program?

I'm going to watch it now.

Práctica

A. ¿Qué lleva?   It's December and you are going to Santo Domingo where the weather is warm. What will you take with you? Answer using direct object pronouns.

MODELOS   la cámara
          Sí, la llevo.

          el abrigo *(winter coat)*
          No, no lo llevo.

1. el diccionario de español
2. el dinero
3. la computadora
4. el traje de baño *(bathing suit)*
5. la mochila
6. el mapa de Santo Domingo
7. los esquíes *(skis)*
8. el reloj

B. Conversación.   Complete the conversation with appropriate direct object pronouns.

RAFAEL   Cecilia, ¿vas a apoyar *(support)* a Ramón García en las elecciones?

CECILIA   No, no (1) _____ voy a apoyar, Rafael. Prefiero a Josephine Smith.

RAFAEL   ¿Prefieres a una mujer? ¿Y (2) _____ vas a apoyar? Pero García es dominicano. Entiende los problemas del barrio.

CECILIA   Nosotras, las mujeres, preferimos a Smith. (3) _____ necesitamos.

RAFAEL   ¿Realmente (4) _____ crees? Pues yo tengo mis dudas *(doubts)*.

C. ¿No lo ves...? You are having trouble seeing the things your friend is pointing out. Ask and answer your friend's questions in the negative, using direct object pronouns.

MODELO ESTUDIANTE 1 ¿Ves ese edificio?
ESTUDIANTE 2 **No, no lo veo.**

1. ¿Ves aquella bicicleta?
2. ¿Ves esa calle?
3. ¿Ves al hermano de Pepe?
4. ¿Ves el teatro?
5. ¿Ves a esos muchachos?
6. ¿Ves las oficinas?
7. ¿Ves aquellos autos?
8. ¿Ves esas librerías?

Now ask questions of a classmate, using names of classroom objects.

MODELOS **¿Ves la pizarra?**
Sí, la veo.

¿Ves el cuaderno de Scott?
No, no lo veo.

D. Otro día. Practice saying good-bye to people in your class (including your instructor). Tell them you will see them or call them at a later time.

MODELOS **Adiós, Anne y Christine. Las veo el viernes.**

Adiós, Mike. Te llamo mañana.

Entrevista

Work with a partner. Take turns asking and answering questions. Use direct object pronouns in the answers when possible.

MODELO ¿Quieres ver el programa «Los Simpson»?
Sí, lo quiero ver.
No, no lo quiero ver.

1. ¿Necesitas un auto? ¿Por qué lo necesitas? (¿para ir a la universidad? ¿para ir de compras?) 2. ¿Tienes una bicicleta? ¿Adónde la llevas? 3. ¿Qué programas miras en la televisión? ¿Cuándo los miras? 4. ¿Compras café en la cafetería? ¿Comes la comida de allí? 5. ¿Llamas mucho a tus amigos? ¿los visitas?

The Nuyorican Poet's Café, Nueva York

LOS NUYORRIQUEÑOS Y LA LITERATURA

El Café de los Poetas Nuyorriqueños es un centro cultural y también espiritual dentro de *(within)* la comunidad latina de Nueva York. Allí llegan poetas y autores de cuentos *(stories)* y canciones *(songs)* para expresar los ritmos, la pasión y el dolor de la experiencia latina. La música es integral, y hay una energía eléctrica por la combinación de varios elementos artísticos. Famoso internacionalmente, el café tiene una dimensión multicultural y democrática; son importantes la tolerancia cultural y la participación del público.* Muchos escritores famosos, como Sandra María Esteves, Víctor Hernández Cruz, Pedro Pietri y Miguel Algarín, el fundador del café, se asocian *(are associated)* con este lugar, 236 Calle 3 este de la ciudad de Nueva York.

PREGUNTAS

1. ¿Dónde está el Café de los Poetas Nuyorriqueños? 2. ¿Qué elemento es integral a la literatura allí? 3. ¿Conoce usted *(Do you know)* a algún (alguna) músico o escritor(a) puertorriqueño(-a)? ¿Cómo se llama? 4. ¿Hay lugares como el Café en su comunidad?

---

*A tradition in Puerto Rico was the **lector(a),** someone hired to read to workers from the newspapers of the day and the literature of the past. Workers would listen as they worked. In the evening, the day's reading would be the topic of conversation and discussion, and it was customary to react to what one heard. Now the Café welcomes audience participation and performances by young, up-and-coming talent as well as established performers.

IV. The Present Tense of *saber* and *conocer*

> "Descanso y Trabajo"
>
> En el hogar, Quico es rey,
> (cerveza y television).
> Y sabe, sin discusión,
> celebrar el "labordey".
> Conoce muy bien la ley,
> por eso está discansando
> y vemos, del otro bando
> que su consorte Tomasa,
> como toda ama de casa
> lo celebra... ¡trabajando!
>
> Décima: Eduardo Pagés

"Descanso y Trabajo"

En el hogar, Quico es rey, (cerveza y televisión). Y sabe, sin discusión, celebrar el "labordey". Conoce muy bien la ley, por eso está descansando y vemos, del otro bando que su consorte Tomasa, como toda ama de casa lo celebra... ¡trabajando!

Décima: Eduardo Pagés

1. ¿Quién es Quico? ¿Qué sabe hacer él?   2. ¿Qué conoce muy bien él?   3. ¿Qué hace su esposa?   4. ¿Vemos situaciones similares aquí?

"REST AND WORK"

In the home, Quico is king (beer and television). And he knows, without discussion, how to celebrate "Labor Day." He knows the law very well; for that reason he's resting and we see, on the other side, that his consort Tomasa, like all housewives, is celebrating it . . . working! (Poem of ten lines: Eduardo Pagés)

A. The verbs **saber** and **conocer** are irregular in the first-person singular.

saber	*to know; to know how to*	conocer	*to know, be acquainted with*
sé	sabemos	conozco	conocemos
sabes	sabéis	conoces	conocéis
sabe	saben	conoce	conocen

B. **Saber** and **conocer** both mean *to know,* but they are not interchangeable. **Saber** means *to have knowledge of facts or information about something or someone;* with an infinitive, it means *to know how to do something.* **Conocer** means *to know* or *to be acquainted with a person, place, or thing.* It can also mean *to meet (someone) for the first time.* Before a direct object that refers to a person or persons, **conocer** takes a personal **a** (see Chapter 2, section V).

Conozco a Conchita pero no sé dónde está.	*I know (am acquainted with) Conchita but I don't know (have information about) where she is.*
¿Conoces el barrio?	*Do you know the neighborhood?*
¡Qué barbaridad! No saben hablar español.	*Good grief! They don't know how to speak Spanish.*

Práctica

A. Conversaciones. With a classmate, complete the conversations using appropriate forms of **saber** or **conocer.**

JOSÉ   ¿Tus padres (1) _____ hablar francés?
EVA   No, pero (2) _____ bien París.

JUAN   ¿(3) _____ (tú) a Mercedes Sosa?
EVA   No, pero (4) _____ quién es.

FELIPE   ¿(5) _____ ustedes cómo llegar al centro?
TERESA   No, no lo (6) _____.

B. Breves encuentros *(Brief encounters).* Working with a partner, act out these short conversations.

1. A: Ask if this bus goes to el Café de los Poetas Nuyorriqueños.
   B: Say that you don't know because you don't know the city very well.
2. A: Ask if your partner knows Felipe Gómez.
   B: Say yes and that you know he's in one of your classes.

Preguntas

1. ¿Conoce usted un buen lugar para ver películas en español? ¿para comprar libros en español? ¿Dónde?   2. ¿Conoce las novelas de la escritora dominicana Julia Álvarez? ¿de la puertorriqueña Esmeralda Santiago?   3. ¿Conoce un buen lugar para escuchar música? ¿para tomar café y mirar a la gente? ¿Dónde?   4. ¿Sabe usted cómo se llama la capital de Puerto Rico? ¿La conoce?   5. ¿Conoce usted la ciudad de Nueva York? ¿Qué ciudades grandes conoce usted bien?   6. ¿Sabe usted qué estados de Estados Unidos tienen nombres españoles?

¡Vamos a repasar!

Los dominicanos y el béisbol.   Choose the correct verbs in parentheses and complete the paragraphs with the appropriate forms.

¿(1) _____ (saber / conocer) usted estos nombres famosos en el mundo del

béisbol: Juan Marichal, Felipe Rojas Alou, Pedro Guerrero, José Rijo, Tony Fernández,

George Bell, Julio César Franco? ¿(2) _____ (saber / conocer) de dónde son?

Sí, (3) ¡ _____ (ser / estar) dominicanos!

Hay una relación importante entre República Dominicana y las Grandes Ligas de

béisbol de Estados Unidos. De los veintiséis equipos *(teams)* de las Grandes Ligas,

veintitrés (4) _____ (tener / decidir) academias de béisbol en República

Dominicana. Y no sólo Estados Unidos. César Gerónimo (antes de los Reds de

Cincinnati) es *el manager* de una academia japonesa en República Dominicana. Felipe

Rojas Alou es *el manager* de los Expos de Montreal. En el verano, todos los equipos

famosos (5) _____ (ser / estar) en República Dominicana.

¿Por qué existe esta relación? El béisbol en República Dominicana

(6) _____ (ser / estar) un estilo de vida. Uno de los primeros regalos que un

niño dominicano (7) _____ (vender / recibir) de sus padres es un bate de

béisbol. Muchos niños (8) _____ (hacer / cerrar) bates. Y, algo muy importante,

los niños dominicanos (9) _____ (saber / conocer) que hay muchos beisbolistas

dominicanos. Esos niños también (10) _____ (querer / regresar) participar en el

mundo del béisbol profesional... ¿Por qué no?

Mosaico cultural

Para leer

¡VIVA LA SALSA!

Juan Luis Guerra

Antes de leer

Prefijos.   Prefixes can help you guess the meanings of words. Here are some examples; these prefixes have equivalents in English. What does each of the following prefixes mean?

1. bi-: bicicleta, binacional, bicultural, bilingüe *(bilingual)*
   Bi- means: a. three   b. two   c. from
2. pre-: prefijo, prehistórico, predestinación, precursor
   Pre- means: a. after   b. before   c. against
3. co(m)-: cooperación, combinación, compasión
   Co(m)- means: a. with   b. alone   c. life
4. ir-: irresistible, irresponsable, irregular
   Ir- means: a. not   b. all   c. very
5. uni-: único *(unique),* (Estados) Unidos, universidad, uniforme
   Uni- means: a. one   b. many   c. not
6. ante-: anterior, antecedente, antenombre
   Ante- means: a. again   b. before   c. people

Lectura

Willie Colón, el famoso trombonista, cantante° y compositor del Bronx, es uno de los exponentes más importantes de la salsa.[1] Bicultural y bilingüe, de padres puertorriqueños, Colón define la salsa «no como un ritmo ni como un género°, sino° como la manifestación del Caribe que vive en Nueva York». En el Caribe, la tradición española y la tradición africana se combinaron° para producir varias formas musicales, los precursores de la salsa de hoy.[2]

singer

genre, type / but rather

se... combined

    Para entender la música caribeña, es importante saber que en el Caribe existe una religión que se llama *santería*. En la santería hay una fusión de los santos católicos con los *orishas* o dioses africanos. Por ejemplo, Santa Bárbara representa al dios africano *Changó*. En los antiguos rituales musicales caribeños, primero hay una sección de estilo español y después está el *montuno*, la alternación de un solista° o *sonero* y el coro°. En el *montuno* predomina el estilo africano.

soloist / chorus

    El *son* de Cuba es un estilo musical que tiene su origen en la religión afrocubana; es un precursor importante de la salsa.[3] Otros antecedentes musicales de la salsa son la *plena* y la *bomba* de Puerto Rico y el *merengue* de las zonas rurales de República Dominicana. El dominicano Juan Luis Guerra y su grupo 4.40 (cuatro cuarenta) llevan los ritmos contagiosos del merengue a todo el mundo.[4] Las letras° son poéticas, inspiradas° en temas sociales. Expresan los problemas y la realidad de la gente caribeña. Guerra combina la música folklórica con complicados conceptos armónicos para crear° sus ritmos irresistibles. El actor y salsero panameño Rubén Blades también toma su inspiración de temas sociales y políticos.[5]

lyrics / inspired

create

    La salsa, con sus orígenes en el Caribe y en los barrios latinos de Estados Unidos, es un regalo único muy especial, resultado de la diversidad étnica y cultural de las Américas.

Después de leer

¿De dónde son? Sometimes it's helpful to make charts to organize information in a reading. Complete the chart with the people or things listed below the chart, putting them in their place of origin.

Nueva York	Puerto Rico	República Dominicana	Otro lugar

1. Willie Colón
2. el son
3. la plena
4. la bomba
5. el merengue
6. Juan Luis Guerra
7. Rubén Blades
8. el 4.40

1. Según Willie Colón, ¿qué es la salsa?   2. ¿Qué es la santería? ¿Qué elementos tiene la santería?   3. ¿Qué expresa la música de Juan Luis Guerra?   4. ¿De dónde toma Rubén Blades su inspiración?   5. ¿Conoce usted a otros salseros(-as) famosos(-as)?

NOTAS CULTURALES

1. Willie Colón has created over forty productions that have sold more than ten million records worldwide. The name of his band, Legal Alien, illustrates the Puerto Rican experience of having one foot on the island and one foot in the United States, straddling two identities. Colón is active in a variety of social and artistic causes. Another important salsero of Puerto Rican descent is bandleader and composer Tito Puente.

2. In salsa, African drums and marimba, Spanish guitar, accordion, violin, and trumpet, and indigenous American maracas (shakers) and **güiro** (gourd played by scraping it with a stick) all combine to form a very danceable music. Although the deepest roots of salsa may be in Cuba, it is more often associated with Nuyoricans since it was in New York that it took on the sound it has today. **Salsa** means *sauce* (as in *hot sauce*) and is supposedly derived from the cry of appreciation from the audience for an especially "hot" solo.

3. The Cuban **son** was created in the 1880s. In Cuba, African slaves continued to arrive long after slavery was illegal elsewhere, so African religion was particularly influential there. The Cuban-American singer Celia Cruz, known as the "queen of salsa," sometimes used to call out "Yemaya" in a performance, invoking the African goddess of rivers and seas, or waved a blue and white sash, Yemaya's symbol.

4. Juan Luis Guerra studied music in Berklee College in Boston and experimented with various musical styles before going back to his roots. His album, ***Bachata Rosa,*** derives from a Dominican folk form, the **bachata,** and also from romantic **bolero** music. Some of his lyrics are inspired by Latin American literature, particularly by Pablo Neruda and César Vallejo.

5. Rubén Blades, lawyer, performer, singer, and actor, lost an election as president of Panama in 1994 but had great popular support. He speaks for North American Hispanics as well as Latin Americans in his catchy and provocative lyrics, influenced by writers such as Carlos Fuentes and Gabriel García Márquez.

Para escuchar

A. Situaciones. Look at ads *a, b,* and *c.* Then listen to the three conversations, which involve problems. Match the conversations to the ads by writing the letters of the ads in the blanks.

CONVERSATION 1: Ad _____   CONVERSATION 3: Ad _____
CONVERSATION 2: Ad _____

B. La respuesta apropiada. You will hear the first lines of each conversation again. Choose an appropriate response.

1. a. ¿Qué importancia tiene?
   b. ¡Qué barbaridad!
   c. Tienes la culpa.
2. a. Pobrecita. ¡Qué mala suerte!
   b. Pobrecito. ¿Qué tiene?
   c. Pobrecitos. ¿Tienen dolor de cabeza?
3. a. Sí, claro *(of course).* Son las tres y media.
   b. Sí, claro. Hoy hace muy buen tiempo.
   c. Sí, claro. Para una amiga como tú, siempre hay tiempo.

(a)

Vocabulario: si tan sólo vinieran *(if only they came)*

(b)

Vocabulario: hipotecas *(mortgages),* **impuestos** *(taxes)*

(c)

Vocabulario: mayoría *(majority)*, **no se aceptan**
(do not accept), **Lo acabamos de rentar.**
(We just rented it.), **el dueño** *(the owner)*

Para comunicarnos

In this chapter, you have seen examples of the following language functions or uses. Here is a summary and some additional information about these functions of language.

Expressing Sympathy

Here are some expressions to show that you feel sympathy for someone, that you understand what he or she is going through:

¡Qué lástima!	*What a shame (pity)!*	¡Pobrecito(-a)!	*Poor thing!*
		Eso debe ser terrible.	*That must be terrible.*
¡Qué mala suerte!	*What bad luck!*		
¡Qué barbaridad!	*Good grief!* (literally, *What barbarity!*)	¡Ay, Dios mío! (¡Ay, Dios santo!)	*Oh, my goodness!*
¡Qué horror!	*How horrible!*	¡Caramba!	*Good grief!*

Expressing Lack of Sympathy

Here are some expressions to use when you think someone is creating his or her own bad fortune or "has it coming":

¡Buena lección!	*That's a good lesson for you!*	¿Qué espera(s)?	*What do you expect?*
Es de esperar.	*It's to be expected.*	Es su (tu) propia culpa.	*It's your own fault.*
¿Y qué?	*So what?*		

ACTIVIDADES

A. ¡Ay, bendito! The following poem, by Tato Laviera, is a cavalcade of expressions used for complaining or consoling in Spanish. Cognates or words presented in earlier chapters are not glossed. Read the poem and answer the questions that follow.

ay bendito
TATO LAVIERA

	oh, oh, ¡ay virgen!	oh, sí, ¡hombre!	
just imagine, look / listen	fíjese°, oiga°, fíjese.	oiga, así somos	
ay... Dear Lord	ay, bendito°.	tan° buenos, ¿verdad?	so
¿qué...? what can you do?	pero, ¿qué se puede hacer°?	bendito.	
	nada, ¿verdad?	¡ay, madre!	
	ave maría.	¡ay, Dios mío!	
es... that's how it is	ah, sí. ah, sí, es así°,	¡ay, Dios santo!	
	pues, oiga,	¡me da una pena°!	**¡me...!** *literally,* it gives me pain, sorrow
	si es la verdad.	ay, si la vida es así, oiga.	
	pero, ¿qué se puede hacer?	pero, ¿qué se puede hacer?	
	nada, ¿verdad?	nada, ¿verdad?	
	fíjese, oiga, fíjese.	fíjese, oiga, fíjese.	
look	mire°, mire.	oiga, fíjese.	

1. What expressions do you find that come from religious concepts or beliefs?
2. Many Spanish speakers would find this poem amusing because it catalogs expressions they have heard their own relatives say over and over. What expressions do English speakers use that are similar in purpose and meaning?
3. Tato Laviera is of the "Nuyorican" generation. It has been said, "The Nuyorican is harsh, cool, determined, high-powered; the Puerto Rican is suave, warm, hesitant, apologetic."* What attitude does the poet portray in "¡Ay, bendito!"— determination or fatalism? What group do you think he is portraying in this poem—the Nuyorican or the Puerto Rican?

---

*Juan M. García Passalacqua, *Notes of NeoRican,* quotation in Stan Steiner, *The Islands: The Worlds of the Puerto Ricans* (New York: Harper & Row, 1979), p. 446.

Tato Laviera

B. **¡Qué problema!**   Work with a partner. Tell your partner about a problem, choosing from those that follow or using your own ideas. Ask your instructor for help in stating the problem if you need to. Your partner expresses sympathy or lack of sympathy. Then change roles.

1. Busco empleo, pero siempre llego tarde a las entrevistas.
2. Tengo un dolor de cabeza muy fuerte *(strong, severe)*.
3. No estoy en buenas condiciones físicas porque no como bien y no hago ejercicios.
4. Hoy tenemos examen en la clase de física.
5. Tengo un problema con la computadora *(computer)*.

Para escribir

A Spanish-speaking friend wants some information about the city where you live. Write him or her a short letter. Use the format below.

_____ (fecha)

Querido(-a) _____,
Gracias por tu carta. Aquí está la información que necesitas.
_____ (nombre de su ciudad) *es una ciudad* _____
(adjetivo). Tiene muchas actividades culturales; por ejemplo, hay
_____. *También hay un restaurante muy bueno que se llama*
_____, *y hay una librería excelente que se llama* _____.
En esta ciudad, mi lugar favorito es _____.
     Pero _____ (nombre de su ciudad) *también tiene sus*
problemas. Por ejemplo, un problema que hay aquí es que _____.
     Si realmente quieres conocer nuestra ciudad, ¿por qué no vienes a
visitarnos? Mi casa es tu casa.

                    Con mucho cariño (affection),

                    _____ (su nombre)

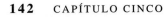

Vocabulario activo

COGNADOS

el apartamento	el crimen	el gimnasio	la salsa
el banco	la discoteca	la inflación	el tema
la bicicleta	la discriminación	la oportunidad	único
bilingüe	el divorcio	el parque	urgente
la comunidad	dominicano	puertorriqueño	
la conversación	el estilo	el ritmo	

VERBOS

ayudar	*to help*
cerrar (ie)	*to close*
comprar	*to buy*
conocer	*to be familiar with, know*
empezar (ie)	*to begin, start*
entender (ie)	*to understand*
esperar	*to wait for; to hope; to expect*
nevar (ie)	*to snow*
pensar (ie)	*to think; to plan; to intend*
pensar de	*to think about, have an opinion*
pensar en	*to think about, reflect on*

perder (ie)	*to lose; to miss* (train, plane, etc.); *to waste* (time)
preferir (ie)	*to prefer*
querer (ie)	*to want; to love*
regresar	*to return, go back*
saber	*to know; to know how to*
trabajar	*to work*
ver	*to see*

EN LA CIUDAD

el barrio	*neighborhood, community*
la calle	*street*
el centro	*downtown; center*
la contaminación del aire (del agua)	*air (water) pollution*
el correo	*post office; mail*

el desempleo	*unemployment*
el dinero	*money*
el edificio	*building*
el empleo	*employment*
la tienda	*shop, store*
el trabajo	*work*

◆ OTRAS PALABRAS Y FRASES

a veces	*sometimes*	la película	*film*
el agua*	*water*	realmente	*really*
antiguo	*old, ancient*	el salsero, la salsera	*salsa musician;*
así	*like that*		*singer*
el café	*coffee; (also,*	la suerte	*luck*
	café)	tarde	*late*
la culpa	*guilt*	temprano	*early*
el fundador, la fundadora	*founder*	varios(-as)	*various, several*
la gente	*people*		
el lugar	*place; room*		
	(space)		

Expresiones útiles

¡Caramba!	*Good grief!*
Es de esperar.	*It's to be expected.*
Es su (tu) propia culpa.	*It's your own fault.*
Eso debe ser terrible.	*That must be terrible.*
¡Pobrecito!	*Poor thing!*
¡Qué barbaridad!	*Good grief! (literally,*
	What barbarity!)
¡Qué lástima!	*What a shame (pity)!*
¡Qué mala suerte!	*What bad luck!*
¿Y qué?	*So what?*

Don't forget: Demonstrative adjectives and pronouns, page 122; direct object pronouns, page 127.

---

*The article **la** becomes **el** before feminine nouns beginning with a stressed **a** or **ha: el agua** *(water)*. (No change occurs with a modifying adjective or the plural: **El agua está buena; las aguas.**) This book lists such nouns with an *f*: **el agua** *(f)*.

> *El paseo y la música son dos diversiones populares del mundo hispánico*

COLOMBIA

¿Sabía usted que...?

- Como otros países andinos, Colombia está cerca del ecuador y el clima no varía mucho con las estaciones del año. Varía con la altitud; en las ciudades de las montañas (como Bogotá) casi siempre hace fresco, pero en las ciudades de la costa casi siempre hay sol y hace calor.

- Colombia tiene tres grandes regiones que se llaman Andina, Caribe y Amazónica y que comprenden básicamente montaña, playa y selva *(jungle);* muchas de sus ciudades tienen edificios de estilo colonial.

- Colombia produce el 95% (por ciento) de las esmeraldas *(emeralds)* del mundo. El rico café colombiano es famoso en todo el mundo.

- Colombia tiene aproximadamente treinta y cinco millones de habitantes y su moneda oficial es el peso.

PREGUNTAS

1. ¿Por qué no varía mucho el clima de Colombia con las estaciones? ¿Con qué varía?
2. ¿Cuáles son dos productos importantes de Colombia? ¿Toma usted café colombiano?

Una fiesta en Bogotá, Colombia

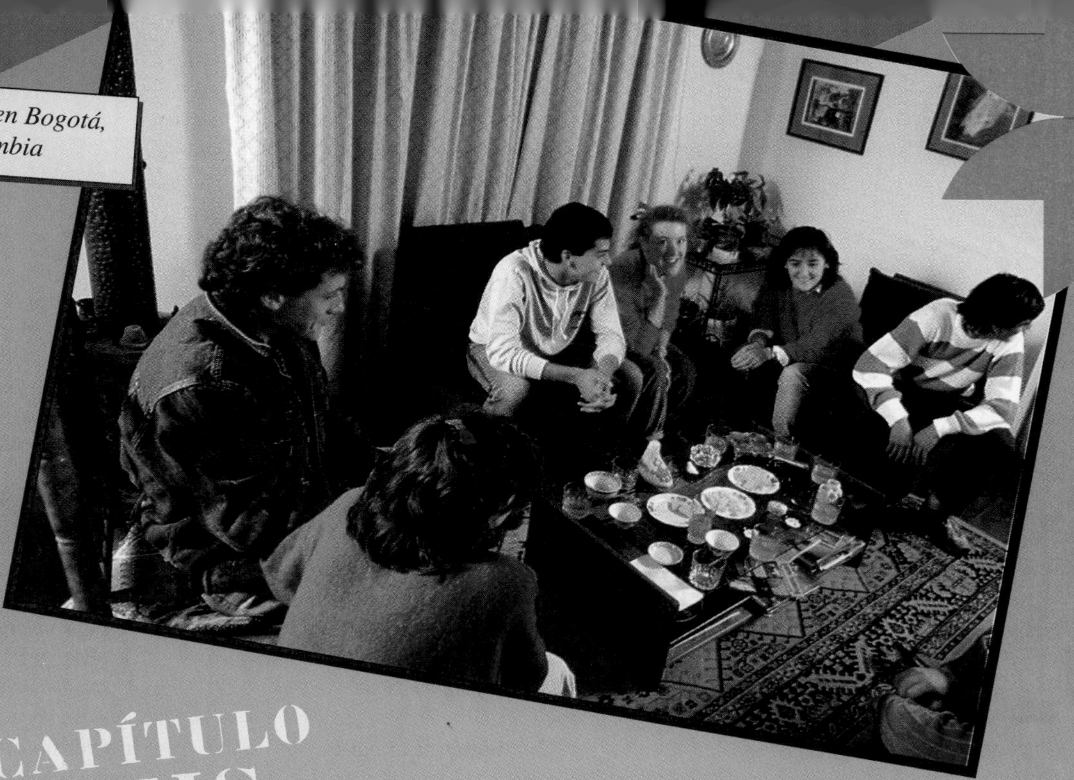

6

CAPÍTULO SEIS

Diversiones y pasatiempos

Cultura

This chapter focuses on Colombia.

Estructuras

You will discuss and use:

- Indirect object pronouns
- The present tense of **e** to **i** stem-changing verbs; the verb **dar,** *to give*
- The present tense of **o** to **ue** and **u** to **ue** stem-changing verbs
- Direct and indirect object pronouns together

Vocabulario

In this chapter you will talk about what people do in their free time.

Comunicación

- Asking for and giving personal information
- Taking public transportation
- Getting a hotel room

Vocabulario del tema

Diversiones y pasatiempos

programar la computadora

pintar

bailar, ir al baile

ir a ver una obra de teatro o a escuchar un concierto

escuchar música (clásica, rock, folklórica); escuchar discos compactos, cintas

tocar la guitarra (el piano, el violín)

ir al cine a ver una película

sacar fotos

cantar una canción

dar paseos

hacer (dar, tener) una fiesta

practicar deportes *(sports)*, el fútbol, jugar (al) fútbol

el tenis, jugar (al) tenis

patinar

el correr (el jogging),
correr

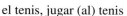

Práctica

A. Choose the correct word to complete each sentence.

1. José (toca / juega) la guitarra.
2. Vamos al (cine / teatro) a ver una película.
3. Los sábados (jugamos / tocamos) al fútbol americano.
4. Queremos escuchar un concierto en el (Cine / Teatro) Nacional.
5. Para hacer ejercicio, (pintamos / corremos).
6. Hoy voy a dar (una cinta / un paseo) por el centro.

B. **¿Qué hace?**   Name a sport, game, or pastime that is associated with the following professionals.

MODELO   Alfred Stieglitz
            sacar fotos

1. Pablo Picasso
2. Gloria Estefan
3. Diego Maradonna
4. Bill Gates
5. Aranxta Sánchez Vicario
6. Kristi Yamaguchi
7. Mikhail Baryshnikov
8. Andrés Segovia

Preguntas

1. ¿Qué hace usted los fines de semana? ¿Va al cine? ¿Escucha música? ¿Tiene muchos discos compactos? ¿cintas? ¿Ve televisión?   2. Para hacer ejercicio, ¿qué hace usted? ¿Corre? ¿nada? ¿Practica deportes? ¿Patina? ¿Juega al tenis? ¿béisbol? ¿vólibol? ¿fútbol *(soccer)*? ¿fútbol americano *(football)*? ¿básquetbol? ¿Hace ejercicios aeróbicos?   3. ¿Prefiere usted bailar o escuchar música? ¿Sabe tocar la guitarra? ¿el piano? ¿el violín? ¿Canta con algún grupo musical?   4. ¿Sabe programar una computadora? ¿Qué tipo de computadora tiene?   5. ¿Saca usted muchas fotos? ¿De qué cosas o personas saca muchas fotos?   6. ¿Sabe pintar?   7. ¿Qué va a hacer el fin de semana que viene *(next weekend)*?

Estructuras

I. Indirect Object Pronouns

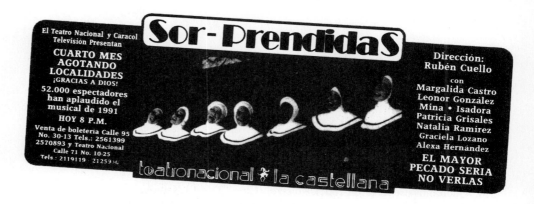

TOMÁS	Pedro, ¿*me* haces un favor? Silvia y yo queremos ir al Teatro Nacional hoy. ¿*Nos* prestas diez mil pesos?
PEDRO	¡Cómo no! ¿Qué van a ver?
TOMÁS	*Sor-prendidas.* Es una comedia. ¿Quieres ir con nosotros? *Te* compro la entrada.
PEDRO	¡Gracias, amigo!
TOMÁS	Pero en ese caso, ¿*me* prestas unos cinco mil pesos más, por favor?

1. ¿Adónde quieren ir Silvia y Tomás?   2. ¿Qué necesitan?   3. ¿Qué van a ver?
4. ¿Qué le va a comprar Tomás a Pedro?

A. The indirect object in a sentence indicates the person or thing that is affected by the action of the verb. In the sentence *I told Carmen the truth, Carmen* is the person who benefits or is affected by the truth being told; she is the indirect object. (*The truth* is what gets told; it is the direct object.) In English, indirect objects are often replaced by prepositional phrases: *I told Carmen the truth (I told the truth to Carmen). I bought Carmen the book (I bought the book for Carmen).* An indirect object pronoun is a pronoun that replaces an indirect object noun: *I bought* her *the book.*

TOMÁS: Pedro, will you do me a favor? Silvia and I want to go to the National Theater today. Will you loan us 10,000 pesos?   PEDRO: Of course! What are you going to see?   TOMÁS: Sor-prendidas. It's a comedy. Do you want to go with us? I'll buy you the ticket.   PEDRO: Thanks, my friend!   TOMÁS: But in that case, will you loan me 5,000 more pesos, please?

B. Except for the third-person forms, **le** and **les,** the indirect object pronouns are the same as direct object pronouns.

INDIRECT OBJECT PRONOUNS	
SINGULAR	PLURAL
me *(to, for) me*	**nos** *(to, for) us*
te *(to, for) you*	**os** *(to, for) you*
le *(to, for) you, him, her, it*	**les** *(to, for) you, them*

C. Like direct object pronouns, indirect object pronouns immediately precede a conjugated verb.

Les canta una canción.	*He's (She's) singing a song to them.*
Te compro un regalo después del almuerzo.	*I'm buying you a present after lunch.*
¿Me preparas la cena? —Sí, y luego te hago un café.	*Are you preparing (Will you prepare) dinner for me? —Yes, and then I'll make coffee for you.*
Le prestamos muchas cosas.	*We loan him (her, you) many things.*

D. When used with an infinitive, indirect object pronouns follow the same rules as direct object pronouns: either they precede the entire verb construction or they follow the infinitive and are attached to it.

Mis papás me prometen comprar un piano.
Mis papás prometen comprarme un piano.

My parents promise to buy me a piano.

E. For clarity, a prepositional phrase is often used in addition to the indirect object pronoun in the third person.

Le hablo { a él. / a ella. / a usted. }   Les hablo { a ellos. / a ellas. / a ustedes. }

Since these expressions function as objects of the preposition **a,** they are called prepositional object pronouns. They are the same as the regular subject pronouns, except for the first- and second-person singular: **mí** and **ti.**

¿Me hablas a mí? —Sí, a ti te hablo.	*Are you talking to me? —Yes, I'm talking to you.*

F. The indirect object pronoun is often used even when the noun to which it refers is also expressed. This is considered good style.

Le escribo a mi abuelo antes del almuerzo.	*I'm writing to my grandfather before lunch.*

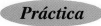
Práctica

A. El cumpleaños de Miguelito. What presents do Miguelito's relatives buy him?

MODELO **Su abuelo le compra unos discos.**

su abuelo   su tío   su hermana   su primo   su tía

B. ¡Mil gracias, Laura! Laura is very popular and well liked by everyone. To find out why, do the following exercises, using indirect object pronouns as in the models.

MODELOS   a Elizabeth / enseñar español
Le enseña español.
a ti y a mí / prestar la computadora
Nos presta la computadora.

1. a su hermana / leer libros
2. a los niños / prometer llevar a patinar
3. a mí / escribir poemas
4. a Raquel y a ti / tocar la guitarra
5. a ti / preparar el almuerzo
6. a nosotros / comprar chocolates

C. ¿Cuál es la pregunta? Give questions to which the following are possible answers. In some cases there is more than one possible response.

1. Sí, a ti te hablo.
2. Sí, a Manuel le prestamos las cintas.
3. No, no les escribo a mis padres.
4. Sí, a ti te voy a comprar una entrada.
5. No, a mí no me prestan dinero.

Entrevista

Work with a classmate. Take turns asking and answering questions. Use indirect or direct object pronouns in your answers.

1. ¿Les escribes a tus padres? ¿Ellos te escriben? ¿A quién le escribes?   2. ¿Les hablas mucho por teléfono a tus amigos?   3. En general, ¿les haces muchas preguntas a tus profesores? ¿Les hablas después de las clases?   4. ¿Quién te prepara la comida? ¿Quién te ayuda con los deberes *(homework)*?   5. ¿Les prestas dinero a tus amigos? ¿Les prestas otras cosas? ¿Tus amigos te prestan dinero? ¿Te prestan otras cosas?   6. ¿Hablas alemán? ¿francés?

II. Stem-Changing Verbs: *e* to *i;* the Verb *dar*

EN EL AEROPUERTO

JAIME	Dos boletos para Bogotá, por favor. Tenemos reservaciones —Ordóñez.
EL AGENTE	Ordóñez... Mmm... *(Busca en la computadora.)* Ah, sí. Jaime y Laura Ordóñez. Doscientos mil pesos.
JAIME	*(a su esposa)* ¿Por qué no me *das* un cheque de viajero?
LAURA	Sí, mi amor. ¿Qué *dice* el señor? ¿Trescientos mil pesos?
JAIME	No, doscientos mil. Y me va a *pedir* los pasaportes.
LAURA	Aquí los tienes.
JAIME	¿Por dónde sale el avión?
EL AGENTE	Tienen que *seguir* por allí hasta llegar a la puerta número 2. El avión sale a las dos y media.

1. ¿Adónde quiere ir Jaime? 2. ¿Tienen reservaciones Jaime y Laura? 3. ¿De qué puerta sale el avión?

A. Certain **-ir** verbs show a stem change from **e** to **i** when the stem syllable is stressed. This change does not occur in the **nosotros** and **vosotros** forms because the stress does not fall on the stem.

pedir	*to ask for, order*	**repetir**	*to repeat*	**seguir**	*to continue; to follow*	**servir**	*to serve*
pido	pedimos	repito	repetimos	sigo	seguimos	sirvo	servimos
pides	pedís	repites	repetís	sigues	seguís	sirves	servís
pide	piden	repite	repiten	sigue	siguen	sirve	sirven

¿Pides un café?	*Are you ordering (asking for) coffee?*
Seguimos los consejos de Ana.	*We're following Ana's advice.*
El camarero nos sirve el desayuno.	*The waiter is serving us breakfast.*
Rafael sigue cuatro cursos.*	*Rafael is taking four courses.*
Repiten su promesa.	*They repeat their promise.*

B. **Pedir** means *to ask for* (something), *to order,* or *to request* ([someone] to do something). **Preguntar** means *to ask* (a question), *to query.*

Pedimos la cena.	*We're ordering (asking for) dinner.*
Me piden un favor.	*They're asking me for a favor.*
Me preguntan dónde está la parada de autobuses.	*They ask me where the bus stop is.*

AT THE AIRPORT

JAIME: Two tickets to Bogotá, please. We have reservations—Ordóñez. AGENT: Ordóñez . . . Mmm . . . (He looks in the computer.) Oh, yes. Jaime and Laura Ordóñez. Two hundred thousand pesos. JAIME: (to his wife) Why don't you give me a traveler's check? LAURA: Yes, (my) love. What's the man saying? Three hundred thousand pesos? JAIME: No, two hundred thousand. And he's going to ask me for the passports. LAURA: Here you are. JAIME: Where does the airplane leave from? AGENT: You have to keep going that way (through there) until you get to gate number 2. The plane leaves at 2:30.

*****Seguir un curso** means *to take a course.*

C. The verb **decir** is also an **e** to **i** stem-changing verb; in addition, the first-person singular of the present tense is irregular.

decir	*to say, tell*
digo	decimos
dices	decís
dice	dicen

Te digo la verdad.	*I'm telling you the truth.*
¿Qué dice el doctor?	*What does the doctor say?*
¿Qué quiere decir eso?*	*What does that mean?*

D. The verb **dar** is irregular in the first-person singular only.

dar	*to give*
doy	damos
das	dais
da	dan

Le doy consejos a Mario.	*I give Mario advice.*
Les doy las gracias por los boletos.	*I am thanking them for the tickets.*
Damos un paseo todos los días. Es nuestro pasatiempo favorito.	*We take a walk every day. It's our favorite pastime.*

Práctica

¿Pedir o preguntar?   Complete the paragraph with the appropriate forms of **pedir** or **preguntar.**

Ana quiere ir al teatro. Llama a una amiga y le (1) _____ si quiere ver *Romeo y Julieta* con ella. Su amiga le dice que sí. Entonces Ana les (2) _____ dinero para las entradas a sus padres. Llama al teatro para (3) _____ a qué hora empieza la obra. También le (4) _____ a la recepcionista si la obra es muy larga *(long)*. Después le dice a su madre: «Mamá, te (5) _____ un gran favor. ¿Me prestas el auto?» La señora le (6) _____ a su esposo si él no va a necesitar el auto. Él responde que no y le dice a la hija: «Te presto el auto pero te (7) _____ una cosa: la promesa de que vas a regresar antes de medianoche *(midnight)*». Ana le dice: «Sí, papá, te prometo regresar antes de las doce». Ella le (8) _____ las llaves *(keys)* del auto y va a buscar a su amiga.

---

*Querer decir** means *to mean.*

Entrevista

Work with a partner. Take turns asking and answering the following questions.

1. ¿Cuál es tu restaurante favorito? ¿Sirven desayuno allí? ¿almuerzo? ¿cena?   2. ¿Les pides muchos favores a tus amigos? ¿a tus profesores?   3. ¿Les pides dinero a tus padres? Generalmente, ¿te dan ellos dinero o no? ¿Qué dicen cuando les pides dinero? ¿Les pides consejos a tus padres?   4. ¿Qué cursos sigues ahora? ¿Qué cursos piensas seguir?   5. En la clase de español, ¿qué dices cuando no entiendes una palabra?

Cartagena, Colombia

COLOMBIA Y LA HISTORIA
Cartagena, un tesoro colonial

¿Por qué tiene Cartagena, ciudad de la costa de Colombia, once kilómetros de murallas *(walls)* y muchas fortificaciones impresionantes, construidas *(built)* en los siglos XVI y XVII? Vamos a imaginar que estamos en Colombia durante la época *(era)* colonial; estamos en el centro del imperio español. Cada año llegan los galeones españoles con oro y minerales preciosos de otras partes de las Américas. Cartagena es la última *(last)* parada en la ruta a España; en el Mar Caribe hay piratas y hay barcos *(ships)* ingleses, franceses y holandeses. Hay muchos ataques contra los galeones españoles y contra la ciudad de Cartagena. En la ciudad, hay catedrales impresionantes, conventos y monasterios, tiendas, grandes plazas y casas aristocráticas. Las murallas de Cartagena guardan sus tesoros *(treasures)*. Cartagena, construida para guardar tesoros, es un tesoro colonial precioso, un «Patrimonio Histórico de la Humanidad».

PREGUNTAS
1. ¿Dónde está Cartagena?   2. En la época colonial, ¿qué hay en Cartagena? ¿Qué hay en el Mar Caribe?   3. ¿Conoce usted una ciudad con muchas fortificaciones? ¿Por qué tiene estas fortificaciones?

III. Stem-Changing Verbs: *o* to *ue, u* to *ue*

Vista de la sección vieja de Cartagena, Colombia

EN UN HOTEL DE CARTAGENA

SEÑOR	Buenas tardes. ¿En qué *puedo* servirle?
CLAUDIA	¿Me *puede* decir cuánto *cuesta* un cuarto para dos en este hotel?
SEÑOR	Veinte mil pesos. Tiene baño, y está incluido el desayuno.
CLAUDIA	Está bien. ¿Me *puede* reservar uno?
SEÑOR	Sí, con mucho gusto. ¿Quieren un cuarto con una cama doble o dos camas simples?
CLAUDIA	Con una cama doble.
SEÑOR	¿Por cuántas noches?
CLAUDIA	Solamente por una. Mañana temprano mi esposo y yo *volvemos* a Bogotá.
SEÑOR	*Vuelven* mañana temprano, ¿eh? Si quieren, la recepcionista *puede* despertarlos.
CLAUDIA	No es necesario. *Duermo* como un gato. Todos los días abro los ojos a las seis y media en punto.
SEÑOR	En ese caso, ¿*puede* usted despertar a la recepcionista, por favor?

AT A HOTEL IN CARTAGENA
GENTLEMAN: Good afternoon. How can I help you?   CLAUDIA: Can you tell me how much a room for two costs in this hotel?   GENTLEMAN: Twenty thousand pesos. It has a bathroom, and breakfast is included. CLAUDIA: Fine. Can you reserve one for me?   GENTLEMAN: Yes, gladly. Do you want a room with one double bed or two single beds?   CLAUDIA: With a double bed.   GENTLEMAN: For how many nights?   CLAUDIA: Only (for) one. Early tomorrow morning my husband and I are returning to Bogotá.   GENTLEMAN: You're returning early tomorrow? If you want, the desk clerk can wake you.   CLAUDIA: That's not necessary. I sleep like a cat. Every morning (day) I open my eyes at 6:30 on the dot.   GENTLEMAN: In that case, can you wake the desk clerk, please?

1. ¿Cuánto cuesta un cuarto para dos personas en el hotel? ¿Tiene baño el cuarto?
2. ¿Puede reservarle el señor un cuarto a Claudia?   3. ¿Cuántas noches van a estar allí?
4. ¿Adónde vuelven mañana?   5. ¿Quién puede despertarlos, si quieren?   6. ¿Cómo
duerme Claudia?   7. ¿A qué hora abre los ojos Claudia todos los días?

A.   Certain Spanish verbs show a stem change from **o** to **ue** when the stem is stressed.
This change does not occur in the **nosotros** and **vosotros** forms, because the stress
does not fall on the stem.

dormir *to sleep*		**recordar** *to remember*		**volver** *to return*	
duermo	dormimos	recuerdo	recordamos	vuelvo	volvemos
duermes	dormís	recuerdas	recordáis	vuelves	volvéis
duerme	duermen	recuerda	recuerdan	vuelve	vuelven

Verbs of this type are shown in vocabulary lists with the marker **(ue)**.

B.   Other **o** to **ue** stem-changing verbs are:

almorzar	*to have lunch*	mostrar	*to show*
costar	*to cost*	poder	*to be able, can*
encontrar	*to find*	soñar (con)	*to dream (about)*
llover	*to rain*		

Llueve hoy.	*It's raining today.*
Recuerdo tu promesa.	*I remember your promise.*
¿No encuentras las entradas para la obra de teatro?	*You don't find the tickets to the play?*
¿Con quién almuerza usted hoy?	*Who are you having lunch with today?*
Podemos ir al cine mañana mientras ellos trabajan.	*We can go to the movies tomorrow while they work.*
Sueño con Enrique.	*I dream about Enrique.*
¿Cuánto cuesta un boleto de ida y vuelta?	*How much does a round-trip ticket cost?*
¿Cuesta mucho o poco?	*Does it cost a lot or a little?*

C.   The verb **jugar** is a **u** to **ue** stem-changing verb.

jugar *to play*	
juego	jugamos
juegas	jugáis
juega	juegan

Jugar means *to play* (a game or sport); **tocar** means *to play* (music or a musical instrument). Before the name of a sport or game, **jugar** is usually followed by the preposition **a.**

Jugamos al tenis mañana mientras ellos programan la computadora.	*We're playing tennis tomorrow while they program the computer.*
Y luego Juan toca el violín.	*And then Juan is playing the violin.*
Marisol juega mucho al fútbol y al béisbol.	*Marisol plays soccer and baseball a lot.*

Práctica

A.   ¡Ah... buena idea!   Tell various ways in which you might enjoy a Sunday.

> MODELO   jugar al vólibol con unos amigos
> **Juego al vólibol con unos amigos.**

1. dormir hasta las diez de la mañana
2. mostrar la universidad a algunos amigos
3. almorzar en un buen restaurante
4. jugar al tenis
5. encontrar un programa interesante en la televisión

B.   Sueños *(Dreams).*   Tell what these people are dreaming about. There is more than one possible answer.

MODELO

Marta sueña con un buen trabajo.

(1)

(2)

(3)

(4)

Entrevista

Work in pairs and answer the following questions.

1. ¿Recuerdas tus sueños? ¿Puedes interpretar tus sueños? 2. ¿Hay una persona con quien sueñas mucho? ¿Quién es? 3. ¿Con qué cosas o con qué situaciones sueñas siempre? 4. ¿Duermes bien, en general? Si tomas mucho café o té, ¿puedes dormir? 5. ¿Cuántas horas duermes por la noche? 6. ¿Qué haces cuando no puedes dormir? ¿Lees? ¿Trabajas?

COLOMBIA Y LA ANTROPOLOGÍA
La Colombia precolombina

Colombia toma su nombre del explorador Cristóbal Colón, y *precolombina* quiere decir «antes de Colón». En Colombia hay lugares con muestras *(signs)* humanas que datan de 10.450 años antes de Cristo. Las estatuas de la foto datan de 500 años antes de Cristo; están en el suroeste de Colombia. Los antropólogos piensan que muchos objetos de oro precioso colgaban *(were hanging)* de estas estatuas; en la Colombia precolombina el oro era *(was)* un metal sagrado *(sacred)*. Hay artesanía indígena muy elaborada, con oro, esmeraldas y otros minerales preciosos. Muchos ejemplos de la exquisita artesanía colombiana están en colecciones en España y otros países. Sin embargo *(However),* hoy el Museo del Oro de Colombia conserva 33.000 objetos de oro, herencia *(legacy)* de sus magníficas culturas precolombinas.

Estatuas, Parque San Agustín

PREGUNTAS
1. ¿De dónde viene el nombre *Colombia?* 2. ¿Qué quiere decir *precolombina?* 3. ¿Dónde están las estatuas de la foto? 4. ¿Conoce usted un museo de arte *precolombino?*

IV. Direct and Indirect Object Pronouns Together

La Nueva Catedral de Sal, Zipaquirá, Colombia

FERNANDO ESTÁ DE VACACIONES EN COLOMBIA

FERNANDO	¿Conoces la Nueva Catedral de Sal,* Francisco?
FRANCISCO	Sí, y *te la* quiero mostrar. ¿Tienes tu cámara?
FERNANDO	Sí.
FRANCISCO	*¿Me la* puedes prestar por un momento? Quiero sacarte una foto aquí.
FERNANDO	Gracias. ¿Sabes si hay una Catedral de Pimienta también?
FRANCISCO	¡Ay, ay, ay!

1. ¿Qué quiere mostrarle Francisco a su amigo Fernando?   2. ¿Qué quiere hacer Francisco?   3. ¿Saca usted muchas fotos cuando está de vacaciones?

FERNANDO IS ON VACATION IN COLOMBIA
FERNANDO: Are you familiar with the New Salt Cathedral, Francisco?   FRANCISCO: Yes, and I want to show it to you. Do you have your camera?   FERNANDO: Yes.   FRANCISCO: Can you give it to me for a moment? I want to take a picture of you here.   FERNANDO: Thanks. Do you know if there's a Pepper Cathedral too? FRANCISCO: Good grief!

---

*The New Salt Cathedral is in a town about thirty-five miles from Bogotá, in a huge salt mine. Workers erected small altars where they would pray for protection from mine accidents. Eventually a large altar was constructed, carved out of salt rock within walls made of salt. The cathedral holds 8,000 people. It was renovated in 1995.

A. When an indirect and a direct object pronoun are used in the same sentence, the indirect always precedes the direct object pronoun. They are not separated by any other words. Both pronouns precede a conjugated verb.

Te doy cinco entradas para la obra de teatro.	*I am giving you five tickets for the play.*
Te las doy.	*I am giving them to you.*
Nos muestran el baile.	*They show us the dance.*
Nos lo muestran.	*They show it to us.*
Me toca una canción.	*He's playing a song for me.*
Me la toca.	*He's playing it for me.*

B. When used with an infinitive, the object pronouns (indirect and direct) may be attached to the infinitive or may precede the conjugated verb. Note that when two object pronouns are attached to the infinitive, an accent is required over the last syllable of the infinitive.

Voy a comprarte unos discos.	*I'm going to buy you some records.*
Te los voy a comprar.	
Voy a comprártelos.	*I'm going to buy them for you.*

C. Two object pronouns beginning with **l** do not occur in a row. If a third-person indirect object pronoun (**le, les**) is used with a third-person direct object pronoun (**lo, la, los, las**), the indirect object pronoun is replaced by **se.** The various meanings of **se** may be clarified by adding to the sentence **a él, a ella, a usted, a ellos, a ellas,** or **a ustedes.**

Les presto una cinta (a ellos).	*I'm loaning them a tape.*
Se la presto (a ellos).	*I'm loaning it to them.*
El camarero le sirve el café (a ella).	*The waiter is serving her the coffee.*
El camarero se lo sirve (a ella).	*The waiter is serving it to her.*

Práctica

A. ¿De qué hablan? Tell which noun the speaker is referring to.

1. ¿Me lo prestas, por favor?
   a. la parada
   b. el mapa
   c. los pasatiempos
2. Te la doy mañana.
   a. las canciones
   b. las fotos
   c. la cinta
3. ¿Se la leo en francés?
   a. la obra de teatro
   b. las cartas
   c. los poemas
4. ¿Me la puedes dar el jueves?
   a. la composición
   b. los violines
   c. el deporte

B. Rosa la generosa. Tell what Rosa is giving to various people, as suggested by the cues. Then shorten your statement by using direct and indirect object pronouns, as in the model.

MODELO   un disco / al chico
           Rosa le da un disco al chico. Se lo da.

1. una guitarra / a Miguel
2. dinero / a sus hermanas
3. las cartas / a usted
4. consejos / a ustedes
5. un gato / a esas muchachas
6. las cintas / a los profesores
7. una bicicleta / a la niña
8. las gracias / al señor Díaz

Preguntas

¿Qué hace usted en estas situaciones?

1. Recibe una carta de amor; su mamá quiere saber qué dice. (¿Se la lee?)   2. Un amigo toma tres cervezas *(beers);* le pide las llaves *(keys)* de su automóvil. (¿Se las da?)   3. Su hermano le pide cien dólares. No quiere decirle para qué los quiere. (¿Se los presta?) 4. Durante un examen, un estudiante quiere ver su trabajo. (¿Se lo muestra?)   5. Encuentra cincuenta mil dólares en la calle. (¿Se los da a la policía?)

¡Vamos a repasar!

En Bogotá.   Complete the paragraph about Bogotá. Don't forget to make stem changes in the verbs *if needed.*

Un(a) turista en Bogotá siempre (1) _____ (encontrar) una gran variedad de

diversiones. Si usted está de visita allí y (2) _____ (querer) ver museos, hay

museos de arte, de historia, de arqueología, etcétera. (Usted) (3) _____ (poder)

ir a la casa de Simón Bolívar, el «George Washington» de la América del Sur. O quizás

(usted) (4) _____ (desear) tomar el funicular para ir al Cerro de Monserrate; allí

la gente (5) _____ (almorzar) o (6) _____ (cenar), (7) _____

(dar) paseos y (8) _____ (mirar) la vista de la ciudad. Si usted (9) _____

(soñar) con escuchar música folklórica (como la música vallenata de Carlos Vives),

(10) _____ (poder) asistir a un concierto donde la gente (11) _____

(tocar) instrumentos musicales y (12) _____ (cantar). Si (13) _____

(preferir) música clásica, el Teatro Colón (14) _____ (ser) la sede

(headquarters) de la Orquesta Filarmónica. Hay muchos grupos de teatro y variedades.

Bogotá también (15) _____ (tener) un planetario, un zoológico y dos

hipódromos. Pero hay un pequeño problema: frecuentemente (16) _____

(llover) o (17) _____ (hacer) fresco. Por eso, muchos turistas (18) _____

(comprar) ruanas (ponchos colombianos) en Bogotá. En la tienda «Artesanías

(handicrafts) de Colombia», (ellos) (19) _____ (encontrar) artesanías de todo el

país y los precios *(prices)* (20) _____ (ser) muy razonables. Santa Fe de Bogotá

(el nombre oficial de esa ciudad) es muy dinámica, y los colombianos la (21)

_____ (querer) mucho.

Mosaico cultural

Para leer

PASATIEMPOS PARA TODOS LOS GUSTOS

Antes de leer

Scan the selections from *El tiempo,* a newspaper published in Bogotá, on pages 161 and 162. Look for the following information. You don't need to read every word.

1. What holiday is being celebrated in September in Colombia? What day is the holiday?
2. What activities are people doing to celebrate the holiday? (Try to find at least five.)

Feliz Día del Amor y la Amistad
septiembre 21
FENALCO

► **Exposición 'Abrazos y besos'**, en el Centro Hacienda Santa Barbara: fotografías y afiches de fotógrafos famosos sobre el amor..Reproducciones en blanco y negro de gráficas captadas por fotógrafos europeos. La muestra fue coordinada por el arquitecto bogotano Germán Moyano y su 'Poster Shop'. (Calle 116 - Carrera 7).

► **A tu amor regálale un libro y una flor'**, lema con el cual la Librería Enviado Especial hace un homenaje a los enamorados en su día. El sábado en la tarde. entre las 3 y las 8 p.m., está en la librería el poeta antioqueño Darío Jaramillo quién lanza su nuevo libro *Guía para viajeros*, recientemente publicado por Planeta Editores. (Centro Granahorrar

► **'Cartas de amor'**, obra original de A.R. Gurney, continúa hasta el 28 de septiembre en el Teatro Nacional, bajo la dirección de Fanny Mickey.

Melissa y Andy narran a través de su correspondencia amorosa, su relación de años, en las voces de Gloria Gómez y Víctor Mallarino. (Calle 71 # 10-25).

Now read the following article.

Lectura

Un día muy especial para los colombianos es el
21 de septiembre, el Día del Amor y la Amistad°. *Friendship*
Varios días antes de la fecha oficial, la gente
empieza a celebrar con el juego° del «amigo *game*
secreto». Los estudiantes de una clase o los
trabajadores° de una oficina escriben sus *workers*
nombres en papelitos° y los ponen en una bolsa°. *little papers / bag*
Todo el mundo escoge° un nombre: el nombre *chooses*
del «amigo secreto». El 19 o el 20, el grupo sale
a una taberna°, pizzería o restaurante. Allí *bar*
hablan, comen, bailan y dan regalos a los
«amigos secretos».

El 21 mucha gente sale a comer, a dar paseos o a bailar. Otros hacen fiesta o reciben a sus amigos o parientes en la casa. Sacan fotos o videos de la celebración. Abren tarjetas° y regalos... hoy la gente manda° cartas de amor o amistad hasta° por computadora.

cards
send
even

¿Y los regalos? Si usted está en Colombia el 21 de septiembre, debe comprarles regalos a sus amigos... regalos como flores°, perfumes, libros, cintas, etc. Pero hay que tener cuidado: las rosas rojas° significan° un ardiente amor y las rosas amarillas°, desprecio°. Y para muchos colombianos las cadenas° de oro y los espejos° significan mala suerte.

flowers

red / signify
yellow / disdain
chains / mirrors

El mes de septiembre en Colombia representa una oportunidad excelente de formar nuevas amistades... ¡o amores! Y el 21 es un día para las diversiones y los pasatiempos para todos los gustos.

Después de leer

A. ¿Verdadero o falso? Write **V (verdadero)** or **F (falso)** next to each statement. Correct the false statements.

_____ 1. En Colombia el 21 de septiembre es el Día del Amor y la Libertad.
_____ 2. Un buen regalo para el 21 de septiembre es un libro de poemas.
_____ 3. Es muy descortés mandar cartas de amor o amistad por computadora.
_____ 4. Dos o tres días después del 21, muchos estudiantes o trabajadores salen en grupos a celebrar la ocasión.
_____ 5. Un regalo ideal para el amor de su vida es un bouquet de rosas rojas.

B. Contraste cultural. ¿Qué diferencias hay entre el Día del Amor y la Amistad en Colombia y el Día de San Valentín en Estados Unidos o Canadá? ¿Qué hace usted el Día de San Valentín?

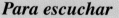

Para escuchar

A. Situaciones. Listen to the three conversations, which involve three different kinds of transportation. Match them to the pictures. Write the number of the conversation (1, 2, or 3) in the box to the left of the appropriate picture.
(**Note: próximo** = *next,* **asiento** = *seat.*)

B.   ¿A qué hora?   Listen to the three conversations again. For each conversation, write the departure time and the price of the ticket or gate (door) number.

CONVERSACIÓN 1   Hora de partida: _____
Precio del boleto: _____

CONVERSACIÓN 2   Hora de partida: _____
Puerta de salida: _____

CONVERSACIÓN 3   Hora de partida: _____
Precio del boleto: _____

Para comunicarnos

In this chapter, you have seen examples of the following language functions, or uses. Here is a summary and some additional information about these functions of language.

Asking for and Giving Personal Information

¿Cómo te llamas?	*What's your name?*
Me llamo...	*My name is . . .*
¿Dónde vives? ¿Cuál es tu dirección?	*Where do you live? What is your address?*
Vivo en la calle (avenida)...	*I live on . . . Street (Avenue).*
¿Cuál es tu número de teléfono?	*What's your telephone number?*
¿Eres estudiante?	*Are you a student?*
Sí, estudio ciencias sociales.	*Yes, I study social sciences.*

Taking Public Transportation

¿Dónde está la parada de autobuses?	*Where is the bus stop?*
¿En qué línea (del metro) está la estación...?	*On what (subway) line is . . . station?*
¿A qué hora sale el autobús (avión, tren) para...?	*What time does the bus (plane, train) to . . . leave?*
¿Hay que cambiar de autobús (avión, tren)?	*Do you have to change buses (planes, trains)?*
Un boleto (*Spain:* billete) para..., por favor.	*A ticket to . . . , please.*
Un boleto de ida solamente.	*A one-way ticket only.*
Un boleto de ida y vuelta.	*A round-trip ticket.*

Getting a Hotel Room

¿Tiene(n) un cuarto con baño (con teléfono)?	*Do you have a room with a bath (with a telephone)?*
¿Cuánto cuesta un cuarto para dos?	*How much does a room for two cost?*
¿Está incluido el desayuno?	*Is breakfast included?*
Tenemos reservaciones.	*We have reservations.*

The person at the desk may ask:

¿Por cuántas noches?	*For how many nights?*
¿Cuántas personas (¿Cuántos) son ustedes?	*How many people are there (you)?*
¿Quieren un cuarto con una cama simple (doble) / con dos camas?	*Do you want a room with a single (double) bed / with two beds?*

ACTIVIDADES

A. Información, por favor. Work with a partner. Interview each other, asking and giving personal information.

B. ¿Cuál es la pregunta? What questions might you ask to get the following answers?

EN UN HOTEL
1. Sí, tenemos uno.
2. No, no tiene baño.
3. Sí, está incluido.
4. No, tiene dos camas simples.

EN UNA ESTACIÓN DE AUTOBUSES
1. Todos los días a las cinco.
2. Cinco mil pesos.
3. Sí, hay boletos de segunda clase.
4. No, de ida solamente.

C. Minidramas. Role-play the following situations.

1. You are in Cali. You go into a hotel and ask if they have a room with a bath. The clerk asks for how many people, and you answer just one. The clerk then asks for how many nights, and you reply that it is for four nights. The clerk says yes, they do. You ask how much it is and the clerk answers 13,000 pesos. You say that you will take the room.
2. You call the **Gran aventura** bus company to ask about a trip to Cartagena. The person who answers tells you the buses leave every hour (**cada hora**) and that a round-trip ticket costs 12,500 pesos for first class. You ask about second-class tickets and if it's necessary to make a reservation. The clerk tells you that second-class tickets cost 10,200 pesos and that you don't need a reservation. You thank him or her and say good-bye.

D. ¿Qué pasatiempo me gusta más? Work in groups. One person will think of a favorite activity among those discussed in this chapter. The other group members will ask questions until they guess what the hobby or pastime is. The following questions may be useful. The person answering the questions should answer only **sí** or **no**.

1. ¿Es un pasatiempo para todos: hombres y mujeres? 2. ¿Hacemos esa actividad afuera *(outside)* o adentro *(inside)?* 3. ¿Hacemos esa actividad con otros? 4. ¿Cuesta dinero hacer esa actividad? ¿Cuesta mucho o poco? 5. ¿Necesitamos cosas especiales —instrumentos musicales, ropa *(clothing)* especial —para hacer esa actividad? 6. ¿Hacemos esa actividad más en el invierno? ¿en el verano? ¿durante el día o por la noche? 7. ¿Tenemos que estar en buenas condiciones físicas para hacer esa actividad? 8. ¿Dónde hacemos esa actividad?

Para escribir

How do you like to spend your free time? Write a paragraph about your favorite pastime. Answer as many of the questions from Activity D above as possible.

Vocabulario activo

COGNADOS

el básquetbol	el concierto	la guitarra	precolombino	el violín
el béisbol	el curso	la música	la promesa	el vólibol
el caso	la diversión	el pasatiempo	el, la recepcionista	
la catedral	el dólar	el piano	la reservación	
la computadora	el favor	el poema	el tenis	

VERBOS

almorzar (ue)	to have lunch		pintar	to paint
bailar	to dance		poder (ue)	to be able, can
cantar	to sing		practicar	to practice
correr	to run, jog		prestar	to loan
costar (ue)	to cost		programar	to program
dar	to give		prometer	to promise
dar las gracias	to thank (someone)		recordar (ue)	to remember
dar un paseo	to take a walk, go for a stroll		repetir (i)	to repeat
decir (i)	to say, tell		reservar	to reserve
querer decir	to mean		sacar	to take, take out
despertar (ie)	to awaken (someone)		sacar fotos	to take pictures
dormir (ue)	to sleep		seguir (i)	to continue; to follow
encontrar (ue)	to find; to meet		seguir un curso	to take a course
jugar (ue) a	to play (a sport or game)		servir (i)	to serve
llover (ue)	to rain		soñar (ue) con	to dream about, of
mostrar (ue)	to show		tocar	to play (music or a musical instrument); to touch
patinar	to skate			
pedir (i)	to ask for; to order (in a restaurant)		volver (ue)	to return, come back, go back

DIVERSIONES Y PASATIEMPOS

el baile	dance		la entrada	ticket (for an event)
el boleto (Spain: el billete)	ticket (for an event or transportation)		el fútbol	soccer
			el fútbol americano	football
la canción	song		el gusto	pleasure
el cine	movie theater, movies		con mucho gusto	gladly
la cinta	tape		la obra	work, artistic work
el deporte	sport		la obra de teatro	play
el disco	record		el paseo	walk, stroll; ride, short trip
el disco compacto	compact disk			

OTRAS PALABRAS Y FRASES

el almuerzo	*lunch*		el desayuno	*breakfast*
la amistad	*friendship*		después	*afterward*
el amor	*love*		después de	*after*
antes	*first*		el gato	*cat*
antes de	*before*		luego	*then, next*
el baño	*bath; bathroom*		mientras	*while*
la cena	*dinner*		la parada	*(bus) stop*
¡Cómo no!	*Of course!*		poco	*little*
el consejo	*advice, piece of advice*		pocos	*few*
la cosa	*thing*		solamente	*only*
el cuarto	*room*			

Expresiones útiles

¿A qué hora sale el autobús (avión, tren) para...?	*What time does the bus (plane, train) to . . . leave?*
¿Cuánto cuesta un cuarto para dos?	*How much does a room for two cost?*
¿Dónde está la estación (la parada del autobús)?	*Where is the station (bus stop)?*
¿Está incluido el desayuno?	*Is breakfast included?*
¿Por cuántas noches?	*For how many nights?*
Tenemos reservaciones.	*We have reservations.*
¿Tiene(n) un cuarto con baño?	*Do you have a room with a bath?*
Un boleto de ida y vuelta.	*A round-trip ticket.*
Un boleto para..., por favor.	*A ticket to . . . , please.*

Don't forget: Indirect object pronouns, page 148.

Vistazo cultural

LOS HISPANOS DE ESTADOS UNIDOS

Presencia hispánica en las ciudades de EU, 1994
(veinte mayores ciudades con población hispánica)

CIUDAD	RANGO	POBLACIÓN HISPÁNICA (000)	PORCENTAJE DEL TOTAL POP. HISP.	PORCENTAJE HISP.S/ TOTAL
Los Angeles	1	5.605,8	22,0	34,9
Nueva York	2	3.094,6	12,1	16,0
Miami	3	1.237,1	4,9	35,1
S. Francisco-S. Jose	4	1.023,3	4,0	16,1
Chicago	5	1.019,0	4,0	16,1
Houston	6	953,2	3,7	21,8
San Antonio	7	941,0	3,7	48,9
McAllen/Brownsville	8	696,3	2,7	87,5
Dallas-Ft. Worth	9	657,3	2,6	20,6
San Diego	10	596,5	2,3	22,1
LAS PRIMERAS DIEZ CIUDADES Sub total		15.824,1	62,0	
Albuquerque	11	579,2	2,3	36,2
Fresno	12	574,5	2,3	37,4
El Paso	13	573,8	2,2	70,2
Sacramento	14	496,3	1,9	15,6
Phoenix	15	495,8	1,9	17,0
Denver	16	338,1	1,3	11,9
Filadelfia	17	338,1	1,3	4,4
Corpus Christi	18	309,8	1,2	55,9
Boston	19	263,2	1,0	4,5
Washington DC	20	257,0	1,0	5,4
Sub Total		4.215,9	16,5	
TOTAL DE LAS VEINTE CIUDADES		20.040,0	78,6	
TOTAL DE HISPANOS EN EU (1994):		25.512,0	100,0	

Fuente: U.S. Census Bureau

Unos veintiséis millones de hispanos viven hoy en los Estados Unidos (sin contar los varios millones de inmigrantes indocumentados). Los méxicano-americanos (más del 60% del total), los puertorriqueños y los cubanos son tres grupos principales; también hay mucha gente de la República Dominicana, El Salvador, Guatemala, Colombia y otros países hispanos.

PRINCIPALES CIUDADES
Distribución de la población hispánica por país de origen

LOS ANGELES		
POBLACIÓN TOTAL	16.053.800	100,0%
POBLACIÓN HISPÁNICA	5.794.100	34,9%
País de origen:		
México		78,0%
El Salvador		7,0%
Guatemala		3,0%
Sudamérica		3,0%
Otros		9,0%
NUEVA YORK		
POBLACIÓN TOTAL	19.295.600	100,0%
POBLACIÓN HISPÁNICA	3.094.600	16,0%
País de origen:		
México		3,0%
Puerto Rico		45,0%
Cuba		6,0%
Rep. Dominicana		16,0%
Centroamérica		7,0%
Colombia		6,0%
Ecuador		4,0%
Otros		13,0%
MIAMI		
POBLACIÓN TOTAL	3.526.600	100,0%
POBLACIÓN HISPÁNICA	1.237.100	35,0%
País de origen:		
México		2,0%
Puerto Rico		7,0%
Cuba		59,0%
Rep. Dominicana		2,0%
Centroamérica		8,0%
Colombia		6,0%
Perú		2,0%
Otros		14,0%

Fuente: datos de Strategy Research Corporation, 1994

Preguntas

1. ¿Cuántos millones de hispanos viven en Estados Unidos? 2. De las veinte ciudades de Estados Unidos con más residentes hispanos, ¿cuántas están en California? ¿en Tejas? ¿Hay mucha gente hispana en la ciudad donde usted vive? 3. En el suroeste de Estados Unidos, ¿es la presencia hispana anterior o posterior a la anglosajona? 4. ¿Qué estados y ciudades con nombres españoles conoce usted? 5. ¿Desde cuándo son los puertorríqueños ciudadanos de Estados Unidos? 6. Dónde viven muchos cubano-americanos?

En el suroeste de Estados Unidos, la presencia hispana es muy anterior a (much earlier than) la presencia anglosajona. Por ejemplo, hay muchos estados (Colorado, Nevada, Tejas) y ciudades (San Francisco, Las Vegas, Amarillo) que tienen nombres españoles. La Misión de Santa Bárbara (que vemos en la fotografía) fue fundada (was founded) por padres españoles.

La historia de los puertorriqueños en Estados Unidos empieza con la victoria norteamericana en la guerra (war) de 1898 contra España. Entre 1898 y 1952 Puerto Rico es territorio de Estados Unidos, pero en 1952 pasa a ser (it becomes) Estado Libre Asociado. Desde (Since) 1917 los puertorriqueños son ciudadanos (citizens) de este país.

La mayor (greater) parte de los cubanos están aquí como exiliados (exiles) políticos del régimen de Fidel Castro. Hay cubanos en todos los estados, pero la gran mayoría vive en Florida y en particular en Miami. Allí tienen un barrio muy próspero. La primera gran ola (wave) de inmigrantes cubanos viene en 1959 y la segunda (second) en 1980.

Las Ramblas, Barcelona

¿Sabía usted que...?

- Barcelona es la capital de la provincia de Cataluña, el puerto más importante de España y el centro de las industrias españolas de la moda y de las casas editoriales. Los catalanes hablan español y catalán.

- Algunos catalanes famosos son los artistas Joan Miró y Salvador Dalí, el arquitecto Antoni Gaudí y el cantante de ópera José Carreras.

- En el sur de España, la influencia árabe es muy importante. En Andalucía las ciudades de Sevilla, Córdoba y Granada muestran muy claramente esa influencia. Tres sitios de interés en el sur de España son la catedral y alcázar *(fortress)* de Sevilla, la mezquita *(mosque)* de Córdoba y la Alhambra (palacio) de Granada. Esta región es también famosa por la música flamenca que tiene origen gitano *(Gypsy)*.

- Algunos andaluces famosos son los escritores Federico García Lorca, Juan Ramón Jiménez y Luis de Góngora y los pintores *(painters)* Pablo Picasso y Diego Velázquez.

- España tiene aproximadamente treinta y nueve millones de habitantes y su moneda oficial es la peseta.

ESPAÑA

BARCELONA

PREGUNTAS

1. ¿Cuál es el puerto más importante de España?
2. ¿Dónde está el centro de la industria de la moda española?
3. ¿Quiénes son algunos catalanes famosos?
4. ¿Qué ciudades de España muestran muy claramente la influencia árabe?
5. ¿Quiénes son algunos andaluces famosos?
6. ¿Qué música es típica de Andalucía? ¿Conoce usted esa música? ¿Le gusta?

El barrio de Santa Cruz, Sevilla

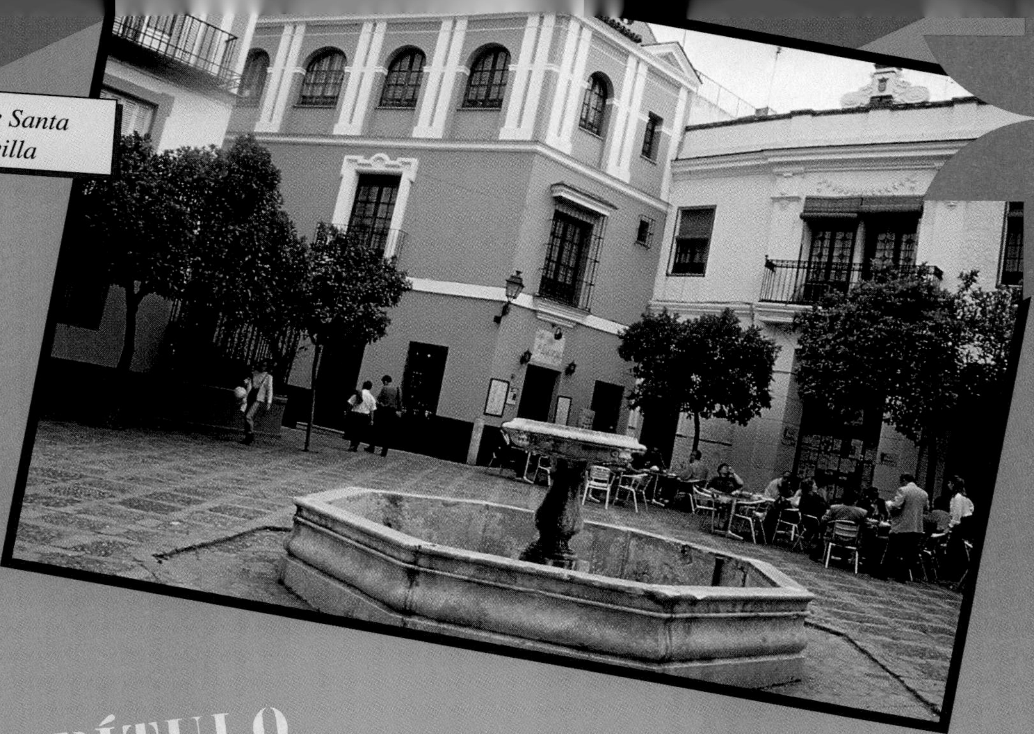

7

CAPÍTULO SIETE

La moda; la rutina diaria

Cultura

This chapter focuses on Spain.

Estructuras

You will discuss and use:

- Reflexive constructions (corresponding to constructions such as *I enjoy myself)*
- The preterit of regular and stem-changing verbs
- Comparisons (e.g., *as good as, better than)*; the superlative (e.g., *the best)*

Vocabulario

In this chapter you will learn to describe clothing and daily activities.

Comunicación

- Expressing hesitation
- Expressing disbelief
- Making descriptions (2)

Vocabulario del tema

La moda

el vestido

el cinturón

las medias

los zapatos

Angelo Tarlazzii

el abrigo

el guante

la falda

las botas

Chanel

el suéter

los jeans,
(el pantalón)

el bolso

la blusa

la camisa

la corbata

el paraguas

el impermeable

el sombrero
el traje de baño
las sandalias

la camiseta
los shorts
los calcetines

Los colores

rojo

anaranjado

amarillo

azul

verde

café, marrón

violeta

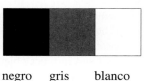

negro   gris   blanco

Práctica

¿Qué lleva usted...? What do you wear in the following situations? Complete the sentences, eliminating the inappropriate words. There are various possible answers.

1. Cuando llueve, llevo... (un impermeable, un pijama, calcetines, un vestido, un paraguas)
2. Cuando voy a la playa, llevo... (un sombrero, sandalias, un abrigo, un traje de baño)
3. Cuando voy a un restaurante elegante, llevo... (medias, calcetines, un traje *[suit]*, un vestido, una corbata, un traje de baño)
4. Cuando nieva, llevo... (un suéter, botas, guantes, sandalias, jeans, un abrigo)
5. Cuando duermo, llevo... (una falda, jeans, un pijama, una corbata)

Preguntas

1. ¿Qué lleva usted hoy?   2. ¿De qué color es su ropa?   3. ¿Cuál es su color favorito?
4. ¿Qué ropa es solamente para mujeres? ¿solamente para hombres?

I. The Reflexive

ALDO	¡José! ¿Vas a llevar esa camisa a la fiesta? No puede ser. ¿Cómo vas a conocer chicas si *te vistes* así?
JOSÉ	No voy a la fiesta; voy a *quedarme* en casa. Es que... no *me divierto* en las fiestas. *Voy a acostarme* temprano, y mañana *me voy a levantar* a las siete.
ALDO	¡Pero no hablas en serio! *¿Te levantas* a las siete los domingos? ¡A esa hora yo *me acuesto!*

1. ¿Va a la fiesta José o se queda en casa? ¿Por qué?   2. ¿A qué hora se levanta José los domingos?   3. En general, ¿qué hace usted los domingos a las siete de la mañana? ¿Se levanta? ¿Se acuesta?

A.   In a reflexive construction, the action of the verb "reflects" back to the subject of the sentence, as in the sentences *I enjoy myself* or *The child dresses herself.* In Spanish, reflexive constructions require the reflexive pronouns **me, te, se, nos, os,** and **se.** Except for the third-person **se** (singular and plural), these forms are the same as the direct and indirect object pronouns. The pronoun **se** attached to an infinitive indicates that the verb is reflexive.

levantarse	*to get up*
me levanto	nos levantamos
te levantas	os levantáis
se levanta	se levantan

Notice that some Spanish reflexive forms, such as **levantarse,** are not translated as reflexive constructions in English. The reflexive is used much more frequently in Spanish than in English.

ALDO: José! Are you going to wear that shirt to the party? It can't be. How are you going to meet girls if you dress like that?   JOSÉ: I'm not going to the party; I'm going to stay home. It's just that . . . I don't enjoy myself at parties. I'm going to go to bed early, and tomorrow I'm going to get up at seven o'clock.   ALDO: You're not serious (literally, "talking seriously")! You get up at seven on Sundays? At that hour, I go to bed!

B. The following verbs are reflexive, with stem changes indicated in parentheses.

acostarse (ue)	*to go to bed*	mudarse	*to move (change*
acostumbrarse	*to get used to*		*residence)*
despertarse (ie)	*to wake up*	ponerse	*to put on*
divertirse (ie)	*to enjoy oneself;*	preocuparse por	*to worry about*
	to have fun	quedarse	*to remain, stay*
irse	*to leave, go away*	quitarse	*to take off*
lavarse	*to wash (oneself)*	sentarse (ie)	*to sit down*
llamarse	*to be named*	vestirse (i)*	*to get dressed*

C. Like object pronouns, reflexive pronouns precede a conjugated verb or follow and are attached to an infinitive.

¿Nos sentamos aquí?	*Shall we sit here?*
Pues, no queremos mudarnos.	*Well, we don't want to move.*
Raúl se va, pero yo me quedo.	*Raúl is leaving, but I am staying.*
Hace calor; voy a quitarme el suéter.	*It's hot; I'm going to take off my sweater.*
Felipe se pone el abrigo.†	*Felipe is putting on his coat.*

D. Reflexive pronouns precede direct object pronouns: **Se pone el cinturón. Se lo pone. Se quita la camiseta. Se la quita.**

E. Most verbs that are used reflexively are also used nonreflexively. In some cases, the use of the reflexive pronoun changes the meaning of the verb.

Se llama Carmen.	*Her name is Carmen.*
José llama a Carmen todos los días.	*José calls Carmen every day.*
Me lavo todos los días.	*I wash (myself) every day.*
Lavo el auto todas las semanas.	*I wash the car every week.*
Nos acostamos a las diez.	*We go to bed at ten o'clock.*
Acostamos a los niños entre las ocho y las nueve.	*We put the children to bed between eight and nine o'clock.*
Elena viste a la niña.	*Elena is dressing the child.*
Elena se viste a la moda (de moda).	*Elena dresses fashionably.*

F. The reflexive pronouns **nos** and **se** may be used with a first- or third-person plural verb form, respectively, in order to express a reciprocal reflexive action. This construction corresponds to the English *each other* or *one another.*

Todos se miran.	*They all look at one another.*
Bueno, ¿nos vemos mañana?	*Well, shall we see each other tomorrow?*
—Depende del tiempo.	*—It depends on the weather.*

---

*Conjugated like **servir** (p. 151).
†Notice that when **ponerse** or **quitarse** is used with articles of clothing, the definite article is used rather than the possessive as in English. This will be practiced in Chapter 13.

Práctica

A. Los jóvenes españoles. Identify the verbs in these sentences and tell whether they are reflexive or nonreflexive.

1. Ahora hay seis millones de jóvenes españoles.
2. Los españoles se casan *(marry)* tarde (ellos, a la edad de 29 años y ellas, 27).
3. Muchos jóvenes no pueden encontrar trabajo.
4. Entonces se quedan en casa con la familia.
5. Muchas de las instituciones no les inspiran confianza *(confidence)*.
6. Pero, en general, no se rebelan contra *(against)* la generación de sus padres.
7. Los fines de semana pasan mucho tiempo en las discotecas.
8. Muchos se preocupan por «ir a la moda».
9. Otros se visten de jeans todos los días.

B. La rutina diaria de Jorge. Make sentences about Jorge's daily routine, using the cues under each picture and words of your own.

MODELO   llamarse
                  Me llamo Jorge.

(1) 7:15 / despertarse

(2) 7:30 / levantarse

(3) 7:45 / lavarse

(4) 8:00 / vestirse

(5) 8:15 / salir para la universidad

(6) 12:00 / almorzar

(7) después de las 3:00 / quedarse en casa

(8) 11:00 / acostarse

C. **La rutina diaria de usted.** In pairs, describe your own daily routines. Then change partners and tell your second partner about your first partner's daily routine.

D. **Juan y Juanita.** To follow Juan and Juanita's love story, complete the puzzle below using the reciprocal reflexive. The ending of the story will appear in the column marked "Final." (Allow for a blank between words.)

MODELO   (querer) **Juan y Juanita** `s e` `q u i e r e n` **mucho.**

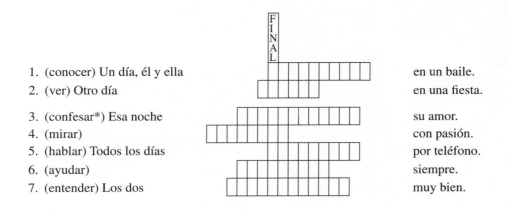

1. (conocer) Un día, él y ella ... en un baile.
2. (ver) Otro día ... en una fiesta.

3. (confesar*) Esa noche ... su amor.
4. (mirar) ... con pasión.
5. (hablar) Todos los días ... por teléfono.
6. (ayudar) ... siempre.
7. (entender) Los dos ... muy bien.

E. **Juan (Juanita) y yo.** Rewrite the story above, changing, "Juan y Juanita" to "Juan (Juanita) y yo." Include the ending.

MODELO   (querer) **Juan (Juanita) y yo** `n o s` `q u e r e m o s` **mucho.**

Entrevista

Work with a classmate and take turns asking and answering the following questions.

1. ¿A qué hora te levantas los lunes? ¿los sábados? ¿A qué hora te acuestas?   2. ¿Vas a quedarte en casa esta noche? ¿Vas a salir? En general, ¿adónde vas para divertirte? 3. ¿Qué hay que ponerse para ir a un buen restaurante?   4. ¿Es importante vestirse a la moda?   5. ¿Qué ropa llevas cuando te quedas en casa?

Confesar (to confess) is an **e** to **ie** stem-changing verb.

Un bailarín flamenco

ESPAÑA Y LA MÚSICA
El flamenco

La música flamenca es la música de los gitanos *(Gypsies)* del sur de España. El nombre «gitano» viene de la vieja palabra española «egiptano» *(Egyptian),* pero en realidad los gitanos tienen su origen en India y Pakistán. La música flamenca es oriental, con ritmos muy complejos *(complex).* Para bailar el flamenco, los bailarines llevan zapatos o botas especiales; las bailarinas llevan faldas largas muy bonitas. El baile y la música reflejan la pasión y el dolor de la gente gitana; muchas veces son espontáneos, improvisados. En el sur de España, hay muchos festivales de flamenco cada año, porque el flamenco es una tradición andaluza muy popular.

PREGUNTAS
1. ¿Cuál es el origen de la palabra *gitano?* ¿De dónde son los gitanos en realidad?   2. ¿Qué refleja la música flamenca?
3. ¿Dónde hay muchos festivales de flamenco?   4. ¿Conoce usted la música flamenca? ¿Conoce a Joaquín Cortés, el bailarín andaluz (de Córdoba) que combina la música flamenca con jazz y ballet? (Los puristas dicen que su baile no es flamenco auténtico, pero es muy popular en toda Europa.)

II. The Preterit of Regular and Stem-Changing Verbs

Pablo Picasso, Les demoiselles d'Avigon

El famoso pintor Pablo Picasso *nació** en Málaga, España, en 1881. Se *mudó* con su familia a Barcelona en 1895 y allí *estudió* durante varios años. Después *vivió* en Madrid y en París. En 1906 *pintó* <u>Les demoiselles d'Avignon</u>, que *llevó* ese nombre por la calle Avignon de Barcelona. Muestra a unas prostitutas barcelonesas. Con este cuadro revolucionario, Picasso *empezó* a crear el estilo que *se llamó* después el «cubismo».

1. ¿Dónde y cuándo nació Pablo Picasso?   2. ¿Adónde se mudó en 1895?   3. ¿Dónde vivió después?   4. ¿Qué muestra el cuadro *Les demoiselles d'Avignon?* ¿Por qué es importante este cuadro?

A. The preterit tense is used to relate actions or events that occurred and were completed at a specific time or within a definite period in the past. The preterit tense of regular **-ar** verbs is formed by adding the endings **-é, -aste, -ó, -amos, -asteis, -aron** to the stem.

comprar	
compr**é**	compr**amos**
compr**aste**	compr**asteis**
compr**ó**	compr**aron**

¿Preguntaste el precio?   *Did you ask about the price?*

B. The preterit tense of regular **-er** and **-ir** verbs is formed by adding the endings **-í, -iste, -ió, -imos, -isteis, -ieron** to the stem.

correr		volver		escribir	
corr**í**	corr**imos**	volv**í**	volv**imos**	escrib**í**	escrib**imos**
corr**iste**	corr**isteis**	volv**iste**	volv**isteis**	escrib**iste**	escrib**isteis**
corr**ió**	corr**ieron**	volv**ió**	volv**ieron**	escrib**ió**	escrib**ieron**

Anoche asistimos[†] a un concierto.   *Last night we attended a concert.*

Notice that regular preterit forms are stressed on the endings rather than on the stems: **Llego temprano.** *(I arrive early.)* **Llegó temprano.** *(He [she, you] arrived early.)*

The famous painter Pablo Picasso was born in Málaga, Spain, in 1881. He moved with his family to Barcelona in 1895 and studied there for several years. Later he lived in Madrid and in Paris. In 1906 he painted Les demoiselles d'Avignon, *which took that name from Avignon Street in Barcelona. It shows some prostitutes from Barcelona. With this revolutionary painting, Picasso began to create the style that was later called "cubism."*

---

*Note that the verb **nacer** (to be born) is an active verb in Spanish; it is used almost exclusively in the preterit.
[†]**Asistir a** means to attend.

Notice also that the **nosotros** forms of **-ar** and **-ir** verbs are the same in the preterit as in the present tense.

	PRESENT	PRETERIT
-ar *verbs*	compramos	compramos
-er *verbs*	corremos	corrimos
-ir *verbs*	escribimos	escribimos

C.   While the preterit forms of stem-changing **-ar** and **-er** verbs are all regular (**pensé, volví**), stem-changing **-ir** verbs show a change in the third-person singular and plural of the preterit tense. The stem change is from **e** to **i** or **o** to **u.**

pedir		dormir	
pedí	pedimos	dormí	dormimos
pediste	pedisteis	dormiste	dormisteis
pidió	pidieron	durmió	durmieron

Other verbs that are conjugated like **pedir** in the preterit are **divertirse, seguir, servir,** and **preferir. Morir** *(to die)* is conjugated like **dormir.**

Alfredo siguió tres cursos el semestre pasado. —¿De veras?	*Alfredo took three courses last semester. —Really?*
Picasso murió en 1972.	*Picasso died in 1972.*
¿Para qué sirvió esto? —Buena pregunta.	*What did they (you) use this for? (What did this serve as?) —Good question.*

D.   A number of verbs have a spelling change in the first-person singular of the preterit tense. Verbs ending in **-gar, -car,** and **-zar** have the following spelling changes, respectively: **g** to **gu, c** to **qu,** and **z** to **c.** These changes are required to preserve the sound of the last syllable of the infinitive.

llegar		tocar		empezar	
llegué	llegamos	toqué	tocamos	empecé	empezamos
llegaste	llegasteis	tocaste	tocasteis	empezaste	empezasteis
llegó	llegaron	tocó	tocaron	empezó	empezaron

Jugué al tenis ayer.	*I played tennis yesterday.*
Te busqué anoche pero no te encontré.	*I looked for you last night but I didn't find you.*

E.   Verbs such as **creer** and **leer** show a spelling change in the third-persons singular and plural: **creyó, creyeron; leyó, leyeron.** The other forms are regular. This change is made because an **i** between two vowels becomes a **y.**

Leí que el Templo de la Sagrada Familia, de Antoni Gaudí, es el símbolo de Barcelona.	*I read that the Temple of the Holy Family, by Antoni Gaudí, is the symbol of Barcelona.*

Práctica

A. **En el pasado.** Look at Exercise B on page 176 of this chapter. Tell about Jorge's daily routine in the past, using the preterit. Then look at Exercise D, **Juan y Juanita,** page 177, items 1–7. Change the sentences to the past, again using the preterit.

B. **El sábado pasado.** Look at the pictures and describe what the people did last Saturday. Use your imagination. (Several infinitives are listed by each picture to give you ideas.) Give at least two sentences for each picture.

MODELO

Roberto: quedarse, mirar, acostarse, dormir

El sábado pasado Roberto no salió con sus amigos. Se quedó en casa y miró televisión. Después, se acostó y durmió unas ocho horas.

(1)

El señor Díaz: llamar, hablar, pedir un sándwich, preferir

(2)

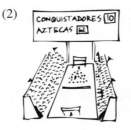

yo, «los aztecas», «los conquistadores»: asistir, jugar, perder

(3)

Ramón y Ana Luisa: bailar, hablar, divertirse

(4)

Juana, Julia: despertarse, jugar, correr mucho

(5)

Susana, Jesús, el violinista: asistir, vestirse, escuchar música, tocar, volver

C. **Y ayer, ¿qué?** Ask a classmate questions to find out what he or she did yesterday, then report the information to the class. You might want to use some of the following verbs: **levantarse, tomar el desayuno, asistir, ir, participar, jugar, hablar, leer, almorzar, escribir, volver, mirar, escuchar, acostarse, dormirse, soñar.**

D. Breve historia de España. Look at the dates that follow. Make at least ten sentences in the preterit about the early history of Spain.

MODELO **Los primeros seres humanos llegaron a la Península Ibérica en 500.000 A.C. (antes de Cristo).**

Vocabulario: Gentes (cognados)—fenicios *(Phoenicians),* **griegos** *(Greeks),* **cartagineses** *(Carthaginians),* **visigodos** *(Visigoths),* **judíos** *(Jews).* **Otras palabras: seres** *(beings),* **cuevas** *(caves),* **establecer** *(to establish),* **conquistar** *(to conquer),* **rey** *(king),* **dominar** *(to dominate)*

FECHAS

antes de Cristo

500.000	Los primeros seres humanos llegan a la Península Ibérica.
25.000–10.000	Los habitantes de esa región pintan las cuevas de Altamira, evidencia de una gran cultura.
1100	Llegan los fenicios.
1000	Empiezan a llegar los celtas.
700	Los griegos establecen ciudades.
237	Los cartagineses toman el sur de España.
218–201	Roma conquista España.

después de Cristo

568–586	Leovigildo, rey visigodo, unifica la península.
711	Los moros conquistan la región; dominan hasta 1492.
1099	Rodrigo Díaz de Vivar (el Cid) muere en defensa de Valencia (contra los moros).
1492	Los Reyes Católicos, Isabel y Fernando, retoman Granada de los moros; los judíos tienen que salir de España; Cristóbal Colón descubre a los «indios» de América.

ESPAÑA Y LA ARQUITECTURA

La influencia árabe

El Patio de los Leones, la Alhambra, Granada

Entre los siglos VIII y XV, los árabes dominaron España, y muchas ciudades del sur (como Córdoba, Sevilla y Granada) muestran muy claramente esa influencia. En la cultura que floreció *(flourished)* en Andalucía, superior a todas las culturas europeas de su época, los cristianos, judíos *(Jews)* y árabes vivieron y trabajaron juntos *(together).* Allí florecieron las artes y las ciencias en una civilización tolerante y armoniosa.

Los arquitectos árabes, maestros en el uso de la luz *(light)* y del agua, crearon una arquitectura caracterizada por su gran variedad de diseños geométricos, lógica matemática y armonía estética. La Alhambra, un famoso palacio árabe que está en Granada, es un ejemplo perfecto de esa arquitectura. Es muy hermoso el Patio de los Leones, por ejemplo, con sus espejos de agua *(reflecting ponds),* sus mosaicos y sus muchas columnas. Ese patio es también un reloj solar: uno puede seguir el paso de las horas con sólo observar los rayos del sol en el piso *(floor).* Los conquistadores españoles trajeron esa magnífica arquitectura a las Américas, ahora conocida *(known)* en Estados Unidos como arquitectura de «estilo español».

PREGUNTAS

1. ¿Cuándo dominaron a España los árabes? 2. ¿Quiénes vivieron y trabajaron juntos durante esa época?
3. ¿Cómo es la arquitectura árabe? 4. ¿Dónde está la Alhambra? 5. ¿Conoce usted algún edificio con arquitectura de «estilo español»?

III. Comparisons; the Superlative

Vocabulario: juventud *(youth)*, **libre** *(free)*, **el SIDA** *(AIDS)*, **la paz** *(peace)*, **la patria** *(homeland)*, **el ejército** *(army)*, **la pareja** *(couple, pair)*, **confianza** *(confidence)*, **costumbre** *(custom)*

Los jóvenes españoles

Según el Instituto de la Juventud de España, el 72% de los jóvenes españoles entre quince y diecinueve años estudia, el 10% trabaja y el 8% estudia y trabaja. Pasan la *mayor* parte de su tiempo libre con sus amigos; ven televisión, escuchan radio o hablan con la familia. También practican deportes: los chicos prefieren el fútbol; las chicas, el baloncesto (básquetbol). Los temas que *más* les preocupan son el desempleo, el SIDA y las drogas. La paz es la causa que *más* justifica sacrificios (según el 48%); la patria (el 2%) y la religión (el 1%) no son causas *tan* importantes *como* la paz. Con excepción de la familia y de la pareja, no tienen confianza en las instituciones. El sistema educativo, la policía, el ejército y las grandes compañías son las instituciones que les inspiran *menos* confianza. Pocos son miembros de asociaciones, con excepción de las asociaciones deportivas.

España no está *tan* lejos de Estados Unidos en las costumbres juveniles, según muchos escritores y sociólogos.

1. En general, ¿cómo pasan los jóvenes españoles su tiempo libre?   2. ¿Cuáles son los temas que más les preocupan?   3. ¿Cuál es la causa que más justifica sacrificios? 4. ¿Tienen los jóvenes españoles mucha confianza en las instituciones? ¿Cuáles les inspiran menos confianza?   5. Según muchos escritores, ¿está España lejos de Estados Unidos en las costumbres juveniles?

Vocabulario: el medio ambiente *(environment),* **el éxito** *(success),* **los ingresos** *(income),* **misma** *(same),* **la Iglesia** *(church)*

Los jóvenes españoles

Pasatiempos más frecuentes
80% Amigos
72% TV
67% Radio
62% Conversar con la familia
48% Discoteca
42% Leer periódicos, libros

Preferencias: Televisión
44% Películas, series
14% Informativos, reportajes
12% Deportes
11% Musicales

Deportes más practicados

Hombres	Mujeres	
15%	37%	Ninguno
53%	—	Fútbol
39%	30%	Baloncesto
19%	21%	Natación
19%	10%	Tenis
18%	—	Ciclismo
—	18%	Gimnasia

Causas que justifican sacrificios
48% La paz
23% La libertad individual

Temas de preocupación (más del 75%)
Desempleo
Drogas
SIDA
Medio ambiente
Terrorismo

Valoración de los factores de éxito de la pareja
95% Fidelidad
83% Relaciones sexuales satisfactorias
75% Ingresos adecuados
40% Misma clase social

Instituciones y personas que les inspiran más confianza
68% La familia, la pareja
18% Los amigos
3% La iglesia
2% El sistema judicial
1% El sistema educativo
1% La policía
1% El ejército
1% Las grandes compañías

De: M. Martín Serrano, *Los valores actuales de la juventud en España* (Madrid: Instituto de la Juventud, 1993).

A.   Comparisons of equality:

1.   Comparisons of equality are formed by using **tan** + adjective or adverb + **como.**

Juana toca la guitarra tan bien como Marisol.

Juana plays the guitar as well as Marisol.

Elvira es tan simpática como José.

Elvira is as pleasant as José.

2. **Tan** can also mean *so.*

¡Barcelona es tan cosmopolita!	*Barcelona is so cosmopolitan!*

3. **Tanto(-a, -os, -as)** is used before a noun. **Tanto como** after a verb means *as much as.*
    Tanto by itself means *so much.*

Es que... tú tienes tantas oportuni-dades como él. —¡Qué ridículo!	*It's that . . . you have as many opportu-nities as he does. —How ridiculous!*
Tomás come tanto como yo. —Increíble.	*Tomás eats as much as I do. —Incredible.*
¡Pobre Luis! ¿Por qué trabaja tanto?	*Poor Luis! Why does he work so much?*

B. **Comparisons of inequality:**

1. In Spanish, comparisons of inequality are expressed with **más... que** or **menos... que.**
    More than is **más que,** and *less than* is **menos que.**

En general, los jóvenes españoles son más tolerantes que sus padres y abuelos.	*In general, Spanish young people are more tolerant than their parents and grandparents.*
Siempre tengo más (menos) dinero que él.	*I always have more (less) money than he does.*
Esta falda es más (menos) cara que ésa.	*This skirt is more (less) expensive than that one.*
Juan compra más (menos) que yo.	*Juan buys more (less) than I do.*

2. Before a number, **de** is used instead of **que** to mean *than.*

El museo Picasso de Barcelona tiene más de 2.500 obras de Picasso.	*The Picasso Museum in Barcelona has more than 2,500 works by Picasso.*

C. **The superlative:**

The superlative forms of adjectives and adverbs (which express *the most, the least,* etc.) are the same as the comparative forms; a definite article is used before a superlative adjective.

Es la camisa más (menos) grande de todas.	*It's the biggest (smallest) shirt of all.*
Ana es la más (menos) trabajadora de la familia.	*Ana is the most (least) hardworking in the family.*

Notice that **de** is used after a superlative to express the English *in* or *of.*

D. Irregular comparative and superlative forms:

ADJECTIVE		COMPARATIVE		SUPERLATIVE	
bueno	*good*	**mejor**	*better*	**el mejor**	*the best*
malo	*bad*	**peor**	*worse*	**el peor**	*the worst*
pequeño	*small*	**menor (más pequeño)**		**el menor (el más pequeño)**	
			younger (smaller)		*the youngest (smallest)*
grande	*big*	**mayor (más grande)**		**el mayor (el más grande)**	
			older (bigger)		*the oldest (biggest)*

ADVERB		COMPARATIVE		SUPERLATIVE	
bien	*well*	**mejor**	*better*	**mejor**	*best*
mal	*badly*	**peor**	*worse*	**peor**	*worst*

The comparative adjectives **mejor, peor, menor,** and **mayor** have the same forms in the feminine as in the masculine; the plurals are formed by adding **-es: mejor (peor) nota, mejores (peores) colores.** Note that **menor** and **mayor,** which usually follow the nouns they modify, are often used with people to refer to age *(younger, older).* When referring to physical size, *bigger* is usually expressed by **más grande(s)** and *smaller* is expressed by **más pequeño(-a, -os, -as).**

Paco y Pancho son menores que Felipe, pero Felipe es más pequeño.	*Paco and Pancho are younger than Felipe, but Felipe is smaller.*
Adriana es mi hermana mayor; Silvia y Marta son mis hermanas menores.	*Adriana is my older sister; Silvia and Marta are my younger sisters.*

E. The absolute superlative:

1. One way to express the superlative quality of an adjective is to use **muy: muy grande** (**viejo,** etc.). A second way is to add **-ísimo (-ísima, -ísimos, -ísimas)** to the adjective. The **-ísimo** ending is the absolute superlative, much stronger than **muy** + the adjective. If the adjective ends in a vowel, drop the final vowel before adding the **-ísimo** ending.

Oscar de la Renta es famosísimo. Hace ropa hermosísima.	*Oscar de la Renta is very famous. He makes very beautiful clothing.*
Estos guantes son carísimos. ¿De qué son?	*These gloves are extremely expensive. What are they made of?*

2. The **-ísimo** ending can also be added to an adverb.

Luis llegó tardísimo. —¡Qué va!	*Luis arrived extremely late. —Oh, come on!*

Práctica

A. Barcelona, ciudad muy hermosa. Complete the sentences by choosing the correct word or phrase in parentheses.

1. Barcelona es una de las ciudades (más / tan) hermosas de toda Europa.
2. La bandera *(flag)* de Barcelona, que data *(dates)* del año 1082, es la (más vieja / mayor) de Europa.
3. En Barcelona el transporte público más rápido es el metro. También es (el / la) menos caro.
4. Madrid es la capital de España, pero no tiene (tantas / tantos / tan) casas editoriales (como / que) Barcelona.
5. El catalán José Carreras es uno de los cantantes *(singers)* de ópera (más / menos / tan) famosos del mundo.
6. En la Plaza de la Seu en Barcelona uno puede ver *la sardana,* un baile (lindísima / lindísimo).

B. De compras. React to the following statements using the **-ísimo** ending. (The expression **¡hombre!** can be used when talking to a man or a woman.)

MODELO   Estas corbatas son caras.
                ¡Carísimas, hombre!

1. Aquí las botas cuestan mucho.
2. Estos pantalones son muy grandes.
3. Aquella vendedora es alta.
4. Voy a comprar este bolso; es muy lindo.
5. Vamos... ya es tarde.

C. ¿Cómo me comparo *(How do I compare)* **con mis parientes o con otra gente?** It's a hard question, but . . . Work in pairs. Form affirmative or negative sentences comparing yourselves to your relatives or friends in terms of what you are like, what you have, and what you do. Follow the models.

MODELOS   alto
                No soy tan alta como mis hermanos.
                amigas
                Tengo tantas amigas como mi hermana.
                estudiar
                No estudio tanto como mi amigo José.

1. trabajador(a)
2. joven
3. egoísta
4. optimista
5. problemas
6. dinero
7. cosas ridículas
8. ropa
9. divertirse
10. comer
11. leer
12. preocuparse por

D. Los jóvenes españoles. Look back at the information from the **Instituto de la Juventud de España** at the beginning of this section. In groups, ask and answer questions using **más, menos, tan,** or **tanto(-a, -os, -as).** Each person should ask and answer at least three questions.

MODELOS   **¿Miran los jóvenes españoles más películas que programas de deportes?**
                ¿Les preocupa más el desempleo o el terrorismo?
                ¿Quiénes juegan menos al tenis: los hombres o las mujeres?
                Según los jóvenes, ¿es tan importante el dinero como la fidelidad para el éxito de la pareja?

¡Vamos a repasar!

En Andalucía.   Complete the passage with the present-tense forms of the verbs in parentheses. Use the first-person singular **(yo)** form unless otherwise indicated.

Vocabulario: divertido *(fun),* **duro** *(hard),* **afuera** *(out),* **pasarlo bien (en grande)** *(to have a good [great] time),* **la «movida»** *(where the action is),* **la marcha** *(hike),* **poner el cuerpo a tono** *(to get fit),* **próxima** *(next)*

Dolores Fernández

¡Hola! (1) _____ (llamarse) Dolores Fernández y (2) _____ (ser) estudiante de pedagogía en Andalucía, España. Mi vida en general es divertida, aunque (3) _____ (tener) que trabajar duro. Los días laborables—lunes a viernes— (4) _____ (levantarse) a las siete para ir a la universidad. Después de clase normalmente (5) _____ (regresar) a casa. Allí (6) _____ (quedarse) con mi familia: (7) _____ (leer), (8) _____ (ver) una película o (9) _____ (estudiar) si (10) _____ (estar) en época de exámenes. Los miércoles los billetes cuestan menos y casi siempre (11) _____ (ir, nosotros) al cine.

Pero cuando más nos divertimos es durante los fines de semana. El viernes por la noche siempre (12) _____ (salir) a bailar. Ese día (13) _____ (ponerse) ropa bonita y (14) _____ (estar) afuera hasta muy tarde. Normalmente lo paso muy bien: es decir, (15) _____ (divertirse) mucho. El sábado (16) _____ (despertarse) tarde y (17) _____ (almorzar) con mi familia. Por la tarde, mis amigos y yo (18) _____ (dar, nosotros) largos paseos por la ciudad o a veces (19) _____ (irse, nosotros) a la zona de la «movida» y lo pasamos en grande. Los domingos muchas veces (20) _____ (hacer) una larga marcha; ese día pongo mi cuerpo a tono para la próxima semana.

Mosaico cultural

Para leer

BARCELONA, CORAZÓN* DE CATALUÑA

*El Templo de la Sagrada Familia, obra maestra
de Antoni Gaudí, Barcelona, España*

Antes de leer

Match the cognates on the left to their synonyms on the right.

——— 1. avenida   a. urbana
——— 2. independencia   b. historia
——— 3. pasado   c. calle
——— 4. metrópoli   d. muestra
——— 5. residente   e. libertad
——— 6. manifiesta   f. habitante
——— 7. cosmopolita   g. ciudad

*heart

Lectura

La ciudad de Barcelona, el puerto° principal de España y un importante centro económico y comercial, es la capital de Cataluña. Esta metrópoli, con más de dos mil años de historia, manifiesta influencias de los griegos°, romanos, visigodos°, moros y francos°, entre otros.

port

Greeks

Visigoths / Franks

Si usted va a Barcelona, puede dar un paseo por las Ramblas, la famosa avenida donde hay librerías y kioskos, restaurantes y cafés, tiendas elegantes y boutiques exclusivas. También puede escuchar catalán, la lengua° de Cataluña, en la calle o en la radio o en la televisión, y puede ver letreros° en catalán. En esta ciudad de gran tolerancia hay un amor sincero a la libertad y a la independencia. Cuando en 1975 murió el dictador Francisco Franco, hubo° una gran celebración en Barcelona; dicen que ¡no quedó ni una sola botella de champán° en toda la ciudad!

language

signs

there was

sola... *single bottle of champagne*

Barcelona es una ciudad muy importante en la cultura de España. Los artistas catalanes Joan Miró y Salvador Dalí vivieron en Barcelona, y el Museo Picasso honra a Pablo Picasso, quien residió en esa ciudad durante° su juventud.° El músico Pablo Casals también vivió allí.

during / youth

La arquitectura de Barcelona es muy original, y el arquitecto Antoni Gaudí es quizás su artista más famoso. Gaudí dedicó° más de cuarenta años de su vida a la construcción del Templo de la Sagrada° Familia, que usted puede ver en la foto en la página 189. En la obra de Gaudí, la naturaleza° es una fuente° de inspiración muy importante. Hay en ella elementos zoológicos, botánicos y geológicos. En su obra desaparecen las líneas rectas°; hay allí muchas curvas y formas geométricas nuevas. Este templo es uno de los símbolos máximos° de la ciudad de Barcelona, donde se encuentran° armoniosamente el pasado, el presente y el futuro.

dedicated

Holy

nature / source

desaparecen... *straight lines disappear*

greatest

se... *meet*

Después de leer

1. ¿Qué influencias culturales manifiesta Barcelona?   2. ¿Cómo se llama la avenida principal de esa ciudad?   3. ¿Cómo se llama la región de España donde está Barcelona? 4. ¿Qué artistas famosos vivieron en Barcelona?   5. ¿Cómo se llama el arquitecto del Templo de la Sagrada Familia?   6. ¿Cuáles son algunas de las características de la obra de Gaudí?   7. ¿Conoce usted algún edificio con características similares a las obras de Gaudí?

Para escuchar

Vocabulario: la talla *(size),* **usar talla 40** *(to wear size 40;* equivalent to U.S. size 12), **cómodos** *(comfortable)*

A. Situaciones. Listen to these three conversations, which take place in a woman's clothing shop. Match the conversations to the pictures. Write the number of the conversation (1, 2, or 3) in the box under the appropriate picture.

B. Comprensión. You will hear five statements based on the conversations. For each statement, circle **V (verdadero)** or **F (falso).** If the statement is false, be prepared to explain why.

1. V / F 2. V / F 3. V / F 4. V / F 5. V / F

Para comunicarnos

In this chapter, you have seen examples of the following language functions or uses. Here is a summary and some additional information about these functions of language:

Expressing Hesitation

There will often be times when you don't have a ready answer for something that someone has asked. This happens even in your native language, but it can happen even more frequently when you are speaking a foreign language. Here are some expressions you can use to fill in those moments of conversational hesitation.

A ver.	*Let's see.*
Es que...	*The thing is that . . .* (Literally, *"It's that . . ."*)
Buena pregunta.	*Good question.*
Pues...	*Well . . .*
Bueno...	*Well . . .*
Depende de...	*It depends on . . .*

Expressing Disbelief

Here are some ways to express that you can't quite believe what you've heard.

¿De veras?	*Really?*	¡Qué va!	*Oh, come on!*
¡Pero no habla(s) en serio!	*But you're not serious!*	Increíble.	*Incredible.*
No lo creo.	*I don't believe it.*	Imposible.	*Impossible.*
No lo puedo creer.	*I can't believe it.*	No puede ser.	*It can't be.*
¡Qué ridículo!	*How ridiculous!*		

Making Descriptions (2)

There will be many times when you have to describe something in Spanish, whether you are in a shop and trying to describe what you want or whether you are just trying to explain to someone what something is—especially if you don't know the word for it in Spanish. Here are some ways to ask for a description and to describe something.

¿De qué color es? —Es rojo (blanco, etc.).	*What color is it? —It's red (white, etc.).*
¿De qué tamaño es? —Es grande (pequeño, del tamaño de un libro, etc.).	*What size is it? —It's big (little, the size of a book, etc.).*
¿De qué es (son)? —Es (Son) de madera (plástico, metal, etc.).	*What is it (are they) made of? —It's (they are) made of wood (plastic, metal, etc.).*
¿Para qué sirve? —Sirve para tocar (leer, escribir, etc.).	*What do you use it for? —You use it for playing (reading, writing, etc.).*

ACTIVIDADES

A. **Buena pregunta.**   Ask a classmate the following questions. Your classmate should express hesitation before answering them, using one of the expressions from this chapter.

1. ¿Cuál es tu color favorito? ¿Por qué?
2. ¿Qué color asocias tú *(do you associate)* con el otoño? ¿con la primavera? ¿con el calor? ¿con el frío?
3. ¿Qué clase de ropa debo llevar a la fiesta este sábado?
4. Tengo ganas de ir a ver una película. ¿Qué película me recomiendas *(recommend)?*

B. **¿Lo crees?**   Working with a partner, make at least three statements about yourself, some of them true and some of them false. Your partner should respond with either **Sí, te creo** or an expression of disbelief.

MODELOS **Yo tengo diecinueve años.**
Sí, te creo.

Compré este traje de Oscar de la Renta en Barcelona.
¡Qué va! No puede ser.

C. **¿Qué es esto?** In small groups, one person will think of the name of an object that he or she can say in Spanish (something that has been presented in this book or in class). The others will take turns asking questions about the object; these must be yes / no questions. The person who guesses the object then takes a turn.

Para escribir

Write a description of what you do on a typical day. Include when you usually get up, go to school, eat, go to bed, and so on. Also, tell what you typically wear.

Vocabulario activo

COGNADOS

el, la artista	el color	los jeans	la rutina	el símbolo
la blusa	cosmopolita	el pijama	la sandalia	el suéter
catalán	elegante	principal	los shorts	el templo

VERBOS

acostar (ue)	*to put to bed*	llamarse	*to be called, to be named*
acostarse	*to go to bed*	llevar	*to wear; to take*
acostumbrarse	*to get used to*	morir (ue)	*to die*
depender (de)	*to depend (on)*	mudarse	*to move, change residence*
despertarse (ie)	*to awaken, wake up*	nacer	*to be born*
divertir (ie)	*to amuse, entertain*	ponerse	*to put on* (clothing)
divertirse	*to enjoy oneself, have a good time*	preocuparse por	*to worry about*
		quedar	*to be left, remain*
irse	*to go away; leave*	quedarse	*to stay*
lavar	*to wash*	quitarse	*to take off* (clothing)
lavarse	*to wash oneself*	sentarse (ie)	*to sit down, be seated*
levantar	*to raise*	vestir (i)	*to dress*
levantarse	*to get up, stand up*	vestirse	*to get dressed*

LA ROPA

el abrigo	*coat (winter coat)*	las medias	*stockings*
el bolso	*purse*	la moda	*fashion, style*
la bota	*boot*	el pantalón	*pair of pants*
el calcetín	*sock*	los pantalones	*pants*
la camisa	*shirt*	el paraguas	*umbrella*
la camiseta	*T-shirt*	la ropa	*clothing*
el cinturón	*belt*	el sombrero	*hat*
la corbata	*tie*	el traje	*suit; outfit*
la falda	*skirt*	el traje de baño	*swimming suit*
el guante	*glove*	el vestido	*dress*
el impermeable	*raincoat*	el zapato	*shoe*

OTRAS PALABRAS Y FRASES

a la moda (de moda)	*in style, fashionable*	entre	*between, among*
anoche	*last night*	el gitano, la gitana	*Gypsy*
ayer	*yesterday*	hermoso	*beautiful*
caro	*expensive*	pasado	*past, last*
el cuadro	*painting*	sólo (solamente)	*only*
diario	*daily*		

COGNADO FALSO

asistir a   *to attend*

Expresiones útiles

A ver.	*Let's see.*
Buena pregunta.	*Good question.*
Bueno...	*Well . . .*
¿De qué color es?	*What color is it?*
¿De qué es?	*What is it made of?*
¿De veras?	*Really?*
Es que...	*The thing is that . . .*
Increíble.	*Incredible.*
No puede ser.	*It can't be.*
¿Para qué sirve?	*What do you use it for?*
¡Pero no habla(s) en serio!	*But you're not serious!*
Pues...	*Well . . .*
¡Qué ridículo!	*How ridiculous!*
¡Qué va!	*Oh, come on!*

Don't forget: Names of colors, page 173; irregular comparative and superlative forms, page 186

Una familia mexicano-americana almuerza en un parque en Arizona

LAS COMUNIDADES MEXICANO-AMERICANAS DE ESTADOS UNIDOS

¿Sabía usted que...?

- Hernán Cortés exploró el suroeste de Estados Unidos en 1530 (los ingleses llegaron a Jamestown en 1607). Entre los siglos XVI y XVIII, España extendió su control; tenía *(it had)* todo el territorio al oeste del río Misisipí excepto el territorio de Luisiana y la región donde están ahora los estados de Washington, Idaho y Oregón. El territorio de Luisiana estaba *(was)* en disputa entre España y Francia. Estados Unidos tomó la Florida Occidental de España en 1810, Tejas de México en 1845 y también California de México en 1848. Compró Luisiana de Francia en 1803. Compró la Florida Occidental de España en 1819 y el territorio de Gadsden de México en 1853.

- Las contribuciones de los mexicano-americanos a la cultura de Estados Unidos son innumerables: la arquitectura «estilo español» con el uso del adobe; una música muy variada, desde la música de los mariachis hasta la de Linda Ronstadt y la de Los Bukis; artistas como Carlos Almárez y Carmen Lomas Garza; muchos escritores como Sandra Cisneros y Rudolfo Anaya; atletas como Fernando Valenzuela y Nancy López; actores como Anthony Quinn y Edward James Olmos... y finalmente la famosa cocina *(cuisine)* mexicano-americana.

- Hay aproximadamente dieciséis millones de mexicano-americanos en Estados Unidos; la mayoría *(majority)* está en el suroeste del país.

Expansión territorial de Estados Unidos

PREGUNTAS

1. ¿Cuándo exploró Cortés el suroeste de Estados Unidos? ¿Conoce usted otros exploradores españoles que llegaron a este país?

2. ¿Puede usted nombrar a unos músicos mexicano-americanos? ¿escritores? ¿atletas? ¿actores?

3. ¿Come usted en restaurantes mexicanos a veces? ¿Cuál es su plato mexicano favorito?

CAPÍTULO
OCHO

Comidas y bebidas

Cultura

This chapter focuses on Mexican-American communities in the United States.

Estructuras

You will discuss and use:

- The present tense of verbs such as **gustar;** the verbs **oír,** *to hear,* and **traer,** *to bring*
- The preterit of irregular verbs
- Prepositions; **por** versus **para**

Vocabulario

In this chapter you will talk about foods and meals.

Comunicación

- Expressing likes
- Expressing dislikes
- Ordering a meal in a restaurant

Vocabulario del tema

El desayuno

1. los huevos
2. el jamón
3. el pan
4. la mantequilla
5. la sal
6. la pimienta
7. el café
8. el té
9. la leche
10. el jugo
11. el azúcar
12. los cereales

El almuerzo*

Platos principales

1. la hamburguesa
2. la carne: el bistec, la carne de vaca
3. el pescado
4. el pollo
5. el cerdo

Otras comidas

1. el arroz
2. la ensalada } las verduras
3. la lechuga
4. el maíz
5. el tomate
6. la papa

***El almuerzo** is a large midday meal, traditionally the main meal of the day. In modern cities, however, the midday meal is becoming lighter and the evening meal more substantial as work schedules change and commuting home for lunch becomes more difficult.

Bebidas
1. el vino
2. la cerveza
3. el agua mineral
4. el refresco

Frutas
1. la manzana
2. la naranja
3. el plátano, la banana
4. la piña, el ananá

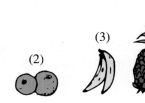

Postres

1. el pastel, la torta
2. el flan *(a kind of custard)*
3. el helado
4. el queso y las frutas

La cena

1. la sopa
2. los frijoles
3. el sándwich

Para la mesa

1. la taza
2. el tenedor
3. el plato
4. el vaso
5. el cuchillo
6. la cuchara

Preguntas

1. Para el desayuno, ¿qué come usted? ¿Come huevos con jamón, cereales o sólo (solamente) toma café?   2. ¿Prefiere café o té? ¿Prefiere el café negro o con leche y azúcar?   3. A la hora del almuerzo, ¿qué come usted? ¿una hamburguesa? ¿una ensalada? ¿un postre?   4. ¿A qué hora cena usted *(do you have dinner)?* ¿Qué come para la cena?   5. ¿Come usted mucha carne? ¿mucho pescado? ¿pan con mantequilla?   6. ¿Cuáles son sus frutas favoritas? ¿Qué frutas no come usted?   7. Cuando tiene mucha sed, ¿qué toma? ¿Toma usted mucho café? ¿vino? ¿cerveza? ¿jugo?   8. ¿Qué no comen las personas que quieren estar delgadas *(slim)?* ¿helado? ¿ensaladas? ¿pasteles? (¿tortas?) ¿carne? ¿verduras? ¿maíz?

¿Qué es esto?   Cover the vocabulary lists on the left side of pages 198–199 and name the food items shown in the pictures. A classmate will listen to you to check your accuracy.

Estructuras

I. The Present Tense of *encantar, faltar, gustar, importar, interesar;* the Verbs *oír* and *traer*

CAMARERO	¿Qué le *gustaría* comer, señor?
CLIENTE	Dos enchiladas de pollo, por favor. Y bien picantes... *Me encanta* la comida picante.
CAMARERO	Sí, señor. ¿Y para tomar?
CLIENTE	Una cerveza.
CAMARERO	Ahorita se la *traigo. (Unos minutos más tarde.)* ¿Cómo está la comida, señor?
CLIENTE	Excelente.
CAMARERO	¿Le *falta* algo?
CLIENTE	Sólo la cuenta. Y, ¿me puede *traer* un vaso de agua, por favor?

1. ¿Qué pide el señor para comer? ¿para tomar?   2. ¿Le gusta la comida picante al señor?   3. ¿Qué le trae el camarero después?

WAITER: What would you like to eat, sir?   CUSTOMER: Two chicken enchiladas, please. And very spicy. . . . I love spicy food.   WAITER: Yes, sir. And to drink?   CUSTOMER: A beer.   WAITER: I'll bring it to you right away. (A few minutes later.) How's the food, sir?   CUSTOMER: Excellent.   WAITER: Do you need anything else? (Literally, "Is anything else lacking to you?")   CUSTOMER: Only the check. And can you bring me a glass of water, please?

A. **Gustar** means *to please* or *to be pleasing.* **Gustar** can be used to express the equivalent of the English term *to like* (or *not like*). However, in Spanish the person, thing, or idea that is pleasing (pleases) is the subject of the sentence. **Gustar** is usually used in the third-person singular or plural, depending on whether the subject is singular or plural. The person who is pleased is the indirect object. (In English, the verb *to disgust* functions the same way: *Your attitude disgusts us. = We don't like your attitude.*) An indirect object pronoun is normally used with the verb **gustar.**

Me gusta esta bebida.	*I like this beverage. ("This beverage pleases me.")*
¿Te gusta la piña?	*Do you like pineapple?*
Nos gustan mucho los postres.	*We like desserts a lot.*

B. The prepositional phrase **a** + noun or pronoun is often used with **gustar.** It is frequently necessary for emphasis or clarity. In affirmative statements, it is usually placed at the beginning of the sentence.

A Fernando le gusta el helado de chocolate.	*Fernando likes chocolate ice cream.*
En general, a los hispanos les gusta el café con leche.	*In general, Hispanic people like coffee with milk.*
A usted le gustan las manzanas, ¿no?	*You like apples, don't you?*

C. If what is liked (or what is pleasing) is an infinitive, the third-person singular of **gustar** is used.

No me gusta estar a dieta.	*I don't like to be on a diet.*
A José le gusta cocinar.	*José likes to cook.*

D. The form **gustaría** + *infinitive* means *would like to.* (This form will be discussed further in Chapter 14.)

¿Qué les gustaría tomar?	*What would you like to drink?*
Me gustaría ir a ese restaurante italiano.	*I'd like to go to that Italian restaurant.*

E. **Encantar** *(to delight),* **faltar** *(to be lacking or missing),* **importar** *(to be important, to matter),* and **interesar** *(to interest)* function like **gustar. Encantar** is often used to express the equivalent of *to love* (things, ideas, etc., but not people).

No nos importa el dinero.	*Money doesn't matter to us.*
Me faltan una cuchara, un tenedor y un cuchillo.	*I need (lack) a spoon, a fork, and a knife.*
Me encantan las papas fritas.	*I love french fries (fried potatoes). (Literally, "They delight me.")*
¿Te interesa el arte?	*Are you interested in art?*

F. The verb **oír** *(to hear)* is irregular:

oír	
oigo	oímos
oyes	oís
oye	oyen

¿Oyes música?   *Do you hear music?*

G. The verb **traer** *(to bring, carry)* is irregular in the first-person singular: **traigo.** The other forms are regular.

Práctica

A. **¿Te gusta...?**   Ask a classmate whether he or she likes the following.

> MODELO   el pescado
> **¿Te gusta el pescado?**

1. el jamón
2. los frijoles
3. viajar
4. las naranjas

5. cocinar
6. los postres
7. las bananas (los plátanos)
8. el cerdo

Now ask your instructor the same questions.

> MODELO   **¿Le gusta el pescado?**

B. **¿Qué nos falta...?**   Everybody I know is going out to dinner tonight. Why? Because we are all lacking something we need to prepare a meal at home! Form sentences according to the models and you'll find out what ingredients each of us is missing.

> MODELOS   a Rubén / sal / comida
> **Le falta sal para la comida.**
>
>   a nosotros / frutas para la ensalada de frutas
> **Nos faltan frutas para la ensalada de frutas.**

1. a Eduardo / lechuga / ensalada verde
2. a mí / huevos / torta
3. a ustedes / papas / papas fritas

4. a ti / arroz / arroz con pollo
5. a nosotros / verduras / sopa
6. a los Ruiz / carne / hamburguesas

C. **«Sobre gustos y colores no hay nada escrito.»** *("There's nothing written [i.e., no laws] about tastes and colors.")* Complete the following sentences as shown in the example.

MODELOS   A mí me gusta(n) mucho...
A mí me gusta mucho viajar.
A mí me gustan mucho las motocicletas.

1. A mí me gusta(n) mucho...
2. A mí no me gusta(n)...
3. A mí no me importa(n) mucho...
4. A mí me importa(n) muchísimo...
5. A las mujeres no les gusta(n) mucho...
6. A los hombres les importa(n) mucho...
7. A los jóvenes de hoy les encanta(n)...
8. A mis padres les encanta(n)...

D. **¿Qué pasa?**   With a partner, ask and answer questions about the pictures. Use the verbs **encantar, gustar, importar, interesar, traer,** and **oír.**

los turistas

MODELO   ESTUDIANTE 1   **¿Qué les encanta a los turistas?**
ESTUDIANTE 2   **Les encanta ir a la playa cuando hace sol.**

(1) Felipe

(2) mucha gente

(3) Tomás

(4) mis amigos

(5) Martín, Pablo y Ana

(6) nosotros, los estudiantes

Entrevista

Work with a classmate. Take turns asking and answering the following questions.

1. ¿Qué comidas o bebidas te gustan más cuando hace calor? ¿cuando hace frío? ¿cuando no tienes tiempo de cocinar? ¿cuando estás a dieta? ¿cuando estás en un restaurante elegante?   2. En tu casa, ¿quién compra la comida? ¿Quién cocina? ¿Quién lava los platos? ¿A ti te gusta cocinar o prefieres lavar los platos?   3. ¿Te importa mucho el dinero? ¿Les importa mucho el dinero a tus papás?   4. ¿Qué cursos sigues? ¿Cuál(es) te interesa(n) más? ¿Cuál(es) no te interesa(n)?

Escena de la tragicomedia The English-Only Restaurant

LOS MEXICANO-AMERICANOS Y LA LENGUA ESPAÑOLA

Mucha gente critica a los mexicano-americanos por su manera de hablar. ¿Por qué? Primero, porque hablan español en Estados Unidos; según el movimiento «English Only» eso no debe pasar.* En realidad, después de una generación en Estados Unidos, la gran mayoría de los mexicano-americanos habla inglés, y muchos de la segunda *(second)* generación no hablan español. (A veces, los niños mexicano-americanos no quieren hablar español porque no quieren ser «diferentes».) También, hay gente que critica a los mexicano-americanos porque usan palabras en español que ahora no existen en otros países hispanos; son palabras que vienen de la España del siglo XVI. Finalmente, los hispanos de otros países critican a los mexicano-americanos (y a otros latinos de Estados Unidos) porque usan palabras de origen inglés, como **yarda, troca** o **breque.** Pero en defensa de la comunidad mexicano-americana: muchos de ellos son bilingües, pueden comunicarse bien no sólo en Estados Unidos, sino *(but also)* en todos los países del mundo hispano. ¿Cuántos otros estadounidenses pueden hacer eso? La foto muestra una escena de *The English-Only Restaurant,* una farsa musical por Silvio Martínez Palau.

PREGUNTAS
1. ¿Por qué critican algunas personas a los mexicano-americanos?
2. ¿Por qué usan algunos mexicano-americanos palabras del siglo XVI? ¿Quiénes llegaron en ese siglo al suroeste de Estados Unidos?   3. ¿Qué quieren decir **yarda, troca** y **breque?** (Son cognados.)   4. ¿Conoce usted otras palabras de origen español que usamos en inglés?

---

*Si usted cree en el movimiento «English Only», no debe usar una lista muy larga de palabras en inglés, porque son palabras de origen español, por ejemplo: **adobe, amigo, burro, chocolate, coyote, guerrilla, hurricane (huracán), junta, maize, marijuana, mosquito, padre, patio, peon, plaza, poncho, tomato, vista.** Hay muchas más. ¡Cuidado, Arnold Schwarzenegger!

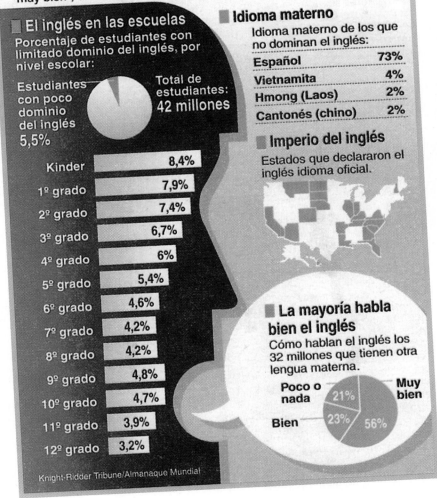

En EU se impone el inglés

En EU se hablan más de 300 idiomas y dialectos diferentes, pero el 97% de los estadounidenses hablan inglés "bien" o "muy bien", de acuerdo con el Buró del Censo.

■ El inglés en las escuelas

Porcentaje de estudiantes con limitado dominio del inglés, por nivel escolar:

Estudiantes con poco dominio del inglés 5,5%

Total de estudiantes: 42 millones

Kinder	8,4%
1º grado	7,9%
2º grado	7,4%
3º grado	6,7%
4º grado	6%
5º grado	5,4%
6º grado	4,6%
7º grado	4,2%
8º grado	4,2%
9º grado	4,8%
10º grado	4,7%
11º grado	3,9%
12º grado	3,2%

Knight-Ridder Tribune/Almanaque Mundial

■ Idioma materno

Idioma materno de los que no dominan el inglés:

Español	**73%**
Vietnamita	**4%**
Hmong (Laos)	**2%**
Cantonés (chino)	**2%**

■ Imperio del inglés

Estados que declararon el inglés idioma oficial.

■ La mayoría habla bien el inglés

Cómo hablan el inglés los 32 millones que tienen otra lengua materna.

Poco o nada 21%
Bien 23%
Muy bien 56%

Vocabulario: se impone *(is imposed),* **idioma, lengua** *(language),* **por nivel escolar** *(by grade level)*

Preguntas

1. De las personas en Estados Unidos que tienen otra lengua materna, ¿qué porcentaje habla bien o muy bien el inglés?   2. ¿Qué porcentaje habla poco o nada el inglés? 3. ¿Qué porcentaje de estudiantes tiene poco dominio del inglés?   4. En el estado en que usted vive, ¿declararon el inglés idioma oficial?

II. The Preterit of Irregular Verbs

Un restaurante mexicano en Washington, D.C.

FRED	¿Qué *hiciste* anoche, Hilda?
HILDA	*Fui* al restaurante La Cazuela. Fernando *quiso* ir también, pero no *pudo*.
FRED	Y, ¿con quién *fuiste?*
HILDA	*Fui* con Ramona. También *fueron* unos amigos de ella. Y pedí paella. Es un plato que tiene arroz, pescado y mariscos.
FRED	Y Ramona..., ¿qué pidió?
HILDA	Primero gazpacho, que es una sopa fría de tomates y pepinos. Después pidió un bistec, y el camarero se lo *trajo* con una ensalada.
FRED	¿Y el postre? ¿Cómo *estuvo?*
HILDA	Muy rico. Nos *dieron* flan.
FRED	*Tuviste* que abandonar la dieta, entonces.
HILDA	No totalmente—*supe* cuidarme. No le *puse* azúcar al café.

1. ¿Qué hizo Hilda anoche?   2. ¿Quién quiso ir pero no pudo?   3. ¿Qué es la paella?
4. ¿Qué pidió Ramona?   5. ¿Cómo estuvo el postre que les dieron?   6. ¿Tuvo que abandonar la dieta Hilda? ¿Por qué sí o por qué no?

FRED: What did you do last night, Hilda?   HILDA: I went to the restaurant La Cazuela. Fernando wanted to go too, but couldn't.   FRED: And whom did you go with?   HILDA: I went with Ramona. Some friends of hers went, too. And I ordered paella. It's a dish that has rice, fish, and shellfish.   FRED: And Ramona . . . , what did she order?   HILDA: First, gazpacho, which is a cold soup of tomatoes and cucumbers. Afterwards, she ordered a steak, and the waiter brought it to her with a salad.   FRED: And the dessert? How was it?   HILDA: Very delicious. They gave us flan.   FRED: You had to give up (abandon) your diet, then.   HILDA: Not completely—I knew how to be careful. I didn't put sugar in my coffee.

A. There are a number of verbs in Spanish that have irregular preterit-tense forms, both stems and endings. These forms do not have written accents.

INFINITIVE	PRETERIT STEM	PRETERIT ENDINGS	
hacer	hic-	-e	-imos
querer	quis-	-iste	-isteis
venir	vin-	-o	-ieron
poder	pud-		
poner	pus-		
saber	sup-		
estar	estuv-		
tener	tuv-		

The endings in the chart are attached to the stems shown to form the preterit of all the verbs listed. There is only one spelling change: the third-person singular of **hacer** is **hizo,** which involves a change from **c** to **z** to retain the sound of the infinitive. Note that the preterit of **saber** usually means *to find out.* The preterit of **querer** in the affirmative usually means *to try;* in the negative, it usually means *to refuse.*

Paco hizo un omelet con tres huevos, queso y un poco de sal y pimienta.	*Paco made an omelet with three eggs, cheese, and a little salt and pepper.*
Supimos que Fernando está a dieta.	*We found out that Fernando is on a diet.*
Los niños quisieron hacer una torta.	*The children tried to make a cake.*
Luisa no quiso comer los mariscos.	*Luisa refused to eat the shellfish.*
Vinieron invitados a cenar la semana pasada.	*Guests came for dinner last week.*
¿Estuviste en casa?	*Were you at home?*
Puse la mesa.*	*I set the table.*
¿Pudieron preparar el postre? —No, no pudimos encontrar el azúcar.	*Did you manage to prepare dessert? —No, we couldn't find the sugar.*

B. **Traer** and **decir** have irregular preterits; note that the third-person plural ending is **-jeron** rather than **-ieron.**

decir		**traer**	
dije	dijimos	traje	trajimos
dijiste	dijisteis	trajiste	trajisteis
dijo	di**jeron**	trajo	tra**jeron**

Luz dijo que trajeron vino.	*Luz said that they brought wine.*

---

*Notice that **poner la mesa** means *to set the table.*

C.   **Ir** and **ser** have the same forms in the preterit tense.

ir, ser	
fui	fuimos
fuiste	fuisteis
fue	fueron

La fiesta fue en tu casa, ¿no?
Fuimos allí anoche y comimos arroz
con pollo. ¡Qué sabroso!

The party was at your house, right?
We went there last night and ate rice with
chicken. How delicious!

D.   **Dar** is considered irregular in the preterit because it requires the preterit endings for regular **-er** and **-ir** verbs rather than the endings for **-ar** verbs.

dar	
di	dimos
diste	disteis
dio	dieron

Le di el dinero para los refrescos.

I gave him the money for the soft drinks.

E.   **Hubo** is the preterit form of **hay;** the infinitive is **haber.**

Hubo un accidente en la calle Quinta
ayer.

There was an accident on Fifth Street
yesterday.

Práctica

A.   **Un viaje a San Antonio.**   Restate the following paragraph, changing the verbs from the present tense to the preterit.

Esta semana (1) **voy** a San Antonio. (2) **Salgo** el jueves a las dos de la tarde y (3) **llego** dos horas después. En el aeropuerto me (4) **esperan** unos amigos y (5) **paso** la noche en casa de ellos. El viernes (6) **vamos** a visitar el Álamo. Allí (7) **tengo** la oportunidad de aprender muchas cosas interesantes sobre la historia de Tejas y de México. Me (8) **dicen** que (9) **hay** una batalla aquí en 1836. El sábado (10) **doy** un paseo por la ciudad. Después mis amigos y yo (11) **cenamos** en un restaurante donde me (12) **traen** comida «Tex-Mex». El domingo (13) **vuelvo** a casa. (14) **¡Es** un viaje estupendo!

B. **El altar.** Complete the paragraph with the appropriate preterit forms of the verbs in parentheses.

Yo soy artista, de Santa Fe, Nuevo México. Este año (1) _____ (morir) mi tío Francisco y (yo) (2) _____ (decidir) hacerle un altar. El altar es una vieja tradición en el suroeste de Estados Unidos; tiene su origen en prácticas prehispánicas y católicas españolas. En tiempos pasados, (el altar) (3) _____ (ser) el punto central de la celebración del Día de los Muertos *(Dead)* y según la tradición (4) _____ (servir) para tener buenas relaciones entre los miembros de la familia en esta tierra *(earth)* y en el otro mundo. En el centro del altar, (yo) (5) _____ (poner) una foto de mi tío porque mi abuela me (6) _____ (decir) que siempre hay que poner un vaso de agua para refrescar el alma *(soul)* cansada de viajar. Así que ella y yo (7) _____ (poner) el agua y también unas naranjas, la fruta favorita de mi tío. Mi mamá, la hermana de Francisco, (8) _____ (hacer) pan dulce y mi papá me (9) _____ (dar) unos chiles de diferentes colores. Mis primos Pancho y Ana, los hijos de Francisco, (10) _____ (venir) a ayudarme y (11) _____ (traer) las velas (candelas). Mi tía Carmen (12) _____ (traer) unos recuerdos personales de su esposo y unas imágenes religiosas. Como soy escultor, (13) _____ (hacer) unas esculturas de madera y las (14) _____ (pintar). De esta manera, entre todos los parientes aquí presentes (nosotros) (15) _____ (terminar) el altar y renovamos *(we renewed)* una vieja tradición santafecina (de Santa Fe).

María Romero Cash, de Nuevo México, hace «bultos», o esculturas de madera; es una de las pocas mujeres que practica este arte

C. ¿Qué hay de nuevo? *(What's new?)* Complete the sentences with appropriate information. In each case, use the preterit form of the verb in parentheses.

MODELO (saber) Esta semana...

Esta semana supe que «Aztlán» es un lugar en el suroeste donde los aztecas vivieron antes de fundar Tenochtitlán (hoy Ciudad de México).

1. (hacer) Anoche mis amigos...
2. (traer) Ayer unos estudiantes...
3. (dar) El año pasado yo...
4. (ir) En 1996 mi familia...
5. (poder) En 1996 yo no...
6. (poner) Después de cocinar, mamá...
7. (decir) La semana pasada el profesor...
8. (venir) El fin de semana pasado unos amigos...

Entrevista

Work with a classmate. Take turns asking and answering the following questions.

1. ¿Dónde estuviste ayer a las dos de la tarde? ¿a las nueve de la noche? 2. ¿Fuiste a algún lugar interesante la semana pasada? ¿Adónde? 3. ¿Fuiste a algún restaurante donde sirven comida española o latinoamericana alguna vez? ¿Pudiste pedir la comida en español? ¿Qué te dio el camarero? 4. ¿Viniste a clase ayer? 5. ¿Qué hiciste el fin de semana pasado?

La Fiesta de los Vaqueros, Tucson

LOS MEXICANO-AMERICANOS Y LOS NEGOCIOS

Los ranchos del suroeste

Rancho. Rodeo. Palomino. Bronco. Pinto. Corral. Lazo. La reata *(lariat)*. ¿Por qué usamos estas palabras españolas en inglés? Los españoles trajeron caballos *(horses)* a las Américas y los caballos los ayudaron en la conquista; la costumbre de tener caballos tuvo su origen en la España medieval con la influencia árabe. Los españoles y los mexicanos establecieron grandes ranchos en la región que es hoy el suroeste de Estados Unidos. Muchos perdieron sus ranchos cuando los anglosajones invadieron el territorio. En muchas partes, los nuevos «mexicano-americanos» fueron segregados *(segregated)* y discriminados *(discriminated against)*. Hoy el rodeo es un próspero espectáculo nacional, un negocio lucrativo, y muchos vaqueros (¡*buckaroos* en inglés!) son de origen mexicano-americano. Pero para muchos hispanos del suroeste, el rodeo no es cuestión de dinero sino de tradición y honor.

PREGUNTAS

1. ¿Cuáles son algunas palabras españolas que usamos en inglés? 2. ¿Quiénes trajeron caballos de Europa a las Américas? ¿Cuándo? 3. ¿Qué pasó cuando los anglosajones invadieron el suroeste de Estados Unidos? 4. ¿Es lucrativo el rodeo hoy? 5. ¿Asiste usted a rodeos de vez en cuando?

III. Prepositions; *por* versus *para*

Carmen Lomas Garza, Cumpleaños de Lala y Tudi *(1989);*
Oil on canvas, 36″ × 48″

Esta pintura, *por* Carmen Lomas Garza, se llama *Cumpleaños de Lala y Tudi.* Lomas
Garza es *de* Kingsville, Tejas, pero vive *en* San Francisco *desde* 1978. *Según* ella, el arte
representa la vida y la cultura. La pintura muestra una fiesta *de* cumpleaños *de* la artista
y su hermano. Hay una piñata *en* forma *de* pescado. La piñata está llena *de* dulces.
Detrás de la piñata, dos niños esperan, listos *para* recoger los dulces.

1. En esta fiesta, hay gente vieja y gente joven. ¿Qué nos dice esto acerca de *(about)* las
fiestas mexicano-americanas? Cuando usted hace una fiesta, ¿invita a gente vieja y a gente
joven también? 2. ¿Qué hay en la mesa? 3. Según su opinión, ¿hay música en esta
fiesta? ¿Qué tipo de música?

This painting, by Carmen Lomas Garza, is called Lala and Tudi's Birthday. *Lomas Garza is from Kingsville,*
Texas, but she has been living in San Francisco since 1978. According to her, art represents life and culture. The
painting shows a birthday party of the artist and her brother. There is a piñata in the shape of a fish. The piñata is
filled with sweets. Behind the piñata, two children are waiting, ready to pick up the sweets.

A. Prepositions show the relationship between a noun or pronoun and other sentence elements. Here are some common prepositions that you should be able to recognize— you have seen most of these in the **Vocabulario activo** sections of previous chapters.

Prepositions of Time:

antes de	*before*	después de	*after*
desde	*from* (a certain time), *since*	durante	*during*
		hasta	*until*

Prepositions of Place:

al lado de	*beside*	enfrente de	*in front of*
cerca de	*near*	entre	*between*
debajo de	*under*	lejos de	*far from*
detrás de	*behind*	sobre	*about, over, on, upon*
en	*in, on, at*		

Other Prepositions:

a	*to, at*	hacia	*toward*
acerca de	*concerning, about*	para	*for, to, in order to*
con	*with*	por	*for, by, through*
contra	*against*	según	*according to*
de	*of, from*	sin	*without*
excepto	*except*		

B. Notice that both **por** and **para** can mean *for,* but they are not interchangeable. **Por** is used to express:

1. Cause or motive *(because of, on account of, for the sake of)*

Mi mamá vive en Tejas. Por eso fui allí en marzo.

My mother lives in Texas. For that reason (Because of that) I went there in March.

2. Duration of time

Fui a Amarillo por dos semanas.

I went to Amarillo for two weeks.

3. Part of the day when no hour is mentioned

Por la mañana estudié ingeniería.

I studied engineering in the morning.

4. The equivalent of *in place of, through, along, by*

Tengo que trabajar por Luisa mañana.	*I have to work for (in place of) Luisa tomorrow.*
Puedo ver la calle principal por la ventana.	*I can see the main street through the window.*
Doy un paseo por esta calle todas las tardes.	*I take a walk along this street every afternoon.*
¿Vas a pasar por la casa hoy?	*Are you going to come by the house today?*

5. Means of transportation or communication *(by means of)*

Hablamos mucho por teléfono.	*We talk on (by means of) the telephone a lot.*
Pensamos viajar por avión.	*We're planning to travel by plane.*

C. **Para** is used to express:

1. Intended recipient *(for someone or something)*

Las enchiladas son para Felipe (para el almuerzo).	*The enchiladas are for Felipe (for lunch).*

2. The use for which something is intended

Es una taza para té.	*It's a teacup (a cup for tea).*

3. Direction *(toward)* or destination

Salió para Santa Fe.	*He left for Sante Fe.*

4. Purpose *(in order to)*

Viajamos a Santa Bárbara para ver la misión.	*We traveled to Santa Barbara to (in order to) see the mission.*

D. The preposition **con** combines with **mí** to form **conmigo** and with **ti** to form **contigo.**

Los invité a cenar conmigo.	*I invited them to have dinner with me.*
La camarera quiere hablar contigo.	*The waitress wants to talk to you.*

E. In Spanish, infinitives are often used after **antes de, después de, sin,** and **para,** although in English the *-ing* form of the verb may be used.

Antes de almorzar, fuimos de compras.	*Before having lunch, we went shopping.*
Después de almorzar, fuimos a ver una película.	*After having lunch, we went to see a movie.*
Sin decir nada, José salió.	*Without saying anything, José went out.*
Es agua para tomar.	*It's water for drinking.*

Práctica

A. **¿Verdadero o falso?** Look at the painting *Cumpleaños de Lala y Tudi* on page 211 and answer **verdadero** or **falso.**

1. Hay tres tortas en la mesa.*
2. Debajo de la mesa hay un perro *(dog).*
3. Hay trece vasos detrás de la mesa.
4. Las tortas están entre los vasos y los regalos.
5. Varias mujeres están cerca de la mesa.
6. Todos están tristes excepto la niña que recibe los regalos.
7. La piñata está en el árbol *(tree).*
8. Dos niños juegan con canicas *(marbles).*

B. **¿Por o para?** Complete the paragraph with **por** or **para,** as appropriate.

Benito es camarero en el restaurante La Golondrina. Estudia (1) _____ la mañana y trabaja (2) _____ la tarde, desde las cuatro hasta las ocho. Hoy trabaja (3) _____ su amigo Fernando, porque Fernando está enfermo *(sick).* Mañana Benito va a salir (4) _____ Colorado (5) _____ visitar a sus tíos. Va a ir (6) _____ una semana y piensa manejar *(drive)* (7) _____ las montañas Rocosas. Hoy (8) _____ la noche tiene que hablar con sus tíos (9) _____ teléfono (10) _____ decirles que va a llegar allí en tres días. Dice Benito: «Quiero viajar. Quiero conocer todo Estados Unidos».

C. **Tamalada.** Another painting by Carmen Lomas Garza, on page 215, shows her family making tamales. Carmen, in the red sweater, is standing by her grandfather; her sister is beside her. Her mother is standing behind the table. Pretend you are one of the people in the picture. With a classmate, take turns making as many statements as you can about what you see around you. Use prepositions whenever possible. What / Who is in front of you? Behind you? At your side? What is on the wall? What are you going to do after making the tamales? Who is making the tamales with you? Is everyone working? Use as many prepositions as possible, and use your imagination. Note: **la pintura** *(painting),* **la olla** *(pot),* **la estufa** *(stove),* **la hoja** *(leaf)* [which is filled with a corn-based dough; other ingredients are put on top and the leaf is rolled into a **tamal**].

¡Vamos a repasar!

El mapa. In groups, make a simple map of your campus. You might include **la biblioteca, la librería, la oficina de la administración, la cafetería, el estadio, el correo, el departamento de español.** Make as many statements as you can about the map using prepositions.

MODELO **El estadio está detrás de la biblioteca.**

*Mexican-Americans use the word **el queque** or **el pastel** for *cake.*

Mosaico cultural

Para leer

UNOS POEMAS MEXICANO-AMERICANOS

Carmen Lomas Garza, Tamalada *(1988); Oil on canvas, 24″ × 32″*

Antes de leer

A. Skim the **Mosaico cultural** and answer this question: Why are some of the selections in Spanish and some in a mixture of Spanish and English? That is, do you think there is a reason for the use of English?

B. Read the selections on pages 216 and 217 and look for cognates (words that are similar in Spanish and English). Instead of looking up every word you do not know, try to guess the meaning from the context.

Lectura

En el Taco Bell
JESÚS SOLÍS

Waiting in line at the Taco Bell,
Looking at the "menu":
Soft Tacos, Tostadas, Beef Meximelt . . .
La recuerdo a mi mamá
Sus manos oscuras   **manos...** dark hands making
haciendo° tortillas
acariciando la masa°   **acariciando...** caressing the dough
preparándoles la cena
a todos sus hijos.
Huevos, frijoles, arroz
hechos° con cariño°,   made / tenderness
hechos con el amor de los siglos.
Hey! Ya ready to order? says the
Chinese girl at the counter.

kitchen talk
EVANGELINA VIGIL

speaking of the many
tragedies that come in
life most times unexpectedly
I uttered with resolution,
«nunca sabe uno lo que° le va   **lo...** what
traer la vida de un momento
al otro».

sintiendo° en un instante   feeling
todo lo que ha sentido° en su vida   **todo...** all she has felt
responde mi abuela
«no, pues, no»,
thought perfectly balanced
with routine rinsing of coffee cups and spoons
«¡qué barbaridad!
¡pues si supiera uno,°   **si...** if one knew
pues qué bárbaro!»

lujo° EVANGELINA VIGIL

	luxury
tráiganme° los vinos	bring me
más finos	
y las comidas	
más exóticas	
y sírvanme°	serve me
como a Delgadina	
en tazas de oro	
y platos de china	
y déjenme° saborear	let me
la hermosura° de ese hombre	beauty
tan lleno° de vida	full
y no me pidan	**no...** do not ask me to
que lo comparta°	share him
soy de pasión	

Después de leer

A. Cognados.

"En el Taco Bell"

1. Can you find cognates for the English words *obscure* and *mass?*

"kitchen talk"

2. What is a synonym in Spanish for **momento** in the first stanza? A synonym in Spanish for **contesta?**
3. What are cognates in English for **barbaridad** (a noun) and for **bárbaro** (an adjective)?

"lujo"

4. What word means *fine?* What word means *exotic?*
5. Can you find a word that means *to taste?* What is a cognate in English for this word?

B. Opinión. ¿Qué poema le gusta más? ¿Por qué?

Para escuchar

A. Situaciones. Listen to the three conversations, which involve ordering food. Match the numbers (1, 2, and 3) with the pictures. Write the number of the conversation in the box to the left of the appropriate picture.

B. La respuesta apropiada. You will hear the first line of each conversation again. Choose an appropriate response.

1. a. ¡Buen provecho! *(Enjoy your meal!)*
   b. Viene con papas fritas y café o té.
   c. No tenemos postres hoy.
2. a. ¿De pollo o de carne de vaca?
   b. ¿De chocolate o de vainilla?
   c. ¿Con gas *(carbonation)* o sin gas?
3. a. Sí. ¿Me puede traer la cuenta, por favor?
   b. Mmm... Para llevar.
   c. Pues... Me es difícil decidir.

Para comunicarnos

In this chapter, you have seen examples of the following language functions or uses. Here is a summary and some additional information about these uses of language.

Expressing Likes

Me gusta(n)...	I like . . .
Me gustaría (+ *infinitive)*...	I would like . . .
Me interesa(n)...	I am interested in . . .
Me encanta(n)...	I love . . .
...es bonito (interesante, etc.).	. . . is pretty (interesting, etc.).
...está bueno (rico, sabroso, etc.).	. . . is good (delicious, tasty, etc.; used for foods).

Expressing Dislikes

No me gusta(n)...	*I don't like . . .*
No me gustaría (+ *infinitive*)...	*I wouldn't like . . .*
No me interesa(n)...	*I am not interested in . . .*
...es horrible (aburrido, etc.).	*. . . is horrible (boring, etc.).*
...está frío (muy picante, etc.).	*. . . is cold (too hot, etc.; used for foods).*

Ordering a Meal in a Restaurant

¿Qué nos recomienda?	*What do you recommend (to us)?*
¿Nos puede traer...?	*Can you bring us . . . ?*
A mí me gustaría tomar (comer)...	*I would like . . . to drink (eat).*
Nos falta(n)...	*We need . . .*
Quisiera...	*I'd like . . .*
...estuvo muy rico (bueno, sabroso).	*. . . was very delicious (good, tasty).*
La cuenta, por favor.	*The check, please.*

Here are some expressions a waiter might use:

¿Qué desea(n) pedir?	*What do you wish (would you like) to order?*
¿Qué le(s) gustaría comer (tomar)?	*What would you like to eat (drink)?*
¡Buen provecho!	*Enjoy the meal!*
¿Y para tomar?	*And (what would you like) to drink?*

ACTIVIDADES

A. **Gustos.**   Working with a classmate, find out five things that he or she likes and five things that he or she dislikes. You might want to start by asking about some of the following things: **ir de compras, ir al dentista, jugar al vólibol, la música de..., las películas de..., la lluvia, la nieve, la comida picante, los postres.** Take notes on your partner's answers.

B. **En el restaurante La Golondrina.**   Work in groups. Create a conversation among a waiter and two customers based on the selections from the menu on page 220 from La Golondrina restaurant. (Assume they have other things besides these specialties.)

La Golondrina

Entremeses

Quesadillas...4.95
Two tortillas, corn or flour filled with creamy cheese.

Chicharrones...4.25
Crispy morsels of pork, deep fried, served with salsa picante, pico de gallo and homemade tortillas.

Ceviche...4.25
Diced white fish marinated in lime juice with fresh herbs.

Nachos...4.50
Crispy corn tortilla chips topped with refried beans, creamy Jack cheese, salsa, guacamole and sour cream.

Ensaladas

Ensalada Verde................................2.00
A crisp dinner salad served with the house dressing.

Ensalada de Verduras...........................5.95
A combination of fresh garden vegetables served with the house dressing.

Especialidades

All our specialties are served with handmade flour or corn tortillas.

Bistec Picado..................................11.95
Strips of steak sauteed with onions, tomatoes, bell pepper, served with Spanish rice and refried beans.

Fajitas.......................................11.95
Strips of tender steak or chicken grilled with fresh vegetables and sliced onions, served with pico de gallo, grated cheese and sour cream.

Carne Asada..................................11.95
Tender fillet of beef, cut in the traditional Mexican style, charbroiled to perfection and served with Spanish rice and refried beans.

Mole Poblano..................................9.95
Tender pieces of chicken simmered in a rich, spicy, red chile based sauce, served with Spanish rice.

Costillas en Adobo.............................10.95
Tender pork ribs baked in a mild red chile sauce, served with Spanish rice and beans.

Pescado a la Parilla............................9.95
Grilled Sea Bass with fresh herbs and cilantro butter, served with rice.

Para escribir

Look at the illustration of how to proportion the foods you eat each day. The foods at the bottom of the pyramid are things you should eat a lot of, and the ones at the top are those that you should eat the least of. For several days, keep a record in Spanish of what you eat. Are you following the recommended amounts, in general?

Vocabulario: bienestar *(well-being),* **grasa** *(fat, grease),* **aceite** *(oil),* and **nueces** *(nuts).*

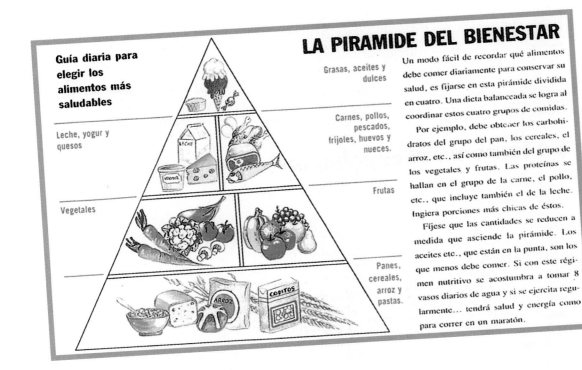

LA PIRAMIDE DEL BIENESTAR

Guía diaria para elegir los alimentos más saludables

Leche, yogur y quesos

Vegetales

Grasas, aceites y dulces

Carnes, pollos, pescados, frijoles, huevos y nueces.

Frutas

Panes, cereales, arroz y pastas.

Un modo fácil de recordar qué alimentos debe comer diariamente para conservar su salud, es fijarse en esta pirámide dividida en cuatro. Una dieta balanceada se logra al coordinar estos cuatro grupos de comidas.

Por ejemplo, debe obtener los carbohidratos del grupo del pan, los cereales, el arroz, etc., así como también del grupo de los vegetales y frutas. Las proteínas se hallan en el grupo de la carne, el pollo, etc., que incluye también el de la leche. Ingiera porciones más chicas de éstos.

Fíjese que las cantidades se reducen a medida que asciende la pirámide. Los aceites etc., que están en la punta, son los que menos debe comer. Si con este régimen nutritivo se acostumbra a tomar 8 vasos diarios de agua y si se ejercita regularmente... tendrá salud y energía como para correr en un maratón.

Vocabulario activo

COGNADOS

el arte	la dieta: estar a dieta	la especialidad	el sándwich
la banana	la enchilada	la fruta	el té
los cereales	la ensalada	la hamburguesa	el tomate
el chocolate			

VERBOS

cenar	*to have dinner*	importar	*to matter; to be important*
cocinar	*to cook*	interesar	*to interest*
encantar	*to delight*	Me interesa(n)...	*I am interested in . . .*
Me encanta(n)...	*I love . . .*	invitar	*to invite*
faltar	*to be missing or lacking*	oír	*to hear*
Me falta(n)...	*I need . . .*	poner: poner la mesa	*to set the table*
gustar	*to please, be pleasing*	traer	*to bring, carry*
Me gusta(n)...	*I like . . .*		

COMIDAS Y BEBIDAS

el arroz	*rice*	la lechuga	*lettuce*
el azúcar	*sugar*	el maíz	*corn*
la bebida	*beverage, drink*	la mantequilla	*butter*
el bistec	*beef (steak)*	la manzana	*apple*
la carne de vaca	*beef*	el marisco	*shellfish*
el cerdo	*pork*	la naranja	*orange*
la cerveza	*beer*	la paella	*paella* (dish with rice, shellfish, chicken, and vegetables)
la cuchara	*spoon*		
el cuchillo	*knife*	la papa	*potato*
los dulces	*sweets*	las papas fritas	*french fries*
el flan	*caramel custard*	el pescado	*fish*
el frijol	*bean; kidney bean*	picante	*hot, spicy* (said of foods)
frito	*fried*	la pimienta	(black) *pepper*
el helado	*ice cream*	la piña	*pineapple*
el huevo	*egg*	el plátano	*banana, plantain*
el jamón	*ham*	el pollo	*chicken*
el jugo	*juice*	el postre	*dessert*
la leche	*milk*	el queso	*cheese*

rico	*delicious (rich)*
sabroso	*delicious*
la sal	*salt*
la taza	*cup*

el tenedor	*fork*
la torta	*cake*
la verdura	*vegetable*
el vino	*wine*

◤ OTRAS PALABRAS

la cuenta	*bill, check*
entonces	*then, well*

el invitado (la invitada)	*guest*
sino	*but (rather)*

◤ COGNADOS FALSOS

el pan	*bread*
el pastel	*pastry, cake*

la sopa	*soup*
el vaso	(drinking) *glass*

Expresiones útiles

A mí me gustaría comer (tomar)...	*I would like . . . to eat (drink).*
¡Buen provecho!	*Enjoy your meal!*
La cuenta, por favor.	*Check, please.*
¿Nos (me) puede traer...?	*Can you bring us (me) . . . ?*
para llevar	*to take out*
¿Qué le gustaría comer (tomar)?	*What would you like to eat (drink)?*

Don't forget: Prepositions, pages 212–213

Dos novios pasan un día agradable juntos

GUATEMALA

HONDURAS

EL SALVADOR

¿Sabía usted que...?

- Guatemala, Honduras y El Salvador tienen sitios de investigación arqueológica muy impresionantes. Las ruinas mayas de esta zona incluyen templos, pirámides, centros ceremoniales... ¡ciudades enteras *(entire)!* Algunos de los sitios más famosos son Tikal en Guatemala, Copán en Honduras y Joya del Cerén en El Salvador.
- Guatemala tiene aproximadamente diez millones de habitantes y su moneda oficial es el quetzal.
- Honduras tiene aproximadamente seis millones de habitantes y su moneda oficial es el lempira.
- El Salvador es el país más pequeño de Centroamérica pero el que tiene más habitantes por kilómetro cuadrado *(square)*. Es la fuente *(source)* principal de bálsamo *(balsam)* del mundo.
- El Salvador tiene aproximadamente cinco millones y medio de habitantes y su moneda oficial es el colón.
- El Salvador y Guatemala tuvieron largas guerras *(wars)* civiles durante el siglo XX. En diciembre de 1996, después de treinta y seis años de conflicto, se firmó un acuerdo de paz *(a peace treaty was signed)* en Guatemala. Fue la guerra civil más larga de la historia reciente de Latinoamérica.

PREGUNTAS

1. ¿Cuál es la capital de Guatemala? ¿de Honduras? ¿de El Salvador?
2. ¿Cuáles son algunos sitios de investigación arqueológica de esta región?
3. ¿Cuál de los tres países es el más pequeño? ¿Cuál tiene más habitantes por kilómetro cuadrado?
4. ¿Cuál fue la guerra civil más larga de la historia reciente de Latinoamérica?

Una boda en Antigua, Guatemala

CAPÍTULO NUEVE

Novios y amigos

Cultura

This chapter focuses on Guatemala, Honduras, and El Salvador.

Estructuras

You will discuss and use:
- The imperfect of regular and irregular verbs (**ir, ser, ver**)
- The imperfect versus the preterit
- **Hacer** with expressions of time
- The relative pronouns **que** and **quien**

Vocabulario

In this chapter you will talk about friendship and romance.

Comunicación

- Telling a story
- Giving the speaker encouragement
- Using polite expressions

9

225

Vocabulario del tema

Los amigos

llevarse bien (con)
quererse (amarse)

tener una cita
salir (con)
salir juntos *(together)*
acompañar

abrazar(se)
el abrazo

Los novios

enamorarse de
estar enamorado(-a)(de)
el amor

besar(se)
el beso

tener celos (de)
ser celoso(-a)

los novios
el novio
la novia
la pareja

el anillo
darle un anillo a alguien

NOVIOS Y AMIGOS **227**

Los novios are a couple in love intending to marry or recently married. Their relationship, **el noviazgo**, may last for years, and is not entered into lightly. **Los prometidos** are engaged persons; they have formally agreed to marry. ♥

El matrimonio

casarse (con)
la boda
la iglesia, la sinagoga
el matrimonio civil

El divorcio

la separación provisional
divorciarse

Práctica

Opiniones.   ¿Está usted de acuerdo? ¿Por qué sí o por qué no?

1. Una pareja debe tener una boda religiosa.
2. No es malo ser un poco celoso(-a).
3. Es importante llevarse bien con los padres de su novio(-a).
4. Si el esposo y la esposa no se llevan bien, (ellos) deben divorciarse.
5. El amor es eterno y por eso no debe existir el divorcio.
6. La falta *(lack)* de dinero causa muchos divorcios.
7. Las mujeres tienen más tendencia a la monogamia que los hombres.

I. The Imperfect of Regular and Irregular Verbs *(ir, ser, ver)*

ANA   *¿Sabías* que antes José *trabajaba* y *estudiaba* al mismo tiempo?

ELENA   ¿En serio? Entonces, ¿cómo *sacaba* tan buenas notas?

ANA   *Sabía* organizarse: *trabajaba* por la mañana, *asistía* a clases por la tarde y *estudiaba* por la noche.

ELENA   ¿Y qué *hacía* los fines de semana?

ANA   *Practicaba* deportes, *veía* televisión y *salía* con sus amigos.

ELENA   ¡Qué muchacho más admirable! Pero entonces, ¿por qué rompiste con él?

ANA   ¡Porque no le *quedaba* tiempo para tener novia!

1. ¿Qué hacía José antes?   2. ¿Sacaba buenas o malas notas?   3. ¿Cuándo estudiaba? ¿Cuándo trabajaba?   4. ¿Qué hacía los fines de semana?   5. ¿Por qué rompió Ana con José?   6. ¿Cree usted que es posible trabajar, salir con amigos y también sacar buenas notas? ¿Cómo?

A.   The imperfect tense of regular **-ar** verbs is formed by adding the endings **-aba, -abas, -aba, -ábamos, -abais,** and **-aban** to the stem of the infinitive.

hablar	
hablaba	hablábamos
hablabas	hablabais
hablaba	hablaban

B.   To form the imperfect of regular **-er** and **-ir** verbs, the endings **-ía, -ías, -ía, -íamos, -íais,** and **-ían** are added to the stem.

comer		vivir	
comía	comíamos	vivía	vivíamos
comías	comíais	vivías	vivíais
comía	comían	vivía	vivían

ANA: Did you know that before, José was working and studying at the same time? ELENA: Seriously? Then, how did he get such good grades? ANA: He knew how to organize himself: He worked in the morning, attended classes in the afternoon, and studied at night. ELENA: And what did he do on weekends? ANA: He played sports, watched television, and went out with his friends. ELENA: What a great guy! But then, why did you break up with him? ANA: Because he had no time left to have a girlfriend!

Note that the stress is on the endings, not the stems, so stem-changing verbs do not change their stems in the imperfect: **recordaba, volvía, pedía.**

C. There are only three verbs that are irregular in the imperfect: **ir, ser,** and **ver.**

ir		ser		ver	
iba	íbamos	era	éramos	veía	veíamos
ibas	ibais	eras	erais	veías	veíais
iba	iban	era	eran	veía	veían

D. The imperfect is a past tense used in the following ways.

1. To express customary or repeated past actions:

Pedro siempre sacaba buenas notas. — *Pedro always got (used to get) good grades.*

Ellos me visitaban todos los veranos. — *They visited (used to visit) me every summer.*

Acompañábamos a mi tía a la iglesia todos los domingos. — *We went (used to go) to church with my aunt every Sunday.*

2. To express actions that were occurring or in progress at a certain time in the past:

Hablábamos con el maestro de Toñito. — *We were talking with Toñito's teacher.*

Él leía mientras ella estudiaba.* — *He was reading while she was studying.*

Íbamos a la boda. — *We were going to the wedding.*

¿Qué hacían los novios? —Se besaban. — *What were the sweethearts (boyfriend and girlfriend) doing? —They were kissing.*

3. To describe situations or conditions that existed for an indefinite period of time:[†]

Mi compañera de cuarto trabajaba más el semestre pasado. — *My roommate was working more last semester.*

Pablo siempre llevaba un anillo de oro. — *Pablo always wore a gold ring.*

Ya había mucha gente en la plaza.[‡] — *There were already a lot of people in the plaza.*

4. To express the time of day in the past or the age of people or things:

Eran las ocho de la mañana. — *It was eight o'clock in the morning.*

Oscar Romero tenía sesenta y tres años en 1980. — *Oscar Romero was sixty-three years old in 1980.*

---

*Notice that subject pronouns are often used with first- and third-person forms for clarity.

[†]If a specific period of time is viewed as completed, the preterit is generally used: **Viví allí por (durante) diez años.**

[‡]**Había** is the imperfect form of **hay. Ya** means *already* or *yet.* **Ya no** means *not any longer, no longer:* **Ya no es joven.** *He (She) is no longer young.*

5. In addition, the imperfect is generally used to describe mental or emotional states in the past:

Jorge quería mucho a Lisa; parecían muy felices y querían casarse.*	*Jorge loved Lisa very much; they seemed very happy and wanted to get married.*
Cuando eras soltero, Enrique, ¿eras más feliz?	*When you were single, Enrique, were you happier?*
Adela tenía celos de su hermana.	*Adela was jealous of her sister.*

E.   There are several possible translations of the imperfect in English.

Ellos estudiaban juntos.
{
They used to study together.
They were studying together.
They studied together (often, from time to time).
They would study together (often).
}

Práctica

A.   **¿Qué hacían?**   Tell what the following people were doing yesterday evening.

MODELO   Felipe / estudiar para un examen
Felipe estudiaba para un examen.

1. mamá / preparar la cena
2. Federico / hacer unos ejercicios de matemáticas
3. Susana y Guillermo / poner la mesa
4. tú / leer la carta de tu novio
5. Luisa y yo / ver televisión
6. Anita / hablar por teléfono con una amiga
7. papá / dormir en el sofá
8. los Herrera / cenar en casa de los Balbuena

B.   **Cuando todos éramos más jóvenes.**   Your mother is telling you about people and things in the past, when she was younger. Using the verbs **ser, ir,** and **ver,** tell what she says, as suggested by the cues.

MODELO   el señor García / rico / teatro / amigos
El señor García era rico. Siempre iba al teatro. Allí veía a sus amigos.

1. yo / estudiante / café / compañeros
2. tío Juan / soltero / playa / novia
3. tú / muy pequeño / parque / primos
4. mis abuelos / pobres / iglesia / parientes
5. nosotros / más jóvenes / cine / amigos

---

*The verb **parecer** (*to seem, appear*) has an irregularity in the first-person present tense: **parezco.**

C. Habla un salvadoreño-americano. Complete this passage about friendship, using appropriate imperfect-tense forms of the verbs in parentheses.

Cuando (yo) (1) _____ (estar) en El Salvador, siempre (2) _____ (ver) a los amigos... en las cafeterías, en las plazas o en la calle. (Nosotros) (3) _____ (hablar) o (4) _____ (tomar) una copa *(drink)*. A veces nos reuníamos *(we got together)* a cantar; unos (5) _____ (tocar) la guitarra y otros (6) _____ (cantar). Los fines de semana (nosotros) (7) _____ (ir) al cine, a un baile o a veces a la playa. Las relaciones sociales (8) _____ (ser) muy importantes. (9) _____ (haber) más tiempo para los amigos... ¡Prácticamente no (10) _____ (existir) la prisa *(hurry)!* En Estados Unidos, la vida es muy acelerada *(fast paced)* y me parece que nunca tengo tiempo para nada.

Entrevista

Work with a classmate. Take turns asking and answering the following questions.

1. ¿Dónde vivías cuando eras niño(-a)?   2. ¿Cómo era tu casa?   3. ¿Vivías cerca o lejos de tus abuelos?   4. ¿Cómo eran ellos?   5. ¿A qué escuela asistías cuando tenías ocho años?   6. ¿Trabajaba tu mamá? ¿Dónde te quedabas cuando ella trabajaba?   7. ¿Qué querías ser cuando eras niño(-a)?   8. ¿Qué te gustaba hacer de niño(-a)?   9. ¿Dónde y con quién jugabas?   10. ¿Jugabas al béisbol? ¿al fútbol? ¿al tenis? ¿a otros deportes? 11. ¿Adónde iba tu familia de vacaciones?   12. ¿Qué te gustaba de la escuela? ¿Qué no te gustaba?   13. ¿Salías con otros(-as) chicos(-as) cuando tenías catorce años?   14. ¿Veías mucha televisión? ¿Cuáles eran tus programas favoritos?   15. ¿Qué hacías durante tus vacaciones?   16. ¿Eras más feliz antes que ahora? ¿Por qué sí o por qué no?

II. The Imperfect versus the Preterit

> EMA   ¡Hola, Olga! ¡Hola, Bob! No *sabía* que ustedes *se conocían.*
>
> OLGA   Nos *conocimos* anoche en la boda de Amparo y Domingo. Y *bailamos* toda la noche.
>
> EMA   ¿Así que tú *eras* la «misteriosa» muchacha que *bailó* con Bob? Lo *supe* esta mañana por Antonio. Me *dijo* que hacen una linda pareja. ¡Oh!... y esta noche vienes a mi fiesta, ¿no?
>
> BOB   ¡Otro baile! ¿Pero cuándo duermen ustedes los latinos?

1. ¿Sabía Ema que Olga y Bob se conocían?   2. ¿Cuándo se conocieron ellos? 3. ¿Bailaron mucho o poco en la boda? ¿Cómo lo supo Ema?   4. ¿Qué más le dijo Antonio a Ema?   5. ¿Adónde van Olga y Bob esta noche?   6. ¿Cree Bob que los latinos duermen mucho? ¿Qué pregunta él?

EMA: Hi, Olga! Hi, Bob! I didn't know that you knew each other.   OLGA: We met last night at Amparo and Domingo's wedding. And we danced all night.   EMA: So, you were the "mysterious" young lady who danced with Bob? I found (it) out this morning from Antonio. He told me that you make a nice couple. Oh, and tonight you are coming to my party, right?   BOB: Another dance! But when do you Latins sleep?

A. Spanish has several verb forms used to report past actions and conditions. A speaker chooses one form or another depending on the way the event is viewed.

B. If a past action or condition is viewed as being completed, the preterit is used. If any time limit, however long or short, is specified for the past action or condition, the preterit, not the imperfect, must be used. The preterit is also used to mention the beginning or end of something in the past, since the beginning or end itself was over the instant it happened. The preterit gives a simple report; it invites the listener to wonder what comes next. Time expressions used with the preterit reinforce the notion that the event or series of events is completed.

TIME EXPRESSIONS OFTEN ASSOCIATED WITH THE PRETERIT		
ayer	**una vez** *once*	**el domingo (pasado)**
anoche	**dos veces**	**el mes (el año, etc.) pasado**
a las once	**otra vez**	

Empecé a estudiar a las ocho. Terminé a las once.	*I began to study at eight o'clock. I finished at eleven.*
Me dio un beso y un abrazo.	*He (She) gave me a hug and a kiss.*

C. The imperfect is used when the speaker focuses on an action or condition as something going on in the past. The imperfect often invites the listener to wonder what else happened in the same context. Patterns of habitual action, mental states, descriptions of the way things looked or sounded, the time of day, and other background conditions in the past are typically reported with verbs in the imperfect; the speaker's interest is not their beginning or end but just that they existed or were occurring. Time expressions used with the imperfect reinforce the focus on the ongoing or habitual aspect of the event.

TIME EXPRESSIONS OFTEN ASSOCIATED WITH THE IMPERFECT		
todos los días	**siempre**	**mientras**
todos los meses	**frecuentemente**	**los domingos**

Todos los días Pedro besaba a su mujer antes de ir a la oficina.	*Every day Pedro kissed his wife before going to the office.*
Pedro besó a su mujer y se fue.	*Pedro kissed his wife and left.*
Marina siempre iba al cine los fines de semana.	*Marina always went to the movies on weekends.*
Marina fue al cine diez veces el mes pasado.	*Marina went to the movies ten times last month.*

D. Often the preterit and imperfect are used in the same sentence to report that an action that was in progress in the past (expressed with the imperfect) was interrupted by another action or event (expressed with the preterit).

Mirabel tenía treinta años cuando se enamoró de Pablo.	*Mirabel was thirty years old when she fell in love with Pablo.*
Dábamos un paseo por la plaza cuando vimos a Enrique.	*We were taking a walk around (through) the plaza when we saw Enrique.*
Tomábamos champán cuando Felipe entró, se sentó a la mesa y dijo «¡Salud!»	*We were drinking champagne when Felipe came in, sat down at the table, and said "Cheers!"*

E. The imperfect of **conocer** means *to know, to be acquainted with,* whereas the preterit means *to meet, to make the acquaintance of.* The imperfect expresses ongoing acquaintance, whereas the preterit emphasizes meeting for the first time. The imperfect of **saber** means *to know,* whereas the preterit means *to find out.* Again, the imperfect emphasizes indefinite duration of time in the past, whereas the preterit indicates a completed action.

Mamá sabía que Eduardo conocía a mi hermano.	*Mom knew that Eduardo knew (was acquainted with) my brother.*
Esta mañana supe que usted conocía a mi hermano. ¿Dónde lo conoció?	*This morning I found out that you knew my brother. Where did you meet him?*

Práctica

A. **¿Qué pasaba cuando...?** Choose the correct form of the verbs in parentheses.

1. Ayer cuando (llamaste / llamabas), nosotros (celebramos / celebrábamos) el cumpleaños de papá.
2. Nosotros (llegamos / llegábamos) tarde a la boda porque no (supimos / sabíamos) cómo llegar a la iglesia y (tuvimos / teníamos) que preguntar.
3. Hoy cuando (salí / salía) para el trabajo (llovió / llovía); por eso (volví / volvía) a casa y (me puse / me ponía) el impermeable.
4. Anoche (fui / iba) a una fiesta y (bailé / bailaba) toda la noche. (Hubo / Había) mucha gente en un apartamento muy pequeño, pero mis amigos y yo (nos divertimos / nos divertíamos) muchísimo.
5. Lucía (conoció / conocía) a Juan en una fiesta, pero no (supo / sabía) que vivía cerca de aquí.

B. El misterioso robo de los regalos de boda. Change the numbered verbs in the following story to the appropriate past-tense forms.

(1) **Es** una noche de verano. Susana y su esposo Jaime (2) **duermen** después de su boda. En la sala *(living room)* (3) **están** todos los regalos. (4) **Hay** cosas muy lindas. A las doce en punto un hombre (5) **entra** en la casa. (6) **Es** el hombre a quien la policía (7) **busca** desde el sábado. (8) **Va** a la sala, (9) **abre** la puerta y (10) **ve** los regalos allí. Jaime y Susana no lo (11) **escuchan** cuando (12) **entra** y no lo (13) **ven** cuando (14) **se va.** Cuando ellos (15) **se despiertan,** los regalos ya no (16) **están** allí. Susana (17) **llama** a la policía. Los dos (18) **están** tristes *(sad)*, pero no muy tristes, porque los regalos más importantes, los anillos, todavía los (19) **tienen.**

Now answer the following questions.

1. ¿Qué estación del año era cuando pasó esto? 2. ¿Qué hacían Susana y su esposo? 3. ¿Qué había en la sala? 4. ¿Qué pasó a las doce? 5. ¿Qué descubrieron Jaime y Susana cuando se despertaron? 6. ¿Qué hizo Susana? 7. ¿Estaban muy tristes los esposos? ¿Por qué sí o por qué no?

C. Luna de miel *(Honeymoon)* **en Guatemala.** Complete the passage with the appropriate preterit or imperfect forms of the verbs in parentheses.

Yo me llamo Beatriz y soy salvadoreña. El año pasado (yo) (1) _____ (conocer) a mi esposo y en junio (nosotros) (2) _____ (casarse). La ceremonia religiosa (3) _____ (ser) en la Catedral de Santa Ana; luego (nosotros) (4) _____ (tener) una celebración en un salón de baile. (Nosotros) (5) _____ (bailar) y (6) _____ (celebrar) hasta el amanecer *(dawn)*. Luego (7) _____ (salir) para Guatemala a pasar la luna de miel. Primero (8) _____ (ir) a Amatitlán. El hotel (9) _____ (ser) muy bonito y cómodo *(comfortable)*: (10) _____ (tener) piscina *(pool)* y restaurante. Todos los días (nosotros) (11) _____ (ir) a la playa. (12) _____ (estar) cinco días allí. Después (13) _____ (ir) a Tikal, un centro ceremonial maya. Allí (14) _____ (ver) pirámides y templos magníficos. (15) _____ (saber) que los mayas (16) _____ (tener) una civilización muy avanzada, con un sistema de escritura *(writing),* calendarios muy exactos y un profundo conocimiento *(knowledge)* de las matemáticas. (Nosotros) (17) _____ (quedarse) tres días allí y después (18) _____ (regresar) a Santa Ana. Pero ¡qué luna de miel!... ¡De película! *(Like a movie!)* Estoy encantada de la vida.

Entrevista

Work with a classmate. Take turns asking and answering the following questions.

1. ¿Trabajabas o estudiabas el año pasado? 2. Y anoche, ¿trabajaste o estudiaste? 3. Cuando eras niño(-a), ¿qué hacías los fines de semana? 4. ¿Qué hiciste el fin de semana pasado? 5. ¿Veías muchas películas cuando eras un poco menor? ¿Te gustaba ir al cine con amigos o preferías ir solo(-a) *(alone)?* ¿Por qué? 6. ¿Viste alguna película interesante recientemente? ¿Cuál? 7. ¿Qué hora era cuando te acostaste anoche? ¿Qué hiciste después de cenar y antes de acostarte? ¿Estudiaste? ¿Hablaste con algún(a) amigo(-a)? ¿Saliste con tu novio(-a)?

GUATEMALA Y LA POLÍTICA
Rigoberta Menchú

Rigoberta Menchú, ganadora del Premio Nóbel de la Paz, recibe felicitaciones

Rigoberta Menchú recibió el Premio Nóbel de la Paz en 1992 por su trabajo a favor de los derechos *(rights)* humanos. Ésta era la primera vez que una persona indígena recibía esa distinción. Esta admirable mujer nació en 1959 en Guatemala, país que entonces estaba en guerra *(war)*. Cuando tenía cinco años, empezó a trabajar en el campo *(fields)*. Cuando tenía diecisiete años, aprendió español. (En Guatemala hay veintitrés lenguas *[languages]* indígenas, incluso *[including]* el quiché, la lengua materna de Rigoberta Menchú.) En 1979, el ejército *(army)* guatemalteco asesinó a su hermano y, en 1980, a su madre y a su padre. Fue por eso que decidió luchar *(to fight)* por su país y por toda la gente indígena. En 1983 publicó *Me llamo Rigoberta Menchú y así me nació la conciencia.* Hoy es famosa mundialmente y forma parte de diferentes organizaciones defensoras de los derechos humanos de los indígenas.

PREGUNTAS
1. ¿De dónde es Rigoberta Menchú?   2. ¿Cuántos años tenía ella cuando empezó a trabajar en el campo?   3. ¿Qué lengua hablaba de niña?   4. ¿Qué les pasó a su hermano, a su padre y a su madre?   5. ¿Cómo se llama su libro? ¿Lo conoce usted?

III. *Hacer* with Expressions of Time

JANE	¡Por fin llegas!
FERNANDO	¿«Por fin»? *¿Cuánto tiempo hace* que me esperas?
JANE	*Hace una hora* que estoy aquí. ¿Dónde estabas?
FERNANDO	¡En casa, hasta que salí *hace media hora.* ¿Por qué?
JANE	¿No teníamos que encontrarnos a las cinco? *Hacía media hora que* estaba aquí cuando tú saliste.
FERNANDO	Tú y tu puntualidad yanqui. Estás en América Latina, Jane, ¿recuerdas?
JANE	Pero Fernando, si tienes una cita a las cinco, ¿a qué hora llegas generalmente?
FERNANDO	Un poco más tarde. A las cinco y media, o a las seis, o...

1. ¿Cuánto tiempo hace que Jane espera a Fernando?   2. ¿Cuándo salió Fernando de su casa?   3. ¿A qué hora tenían que encontrarse?   4. ¿Cuánto tiempo hacía que Jane estaba allí cuando Fernando salió?   5. Generalmente, ¿llega Fernando tarde, a tiempo o temprano a una cita? ¿y Jane?

JANE: So you got here at last!   FERNANDO: "At last?" How long have you been waiting for me?   JANE: I've been here for an hour. Where were you?   FERNANDO: At home, until I left a half hour ago. Why?   JANE: Weren't we supposed to meet at five o'clock? I had been here half an hour when you left.   FERNANDO: You and your Yankee punctuality. You're in Latin America, Jane, remember?   JANE: But Fernando, if you have an appointment at five o'clock, when do you generally arrive?   FERNANDO: A little later. At five-thirty, or six o'clock, or . . .

A. **Hace** + time period + **que** + verb in the present tense expresses an action or event that began in the past and continues into the present.

Hace tres años que vivo solo.	*I have been living (have lived) alone for three years* (and still do).
Hace seis meses que trabajo en Sevilla.	*I've been working in Sevilla for six months.*

The verb in the main clause is in the present tense, since the action is still in progress. If the action is no longer in progress, the preterit is used.

Viví solo tres años.	*I lived alone three years* (but no longer do).
Trabajé en Sevilla por seis meses.	*I worked in Sevilla for six months.*

B. **Hacía** + time period + **que** + verb in the imperfect tense can be used to express an action or event that began at some point in the past and continued up to some other point in the past.

Hacía tres años que vivía solo cuando te conocí.	*I had been living (had lived) alone for three years when I met you.*
Hacía seis meses que trabajaba en Sevilla.	*I had been working in Sevilla for six months* (and was still there at the moment I'm thinking of).

C. The clause in the present or imperfect can occur at the beginning of the construction; in this case, **que** is omitted.

Vivo solo hace tres años. (Hace tres años que vivo solo.)*	*I have been living alone for three years.*
Vivía solo hacía tres años. (Hacía tres años que vivía solo.)	*I had been living alone for three years.*

D. **Hace** can also mean *ago;* in this case the verb is in the preterit or imperfect.

Hablé con Juan hace varios meses.	*I spoke with Juan several months ago.*
Hace una semana supe que terminaste los estudios. ¡Felicitaciones!	*A week ago I found out that you finished your studies. Congratulations!*
Éramos compañeros de clase hace diez años.	*We were classmates ten years ago.*

---

*The word **desde** (which normally means *from* or *since*) often occurs in this construction: **Vivo aquí desde hace tres años.**

Práctica

Lo hice hace tiempo.   Silvia is all ready for her trip to Santa Ana. Take Silvia's part and answer her mother's questions using **hace** + a time expression. Follow the model and use object pronouns wherever possible.

MODELO   LA MAMÁ   ¿Ya reservaste un cuarto en el hotel? (un mes)
         SILVIA   **Sí, lo reservé hace un mes.**

1. ¿Ya le hablaste a Roberto? (diez minutos)
2. ¿Fuiste al banco? (varios días)
3. ¿Compraste los regalos para los Sanabria? (mucho tiempo)
4. ¿Hiciste las maletas? (una hora)
5. ¿Ya llevaste las cartas a la oficina? (una semana)
6. ¿Llamaste un taxi? (media hora)

Entrevista

Work with a classmate. Take turns asking and answering the following questions.

1. ¿Cuántas semanas hace que empezó el semestre (trimestre)? ¿Y cuánto tiempo hace que empezó la clase de hoy?   2. ¿Dónde estabas hace tres horas? ¿hace cinco horas?   3. ¿Cuánto tiempo hace que eres estudiante universitario(-a)? ¿Y cuánto hace que estudias español? ¿Que conoces a tu profesor(a) de español?   4. ¿Dónde se conocieron tus padres? ¿Hace cuánto tiempo que se conocieron? ¿Se conocían desde hacía mucho tiempo cuando se casaron?   5. ¿Dónde vives? ¿Vives allí desde hace mucho tiempo? ¿Dónde vivías hace cinco años? ¿Hacía mucho tiempo que vivías allí cuando te mudaste?

IV. The Relative Pronouns *que* and *quien*

Proverbios.   Match the Spanish proverbs on the left with the English equivalents on the right.

_____ 1. No hay mayor pena *que* perder una mujer buena.

_____ 2. Ojos *que* no ven, corazón *que* no siente.

_____ 3. A *quien* su mujer ayuda, camino está de la fortuna.

_____ 4. Ama *a quien* no te ama, responde *a quien* no te llama, y andarás carreras vanas.

a. He whose wife helps him is on the road to (good) fortune.

b. There's no worse sorrow than losing a good woman.

c. Eyes that do not see, heart that does not feel.

d. Love the one who does not love you, go to the one who does not call you, and you will be on a vain path (*leading nowhere*).

A. **Que** is the most commonly used equivalent for *that, which, who,* and *whom* used to refer to both people and things.

Éste es el anillo que Alfonso me dio.	*This is the ring that Alfonso gave me.*
¿Quién es esa mujer que abraza a Antonio?	*Who is that woman who is hugging Antonio?*
¿Cómo se llama la película de que hablas?	*What's the name of the movie you're talking about?*

Relative pronouns are often omitted in English, but they are always used in Spanish. **Que** is used after prepositions (**a, con, de, en, para,** etc.) when referring to things.

B. **Quien** (**quienes** in the plural) refers only to people. It is usually used as the object of a preposition (**a, con, de, en, para,** etc.). When used as an object, **quien** (**quienes**) must be preceded by the preposition **a.**

¿Quién es la chica con quien tienes cita hoy?	*Who's the girl you have a date with (with whom you have a date) today?*
¿Adolfo es el músico de quien hablas?	*Is Adolfo the musician you are talking about (about whom you're talking)?*
La mujer para quien trabajo se divorció hace un año.	*The woman for whom I work (The woman I work for) got divorced a year ago.*

Práctica

A. **En la plaza.** Complete the sentences with **que** or **quien(es).**

1. ¿Quién es esa mujer _____ habla con los García? Creo que la conocemos.
2. Allí están los señores con _____ cenamos esta noche.
3. ¿Cómo se llama la persona de _____ hablas?
4. ¡Mira la ropa _____ lleva aquel chico!
5. Allí veo a dos hombres con _____ trabajo.

B. **Opiniones.** Complete the first blank in each sentence with an appropriate noun that expresses your opinion and the second blank with **que** or **quien(es).**

1. _____ es un país _____ quiero conocer.
2. _____ son ciudades _____ quiero visitar.
3. _____ son dos películas _____ pienso ver.
4. _____ es el (la) profesor(a) con _____ sigo un curso muy interesante.
5. _____ son dos estudiantes _____ siempre están en clase.
6. _____ es una universidad _____ tiene muy buena reputación.
7. _____ es una persona a _____ admiro mucho.

¡Vamos a repasar!

A. **Familiares.** El (La) profesor(a) describe a su familia (o a una familia famosa). Se divide la clase en dos equipos *(teams)*. Los estudiantes se turnan *(take turns)* y dibujan *(draw)* el árbol *(tree)* genealógico en la pizarra. El equipo que mejor dibuja el árbol gana *(wins)*.

B. **Categorías.** El (La) profesor(a) pone cuatro categorías en la pizarra: por ejemplo, **Objetos de la clase, Estudios, Comidas, Ropa.** Se divide la clase en dos equipos. Cuando el (la) profesor(a) dice una palabra, un(a) estudiante se levanta y escribe la palabra en la categoría apropiada y su equipo gana *(wins)* un punto. Si se equivoca *(is wrong)*, el otro equipo tiene la oportunidad de contestar. El equipo con más puntos gana.

Mosaico cultural

Para leer

UN MINIDRAMA DE MARCO DENEVI

Antes de leer

1. Read the title of the selection on page 240 and the two first lines. What's the topic of this work?
2. Look at the form of the work. Is it a short story, poem, or play?
3. How many characters are there? Who are they?
4. Look at the author's name. Marco Denevi is an Argentinean writer of short stories, novels, and plays. What do the names Ramón Civedé and Marco Denevi have in common?

Lectura

No hay que complicar° la felicidad°
de RAMÓN CIVEDÉ

complicate / happiness

(Un parque. Sentados en un banco de piedra, bajo los árboles,° ÉL y ELLA se besan.)

Sentados... *Sitting on a stone bench under the trees*

ÉL   Te amo.

ELLA   Te amo.

(Vuelven a besarse.°)

Vuelven... *They kiss each other again.*

ÉL   Te amo.

ELLA   Te amo.

(Vuelven a besarse.)

ÉL   Te amo.

ELLA   Te amo.

(ÉL se pone violentamente de pie.°)

ÉL   ¡Basta!° ¡Siempre lo mismo°! ¿Por qué cuando te digo que te amo, no contestas, por ejemplo, que amas a otro?

Él... *He stands up violently. / Enough! /* **lo...** *the same thing*

ELLA   ¿A qué otro?

ÉL   A nadie. Pero lo dices para que yo tenga celos.° Los celos alimentan° al amor. Nuestra felicidad es demasiado° simple. Hay que complicarla un poco. ¿Comprendes?

para... *so that I'll be jealous / nourish, feed / too*

ELLA   No quería confesártelo porque pensé que sufrirías.° Pero lo has adivinado°.

you would suffer / **lo...** *you have guessed it*

ÉL   ¿Qué es lo que adiviné?

(ELLA se levanta, se aleja unos pasos°.)

se... *she moves away a few steps*

ELLA   Que amo a otro.

(ÉL la sigue.)

ÉL   Lo dices para complacerme°. Porque yo te lo pedí.

para... *to please me*

ELLA   No. Amo a otro.

ÉL   ¿A qué otro?

ELLA   A otro.

(Un silencio.)

ÉL   Entonces, ¿es verdad?

ELLA   *(Vuelve a sentarse. Dulcemente°)* Sí. Es verdad.

Sweetly

(ÉL se pasea. Aparenta un gran furor.°)

Él... *He walks around. He appears to be very angry. / I feel /* **No...** *I'm not pretending. / dying /* **Quisiera...** *I want to kill*

ÉL   Siento° celos. No finjo.° Siento celos. Estoy muerto° de celos. Quisiera matar° a ese otro.

ELLA   *(Dulcemente.)* Está allí.

ÉL   ¿Dónde?

ELLA   Allí, entre los árboles.

ÉL   Iré en su busca.°

Iré... *I'll go look for him.*

ELLA   Cuidado. Tiene un revólver.

ÉL   Soy valiente.

(ÉL sale. Al quedarse sola, ELLA ríe°. Se escucha el disparo de un arma de fuego°. ELLA deja de reír.°)

ELLA   Juan.

(Silencio. ELLA se pone de pie.°)

ELLA   Juan.

(Silencio. ELLA corre hacia los árboles.)

ELLA   Juan.

(Silencio. ELLA desaparece° entre los árboles.)

ELLA   Juan.

(Silencio. La escena permanece vacía.° Se oye°, lejos, el grito desgarrador° de ELLA.)

ELLA   ¡Juan!

Después de unos instantes, desciende silenciosamente el

Telón.°

> laughs / **Se...** *The shot of a firearm is heard* / **deja...** *stops laughing*
>
> **se...** *stands up*
>
> *disappears*
>
> **La...** *The scene remains empty* / **Se...** *one hears* **el...** *the heart-breaking scream*
>
> *Curtain*

Después de leer

A. Preguntas

1. ¿Dónde están Él y Ella?
2. ¿Se quieren Él y Ella? Según su opinión, ¿por qué no tienen nombre?
3. Parece que Él no está muy contento con la relación que existe entre Él y Ella. ¿Por qué?
4. ¿Qué le confiesa *(confess)* Ella a Él? ¿Cree usted que Ella le dice la verdad? ¿Por qué?
5. Él dice: «Siento celos... Quisiera matar a ese otro». ¿Cree usted que Él realmente quiere matar a ese «otro» o simplemente juega con Ella? ¿Por qué?
6. Según su opinión, ¿qué pasa al final *(at the end)*? ¿Está muerto *(dead)* Él? ¿Quién lo mató? ¿Cómo?

B. Opiniones. ¿Está usted de acuerdo? ¿Por qué sí o por qué no?

1. No hay amor sin celos.
2. El amor no existe; es pura utopía.
3. Es imposible estar enamorado(-a) de dos personas al mismo tiempo.
4. El amor más puro es el amor para los hijos.
5. El amor todo lo puede. *(Love conquers all.)*

C. Minidrama. With a classmate, create another version of the minidrama and present it to the class.

Para escuchar

Las ruinas de Copán, Honduras

A.   ¿Quién habla?   Listen to the three conversations, which take place during a tour of Honduras. For each conversation, tell who is talking:

Conversación 1   _____   a. a husband and wife
Conversación 2   _____   b. a guide and tourist
Conversación 3   _____   c. a man and woman who are attracted
                                                   to each other

Vocabulario: floreció *(flourished),* **escritura** *(writing),* **tipo** *(guy),* **escrita** *(written),* **recuerdos** *(souvenirs)*

B.   Para completar.   Listen to the conversations again. Choose the best response to each item.

1. a. Guatemala
   b. Honduras
   c. El Salvador

2. a. 250 y 900 antes de Cristo
   b. 250 y 900 después de Cristo
   c. 250 y 500 después de Cristo

3. a. un sistema de escritura muy avanzado
   b. muchas ruinas interesantes
   c. catedrales muy bonitas

4. a. toda la historia de Santa Rosa
   b. toda la historia de Copán
   c. toda la historia de San Pedro Sula

5. a. el Mercado Guamilito
   b. el Museo de Antropología
   c. la Torre Latinoamericana

Para comunicarnos

In this chapter, you have seen examples of some important language functions or uses. Here is a summary and some additional information about these functions of language.

Telling a Story

Here are some expressions that are often used in telling a story.

¿Sabe(s) qué le pasó a Julio (me pasó a mí) ayer?	*Do you know what happened to Julio (to me) yesterday?*
¿Sabía(s) que...?	*Did you know that . . . ?*
Eso me recuerda...	*That reminds me . . .*
Siempre recuerdo...	*I'll always remember . . .*
Después (Entonces)...	*Then . . .*
¿Y sabe(s) qué?	*And do you know what?*
En fin...	*Finally . . . (Well . . .)*

Giving the Speaker Encouragement

When someone is telling a story, it's important to give the speaker some sort of response to show you are listening and want him or her to continue. Here are some ways to do this in Spanish.

¿Y después?	*And then what?*
¿Y qué pasó después?	*And then what happened?*
¿Y qué hacía(s) mientras pasaba eso?	*And what were you doing while that was happening?*
¿Y qué hizo (hiciste) después?	*And then what did you do?*
¿Hace cuánto tiempo pasó eso?	*How long ago did that happen?*
Sí, entiendo.	*Yes, I understand.*
Sí, claro.	*Yes, sure.*
Sí, cómo no.	*Yes, of course.*
¿En serio? (¿De veras?)	*Really?*

Using Polite Expressions

Con permiso means *Excuse me* (literally, *With your permission).* It is used when you are about to pass in front of someone, eat something in front of someone, and so on. **Perdón** means *Excuse me* when you have done something for which you are apologizing (such as stepping on someone's toe, spilling something on someone, etc.).

¡Salud! (literally, *Health!)* is used when making toasts to mean *Cheers!* and also when someone sneezes to mean *Gesundheit!* **¡Felicitaciones!** means *Congratulations!*

There are two main ways to say *You're welcome:* **De nada** and **No hay de qué,** both of which mean basically *It's nothing.*

ACTIVIDADES

A.   ¿Es usted una persona cortés?   Give a polite expression for each situation below.

B. ¿Y sabes qué...?   With a classmate, tell a story about something that happened to you or someone you know. Your partner will ask questions and give encouragement; use words and expressions from this chapter. Then change roles, and have your partner tell a story.

C. Compañero(-a) de cuarto.   Tell a story about a roommate you've had, or invent one. Include the answers to these questions:

1. ¿Cómo era su compañero(-a)? ¿Era ordenado(-a) *(neat)* o desordenado(-a)? ¿Qué estudiaba? ¿Estudiaban juntos(-as)?
2. ¿Qué diferencias había entre su compañero(-a) y usted? Por ejemplo, ¿estudiaban a las mismas horas? ¿Se levantaban más o menos a la misma hora? ¿Les gustaba el mismo tipo de música?, ¿de comida?, ¿de ropa?
3. En general, ¿se llevaban bien o no muy bien...?

Para escribir

Melodrama de amor.   Look at the drawings and tell Ana and Rodrigo's story, in the form of a narrative or a letter to a friend.

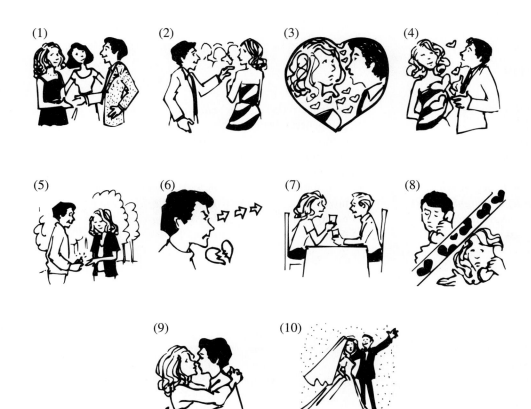

Vocabulario activo

COGNADOS

generalmente	misterioso	religioso	el semestre

VERBOS

abrazar	*to hug, embrace*	llevarse (bien, mal) con	*to get along (well, poorly) with*
acompañar	*to accompany, go with*	parecer (zc)	*to seem*
amar	*to love*	romper	*to break*
besar	*to kiss*	romper con	*to break up with*
casarse (con)	*to get married (to)*	sacar	*to take (out)*
divorciarse	*to divorce*	sacar una nota	*to get a grade*
enamorarse (de)	*to fall in love (with)*	terminar	*to end, finish*
entrar	*to enter, go in*		
existir	*to exist*		

NOVIOS Y AMIGOS

el abrazo	*hug, embrace*	el compañero (la compañera) de clase	*classmate*
el anillo	*ring*	el compañero (la compañera) de cuarto	*roommate*
el beso	*kiss*	la iglesia	*church*
la boda	*wedding*	el matrimonio	*married couple; marriage*
los celos	*jealousy*	la novia	*girlfriend; bride; fiancée*
tener celos de	*to be jealous of*	el novio	*boyfriend; groom; fiancé*
la cita	*date, appointment*	la pareja	*pair, couple*
tener una cita	*to have a date or appointment*		

ADJETIVOS

celoso	*jealous*	medio	*half*
enamorado (de)	*in love (with)*	mismo	*same*
feliz (felices)	*happy*	solo	*alone*
juntos	*together*	soltero	*single, unmarried*

OTRAS PALABRAS Y FRASES

al mismo tiempo	*at the same time*	el tipo	*type;* (slang) *guy*
el maestro (la maestra)	*teacher, master, scholar*	ya	*already; yet*
la nota	*grade*	ya no	*no longer, not any longer*

Expresiones útiles

Con permiso.	*Excuse me.* (Literally, *With your permission.*)
De nada. (No hay de qué.)	*You're welcome.*
En fin...	*Finally (Well) . . .*
¿En serio?	*Seriously? Really?*
¡Felicitaciones!	*Congratulations!*
Perdón.	*Excuse me.*
¡Por fin!	*Finally!*
¿Sabía(s) que...?	*Did you know that . . . ?*
¡Salud!	*Cheers! Gesundheit!* (Literally, *Health!*)
Siempre recuerdo...	*I always remember . . .*

> Don't forget: **Hace** with time expressions, pages 235–237; relative pronouns **que** and **quien,** pages 237–238

En España hay una gran variedad de música y bailes folklóricos. En Cataluña, por ejemplo, bailan la sardana, un baile que refleja (reflects) el amor que la gente siente (feels) por su región. En la foto vemos a un grupo de jóvenes catalanes que bailan la sardana delante de la Catedral de Barcelona.

El tipo de grupo musical que vemos aquí se llama **estudiantina** o **tuna.** Son populares en todo el mundo hispano, pero especialmente en España. La tradición de estudiantes universitarios que se dedican a dar serenatas (serenades) data de la Edad Media (Middle Ages) y el traje que llevan también es de esa época. En muchas partes del mundo hispano hay concursos (contests) para determinar y premiar (give prizes) a las mejores estudiantinas.

Preguntas

1. ¿Cómo se llama el baile típico de Cataluña? ¿Qué refleja? 2. ¿Qué son las estudiantinas o tunas? ¿Dónde son populares? 3. ¿Qué combinación de elementos está presente en la música de Hispanoamérica? 4. ¿Cuáles son algunos de los ritmos típicos de Hispanoamérica? 5. ¿Conoce usted a uno o más cantantes (singers) hispanoamericanos? ¿A quién(es)?

En Hispanoamérica la música y los bailes reflejan una combinación de elementos indígenas, españoles y, a veces, africanos. En general, los instrumentos musicales de cuerda (string) son de origen español, los de viento de origen indio, y los de percusión de origen africano. Aquí vemos al grupo chileno Inti-Ilimani.

El famoso Ballet Folklórico de México, que vemos aquí, también busca su inspiración en el folklore y en las tradiciones indígenas. El folklore tiene gran influencia en la música contemporánea de Hispanoamérica y es muy conocida (well-known) en todas partes del mundo. ¿Quién no conoce ritmos típicos hispanoamericanos como el tango, la samba, la salsa, la rumba o el merengue...?

Vocabulario del tema

¿Cómo viaja usted?

¿Va en bicicleta?

¿Va a pie?

¿Hace autostop?

la estación de trenes
(del ferrocarril)
el horario
la salida, la llegada

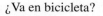

¿Viaja usted por (en) tren?

el puerto

¿Viaja usted por (en) barco?

¿Viaja usted por (en) avión?

Si usted sale del país, tiene
que pasar por la aduana.

el aeropuerto
Los pasajeros suben* al avión.

Hay que mostrarle el
equipaje (las maletas) al
agente de aduana.

---

*Subir a with a means of transportation means *to get on*. **Subir** without the preposition **a** means *to climb* or *to go up:* **Subimos una montaña. Los precios suben.**

En un banco usted cambia *(exchange)* dinero o cheques de viajero.

la caja
el (la) cajero(-a)

Usted se queda en un hotel o en una pensión.

el (la) recepcionista
la recepción
la habitación *(room)*

Práctica

Las definiciones. ¿Cuál es la palabra que corresponde a la definición?

MODELO   una cosa en que viajamos por mar: un... **barco**

1. un lugar donde las habitaciones cuestan poco: una...
2. un lugar donde cambiamos los dólares por pesos: un... o la...
3. un lugar donde revisan las maletas: la...
4. el lugar donde hay muchos barcos: el...
5. las maletas que llevamos cuando viajamos: el...
6. una persona que hace un viaje por avión: un(a)...

¿Qué hace el viajero (traveler) experto?

1. No deja* las cosas para último *(last)* momento. Va a una agencia de viajes. Decide cómo va a viajar: por barco, por tren, por avión o a pie. Compra pasajes (boletos) de ida y vuelta.

2. Decide si quiere quedarse en una pensión o en un hotel. Estudia los precios antes de decidir. Hace sus reservaciones antes de salir.

***Dejar** means *to leave, leave behind* or *to let, allow.*

3. Lee varios libros sobre el sitio *(place)* que va a visitar. También consulta mapas.

4. Hace la maleta varios días antes de salir. No lleva mucho equipaje.

5. Siempre recuerda las tres cosas más importantes: los boletos, el dinero (o los cheques de viajero) y el pasaporte.

6. Llega temprano al aeropuerto, al puerto o a la estación de autobuses o del ferrocarril.

7. Siempre conoce las regulaciones de la aduana.

Práctica

¿Verdadero o falso? ¿Son verdaderas o falsas las siguientes frases *(following sentences)?* El viajero experto...

1. Lleva mucho equipaje.
2. Hace la maleta la noche antes de salir.
3. Lee libros y consulta mapas del sitio que va a visitar.
4. Recuerda tres cosas importantes: el dinero, el pasaporte y las aspirinas.
5. No lleva cheques de viajero porque es difícil cambiarlos.
6. Pregunta cuál es el precio de las habitaciones antes de hacer la reservación.

Preguntas

1. ¿Le gusta viajar? ¿Qué ciudad o sitio visitó durante su último viaje?   2. ¿Piensa hacer un viaje este año? ¿Adónde? ¿Cuándo? ¿Con quiénes?   3. ¿Pasea (Va) mucho en auto usted? ¿Hace autostop a veces?   4. ¿Piensa hacer un paseo este fin de semana? ¿Adónde? 5. ¿Qué es un(a) cajero(-a)? ¿y un(a) recepcionista?

I. Formal *usted* and *ustedes* Commands

EN CIUDAD DE MÉXICO, CERCA DEL MUSEO DE HISTORIA NATURAL

SR. SMITH	*Oiga,*° señor, ¿sabe usted si hay algún banco por aquí cerca? Necesitamos cambiar dinero.	*Excuse me*
OTRO SEÑOR	Pues, el Banco de México está a diez cuadras° de aquí. *Vayan* derecho° por esta calle hasta la Avenida Juárez. *Doblen*° a la izquierda y *caminen*° dos cuadras. El banco está en la esquina° de las avenidas Juárez y Lázaro Cárdenas.	*blocks /* **Vayan...** *Go straight* *Turn* *walk* *corner*
SR. SMITH	Señor, *espere*° un momento, por favor. A ver... Vamos derecho por esta calle hasta la Avenida Juárez. Allí doblamos a la izquierda y caminamos dos cuadras, ¿no?	*wait*
OTRO SEÑOR	Exacto..., ¡pero son las cuatro menos cuarto! Aquí los bancos cierran a las cuatro. ¡*Tomen*° un taxi o no llegan a tiempo!	*Take*
SR. SMITH	Muchas gracias, señor. ¡Taxi!... ¡Taxi!	

1. ¿Adónde quieren ir los señores Smith? ¿Para qué?   2. ¿Qué banco está a diez cuadras de allí?   3. ¿Cuántas cuadras deben caminar por la Avenida Juárez?   4. ¿A qué hora cierran los bancos en esa ciudad?   5. ¿Qué deben hacer los señores Smith para no llegar tarde?

A. To form the singular formal **(usted)** command of regular verbs, drop the **-o** ending from the first-person singular **(yo)** form of the present tense and add **-e** for **-ar** verbs and **-a** for **-er** and **-ir** verbs. The **ustedes** command is formed by adding an **-n** to the singular command forms.

-ar	Compro esa maleta.	{ Compr**e** (usted) esa maleta. Compr**en** (ustedes) esa maleta.
-er	Como algo.	{ Com**a** (usted) algo. Com**an** (ustedes) algo.
-ir	Escribo la carta.	{ Escrib**a** (usted) la carta. Escrib**an** (ustedes) la carta.

The pronouns **usted** and **ustedes** are usually omitted, but they are sometimes used to soften a command, to make it more polite. To make a command negative, place **no** before the verb.

No compren ustedes nada aquí;   *Don't buy anything here; let's go to the*
  vamos al mercado.   *market.*

B. If a verb has an irregularity or a stem change in the first-person singular of the present tense, this irregularity or stem change is carried over into the command forms.

No salga todavía.	*Don't leave yet.*
Recuerde el número de la casa.	*Remember the house number.*
Duerman un poco.	*Sleep a little (while).*
Vuelvan a la caja en seguida.	*Come back to the cashier's desk right away.*
No pierdan los cheques de viajero.	*Don't lose the traveler's checks.*

C. Infinitives that end in **-zar, -car,** and **-gar** have a spelling change in the **usted** and **ustedes** command forms to preserve the sound of the infinitive ending.

c to **qu**	buscar	yo busco	bus**que**(n)
g to **gu**	llegar	yo llego	lle**gue**(n)
z to **c**	empezar	yo empiezo	empie**ce**(n)

Saquen unas fotos (fotografías) aquí.	*Take some photos (photographs) here.*
Busque la maleta.	*Look for the suitcase.*

D. Some irregular formal (**usted** and **ustedes**) commands are:

ir	**vaya(n)**	estar	**esté(n)**
ser	**sea(n)**	dar	**dé,* den**
saber	**sepa(n)**		

Vayan primero a la estación de trenes.	*First go to the train station.*
Sean puntuales; estén aquí a las dos.	*Be punctual; be here at two o'clock.*
Sepa el precio del boleto antes de llegar a la estación de autobuses.	*Know the price of the ticket before arriving at the bus station.*
Den un paseo con los niños.	*Take a walk with the children.*

Práctica

A. **Vuelva en seguida, por favor.** El señor Roa sale de viaje y le da instrucciones a su secretaria. Siga los modelos.

MODELOS　　ir al banco.
　　　　　　　Vaya al banco.

　　　　　　　no llegar tarde
　　　　　　　No llegue tarde.

1. llamar a la agencia de viajes
2. hablar con Luisa
3. reservar los pasajes
4. no perder el tiempo
5. salir al banco
6. no ir en autobús
7. tomar un taxi
8. sacar dos millones de pesos del banco
9. pagar los pasajes y...
10. ¡...volver inmediatamente!

---

*The accent on **dé** distinguishes the word from the preposition **de.**

B.   ¡Recuerden mis consejos!   Deles consejos a unos amigos que van a Ciudad de México. Siga los modelos.

> MODELOS   llevar cheques de viajero
> **Lleven cheques de viajero.**
>
> no perder sus pasaportes
> **No pierdan sus pasaportes.**

1. hacer las maletas hoy o mañana
2. no llegar tarde al aeropuerto
3. asistir a un concierto de música folklórica
4. sacar muchas fotografías
5. ir al Museo Nacional de Antropología
6. dar un paseo por el Zócalo y...
7. ¡comer comidas típicas!

C.   Preguntas...   Un guía turístico habla con unos turistas. Siga los modelos.

> MODELOS   ¿Puedo ir al banco ahora?
> **Sí, vaya al banco ahora.**
>
> ¿Podemos buscar el equipaje?
> **Sí, busquen el equipaje.**

1. ¿Puedo cambiar dinero aquí?
2. ¿Puedo usar el teléfono?
3. ¿Podemos salir de la aduana ya?
4. ¿Puedo comprar algunos regalos ahora?
5. ¿Podemos hacer una excursión en barco?
6. ¿Podemos sacar unas fotografías?

D.   ...y más preguntas.   Conteste negativamente las preguntas de los turistas del ejercicio C. Siga los modelos.

> MODELOS   ¿Puedo ir al banco ahora?
> **No, no vaya al banco ahora.**
>
> ¿Podemos buscar el equipaje?
> **No, no busquen el equipaje.**

Conversaciones.   Trabaje con un(a) compañero(-a). Inventen dos conversaciones: una con un(a) profesor(a) y otra con un(a) doctor(a). En forma alternada *(Taking turns)*, un(a) estudiante hace las siguientes preguntas. El otro (La otra) contesta, usando la forma **usted** de mandatos *(using **usted** commands).*

1.   a un(a) profesor(a): ¿Cómo voy de aquí a la biblioteca? ¿de aquí a la cafetería? ¿de aquí a la oficina del presidente? ¿Qué puedo hacer para sacar mejores notas? ¿para hablar español correctamente?

2.   a un(a) doctor(a): ¿Qué debo hacer para perder peso *(weight)*? ¿para dormir bien?

MÉXICO Y LAS CIENCIAS

Mario Molina Henríquez

En 1995 el eminente científico mexicano Mario Molina Henríquez recibió el Premio Nóbel de Química por su descubrimiento *(discovery)* del rol que juegan los fluoroclorométanos en la destrucción de la capa *(layer)* de ozono. Esto tuvo un impacto inmediato en la regulación y control de estos compuestos *(compounds)* químicos y en una mayor preocupación por preservar el hábitat terrestre.

Molina Henríquez nació en la ciudad de México en 1943. Estudió química en la Universidad Nacional Autónoma de México y obtuvo el doctorado en química de la Universidad de Berkeley, California.

Mario Molina recibe el Premio Nóbel de Química en 1995

PREGUNTAS

1. ¿Quién es Mario Molina?   2. ¿Qué hizo él?   3. ¿Cuándo ganó el Premio Nóbel?   4. ¿Por qué es importante su descubrimiento?

II. Tú Commands

El puerto de Veracruz, México

CERCA DEL PUERTO DE VERACRUZ

FERMÍN	*Oye*°, Tito, ¿me puedes decir cómo llegar al puerto?	*Listen*
TITO	*Toma* el autobús aquí y *baja* en la estación de autobuses; allí, *dobla* a la derecha. Después *ve* hasta el hotel El Viajero, pero ¡cuidado!, no *dobles* a la izquierda. *Sigue* derecho hasta el edificio de la aduana.	
FERMÍN	¿Crees que llego a tiempo para reservar los pasajes?	
TITO	No hay problema. Los niños te acompañan. *(Llama a los niños.)* ¡Toño! ¡Lisa! Vayan con el tío Fermín adonde están los barcos, ¿eh?	
TOÑO	¿Los barcos? ¡Oh, ya sé! ¡Lisa! ¡*Ven* aquí! ¡*Corre!* ¡Vamos a la juguetería° con el tío Fermín!	*toy store*

1. ¿Adónde quiere ir Fermín?   2. Según las instrucciones de Tito, ¿dónde debe doblar Fermín?   3. ¿Para qué quiere llegar Fermín al puerto?   4. ¿Quiénes lo van a acompañar? 5. ¿Adónde cree Toño que van a ir?   6. En general, ¿prefiere usted viajar en autobús, en barco o en avión? ¿Por qué?

A. Informal singular (**tú**) affirmative commands for regular verbs are the same as the third-person singular, present-tense form. The pronoun **tú** is not used, except very rarely for emphasis.

Gloria toma el tren.	*Gloria is taking the train.*
Toma (tú) el tren.	*Take the train.*
Juan lee el mapa.	*Juan is reading the map.*
Lee el mapa.	*Read the map.*
Julia sube al autobús.	*Julia gets on the bus.*
Sube al autobús.	*Get on the bus.*
Felipe cruza la calle.	*Felipe is crossing the street.*
Cruza la calle.	*Cross the street.*

B. Some irregular affirmative **tú** commands are:

decir	**di**		salir	**sal**
hacer	**haz**		ser	**sé**
ir	**ve**		tener	**ten**
poner	**pon**		venir	**ven**

Irene, di «gracias».	*Irene, say "thank you."*
Haz la maleta.	*Pack your suitcase.*
Ve al correo, Jorge.	*Go to the post office, Jorge.*
Pon el equipaje aquí.	*Put the luggage here.*
Sal ahora o no llegas a tiempo.	*Leave now or you won't arrive on time.*
Sé simpático, Mateo.	*Be nice, Mateo.*
¡Ten cuidado, José!	*Be careful, José!*
Ven acá, María.	*Come here, María.*

C. Negative **tú** commands are formed by adding an **-s** to the **usted** commands.

No doble (usted) aquí.
No dobles (tú) aquí. } *Don't turn here.*

No vuelva (usted) tarde.
No vuelvas (tú) tarde. } *Don't come back late.*

No salga (usted) ahora.
No salgas (tú) ahora. } *Don't leave now.*

No vaya (usted) a ninguna parte ahora.
No vayas (tú) a ninguna parte ahora. } *Don't go anywhere now.*

Práctica

A. **¡No salgas muy tarde!** Ana prepara una fiesta para sus amigos esta noche a las ocho. Llama a Amelia para darle instrucciones de cómo llegar a su casa. Siga el modelo.

MODELO salir antes de las siete
Sal antes de las siete.

1. tomar la calle Colonia
2. caminar tres cuadras
3. doblar a la izquierda
4. ir a la estación de autobuses
5. subir al autobús número 85
6. leer los nombres de las calles
7. bajar del autobús en la calle Colón
8. seguir por la calle Colón
9. buscar el número 121, que es donde vivo

Cambie las oraciones números 1, 3, 4, 5, 7 y 8 al negativo.

B. **Vuelve en seguida, por favor.** Mire el ejercicio A (página 256). Cambie los infinitivos a mandatos. Siga estos modelos.

MODELOS ir al banco
Ve al banco.

no llegar tarde
No llegues tarde.

Entrevista

Trabaje con un(a) compañero(-a). En forma alternada, hagan y contesten las preguntas que siguen. Usen mandatos en las respuestas *(answers)*.

1. ¿Cómo puedo ir de aquí al correo? ¿a la librería universitaria? ¿a la estación del ferrocarril? ¿al centro? 2. ¿Qué debo hacer para tener más amigos? ¿para divertirme los fines de semana? 3. ¿Adónde puedo ir para esquiar? ¿para nadar? ¿para tomar un café y leer?

MÉXICO Y EL ARTE
La cerámica

Si usted visita México, por todas partes va a ver los famosos «árboles *(trees)* de la vida», objetos de cerámica en forma de árboles adornados *(decorated)* con figuras humanas, animales, flores o míticas. Estos objetos de arte muestran, o ilustran, un episodio de la Biblia, la historia de una familia, algún mito o alguna tradición popular o, a veces, la historia de alguna novela famosa como *Como agua para chocolate* de la mexicana Laura Esquivel, por ejemplo. Cada uno de estos árboles es una obra original.

Y si por casualidad *(by chance)* usted está en el valle de Toluca (en el estado de México) y se pasea por el pequeño pueblo de Metepec, puede conocer a Tiburcio Soteno Fernández, el artista más importante en este tipo de obra. Según Tiburcio, su mamá, Juana Fernández, empezó la tradición de los árboles de la vida, creando *(creating)* escenas bíblicas con las figuritas de barro *(clay)*. Ahora toda la familia Soteno Fernández se dedica a *(devotes itself to)* trabajar con barro, al igual que *(like)* la mayor parte de la población de Metepec. Visitar Metepec es una experiencia inolvidable *(unforgettable)* porque uno está en un mundo de colores vivos y formas variadas... a veces cómicas, a veces serias, pero siempre interesantes y encantadoras *(charming)*.

Un árbol de la vida, en Metepec, México

PREGUNTAS
1. ¿Qué son los «árboles de la vida»? ¿Qué ilustran?   2. ¿Dónde está Metepec?
3. ¿Quién es Tiburcio Soteno Fernández? ¿Qué hizo su mamá?   4. ¿Por qué es inolvidable una visita a Metepec?

III. Position of Object Pronouns with Commands

EN CIUDAD DE MÉXICO, DONDE LOS SEÑORES CASTELLÓN VIAJAN EN AUTO CON SUS TRES HIJOS

PEPE	Papá, tengo hambre. ¿Cuándo vamos a llegar al Parque de Chapultepec?	
SR. CASTELLÓN	*Déjanos*° en paz, Pepe. Y *siéntense*°, niños, porque vamos a parar°. *(Para el coche*°.*)* Silvia, *dame*° el mapa.	*Leave us / sit down* *to stop* *car / give me*
SRA. CASTELLÓN	¿Otra vez estamos perdidos? Mejor salgo° a preguntar.	**Mejor...** *I'd better go out*
PAQUITA	¡Qué bien! ¡Qué bien! ¡Llegamos!	
SRA. CASTELLÓN	No, niños. *Quédense*° aquí. *(Sale del coche y regresa en unos minutos.)* Dice el señor que hay que regresar a la Plaza de las Tres Culturas, doblar a la izquierda en Paseo de la Reforma y después...	*Stay*

(Continued)

SR. CASTELLÓN	¡Pero no puede ser! Ya estuvimos en Paseo de la Reforma y nos dijeron que debíamos buscar Insurgentes.
SRA. CASTELLÓN	*Cálmate*°, Mario. Ten paciencia.
SRA. CASTELLÓN	*(Media hora más tarde.)* Niños, ¡estamos aquí! Pero, ¿qué les pasa? ¡*Despiértense!*°
LOS NIÑOS	Zzzzzz...

Calm down (aligned with Cálmate line)
Wake up! (aligned with Despiértense line)

1. ¿Dónde está la familia Castellón?   2. ¿Qué quieren saber los niños?   3. ¿Por qué para el coche el señor Castellón?   4. ¿Qué hace la señora Castellón?   5. Según el señor, ¿qué hay que hacer?   6. Cuando llegan al parque, ¿qué hacen los niños?

A.   Object and reflexive pronouns are attached to affirmative commands, familiar and formal. The stressed vowel of the command form is still stressed when pronouns are attached, which usually means that an accent mark must be written on the stressed vowel to maintain the stress.

Compra los cheques de viajero. Cómpralos (tú).	*Buy the traveler's checks. Buy them.*
Léeme la dirección. Léemela (tú).	*Read me the address. Read it to me.*
Cuéntenos (usted) algo del viaje de negocios.*	*Tell us something about the business trip.*
Denle (ustedes) la bienvenida a tía Carmen.	*Welcome* (literally, *Give welcome to*) *Aunt Carmen.*
Perdónenme (ustedes).	*Pardon (Excuse) me.*

B.   Object pronouns precede negative commands, familiar and formal.

No cierres la puerta. No la cierres (tú).	*Don't close the door. Don't close it.*
No te preocupes.	*Don't worry.*
No saque la foto aquí. No la saque (usted) aquí.	*Don't take the photo here. Don't take it here.*
No les digan (ustedes) eso.	*Don't tell them that.*

C.   When both a direct object pronoun and an indirect object pronoun are used, the indirect object pronoun precedes the direct object pronoun, just as with statements or questions.

Dímelo. No me lo digas (tú).	*Tell me (it). Don't tell me (it).*
Déjenselos (los cheques de viajero).† No se los dejen (ustedes).	*Leave them (the traveler's checks) for them (her, him). Don't leave them for them (her, him).*

---

*The verb **contar** *(to tell, relate)* is an **o** to **ue** stem-changing verb.
†Here **dejar** means *to leave* in the sense of *to leave behind, not take* and requires a direct object. (**Dejar,** of course, also means *to allow, permit,* or *let.*) **Salir** means *to leave* in the sense of *to depart;* it does not take a direct object.

Práctica

A. **Ayúdame, por favor.** Usted va a salir de viaje y no puede encontrar las siguientes cosas: **el pasaporte, los mapas, la dirección del hotel, los cheques de viajero.** Su compañero(-a) de cuarto lo (la) ayuda. Siga el modelo.

> **MODELO** los regalos
> **Búscalos allí, por favor.**

B. **El viajero experto.** Trabajen en grupos. Miren las ilustraciones de las páginas 253–254 sobre el viajero experto. Den consejos a alguien que va de viaje. Hagan seis mandatos, usando pronombres objetos. Usen su imaginación e inventen otros consejos también.

> **MODELO** El viajero experto compra boletos de ida y vuelta.
> **Cómprelos en una agencia o por teléfono. No los compre a último momento.**

C. **Órdenes y consejos.** Trabaje con un(a) compañero(-a). En forma alternada, contesten las siguientes preguntas. Hagan mandatos con pronombres objetos.

1. ¿Qué órdenes oye mucho un niño? Dé cuatro o cinco ejemplos. Ideas: la comida que (no) debe comer, qué tiene que hacer para prepararse para ir a la escuela, órdenes de un(a) maestro(-a) de escuela (abrir el libro, sacar el bolígrafo, etc.), órdenes en la casa (poner la mesa, sacar la basura, lavar los platos, etc.).
2. ¿Qué consejos quiere darle usted a un(a) amigo(-a)? Dé cuatro o cinco ejemplos. Ideas: la ropa que (no) debe llevar, las clases que (no) debe seguir, la comida que (no) debe comer en la cafetería, las cosas que (no) debe comprar.
3. ¿Qué órdenes o consejos que a usted no le gustan le dan sus padres? ¿Qué clase de órdenes o consejos sí le gustan? Dé cuatro o cinco ejemplos.

¡Vamos a repasar!

Simón dice... Un(a) estudiante hace el papel *(plays the role)* de «Simón». Le da dos órdenes a la clase.

> **MODELOS** Juan, ve a la puerta. Toca el escritorio del profesor (de la profesora).
> Dame tu libro de español.
> Los estudiantes que llevan jeans (camisa azul, blusa blanca, etc.),
> váyanse a la pizarra.
> Los estudiantes de matemáticas (literatura, historia, etc.), levántense
> (levanten la mano, caminen a la ventana, etc.).

Después, otro(-a) estudiante hace el papel de «Simón» y la actividad continúa. *(Note: If the command is not in correct Spanish the students do not have to obey.)*

Mosaico cultural

Para leer

MÉXICO, LA ANTIGUA CAPITAL AZTECA

El Zócalo, Ciudad de México

Antes de leer

1. Mire la foto en esta página. ¿Qué es «la antigua capital azteca»?
2. ¿Cuántas personas hablan en esta conversación?
3. ¿Qué quieren decir los siguientes cognados?
    a. uruguayo   d. ruina
    b. maravilloso   e. admirar
    c. fascinante   f. vista

Lectura

En una oficina del Zócalo, México, D.F.[1] Dos agentes de la Compañía Turismo Mundial° le dan la bienvenida a Amalia Muñoz, una agente uruguaya en viaje de negocios.

World

HÉCTOR	¡Bienvenida, señorita Muñoz! ¿Qué tal el viaje?
AMALIA	Bastante bueno, gracias. Pero ¡no me llame «señorita»! Llámeme Amalia, por favor. ¿Y usted es...?
HÉCTOR	¡Oh, perdóneme! Yo soy Héctor Peralta, y éste es Alonso Rodríguez. Él está a cargo de° las excursiones al Caribe...
AMALIA	¡Alonso! ¡Pero ya nos conocemos! Fue en Montevideo que nos conocimos. ¿Recuerdas...?
ALONSO	¡Claro! Me llevaste a pasear por la playa.
AMALIA	No sabía que ahora vivías en México.
ALONSO	Vine aquí hace dos años.
HÉCTOR	Cuéntenos algo de usted, Amalia. ¿Es éste su primer viaje a México?
AMALIA	Sí. Vine por invitación de la Compañía Mexicana de Aviación. ¡Y vean mi suerte! La invitación incluye° pasaje de ida y vuelta y seis días en el mejor hotel de esta ciudad, que me parece maravillosa y fascinante.
HÉCTOR	La ciudad está construida° sobre las ruinas de la antigua capital azteca...
ALONSO	...que estaba en medio de° un lago,[2] algo así como una antigua Venecia mexicana, ¿no?
HÉCTOR	Exacto. Dicen que los aztecas tenían su gran templo aquí cerca, en el sitio donde ahora está la catedral.
AMALIA	¿Realmente? ¡Qué interesante!... ¿Y qué les parece si ahora me llevan a conocer el centro? ¡Recuerden que sólo tengo seis días!
ALONSO	Tus deseos° son órdenes, Amalia. Vengan. Síganme. Los invito a tomar una copa° en el bar de la Torre Latinoamericana.[3]
HÉCTOR	Desde allí usted va a poder admirar la belleza° de esta ciudad. ¡La vista es hermosa!
AMALIA	¡Qué suerte!... Pero por favor, espérenme unos minutos. Quiero comprar película para mi cámara. Vuelvo en seguida. ¡No me dejen!
ALONSO	Tú no cambias, Amalia. Nunca vas a ninguna parte sin tu famosa cámara. Pero no te preocupes, aquí te esperamos.

a... in charge of

includes

constructed

en... in the middle of

wishes
drink

beauty

Después de leer

1. ¿Dónde están los tres agentes?   2. ¿Se conocían ya Amalia y Alonso? ¿Dónde se conocieron?   3. ¿Cuánto tiempo hace que Alonso está en México?   4. ¿Es éste el primer viaje de Amalia a México? ¿Qué incluye la invitación de la Compañía Mexicana de Aviación?   5. ¿Dónde está construida Ciudad de México?   6. ¿Qué tenían los aztecas en el sitio donde ahora está la catedral?   7. ¿Para qué piensan ir a la Torre Latinoamericana? 8. ¿Qué quiere hacer Amalia antes de ir allí?   9. ¿Le gusta a ella sacar fotos? ¿Cómo sabemos que la fotografía es una de sus diversiones favoritas?   10. ¿Le gusta a usted sacar muchas fotos cuando viaja o prefiere comprar postales *(postcards)* en los lugares que visita? ¿Por qué?

NOTAS CULTURALES

1. **El Zócalo** (officially called **Plaza de la Constitución),** one of the biggest squares in the world, is located in the center of Mexico City **(México, Distrito Federal).** One side is occupied by the cathedral, one of the largest in America, built on the site of a former Aztec temple. Another side is occupied by the **Palacio Nacional,** which was built over the site of Moctezuma's palace. Moctezuma was the emperor of the Aztecs, who had conquered most of the other Indians of Mexico by the time the Spanish arrived.

2. The subsoil of Mexico City is like a giant sponge; about 85 percent of it is water, much of which is extracted from time to time for use in the growing city. For this reason, many of the older public buildings have been thrust upward and must be entered by stairways added later to the original structure, while others have sunk and must now be reached by descending a stairway.

3. The **Torre Latinoamericana** is a forty-four-story skyscraper that floats on its foundation, which consists of piers sunk deep into the clay beneath Mexico City. The observatory on top is popular with tourists.

Para escuchar

La pirámide de Kukulkán, Chichén Itzá, México

Un anuncio *(Announcement).*   Los señores Díaz hacen un viaje desde Ciudad de México hasta Mérida, en la Península de Yucatán. En la habitación de su hotel oyen el siguiente anuncio de turismo en la radio. Escuche el anuncio y conteste esta pregunta: ¿De qué sitio de interés hablan en el anuncio?

a. el Centro de Arqueología Maya
b. Uxmal
c. Chichén Itzá

Para comunicarnos

In this chapter, you have seen examples of some important language functions or uses. Here is a summary and some additional information about these functions of language.

Asking for Directions

The ability to ask for and understand directions is one of the most important language functions you will need when traveling in a Spanish-speaking country. Here are some ways to ask for directions.

¿Dónde está...?	*Where is . . . ?*
Busco la calle...	*I'm looking for . . . Street.*
¿Hay un correo (una estación de autobuses) cerca de aquí?	*Is there a post office (a bus station) near here?*
Por favor, señor(a), ¿está lejos (está cerca) el mercado?	*Please, sir (ma'am), is the marketplace far away (nearby)?*
¿Cuál es la dirección de...?	*What's the address of . . . ?*
¿Me puede decir cómo llegar a...?	*Can you tell me how to get to . . . ?*
¿Por dónde va uno a...?	*How do you get to . . . ?*

Understanding Directions

Here are some responses you may hear when you ask for directions.

Siga por la calle...	*Follow . . . Street.*
Doble a la izquierda (derecha).	*Turn left (right).*
Siga adelante (derecho).	*Keep going straight.*
Vaya derecho hasta llegar a...	*Go straight until you get to . . .*
Sígame hasta llegar a...	*Follow me until you get to . . .*
Camine dos cuadras hasta llegar a...	*Walk two blocks until you arrive at . . .*
Cruce la calle y...	*Cross the street and . . .*
Está al lado de...	*It's next to . . .*
Está al norte (sur, este, oeste) de...	*It's north (south, east, west) of . . .*
Está en la esquina de...	*It's on the corner of . . .*
Está en el centro.	*It's downtown.*
Después de pasar por..., está...	*After you pass . . . , it's . . .*

Getting Someone's Attention

One way to get attention is to simply say, **¡Oiga, señor (señora, señorita)! Oiga** is a word that never fails to get people to lend an ear. **Perdón, perdóneme,** or **discúlpeme** are also often used and are more polite.

ACTIVIDADES

A. **¿Por dónde va uno para llegar a...?**   Trabaje con un(a) compañero(-a). En forma alternada, hagan y contesten preguntas sobre cómo ir de la clase a los siguientes lugares.

1. un buen restaurante
2. un parque o un lugar bonito para dar un paseo
3. un sitio de interés que a usted le gusta visitar

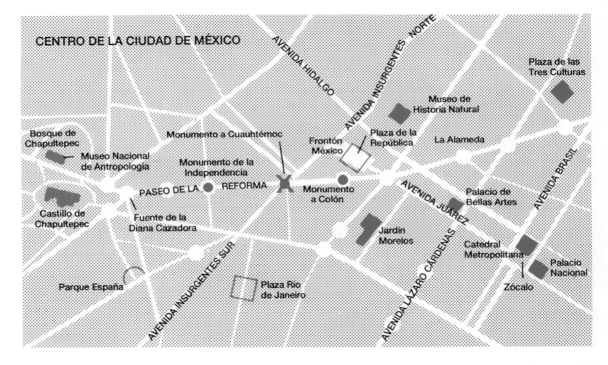

CENTRO DE LA CIUDAD DE MÉXICO

AVENIDA HIDALGO

AVENIDA INSURGENTES NORTE

Plaza de las Tres Culturas

Museo de Historia Natural

Bosque de Chapultepec

Monumento a Cuauhtémoc

Frontón México

Plaza de la República

La Alameda

AVENIDA BRASIL

Museo Nacional de Antropología

Monumento de la Independencia

PASEO DE LA REFORMA

Monumento a Colón

AVENIDA JUÁREZ

Palacio de Bellas Artes

Castillo de Chapultepec

Fuente de la Diana Cazadora

Jardín Morelos

AVENIDA LÁZARO CÁRDENAS

Catedral Metropolitana

Palacio Nacional

AVENIDA INSURGENTES SUR

Parque España

Plaza Río de Janeiro

Zócalo

B. **En Ciudad de México.**   Trabaje con un(a) compañero(-a). En forma alternada, Estudiante 1 da las siguientes instrucciones y Estudiante 2 las sigue. ¿Adónde llega el Estudiante 2? Empiecen siempre en la intersección de Avenida Insurgentes y Paseo de la Reforma.

> **MODELO**   Tome la Avenida Insurgentes Norte hasta llegar a la Avenida Hidalgo. Doble a la derecha. Siga derecho hasta la Avenida Lázaro Cárdenas y doble a la derecha. Camine media cuadra y lo va a ver a su derecha.
> **el Palacio de Bellas Artes**

1. Vaya derecho por Paseo de la Reforma hasta llegar a la Fuente de la Diana Cazadora. Allí no vaya derecho. Usted va a entrar en el Parque de Chapultepec, pero siga por Paseo de la Reforma hasta llegar a un gran edificio a su derecha.

2. Tome Paseo de la Reforma hacia el Monumento a Colón y vaya hasta la Avenida Juárez. Doble a la derecha. Cruce las Avenidas Lázaro Cárdenas y Brasil. Siga adelante. Es una gran plaza que va a ver enfrente de usted.
3. Tome Paseo de la Reforma hasta llegar a la Avenida Juárez. Doble a la izquierda. Está en la Plaza de la República.
4. Tome la Avenida Insurgentes Norte hasta la Avenida Hidalgo. Doble a la derecha. Cruce las Avenidas Lázaro Cárdenas y Brasil. Está en la esquina de Hidalgo y Brasil.

C. **¿Cómo llego a...?**   Trabaje con un(a) compañero(-a). En forma alternada, hagan y contesten preguntas sobre cómo llegar a diferentes sitios en el mapa. Empiecen siempre en la intersección de Avenida Insurgentes y Paseo de la Reforma.

| MODELO | ESTUDIANTE 1 | **¿Cómo llego al Palacio Nacional?** |
| | ESTUDIANTE 2 | **Toma Paseo de la Reforma hacia...** |

D. **Juego: Un viaje imaginario.**   Trabajen en grupos. Estudiante 1 empieza el juego. Dice: **Mañana me voy de viaje. Llevo... mi pasaporte.** Estudiante 2 repite la frase y dice, por ejemplo: **Mañana me voy de viaje. Llevo mi pasaporte y una raqueta de tenis.** El juego termina si alguien hace un error o si no puede acordarse de (recordar) todos los objetos.

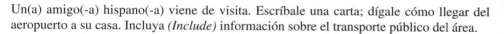
Para escribir

Un(a) amigo(-a) hispano(-a) viene de visita. Escríbale una carta; dígale cómo llegar del aeropuerto a su casa. Incluya *(Include)* información sobre el transporte público del área.

Vocabulario activo

COGNADOS

la compañía	experto	la orden	uruguayo
exacto	fascinante	la ruina	la vista
la excursión	maravilloso	el taxi	

VERBOS

admirar	to admire	parar	to stop
calmar	to calm	pasear	to walk, stroll, ride, take a
calmarse	to calm down, be calm		short trip
cambiar	to change, exchange	perdonar	to forgive, pardon
caminar	to walk	preocuparse (de)	to worry (about)
consultar	to consult	reservar	to reserve
contar (ue)	to tell; to count	subir	to climb, go up
cruzar	to cross	subir a	to get on; to climb (go) up to
dejar	to leave, leave behind; to let, allow		
doblar	to turn	usar	to use

VIAJES Y PASEOS

a pie	on foot	derecho	straight, straight ahead
adelante	straight, straight ahead	el equipaje	luggage
la aduana	customs; customs house	la esquina	corner
el autostop	hitchhiking	el ferrocarril	railroad
hacer autostop	to hitchhike	la habitación	room
a tiempo	on time	el mercado	market
el barco	ship, boat	el negocio	business
la bienvenida	welcome	el viaje de negocios	business trip
darle la bienvenida a alguien	to welcome someone	la parte	part
		alguna parte (ninguna parte)	somewhere (nowhere)
la caja	cashier's desk; exchange office	el pasaje	ticket; fare
el cajero (la cajera)	cashier	el paseo	outing
el correo	post office; mail	el puerto	port
la cuadra	(city) block	el sitio	place
el cheque de viajero	traveler's check	el sitio de interés	point (site) of interest
		el viajero (la viajera)	traveler

OTRAS PALABRAS Y FRASES

antiguo	*ancient;* (before the noun) *former*
el anuncio	*announcement; advertisement*
en forma alternada	*taking turns*
el mandato	*command, order*
la respuesta	*answer, response*
en seguida	*at once, immediately*
siguiente	*following*
último	*last*

Expresiones útiles

Camine dos cuadras.	*Walk two blocks.*
Cruce la calle y...	*Cross the street and . . .*
Doble a la izquierda (derecha).	*Turn left (right).*
Está al norte (sur, este, oeste) de...	*It's north (south, east, west) of . . .*
¿Me puede decir cómo llegar a...?	*Can you tell me how to get to . . . ?*
¿Por dónde va uno a...?	*How do you get to . . . ?*
Siga por la calle...	*Follow . . . Street.*
Siga adelante (derecho).	*Keep going straight.*
Vaya derecho hasta llegar a...	*Go straight until you get to . . .*

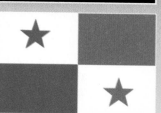
Un bosque tropical en Puntarenas, Costa Rica

NICARAGUA

COSTA RICA

PANAMÁ

¿Sabía usted que...?

- Nicaragua tiene aproximadamente cuatro millones y medio de habitantes y su moneda oficial es el córdoba oro.

- Costa Rica tiene aproximadamente tres millones y medio de habitantes y su moneda oficial es el colón.

- Panamá tiene aproximadamente dos millones y medio de habitantes y su moneda oficial es el balboa.

- En esta zona hay dos estaciones: la estación húmeda («el invierno»), de mayo a diciembre, y la estación seca («el verano»), de enero a abril.

- Informalmente, «nica» se usa *(is used)* para decir *nicaragüense* y «tico» para decir *costarricense*.

PREGUNTAS

1. ¿Cuál es la capital de Nicaragua? ¿de Costa Rica? ¿de Panamá?
2. ¿Cuáles son las dos estaciones del año en esta zona?
3. ¿Qué quiere decir «nica»? ¿«tico»?

Un quiosco de revistas y periódicos

CAPÍTULO
ONCE

Las noticias

Cultura

This chapter focuses on Nicaragua, Costa Rica, and Panamá.

Estructuras

You will discuss and use:

- Other uses of **se**—as an impersonal pronoun equivalent to English *one, people, they;* as an alternative to the passive in such sentences as *Newspapers are sold here*

- The past participle used as an adjective (e.g., *open, discovered, seen*)

- The present and past perfect tenses, corresponding to English constructions such as *I have heard, I had heard*

Vocabulario

In this chapter you will talk about the news **(las noticias).**

Comunicación

- Expressing agreement
- Expressing disagreement

273

Vocabulario del tema

¿Qué hay de nuevo?

Más inflación: subió el costo de la vida.

Guerrilleros atacaron al ejército *(army);* la nación está en guerra *(at war).*

El Papa visitó Costa Rica.

Hubo una manifestación en la capital de Panamá. Los estudiantes protestaron contra el gobierno.

Costa Rica ganó *(won)* otra vez en fútbol.

Ayer hubo un terremoto *(earthquake)* en Nicaragua. Murieron miles de personas.

Hubo una huelga *(strike)* general de trabajadores; pidieron aumento de sueldo.

Hubo un incendio en San José. Cinco familias se quedaron sin casa.

El presidente habló de los derechos humanos y de la superpoblación en la última reunión de las Naciones Unidas.

Hubo elecciones generales.

Para informarse sobre las noticias...

prender
(to turn on)
apagar
(to turn off)
} el televisor
la televisión
la radio

el periódico, la revista
(magazine), los anuncios
(advertisements)

el canal *(channel)*, el
noticiero *(news program)*,
un reportaje especial

Práctica

Asociaciones.   ¿Qué noticias asocia usted con las personas y cosas que siguen?

MODELO   el Papa
            **El Papa viajó a muchos países el año pasado y habló de religión y de
            política con la gente.**

1. el béisbol o el fútbol
2. Centroamérica
3. el presidente de Estados Unidos
4. el costo de la vida
5. el tiempo

Preguntas

1. ¿Cuándo prende usted la radio?   2. ¿Qué escucha por radio: música, noticias, deportes?
3. ¿Qué mira por televisión?   4. ¿Cuántas horas mira televisión en un día típico?
5. ¿Hay canales públicos en esta región? ¿Cuántos y cuáles? ¿Qué programas de canales
públicos le gustan a usted?   6. Según su opinión, ¿es buena o mala la influencia de la televisión? ¿Por qué?   7. ¿Cómo se informa usted sobre las noticias? ¿Le interesan mucho las
noticias del día? ¿Va a reuniones donde la gente habla de las noticias?   8. ¿Ve usted
el noticiero todas las noches? ¿A qué hora lo ve?   9. ¿Lee el periódico?   10. ¿Lee los
anuncios de comida? ¿de ropa?   11. ¿Qué revistas lee usted? ¿Por qué las lee?

Estructuras

I. The Impersonal *se* and Passive *se*

EN UN PUEBLO DE PANAMÁ

CINDY   ¿Es verdad que en este país no *se abren* los negocios entre el mediodía° y las tres?   *noon*

MARTA   Pues, eso depende... En general, en los pueblos° todavía *se cierran* los negocios durante esas horas, pero en las ciudades más grandes ya prácticamente *se perdió* esa costumbre.   *towns*

CINDY   *Se trabaja* mejor después de una buena siesta, ¿no lo crees?

MARTA   Por supuesto que sí,° pero *se dice* que con el horario° de nueve a cinco *se puede* conservar energía, especialmente en el invierno.   **Por...** *Of course*   *schedule*

CINDY   ¿Y tú estás de acuerdo con eso?

MARTA   Teóricamente sí, pero en la práctica, de ninguna manera.° Si a mí no me dejan dormir la siesta, ¡creo que me muero!   **Teóricamente...** *In theory, yes, but in practice, no way.*

1. En general, ¿se cierran los negocios a la hora de la siesta en el pueblo donde vive Marta? 2. ¿Cree Cindy que es mejor trabajar de nueve a cinco? ¿Por qué? 3. Según Marta, ¿por qué se cambia el horario? ¿Está ella de acuerdo con ese nuevo horario? 4. ¿Qué piensa usted de la costumbre de dormir la siesta? ¿Cree, como Cindy, que se trabaja mejor después de una buena siesta? ¿Por qué sí o por qué no?

A. The pronoun **se** followed by a verb in the third-person singular is a construction frequently used when it is not important to express or identify the agent or doer of an action. This use of **se** is often translated in English with *one, people, we, you,* or a passive construction. It is known as the impersonal **se.**

Se cree que los guerrilleros atacaron al ejército.   *It's believed that the guerrillas attacked the army.*

Se dice que la superpoblación es el problema más grave que tenemos.   *People (They) say that overpopulation is the most serious problem we have.*

Notice the **que** that introduces a dependent clause in the preceding sentences.

B. **Se** + a verb in the third-person singular or plural is another common construction in Spanish, called the **se** for passive, since it is used instead of the passive when the agent is not expressed. The verb is in the singular or plural to agree with the subject.

Se apaga el televisor. (Se apagan los
televisores.)

*The television set is being turned off. (The
television sets are being turned off.)*

Se necesita reportero hispano. (Se
necesitan reporteros hispanos.)

*A Hispanic reporter is needed. (Hispanic
reporters are needed.)*

Se perdió la revista.

The magazine was lost.

Se perdieron las revistas.

The magazines were lost.

In all of the preceding examples, the clauses with **se** have subjects. When the subject is plural, you must use the plural form of the verb.

Práctica

A. **Reportaje ecológico.** ¿Qué se hace para cuidar la tierra *(take care of the earth)?* Siga los modelos.

MODELOS   no comprar productos de plástico
No se compran productos de plástico.

usar transporte público; no pasear en auto
Se usa transporte público; no se pasea en auto.

1. conservar energía
2. llevar suéteres y ropa caliente en el invierno
3. no prender la calefacción *(heating)* o el aire acondicionado innecesariamente
4. no usar aerosoles o productos con CFCs (clorofluorocarbonos)
5. plantar árboles *(trees)*
6. comprar comida natural, sin pesticidas
7. no comer carne, especialmente carne de vaca
8. cultivar frutas y verduras
9. comprar productos sin muchas envolturas *(packaging)*
10. llevar una taza a la cafetería; no usar tazas de papel
11. arreglar *(fix)* las cosas viejas; no comprar cosas nuevas innecesariamente
12. usar papel reciclado
13. tener cuidado con la basura tóxica, como baterías, insecticidas; seguir los reglamentos *(rules)* oficiales

B.   Anuncio de periódico.   Trabaje con un(a) compañero(-a). Hagan y contesten las preguntas sobre el siguiente anuncio.

SE NECESITAN: REPORTEROS BILINGÜES (ESPAÑOL / INGLÉS) SE REQUIERE:
• Título universitario • Flexibilidad de horarios
SE OFRECE:
• Buena remuneración • Beneficios médicos • Contrato de trabajo *Diario La Paz.* Llamar al director. Teléfono 43 55 12, de 9 a 18 horas.

1. Según el anuncio, ¿qué clase de empleado(-a) o trabajador(a) se busca?   2. ¿Cuáles son las dos lenguas *(languages)* que se van a usar en el trabajo?   3. ¿Se requiere doctorado *(doctorate)?* ¿Qué se requiere?   4. ¿Cómo se dice *medical benefits?* ¿Qué otras cosas se ofrecen *(offer)?*   5. ¿Con quién se debe hablar sobre el trabajo?   6. ¿A qué hora se abre la oficina? ¿A qué hora se cierra?   7. ¿A usted le interesa esta clase de trabajo? ¿Por qué sí o por qué no?

C.   Piense en un lugar...   Trabaje con un(a) compañero(-a). Escojan *(Choose)* un lugar y hagan por lo menos cinco oraciones *(sentences)* sobre ese lugar. ¿Qué se hace allí?

Ideas: la cafetería, la biblioteca, una residencia estudiantil, la oficina de la administración, un restaurante elegante, el Congreso, la Corte Suprema, un planeta imaginario.

MODELO   la Casa Blanca
Se habla de los problemas del país. Se reciben a ministros y a presidentes de otros países.

II. The Past Participle Used as an Adjective

REPORTERO   Cuatro personas están *muertas*° después del terremoto de anoche. Aquí en la capital, la avenida principal está *bloqueada*° y el tráfico está casi *parado*. Hoy las tiendas están *cerradas*°, en general, pero las clínicas y las farmacias quedan *abiertas*°. Y ahora, Ana Marroquín, con un reportaje especial...

dead

blocked

closed

open

1. ¿Qué pasó en la capital anoche?   2. ¿Cuántas personas murieron?   3. ¿Están abiertas las tiendas? ¿y las clínicas y las farmacias?

A. To form the past participle of regular **-ar** verbs, add **-ado** to the stem of the infinitive. For **-er** and **-ir** verbs, add **-ido.**

hablado	*spoken*
comido	*eaten*
vivido	*lived*

If the stem of an **-er** or **-ir** verb ends in **a, e,** or **o,** the **-ido** ending takes an accent.

traído	*brought*
creído	*believed*
oído	*heard*

B. Some irregular past participles are:

abrir	**abierto**	*open, opened*
cubrir	**cubierto**	*covered*
describir	**descrito**	*described*
descubrir	**descubierto**	*discovered*
decir	**dicho**	*said*
escribir	**escrito**	*written*
hacer	**hecho**	*made, done*
morir	**muerto**	*died, dead*
poner	**puesto**	*put*
resolver	**resuelto**	*solved*
romper	**roto**	*broken*
ver	**visto**	*seen*
volver	**vuelto**	*returned*

C. The past participle is often used as an adjective, in which case it agrees in number and gender with the noun it modifies. It is often used with **estar,** frequently to describe a condition or state that results from an action.

¿El reportaje está escrito en español? —Correcto.	*The report is written in Spanish? —Right.*
El problema está resuelto.	*The problem is solved.*
En el invierno las montañas están cubiertas de nieve.	*In the winter the mountains are covered with snow.*
Estamos muy ocupados ahora; en cambio, ellos no tienen mucho que hacer.	*We're very busy now; on the other hand, they don't have much to do.*

Práctica

A. Un viaje a Centroamérica.   ¿Qué trajeron los Pérez de Centroamérica? Siga el modelo.

MODELO   unas fotos / sacar en un bosque tropical de Costa Rica
             Trajeron unas fotos sacadas en un bosque tropical de Costa Rica.

1. un libro / escribir / por Rigoberta Menchú
2. unas sandalias / hacer / en Nicaragua
3. café / comprar / en El Salvador
4. unas tazas / pintar / a mano *(by hand)*
5. dos sombreros / hacer / en Panamá
6. una copia de una escultura *(sculpture)* antigua / descubrir / en Honduras

B.   ¡Un crimen en la casa de los Solís!   Complete el párrafo con los participios pasados apropiados para saber qué pasó en la casa de los Solís.

MODELO   El detective Rocha vio muchas cosas ____*rotas*____ (romper) en el cuarto.

La mesa ya estaba (1) _____ (poner) y allí había cosas muy caras, (2) _____ (comprar) en Francia. Rocha vio que los Solís eran gente rica. Tenían obras de arte (3) _____ (pintar) por Picasso, varias cosas bonitas (4) _____ (traer) de Europa y unos libros (5) _____ (escribir) en el siglo XVI. Pero... allí también había una persona (6) _____ (morir). Era el señor Solís y tenía las manos (*hands*) muy (7) _____ (cerrar). En la mano derecha tenía un papel. Era una carta (8) _____ (escribir) por una mujer (9) _____ (llamar) Carolina. La carta decía: «Mi (10)_____ (querer) amor: Tu esposa lo sabe todo. Hay que tener mucho cuidado... Te besa, Carolina». Rocha descubrió que en la mano izquierda, también (11) _____ (cerrar), el señor Solís tenía un botón verde y observó que su camisa estaba (12) _____ (cubrir) de sangre (*blood*). Después Rocha fue a la sala y allí encontró a la señora Solís, (13) _____ (vestir) de verde y (14) _____ (sentar) en el sofá. Parecía (15) _____ (dormir) pero estaba (16) _____ (morir). Rocha dijo: «El misterio está (17) _____ (resolver)». ¿Qué vio el detective en la sala? Había un bolso (18) _____ (abrir) al lado de la señora Solís. También en el sofá había una botella (*bottle*) de píldoras (*pills*) para dormir, totalmente vacía (*empty*). En la mano derecha de la señora había un cuchillo (19) _____ (cubrir) de sangre.

Preguntas

1. ¿Cómo estaba la mesa?   2. ¿Qué clase de obras de arte tenían los Solís?   3. ¿Qué tenía en la mano derecha el señor Solís? ¿y en la izquierda? ¿Cómo estaban sus manos? 4. ¿Cómo estaba la camisa del señor Solís?   5. ¿De qué color estaba vestida la señora Solís?   6. ¿Dormía la señora Solís? ¿Cómo estaba ella?   7. ¿En qué condición estaba el cuchillo?   8. ¿Quién fue el asesino (*murderer*)?

Entrevista

Trabaje con un(a) compañero(-a). En forma alternada, hagan y contesten estas preguntas.

1. ¿Cómo estás hoy? ¿Estás inspirado(-a)? ¿cansado(-a)? ¿ocupado(-a)? ¿preocupado(-a)? ¿Por qué?   2. ¿Estás sentado(-a) cerca de la ventana? ¿de la puerta? ¿del (de la) profesor(a)?   3. ¿Tienes el libro de español abierto o cerrado ahora?   4. ¿Cómo te informas sobre las noticias? ¿Estás bien informado(-a)? En tu casa, ¿está prendido el televisor o la radio por la mañana? ¿Escuchas las noticias antes de venir a la universidad?

NICARAGUA—EL ARTE Y LA RELIGIÓN

La teología de la liberación

La llamada de los discípulos
por Gloria Guevara

En esta obra de arte, pintada por una nicaragüense, se ve reflejada la esencia de la teología de la liberación. Este cuadro es parte de una colección que se llama *El Evangelio (Gospel) de Solentiname* que se hizo en Solentiname, Nicaragua, en 1981. La serie muestra la vida de Jesucristo y de sus discípulos, representados aquí como «pescadores *(fishermen)* de hombres». Ernesto Cardenal, poeta y ex-ministro de cultura de Nicaragua, llegó a Solentiname en 1966 cuando era cura católico. Según Cardenal: «Todos los domingos en la misa comentábamos con los campesinos *(peasants)* en forma de diálogo el Evangelio, y ellos con admirable sencillez *(simplicity)* y profundidad teológica comenzaron a entender la esencia del mensaje *(message)* evangélico. Esto es: el establecimiento de una sociedad justa....» Después de la destrucción de Solentiname por la Guardia Nacional en 1977, Cardenal apoyó la revolución contra Anastasio Somoza, el entonces dictador de Nicaragua; en 1979 los sandinistas (el Frente Sandinista de Liberación Nacional, o FSLN) llegaron al poder. Cardenal se separó del FSLN en 1994.

¿Qué es la teología de la liberación? Con respecto a esa pregunta, dicen los artistas de Solentiname: «El Evangelio es para los pobres.» —Olivia Silva. «La Biblia habla del amor para toda la humanidad, donde nadie es más ni nadie es menos». —Oscar Mairena.

El Vaticano no siempre está de acuerdo con estas ideas; el papa Juan Pablo II (segundo) insultó públicamente a Ernesto Cardenal durante una visita a Nicaragua en 1983 y le quitó su derecho a celebrar misas.

PREGUNTAS

1. ¿Qué se ve en la obra? ¿Dónde se hizo?   2. ¿Quién es Ernesto Cardenal?   3. ¿Cuándo llegaron al poder los sandinistas?
4. ¿Por qué cree usted que el Vaticano no siempre está de acuerdo con la teología de la liberación?   5. ¿Cómo representa la obra a Jesucristo? ¿Qué piensa usted del estilo «primitivo» de este cuadro?

La Ciudad de Panamá

III. The Present and Past Perfect Tenses

EN CASA, ANA LEE EL PERIÓDICO

JUAN ¿Qué pasa en el país, Ana?

ANA Pues, los guerrilleros *han atacado* otra vez. Los carteros° *han hecho* una huelga porque *habían pedido* un aumento de sueldo y no lo *habían recibido.* El presidente *ha declarado* un estado de alerta°... ¡Oh!, y en fútbol Alianza° *ha ganado* el campeonato° nacional.

JUAN ¿Ganó Alianza? ¡Qué buena noticia!

mail carriers

alert, emergency / Alliance (soccer team) / championship

1. ¿Qué hace Ana?   2. Según Ana, ¿qué pasa en el país?   3. ¿Está contento Juan? ¿Por qué sí o por qué no?

A. The present perfect tense is formed with the present tense of the auxiliary verb **haber** + a past participle.

haber *(to have)*		
he	hemos	
has	habéis	} + *past participle*
ha	han	

It is used to report an action or event that has recently taken place or been completed and still has a bearing upon the present. It is generally used without reference to any specific time in the past (that is, without words such as **ayer, la semana pasada,** etc.), since it implies a reference to the present day, week, month, and so on.

¿Carlos e Inés ya han hablado contigo?* —Al contrario, no me han dicho nada.

¿Te ha gustado la comida? —Sí, ¡por supuesto!

Felipe dice que el costo de la vida no ha subido aquí. —¡Qué tontería!

Carlos and Inés have already spoken with you? —On the contrary, they haven't said anything to me.

Have you enjoyed the food? —Yes, of course!

Felipe says that the cost of living has not gone up here. —What nonsense!

The past participle always ends in **-o** when used to form a perfect tense; it does *not* agree with the subject in gender or number.

B. The past perfect tense is formed with the imperfect of **haber** + a past participle.

haber		
había	habíamos	
habías	habíais	} + *past participle*
había	habían	

It is used to indicate that an action or event had taken place at some time in the past prior to another past event, stated or implied. If the other past event is stated, it is usually in the preterit or imperfect.

Habíamos protestado.

Ya había salido para la manifestación cuando yo llegué. —¿Quién? ¿José u Olga*?

We had protested.

He (She) had already left for the demonstration when I arrived. —Who? José or Olga?

C. The auxiliary form of **haber** and the past participle are seldom separated by another word. Negative words and pronouns normally precede the auxiliary verb.

No he recibido el periódico.

¿Ya me has enviado la revista?

No, no te la he enviado todavía.

I haven't received the newspaper.

Have you already sent me the magazine?

No, I haven't sent it to you yet.

---

*The conjunction **y** becomes **e** before **i** or **hi: francés e inglés, Roberto e Hilda.** Similarly, **o** becomes **u** before **o** or **ho.**

Práctica

A. **Titulares.** Los siguientes titulares *(headlines)* aparecieron *(appeared)* en periódicos centroamericanos. Cámbielos al presente perfecto. (Las palabras entre paréntesis no aparecieron en los titulares originales.) Siga el modelo.

Vocabulario (cognados): arrestar, persistir, importar, expresar

MODELO   Resolver el problema de la mujer rural, pide (la) Primera Dama
        Resolver el problema de la mujer rural, ha pedido la Primera Dama

1. Mueren tres personas en (un) incendio
2. (Una) Guatemalteca recibe (el) Premio Nóbel
3. Arrestan a (un) ex-soldado por la muerte de una estudiante
4. Vuelve Julio Iglesias
5. Persisten violaciones a (los) derechos humanos
6. Nicaragua vende (unos) helicópteros a Perú
7. (El) Presidente de Honduras pide (la) unidad
8. Japón importa 40 mil autos hechos en México
9. Cierran (el) paso entre (el) Blvd. Santa Elena y (la) Calle Santa Tecla
10. (La) OEA (Organización de Estados Americanos) expresa confianza *(confidence)* en el gobierno panameño

B. **¿Alguna vez...?** Trabaje con un(a) compañero(-a). En forma alternada, hagan y contesten cinco preguntas cada uno sobre algunas cosas que han hecho.

Ideas: ir a Centroamérica, viajar en barco (helicóptero), hacer autostop, vivir en otro país, participar en alguna manifestación o en alguna huelga, estar en un terremoto, ver a alguna persona famosa

MODELO   participar en alguna manifestación
        ESTUDIANTE 1   **¿Has participado en alguna manifestación alguna vez?**
        ESTUDIANTE 2   **Sí, participé en una manifestación contra las armas nucleares hace un año. (No, nunca he participado en ninguna manifestación.)**

C. **Antes de Año Nuevo.** Trabaje con un(a) compañero(-a). Hagan y contesten preguntas sobre algunas cosas que habían hecho antes de Año Nuevo (para el 31 de diciembre).

MODELO   ESTUDIANTE 1   **¿Habías leído algún libro interesante antes de fin de año?**
        ESTUDIANTE 2   **Sí, había leído *Me llamo Rigoberta Menchú,* una visión personal de la situación de los indios en Guatemala.**
        ESTUDIANTE 2   **¿Y habías visitado algún lugar exótico?**
        ESTUDIANTE 1   **Sí, había ido a Costa Rica. Había visto un bosque tropical allí. Había visitado San José, la capital.**

Entrevista

Trabaje con un(a) compañero(-a). En forma alternada, hagan y contesten estas preguntas.

1. ¿Qué has hecho hoy?   2. ¿Has ido a algún lugar interesante recientemente? ¿Habías estado allí antes? ¿Cuándo?   3. ¿Has perdido o encontrado algo importante recientemente? ¿Qué? (¿trabajo? ¿dinero? ¿amor?)   4. ¿Has comprado o vendido algo? ¿Qué? 5. ¿Has resuelto algún problema este mes? ¿Cuál? ¿Cómo lo has resuelto?   6. ¿Qué ha pasado recientemente en las noticias?

¡Vamos a repasar!

Un incendio.   Complete la siguiente noticia, usando el pretérito o el imperfecto de los verbos entre paréntesis, según sea apropiado.

Vocabulario: segundo / tercer piso *(second / third floor),* **bomberos** *(firefighters)*

TRES PERSONAS MUEREN EN UN INCENDIO

(1) _____ (haber) un incendio anoche en un edificio de apartamentos en la calle Balboa. (2) _____ (Empezar) en el segundo piso mientras la gente (3) _____ (dormir). Una alarma (4) _____ (despertar) a quince personas y ellos (5) _____ (poder) escapar a la calle. Pero (6) _____ (morir) tres personas que (7) _____ (estar) en el tercer piso; parece que (ellos) no (8) _____ (escuchar) la alarma.

Los bomberos (9) _____ (llegar) a las 9:47 pero no (10) _____ (poder) controlar el incendio hasta las 10:30. Las quince personas que (11) _____ (quedarse) sin casa (12) _____ (pasar) la noche en el Hotel La Fortuna. La Cruz Roja les (13) _____ (llevar) comida y (14) _____ (empezar) a buscarles nuevos apartamentos.

Trabaje con un(a) compañero(-a) de clase. Háganse y contesten preguntas acerca de la noticia. Usen las siguientes palabras en sus preguntas: **¿Dónde...? ¿Qué hacía...? ¿A qué hora...? ¿Por qué...? ¿Cuándo...?**

PANAMÁ Y LOS NEGOCIOS

El canal

El Canal de Panamá

Desde 1914, el famoso Canal de Panamá ha servido como paso acuático entre los océanos Atlántico y Pacífico. Desde aquella fecha, unos 750.000 barcos han pasado por esta maravillosa obra de ingeniería.

La historia de Panamá siempre ha estado conectada con el canal. Cuando el ingeniero francés Ferdinand de Lesseps empezó el proyecto en 1880, Panamá era una provincia de Colombia. Para 1890, ya habían muerto de malaria, cólera o fiebre amarilla unas 22.000 personas, y los franceses todavía no habían terminado el proyecto. En 1903, el gobierno de Estados Unidos pidió a Colombia la concesión de tierras en el istmo panameño para seguir con la construcción del canal. Cuando Colombia no quiso apoyar el proyecto, hubo una rebelión en Panamá. Estados Unidos apoyó esa rebelión, y así nació el país de Panamá tres meses después. El canal resultó ser un negocio muy lucrativo para Estados Unidos. En 1979, después de muchos conflictos y manifestaciones en Panamá, Estados Unidos reconoció la soberanía de Panamá sobre el área del canal.

El Canal de Panamá había sido el proyecto de construcción más grande de la historia: dividió dos continentes y unió dos océanos. Ahora es muy importante para la economía panameña.

PREGUNTAS

1. ¿Cuándo se abrió el Canal de Panamá?   2. ¿Quién fue Ferdinand de Lesseps?   3. ¿De qué país formaba parte Panamá antes de 1903? 4. ¿Qué país apoyó una rebelión en esa provincia?   5. ¿Cuándo reconoció Estados Unidos la soberanía de Panamá sobre el área del canal?

Mosaico cultural

Para leer

COSTA RICA: CONSERVANDO LOS BOSQUES TROPICALES

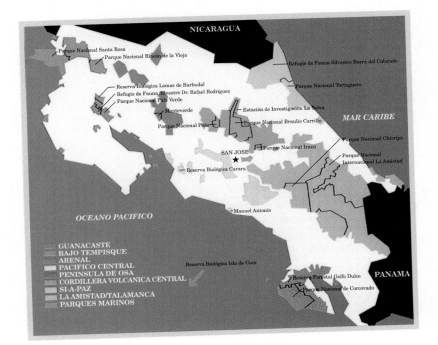

Antes de leer

Pictures can tell you a lot about the content of a reading. Before you read the following selection, look at the pictures and answer the following questions.

Mire el mapa y las fotos en esta página y la siguiente y conteste las preguntas.

1. Según el mapa, ¿es importante la conservación de los bosques tropicales en Costa Rica?
2. ¿Qué se puede ver en un «tour» de un día desde San José (la capital)?
3. ¿Qué diversiones hay allí?

Lectura

Costa Rica: Conservando los bosques tropicales

La destrucción de los bosques tropicales es un problema muy grave que ha aparecido° mucho en las noticias recientemente. Dicen los expertos que sólo queda el 15 por ciento de los bosques tropicales de África, el 30 por ciento de los bosques tropicales de Asia y el 50 por ciento de los bosques tropicales de Latinoamérica. Pero el pequeño país de Costa Rica está tratando° de resolver el problema.

    En 1987 el gobierno de Costa Rica había creado° el Sistema Nacional de Áreas de Conservación con nueve «megaparques». Había creado un plan de reforestación, y había empezado a entrenar° a especialistas para identificar y estudiar las plantas y los animales de la región. Comenzaron° a investigar de qué formas el país podía usar esas plantas y esos animales. El presidente, Óscar Arias Sánchez, nombró° un director responsable de la administración de cada parque. Cada director empezó a trabajar con la gente de la comunidad para tratar de conservar los bosques y estimular la economía al mismo tiempo. La tierra° de una zona con bosques tropicales es muy pobre; después de pocos años de utilización ya no es buena ni para la agricultura ni para la ganadería°. Pero la producción o recolección de nueces, semillas, flores, plantas y hasta de maderas tropicales° puede ser muy lucrativa sin destruir° los bosques. También en 1987, con la ayuda del World Wildlife Fund, de la Nature Conservancy y de otros grupos, ocurrió° el primer canje de deuda por naturaleza* en el país.

    Con la gran variedad de flora y fauna de la región, los megaparques de Costa Rica ahora son muy populares para la práctica del «ecoturismo». Miles de turistas llegan cada año a ver playas magníficas, volcanes cubiertos de nieve, plantas extraordinarias y animales exóticos. También llegan científicos° y estudiantes de todo el mundo para observar este pequeño país con grandes aspiraciones para sus futuras generaciones.

appeared

trying

created

train

They began

named

land

cattle raising / **recolección...** *gathering of nuts, seeds, flowers, plants, and even tropical woods / destroying / occurred*

scientists

canje... Debt-for-nature swap, wherein conservation groups buy a piece of Costa Rica's foreign debt, sometimes from a foreign bank willing to sell for as little as 20 percent of the face value. The Banco Central de Costa Rica buys the debt from the conservation group through government bonds in local currency. The conservation group must use the money to finance environmental projects. The foreign bank unloads what it considers a bad debt, Costa Rica reduces its deficit, and local currency goes toward preserving the environment. Debt-for-nature swaps are occurring in other countries as well as Costa Rica.

Después de leer

Deducciones. Después de leer «Costa Rica: Conservando los bosques tropicales», comente las siguientes afirmaciones *(statements)*. ¿Cuáles son verdaderas, según su opinión? ¿Cuáles son falsas? ¿Por qué?

1. La tierra de una región donde hay grandes árboles *(trees)* tropicales es muy fértil.
2. La ganadería es muy lucrativa por muchos años en los lugares donde antes había bosques tropicales.
3. Los directores de los megaparques de Costa Rica trabajan con la gente común.
4. Los directores de los megaparques no se preocupan por el futuro económico del país; sólo se preocupan por conservar sus bosques tropicales.
5. El ecoturismo es turismo con enfoque *(focus)* en la ecología.

Para escuchar

A. Reportajes. Escuche los tres reportajes que siguen. Coordine *(Match)* los números (1, 2, y 3) con las fotos y titulares *(headlines)* correspondientes. Escriba el número apropiado a la izquierda de cada foto o titular.

Vocabulario

REPORTAJE 1   **Cognados: sufren, deterioró, el informe**
        Otras palabras: salud *(health),* **gastos** *(expenses),* **sobreviven** *(survive),* **desnutridos** *(malnourished)*

REPORTAJE 2   **Cognados: clamor, afirmó, financiada, provocó, acusados, asesinar, jesuitas.**
        Otras palabras: fábrica *(factory)*

REPORTAJE 3   **Otras palabras: desfile** *(parade)*

Fábrica de dictadores
Escuela militar cuyos graduados integran una larga y poco honrosa nómina

UNICEF: En Centroamérica cada día existe más hambre y pobreza

La Estrella de El Salvador / miércoles, el 15 de septiembre de 1998

Celebración patriótica en la plaza principal

SOCIEDADES UNIDAS SALVADOREÑAS

B.   **¿Y la verdad...?**   Escuche los reportajes otra vez. Para cada uno, hay tres afirmaciones; dos son falsas y una es verdadera. ¿Cuál es la verdadera?

REPORTAJE 1
a. Eight out of ten Central Americans suffer from hunger.
b. Fifty-seven percent of Central Americans do not have work.
c. In Central America, three out of every ten children die before the age of five.

REPORTAJE 2
a. La Escuela de las Américas is a school for athletes.
b. La Escuela de las Américas is run by Costa Rica.
c. Five of the military people who were accused of killing six Jesuit priests and two women in 1989 were students of la Escuela de las Américas.

REPORTAJE 3
a. Central Americans celebrated their independence from Spain on September 15.
b. There was a large celebration of the end of the war in El Salvador on September 15.
c. Central Americans celebrated Labor Day by listening to a rock concert.

C.   **Resúmenes** *(Summaries).* Trabaje con dos compañeros(-as). Escoja *(Choose)* un reportaje y hágales un breve resumen del contenido *(content)* a sus dos compañeros. Sus compañeros escogen otros reportajes y también le dan resúmenes al grupo.

Para comunicarnos

In this chapter, you have seen examples of some important language functions or uses. Here is a summary and some additional information about these functions of language.

Expressing Agreement

Here are some ways to indicate agreement.

Claro. (Seguro. Por supuesto. Naturalmente.)	*Certainly. (Sure. Of course. Naturally.)*
Eso es.	*That's it.*
Sí, ¡cómo no!	*Yes, of course!*
Sí, tiene(s) razón.	*Yes, you're right.*
Estoy de acuerdo.	*I agree.*
Sí, es verdad. Así es.	*Yes, it's (that's) true. That's so.*
¡Ya lo creo!	*I believe it!*
Correcto. Exacto.	*Right. (Correct.) Exactly.*

Expressing Disagreement

Here are some ways to indicate disagreement.

No, no es verdad.	*No, it's (that's) not true.*
(No es así.)	*(It's not so.)*
No, no estoy de acuerdo.	*No, I don't agree.*
Pero en cambio...	*But on the other hand . . .*
¡Qué tontería!	*What nonsense!*
¡Qué absurdo (ridículo)!	*How absurd (ridiculous)!*
Al contrario...	*On the contrary . . .*
¡Qué va!	*Oh, come on!*

You can use the following expressions to disagree with a suggestion that you or someone else do something.

¡Ni por todo el dinero del mundo!	*Not for all the money in the world!*
¡Ni hablar!	*Don't even mention it!*
¡De ninguna manera!	*No way!*

ACTIVIDAD

Al contrario...   Trabaje con un(a) compañero(-a). Estudiante 1 hace una afirmación que expresa una opinión. Estudiante 2 dice que no está de acuerdo. En forma alternada, hagan cinco afirmaciones cada uno. Usen diferentes expresiones de desacuerdo en las respuestas.

Ideas: las residencias estudiantiles; el equipo de fútbol de la universidad; las vacaciones; la inflación; las elecciones; los programas de noticias; el uso o el control de drogas como la marijuana, la cocaína, el alcohol o el tabaco; el control de las armas de fuego *(firearms)*

MODELO	ESTUDIANTE 1	**Los programas de noticias del canal 9 son excelentes.**
	ESTUDIANTE 2	**Al contrario, ¡son terribles! Los programas del canal 3 son mucho mejores.**

Para escribir

Escriba una carta a un(a) amigo(-a) hispano(-a). Descríbale algunas noticias; por ejemplo, lo que *(what)* usted ha hecho recientemente o lo que ha pasado en su vida personal o en la universidad. Mencione también algunas noticias nacionales o regionales.

Vocabulario activo

COGNADOS

la afirmación	especial	las Naciones Unidas	la región
la elección	general	probable	el reportaje
la energía	grave	público	el volcán

COGNADOS FALSOS

el canal	*channel*
la manifestación	*demonstration*
la reunión	*meeting*

VERBOS

apagar (gu)	*to turn off, extinguish*	ganar	*to win; to earn*
atacar (qu)	*to attack*	haber *(inf.)*	*there is, there are*
conservar	*to conserve, save*	informarse sobre	*to find out about, inform oneself*
cubrir	*to cover*	pasar	*to happen, occur*
declarar	*to declare*	poner (g)	*to turn on; to light*
describir	*to describe*	prender	*to turn on; to light; to grasp*
enviar	*to send*	protestar	*to protest*

LAS NOTICIAS

el aumento	*increase, raise*	el gobierno	*government*
el aumento de sueldo	*raise in salary*	la guerra	*war*
el bosque tropical	*tropical forest*	en guerra	*at war*
el costo de la vida	*cost of living*	el guerrillero, la guerrillera	*guerrilla (warrior)*
el derecho	*right*	la huelga	*strike*
los derechos humanos	*human rights*	el incendio	*fire*
el ejército	*army*	el noticiero	*news program*

el Papa	*Pope*		la revista	*magazine*
el periódico	*newspaper*		la superpoblación	*overpopulation*
el Premio Nóbel	*Nobel Prize*		el terremoto	*earthquake*

◆ OTRAS PALABRAS Y FRASES

el horario	*schedule*		ocupado	*busy*
el mediodía	*noon*		el pueblo	*town; people*

Expresiones útiles

Al contrario...	*On the contrary . . .*
Correcto.	*Right. (Correct.)*
¡De ninguna manera!	*No way!*
En cambio...	*On the other hand . . .*
(No) Estoy de acuerdo.	*I (don't) agree.*
¡Por supuesto!	*Of course!*
¡Qué tontería!	*What nonsense!*

Don't forget: Past participles, pages 278–279

MÉXICO

¿Sabía usted que…?

- El estado de Puebla tiene aproximadamente cuatro millones de habitantes y su capital es Puebla.
- Puebla fue el sitio de la famosa batalla *(battle)* del 5 de mayo de 1862 cuando los mexicanos derrotaron *(defeated)* a los invasores *(invaders)* franceses.
- El estado de Nuevo León tiene aproximadamente tres millones y medio de habitantes y su capital es Monterrey.
- Nuevo León es uno de los centros industriales más importantes del país y también uno de los estados más prósperos.
- El estado de Durango tiene aproximadamente un millón y medio de habitantes y su capital es Durango.
- Los escenarios naturales de desiertos y montañas de Durango han servido en la filmación de muchas películas de «vaqueros» *(cowboys)*, incluyendo varias con el famoso actor John Wayne.
- El estado de Guerrero tiene aproximadamente dos millones y medio de habitantes y su capital es Chilpancingo.
- Guerrero tiene dos centros de turismo muy diferentes. Taxco, una ciudad muy colonial, es famosa por sus minas de plata *(silver)*. Acapulco tiene reputación internacional como lugar de vacaciones por sus playas tan hermosas.

PREGUNTAS

1. ¿Qué famosa batalla tuvo lugar en Puebla? ¿Contra quiénes lucharon *(fought)* los mexicanos allí?
2. ¿Cuál de estos estados es uno de los centros industriales más importantes de México? ¿Y cómo se llama su capital?
3. ¿En cuál de estos estados se han filmado películas de vaqueros? ¿Por qué?
4. ¿Le gustan a usted las películas de vaqueros? ¿Ha visto algunas de las clásicas con John Wayne? ¿Cuáles?
5. ¿Cuáles son los dos centros turísticos más populares del estado de Guerrero? ¿Por qué es famoso Taxco? ¿y Acapulco?
6. ¿Ha estado usted en Taxco o en Acapulco alguna vez? ¿Cuál de esos dos lugares le gustaría visitar en sus próximas *(next)* vacaciones? ¿Por qué?

Una fiesta de
cumpleaños en
México, D.F.

CAPÍTULO
DOCE

Fiestas y aniversarios

Cultura

This chapter focuses on Mexico.

Estructuras

You will discuss and use:
- The present subjunctive of regular verbs
- The present subjunctive of irregular, stem-changing, and spelling-changing verbs
- Additional command forms

Vocabulario

In this chapter you will talk about parties and special days.

Comunicación

- Extending and accepting invitations
- Declining invitations
- Making a toast
- Making introductions

Vocabulario del tema

Fiestas y aniversarios

el cumpleaños
el pastel, la torta

el pavo
el Día de Acción de Gracias

el candelabro
la fiesta de Janucá

el árbol de Navidad
la Navidad
el 25 de diciembre

unas flores
el Día de la Madre

unas tarjetas
el Año Nuevo
el 1 de enero

Algunas fiestas hispánicas

los Reyes Magos
el Día de (los) Reyes
el 6 de enero

el Día de los Trabajadores
el 1 de mayo

el Día de los Muertos
el 2 de noviembre

Tres fiestas mexicanas típicas

La fiesta del Grito de Dolores
(de la Independencia)
el 16 de septiembre

el Día de la Virgen de
Guadalupe (santa patrona
de México)
el 12 de diciembre

la piñata, los dulces
Las Posadas
(desde el 16 hasta
el 24 de diciembre)

Práctica

¡Fiesta!   Complete las oraciones con la(s) palabra(s) apropiada(s).

1.   El sábado próximo es el _____ de mamá; vamos a hacerle un
     _____ de chocolate para celebrarlo.
2.   Los niños hispanos creen que _____ les traen regalos el 6 de enero (Día de
     los Reyes).*
3.   ¿Dónde están los adornos *(decorations)* para el _____ de Navidad?
4.   Nuestros amigos judíos tienen un _____ de Janucá.
5.   En Estados Unidos mucha gente come _____ para celebrar el Día de Acción
     de Gracias *(Thanksgiving)*.
6.   El 4 de julio siempre celebramos _____ de Estados Unidos.
7.   Siempre les envío _____ de Navidad a mis amigos.
8.   Hay muchos _____ en la piñata que ella trae para sus primos.
9.   Vamos a comprar unas _____ muy bonitas para mamá.

Entrevista

Trabaje con un(a) compañero(-a) de clase. Háganse las siguientes preguntas y contéstenlas
con la información apropiada.

1. ¿Cuáles son las fiestas que se celebran en Estados Unidos y también en México?
2. ¿Cuál es tu día de fiesta favorito? ¿Por qué?   3. ¿Cuándo es tu cumpleaños? En general,
¿cómo lo celebras? ¿Cómo lo celebraste o lo vas a celebrar este año?   4. ¿Les envías
muchas tarjetas a tus amigos? ¿Cuándo? ¿Te las envían también ellos? ¿Cuándo?   5. ¿En
qué fiestas recibes regalos tú?   6. ¿Come pavo tu familia el Día de Acción de Gracias? ¿y
en Navidad?

---

*Hispanic children believe that the Three Kings bring them presents on January 6, the Epiphany. The children
  leave straw out at night for the kings' camels.

I. The Present Subjunctive of Regular Verbs

El instructor de ballet quiere que sus estudiantes practiquen mucho

UN 15 DE DICIEMBRE, EN CIUDAD DE MÉXICO

RAMONA   ¡Ay, Carmen, el instructor de baile quiere que yo *baile* con Carlos°! Pero yo no quiero bailar con él…

CARMEN   ¡Qué suerte tienes! Yo siempre le pido que me *permita* bailar° con Carlos, pero él manda que yo *practique* y *trabaje* con Luis… °

RAMONA   ¡Qué injusticia! ¿Sabes que Luis y yo…?

CARMEN   ¡Claro que lo sé°! ¡Todo el mundo lo sabe… y creo que el instructor también! Probablemente por eso° él prohíbe que tú y Luis *bailen* juntos. ¿Por qué no te quejas?°

RAMONA   Pues, porque no quiero que él le *hable* a Carlos de esto°. ¡Pobre Carlos! Él no tiene la culpa°.

CARMEN   Te comprendo. Además, ya sabemos que el instructor no va a cambiar de idea°. Ahora quiere que *practiquemos* durante las Posadas.* Y como una vez tú dijiste, si el instructor quiere que *bailes* con una mesa, lo haces, y si nos pide que *asistamos* a clase en Navidad o en Año Nuevo, entonces tal vez nosotras también…

quiere… *wants me to dance with Carlos*

le pido… *ask him to let me dance ("that he let me dance")* / **él manda…** *he tells me to practice ("orders that I practice") and work with Luis . . .* / **¡Claro…** *Of course I know it!* / **por…** *that's why ("for that reason")* / **¿Por…** *Why don't you complain?* / **no quiero…** *I don't want him to speak to Carlos about this* / **Él…** *It's not his fault.* / **no va…** *(the instructor) won't change his mind*

*See **Nota Cultural 2** on page 317 of this chapter.

1. ¿Dónde están Ramona y Carmen? ¿Qué día es?   2. ¿Qué quiere el instructor? ¿Está de acuerdo Ramona?   3. ¿Qué le pide siempre Carmen al instructor? ¿Qué manda él?   4. Según su opinión, ¿qué relación hay entre Luis y Ramona? ¿Son hermanos? ¿amigos? ¿novios?   5. ¿Por qué no quiere quejarse Ramona?   6. Según las dos amigas, ¿es el instructor una persona buena y simpática? ¿Cómo es él? Descríbalo con dos o tres adjetivos.   7. ¿Conoce usted a alguien como este instructor? ¿Quién?

A.   So far in this text, the verb tenses presented have been in the indicative mood, except commands, which are in the imperative mood. In this chapter, the subjunctive mood is introduced. Whereas the indicative mood is used to state facts or ask direct questions and the imperative mood is used to give commands, the subjunctive is used:

1.   For indirect commands or requests

My boss requests that I *be* at work at eight o'clock sharp.

Fred's mother asks that he *celebrate* Christmas with the family.

2.   For situations expressing doubt, probability, or something hypothetical or contrary to fact

If I *were* rich, I would go to Seville for the Easter celebrations.

Be that as it may . . .

3.   For statements of emotion, hope, wishing, or wanting

May you succeed at everything you do.

Sally wishes that Tom *were going* to the party.

4.   For statements of necessity

It is necessary that he *do* the honors and *make* a toast.

5.   For statements of approval or disapproval, permission, or prohibition

Father forbids that she even *think* about going to Mexico for Christmas.

It's better that we *stay* home.

B.   The subjunctive is used in Spanish far more than it is in English, and the discussion of the uses of the subjunctive in Spanish will be continued in Chapters 14 and 15. In this chapter, its use will be limited to indirect requests and commands with five verbs: **mandar** *(to order)*, **pedir** *(to ask, request)*, **querer** *(to wish, want)*, **permitir** *(to allow, permit)* and **prohibir** *(to prohibit, forbid)*. First, you'll see how the subjunctive of regular verbs is formed.

C.   To form the present subjunctive of regular **-ar** verbs, drop the ending **-o** from the first-person singular **(yo)** form of the present indicative and add the endings **-e, -es, -e, -emos, -éis, -en.** For **-er** and **-ir** verbs, add the endings **-a, -as, -a, -amos, -áis, -an.**

hablar		comer		vivir	
hable	hablemos	coma	comamos	viva	vivamos
hables	habléis	comas	comáis	vivas	viváis
hable	hablen	coma	coman	viva	vivan

Mis padres quieren que celebremos Nochebuena en casa de mis tíos.	*My parents want us to celebrate Christmas Eve at my aunt and uncle's.*
Le pido que me presente a los invitados.	*I'm asking him (her, you) to introduce me to the guests.*
Nos mandan que asistamos a clase.	*They're ordering us to attend class.*
El doctor prohíbe (no permite) que yo fume* o que coma sal.	*The doctor forbids (doesn't allow) me to smoke or to eat salt.*
Quiero que le compres un regalo de cumpleaños a tu mamá.	*I want you to buy a birthday present for your mother.*
¿Permite el profesor que terminemos la lectura la próxima semana?	*Does the teacher allow us to finish the reading next week?*

D.   You may have noticed that the **usted** and **ustedes** forms of the present subjunctive are the same as the **usted** and **ustedes** command forms and that the **tú** form is like the negative **tú** command form. Compare the following sentences.

Lean el periódico.	*Read the newspaper.*
Quiero que ustedes lean el periódico.	*I want you to read the newspaper.*
No llame a los invitados hoy.	*Don't call the guests today.*
No quiero que llame a los invitados hoy.	*I don't want you to call the guests today.*
No mires el desfile.	*Don't watch the parade.*
Prohíben que mires el desfile.	*They forbid you to watch the parade.*
No te quejes.	*Don't complain.*
Te pido que no te quejes.	*I'm asking you not to complain.*

In an indirect command or request, there is an implied command, as you can see.

E.   There are a number of things to notice about the structure of the sentences with the subjunctive that you have just seen. One is that the verb **mandar** or **pedir** or **prohibir** or **permitir** or **querer** is in the indicative in a clause that could (grammatically) stand alone as a sentence; for instance: **Piden** *(They request).* This clause is called an *independent clause.* The independent clause is followed by **que** *(that)* plus another clause that contains a verb in the subjunctive. This clause with **que** is called a *dependent clause;* it cannot stand alone as a sentence. For example, in the sentence **Piden que asistamos a clase,** the phrase **que asistamos a clase** *(that we attend class)* is not a complete sentence. The **que** is essential in the Spanish sentence, although *that* is not always used in English. In English, an infinitive construction is frequently used.

El doctor prohíbe que ella fume.   { *The doctor forbids that she smoke.*
                                     { *The doctor forbids her to smoke.*

---

*The verb **fumar** means *to smoke.*

If the subject of the independent clause is different from the subject of the dependent clause, the subjunctive must be used in Spanish rather than an infinitive construction. However, an infinitive must be used in Spanish when there is no change of subject. Compare:

Quiero celebrar el Día de la Madre con tía Celia.	*I want to celebrate Mother's Day with Aunt Celia.* (no change in subject)
Quiero que nosotros celebremos el Día de la Madre con tía Celia.	*I want to celebrate ("I want that we celebrate") Mother's Day with Aunt Celia.* (change in subject)
No quieren levantarse a mediodía.	*They don't want to get up at noon.* (no change in subject)
No quieren que sus hijos se levanten a mediodía.	*They don't want their children to get up at noon. ("They don't want that their children get up at noon.")* (change in subject)
Quieren reunirse en el Café Sol.	*They want to meet in Café Sol.*
Quieren que nos reunamos en el Café Sol.	*They want to meet in Café Sol.*

Práctica

A. Por favor, ¡usen el subjuntivo! Repita las frases, cambiándolas a pedidos *(requests)* que hace(n) otra(s) persona(s). Siga el modelo.

MODELO   Hablo con el pintor. Me pide que…
  Me pide que hable con el pintor.

1. Pedro nos invita al teatro. Quiero que…
2. Tus amigos miran la exposición. ¿No quieres que…?
3. Vivimos cerca de la universidad. Nos piden que…
4. Estudian un poema difícil. Manda que…
5. Recibimos a los músicos. Prefieren que…

B. El aniversario de los Gómez. La Señora Moreno habla con su esposo de los planes para la fiesta sorpresa *(surprise)* que ella prepara para sus amigos Marta y Jorge Gómez. Haga el papel de la señora Moreno y describa sus planes como en el modelo.

MODELO   Marta y Jorge llegan aquí antes de las seis.   (no querer)
  No quiero que Marta y Jorge lleguen aquí antes de las seis.

1. Todos nos reunimos aquí a las cinco.   (querer)
2. Los invitados fuman en la casa.   (no permitir)
3. Tú y Marisa preparan el pavo.   (pedir)
4. Los niños pasan la tarde con la abuela.   (mandar)
5. Los amigos de la oficina compran el vino y la cerveza.   (querer)
6. Tú escribes algo estúpido en la tarjeta.   (prohibir)
7. La gente come la torta antes de comer el pavo.   (no querer)
8. Tú recibes a los invitados.   (pedir)
9. Nadie habla de religión ni de política.   (mandar)
10. Los Gómez abren sus regalos después de la cena.   (querer)

C. En acción. Describa lo que *(what)* pasa en cada uno de los siguientes dibujos *(drawings)*.

MODELO

Anita / querer / comer los chocolates, pero…
su mamá / prohibir / ella / comerlos / ahora
**Anita quiere comer los chocolates, pero su
mamá prohíbe que ella los coma ahora.**

1. Alicia / querer / pasar unos días en Acapulco,
pero… sus padres / no querer / ella / viajar /
allí sola

2. Susana / no querer / bailar con nadie, pero…
Enrique / pedirle / (ella) / bailar / con él

3. Ernesto / querer / fumar uno o dos cigarrillos,
pero… su esposa / prohibir / él / fumar / en la
casa

4. los niños / querer / jugar en el patio, pero…
su mamá / mandarles / (ellos) / comer / el
almuerzo antes

5. la señora Vera / no querer / llegar tarde a la
fiesta sorpresa, pero… su marido / pedirle /
(ella) / esperarlo / unos minutos más

Entrevista

1. ¿Quieres que tus padres te escuchen más? ¿que celebren tu cumpleaños? ¿que te manden más dinero?   2. ¿Quieren tus padres que tú les escribas más? ¿que los visites todas las semanas?   3. ¿Les pides a tus amigos que te acompañen al cine? ¿que te ayuden con tus estudios?   4. ¿Qué les pides a tus amigos? ¿a tu compañero(-a) de cuarto?   5. ¿Te gustan las fiestas sorpresas? ¿Quieres que tus amigos organicen una fiesta sorpresa para celebrar tu próximo cumpleaños? ¿Te gustaría organizar una fiesta sorpresa para alguien en particular? ¿Para quién…?

II. The Present Subjunctive of Irregular, Stem-Changing, and Spelling-Changing Verbs

El Museo Rufino Tamayo, México, D.F.

EN CASA DE ALICIA

Cuando la mamá de Alicia llega a su casa, encuentra los siguientes mensajes de su hija en la contestadora automática.

Mensaje 1

¡Hola, mamá! Estoy con Guillermo, el pintor° de quien te hablé° ayer. Vamos a casa a eso de las ocho.° Quiero que lo conozcas°… ¡Ah! Guillermo me pide que el viernes *vaya* con él a la exposición de sus cuadros en el Museo Tamayo. Bueno, hasta más tarde…

painter / **de quien…** *I told you about /* **a eso…** *at around eight /* **Quiero…** *I want you to meet him*

Mensaje 2

Mamá, olvidé° decirte que son las cinco y que estamos en el centro. Guillermo quiere que *busquemos* un regalo para su abuela. Otra cosa, mamá: te pido que le *digas* a papá que Me gusta mucho Guillermo… ¿Por qué no le hablas de él y de la exposición antes de las ocho…? Bien, ya nos vemos luego.

I forgot

1. ¿A quién quiere Alicia que su mamá conozca? ¿Qué profesión tiene él?   2. ¿Adónde quiere él que vaya Alicia el viernes?   3. ¿Desde dónde le llama Alicia a su mamá? ¿Qué buscan allí Guillermo y Alicia?   4. ¿Qué le pide Alicia a su mamá?   5. ¿Qué quiere Alicia que haga su mamá antes de las ocho? ¿Por qué?

A. Verbs that have an irregularity in the first-person singular of the present indicative maintain this irregularity in the present subjunctive. The endings, however, are regular.

decir		conocer		tener	
dig**a**	dig**amos**	conozca	conozc**amos**	teng**a**	teng**amos**
dig**as**	dig**áis**	conozcas	conozc**áis**	teng**as**	teng**áis**
dig**a**	dig**an**	conozca	conozc**an**	teng**a**	teng**an**

Other verbs that follow this pattern are:

construir*	**construy-**	poner	**pong-**	venir	**veng-**
hacer	**hag-**	salir	**salg-**	ver	**ve-**
oír	**oig-**	traer	**traig-**		

B. The following verbs are irregular:

dar		estar		haber	
dé	demos	esté	estemos	haya	hayamos
des	deis	estés	estéis	hayas	hayáis
dé	den	esté	estén	haya	hayan

ir		saber		ser	
vaya	vayamos	sepa	sepamos	sea	seamos
vayas	vayáis	sepas	sepáis	seas	seáis
vaya	vayan	sepa	sepan	sea	sean

C. Most stem-changing **-ar** and **-er** verbs retain the same pattern of stem change in the present subjunctive that they have in the indicative.

encontrar		poder	
enc**ue**ntre	encontremos	p**ue**da	podamos
enc**ue**ntres	encontréis	p**ue**das	podáis
enc**ue**ntre	enc**ue**ntren	p**ue**da	p**ue**dan

---

*Construir** means *to build* or *construct.* A **y** is inserted before any ending (except future-tense and conditional endings) that does not begin with **i: construyo.** An **i** changes to **y** between two vowels: **construyó.**

entender		pensar	
entienda	entendamos	piense	pensemos
entiendas	entendáis	pienses	penséis
entienda	entiendan	piense	piensen

D. Stem-changing **-ir** verbs that have a change in stem of **e** to **ie, e** to **i,** or **o** to **ue** in the present indicative follow the same pattern in the subjunctive, with one additional change: In the **nosotros** and **vosotros** forms, the **e** of the stem is changed to **i;** the **o** is changed to **u.**

sentir		morir		dormir	
sienta	sintamos	muera	muramos	duerma	durmamos
sientas	sintáis	mueras	muráis	duermas	durmáis
sienta	sientan	muera	mueran	duerma	duerman

pedir		vestirse	
pida	pidamos	me vista	nos vistamos
pidas	pidáis	te vistas	os vistáis
pida	pidan	se vista	se vistan

E. To preserve the sound of the stem when subjunctive endings are added, certain changes in spelling are sometimes necessary.

1. **c** changes to **qu** before **e:**
   que yo bus**qu**e, sa**qu**e, to**qu**e
2. **g** changes to **gu** before **e:**
   que yo jue**gu**e, lle**gu**e, pa**gu**e
3. **z** changes to **c** before **e:**
   que yo almuer**c**e, empie**c**e

Ana me pide que esté listo a las diez. Vamos a misa.	*Ana asks me to be ready at ten o'clock. We are going to mass.*
Mi mamá quiere que vayas con ellos al cine. —¡Qué bien! Tengo toda la tarde libre.	*My mother wants you to go with them to the movies. —Great! I have the whole afternoon free.*
El doctor prohíbe que te levantes o que te vistas.	*The doctor forbids you to get up or get dressed.*
Mandan que la compañía les construya una casa.	*They order the company to build them a house.*
¿Quieres que yo busque otra tarjeta?	*Do you want me to look for another card?*

Práctica

A. Daniel y su papá. Haga el papel del señor Ramón Vives de Luna, papá de Daniel. Hable con Daniel y dígale que usted quiere que él se porte *(behave)* mejor. Use **quiero que** o **no quiero que** y el subjuntivo.

> MODELO   Daniel duerme todo el día.
> **Daniel, no quiero que duermas todo el día.**

1. Daniel no sabe sus lecciones.
2. Daniel no hace sus ejercicios.
3. Daniel saca malas notas.
4. Daniel no va a la escuela todos los días.
5. Daniel llega tarde a sus clases.
6. Daniel no dice siempre la verdad.
7. Y Daniel tiene problemas con su mamá.

B. La venganza *(Revenge).* Ofrezca a su profesor(a) las siguientes sugerencias *(suggestions)* y mandatos. Use el subjuntivo, según el modelo.

> MODELO   ir a la puerta
> **Quiero que usted vaya a la puerta.**

1. abrir la puerta
2. cerrar la puerta
3. sacar un libro

4. poner el libro en la mesa
5. ir a la pizarra

C. Entrevista. En grupos pequeños (dos a cuatro estudiantes) entrevístense unos a otros sobre sus deseos o quejas en torno a *(around)* sus próximas vacaciones con la familia. En particular, averigüen *(find out)* dos o tres cosas que cada persona del grupo quiere que sus padres hagan por él (ella), y otras dos o tres cosas que sus padres no quieren que él (ella) haga. Siga los modelos.

> MODELOS   ESTUDIANTE 1   **¿Qué quieres que tus padres hagan por ti durante las próximas vacaciones?**
>   ESTUDIANTE 2   **Quiero que sean generosos conmigo, que tengan paciencia con mis amigos y que me den el auto los fines de semana.**
>
>   ESTUDIANTE 1   **¿Y qué te piden o prohíben tus padres?**
>   ESTUDIANTE 2   **Ellos no quieren que yo salga todas las noches; prohíben que oiga música después de las 11:00 P.M. y me piden que no fume en la casa.**

Preguntas

1. ¿Quiere usted que sus compañeros de clase recuerden su cumpleaños? ¿Prefiere que lo ignoren? ¿Por qué? ¿Desea que lo celebren de alguna manera? ¿Cómo?   2. En general, ¿quieren los profesores que los estudiantes vengan a clase regularmente? ¿que sepan la lección? ¿que duerman en la clase? ¿Qué quiere su profesor(a) que ustedes hagan en la clase de español?   3. ¿Deben los profesores prohibir que los estudiantes traigan radios a la clase?   4. ¿Qué quiere su profesor(a) que usted haga para mañana?

La danza del venado, Ballet Folklórico de México (México, D.F.)

MÉXICO Y EL BAILE
El Ballet Folklórico de México

El Ballet Folklórico de México tiene fama internacional. Generalmente presenta funciones regulares en el Palacio de Bellas Artes de la Ciudad de México. También tiene una compañía que viaja periódicamente al extranjero *(abroad)*. Por ejemplo, los miembros de esa compañía visitan Estados Unidos muy a menudo *(often)*. El Ballet presenta un programa de bailes realmente interesante y variado. Algunos son de inspiración indígena, como la «Danza del venado» *(Dance of the Deer),* parte de un ritual relacionado con la caza *(hunting)* y celebrado por los indios yaquis de Sonora; otros son bailes regionales como la «Bamba» de Veracruz, en que una pareja usa diestramente *(skillfully)* los pies para atar *(tie)* un lazo *(knot)* que simboliza una relación amorosa.

Además de la riqueza *(richness)* visual de los bailes en sí *(themselves),* uno puede ver los hermosos trajes que están ricamente diseñados *(designed)* y la escenografía que también es estupenda. Todo eso hace que la asistencia *(attendance)* a una función del Ballet Folklórico sea una experiencia verdaderamente inolvidable *(unforgettable).*

PREGUNTAS
1. ¿Dónde presenta sus funciones regulares el Ballet Folklórico?   2. ¿Se pueden ver presentaciones de ese Ballet en Estados Unidos? ¿Por qué? 3. ¿Qué es la «Danza del venado»? ¿Con qué ritual está relacionado?   4. ¿De qué región es la «Bamba»? ¿Qué hacen los bailarines durante ese baile?   5. ¿Por qué es inolvidable la asistencia a una función del Ballet Folklórico? Explique.

III. Additional Command Forms

EN CASA DE LOS PEREDA, EN UN BARRIO CÉNTRICO° DE MÉXICO, D.F.

barrio... *downtown neighborhood*

AMPARO *Salgamos*° esta noche, Javier… ¿Qué te parece si vamos al cine?°

Let's go out / ¿Qué… How do you feel about going to the movies? / Let's see

JAVIER Sí… ¡qué buena idea! *Veamos*° esa película de Clint Eastwood que muestran en el Cine Excelsior.

AMPARO ¿*Poder absoluto*…? ¡Ay, no Javier! Me dijo Gloria que era muy mala. *¡Que la vean Carlos y Rosita!*°

¡Que… Let Carlos and Rosita see it!

JAVIER Pues, *pongámonos de acuerdo*°… Escoge tú.

pongámonos... let's agree

AMPARO Entonces, *olvidémonos* del cine y *asistamos* al concierto en el Teatro de la Ciudad. El pianista Horacio Gutiérrez va a tocar sonatas de Scarlatti…

MAMÁ *(Entra en la sala.)* ¿Van al concierto de Gutiérrez? *¡Que toque*° tan bien como dicen que tocó el año pasado! Pasen una noche linda° y *tengan* cuidado con el carro.

Que... May he play (I hope he plays) / Pasen… Have a lovely evening

JAVIER Gracias, mamá. *Vámonos,*° Amparo.

Let's go

1. ¿Qué quiere hacer Amparo? ¿Cuál es su primera sugerencia? 2. ¿Cuál es la película que muestran en el Cine Excelsior? ¿Le interesa esa película a Amparo? ¿Por qué sí o por qué no? 3. ¿Quién es el pianista que va a tocar? ¿De quién es la música que va a tocar? 4. ¿Qué les desea la mamá? Según ella, ¿con qué deben tener cuidado?

A. As you have seen, the **usted** and **ustedes** command forms are the same as the **usted** and **ustedes** forms of the present subjunctive, and the negative **tú** command form is the same as the **tú** form of the present subjunctive. Similarly, the **nosotros** form of the present subjunctive is equivalent to the first-person plural command form; it corresponds to *Let's . . .* or *Let's not . . .* in English.

Hablemos con el dueño. (No hablemos con el dueño.)

Let's speak with the owner. (Let's not speak with the owner.)

Comamos pavo. (No comamos pavo.)

Let's eat turkey. (Let's not eat turkey.)

Escribamos tarjetas de Navidad. (No escribamos tarjetas de Navidad.)

Let's write Christmas cards. (Let's not write Christmas cards.)

One exception is the affirmative **Vamos** *(Let's go). Let's not go* is **No vayamos.**
Vamos a + infinitive can also be used for the affirmative **nosotros** command form.

Vamos a cenar.
Cenemos. } *Let's eat dinner.*

Vamos a saludar a los vecinos.
Saludemos a los vecinos. } *Let's say hello to the neighbors.*

B. Pronouns are added to the affirmative **nosotros** command forms just as they are added
to other command forms; they precede the negative **nosotros** commands.

Celebrémoslo con una torta. *Let's celebrate it with a cake.*
Comámosla pronto. *Let's eat it soon.*
No la comamos ahora. *Let's not eat it now.*

When **nos** is added to an affirmative command, the final **-s** of the verb is dropped.

Levantémonos. *Let's stand up.* Vámonos. *Let's go.*

Note: In both cases, an accent mark must be written to preserve the original stress.

C. Indirect commands are commands given to someone else (indirectly). They usually
follow the pattern **Que** + subjunctive + subject of the verb. Notice that object pronouns precede the affirmative indirect command.

Que les vaya bien. *May all go well with you.*
¡Que terminen los niños de poner los *Let (Have) the children finish putting the*
   adornos en el árbol de Navidad! *decorations on the Christmas tree!*
¡Que pasen todos al comedor! *Have everyone go into the dining room!*
Que haga ella el papel de María. *Let her play the role of María.*

Práctica

A. Cambiemos. Diga cada mandato de otra forma: confirme o niegue *(deny)* las frases
que siguen, según las indicaciones. Siga los modelos.

MODELOS   Vamos a bailar. **Sí, bailemos.**
              Vamos a estudiar. **No, no estudiemos.**

1. Vamos a ver televisión. Sí, …
2. Vamos a dormir hasta las diez. No, …
3. Vamos a tocar el piano. No, …
4. Vamos a cenar después de la función. Sí, …

B. Conozcamos la capital. Sonia, Francisca y Yolanda son estudiantes de bellas artes *(fine arts)* en la Universidad de Monterrey. Deciden viajar a Ciudad de México para ver las maravillas del arte colonial en la capital. Conteste por Yolanda, siguiendo los modelos. Use pronombres objetos cuando sea posible.

MODELOS

SONIA ¿Viajamos a Puebla o a Ciudad de México?
YOLANDA **Viajemos a Ciudad de México, pero ¡no viajen sin mí!**

SONIA ¿Compramos los pasajes hoy o mañana?
YOLANDA **Comprémoslos mañana, pero ¡no los compren sin mí!**

1. ¿Nos vamos en tren o en auto?
2. ¿Salimos mañana o el sábado?
3. ¿Visitamos primero el Museo de Antropología o la nueva galería de arte?
4. ¿Asistimos a una ópera o a un ballet?
5. ¿Vamos de compras aquí o en la capital?
6. ¿Volvemos en una o en dos semanas?

C. Julio el tímido. Julio es cortés pero muy tímido. Por eso, cuando le piden que haga algo, siempre sugiere *(suggests)* que lo haga otra persona. Conteste las preguntas por Julio.

MODELO

Julio, ¿quieres romper la piñata? (los otros niños)
No, gracias. Que la rompan los otros niños.

1. ¿Quieres cantar «Guantanamera»? (Sonia y Luis)
2. ¿Quieres ir al desfile con Sonia? (Ernesto)
3. ¿Quieres ver *Evita*? (mis hermanos)
4. ¿Quieres saludar a las muchachas? (mamá)
5. ¿Quieres poner los adornos en el árbol? (Anita)

Entrevista

1. ¿Qué quieres que hagamos hoy? ¿Quieres que contestemos estas preguntas o que conversemos de algo más interesante? ¿Por ejemplo…? 2. ¿Quieres que hagamos una fiesta aquí en la clase la semana próxima? ¿antes de terminar el semestre? 3. ¿Qué quieres que hagamos mañana? ¿Quieres que hagamos muchos ejercicios? ¿Que hablemos de fiestas y del fin de semana? ¿Que escuchemos algunas canciones en español?

¡Vamos a repasar!

Una carta desde Taxco. Complete la carta de Catalina a su tía Ana, marcando con un círculo la forma verbal correcta o la forma más apropiada del participio pasado, según corresponda en cada caso.

Vocabulario: lo antes posible *(as soon as possible),* **pintorescos** *(picturesque),* **minero** *(miner),* **retablos dorados** *(golden altarpieces),* **plata** *(silver),* **joyerías** *(jewelry stores),* **platerías** *(silver shops),* **curvas cerradas** *(hairpin turns)*

(1) *Querida / Querido* tía Ana:

Hasta ahora no he (2) *podido / puesto* escribirte porque realmente

he (3) *sido / estado* muy (4) *ocupada / fumada* desde que llegué.

(5) *¡Perdóname / Perdóneme,* por favor! Pero quiero que (6) *sabes / sepas*

que ya estoy en Taxco y aquí estoy muy contenta. También quiero que

(7) *vienes / vengas* a visitar esta ciudad tan fascinante lo antes posible. Me

prometiste venir en junio, ¿verdad? Estoy segura que Taxco te va a encantar.

Está (8) *saludada / situada* en las montañas, en una parte alta, y en todos

los lugares hay panoramas muy pintorescos. En la plaza principal está el

monumento de mayor interés, la iglesia de Santa Prisca, (9) *construido /*

construida entre 1751 y 1758, y (10) *financiada / financiado* por un rico

minero (11) *llamado / presentado* José de la Borda. Taxco conserva sus

retablos dorados que datan de esa época. En esta región hay muchas minas,

y la ciudad todavía es un centro de industrialización de la plata. Sé que a ti

siempre te ha (12) *gastado / gustado* visitar joyerías, así que no vas a

querer salir de las numerosas y (13) *variados / variadas* platerías que

tienen aquí. El viaje en autobús es increíble porque hay muchas curvas

cerradas. ¡Pero no te (14) *preocupas / preocupes,* tía! El conductor hace el

mismo viaje todos los días y la carretera es excelente. Bueno, te pido que

me (15) *mandes / mandas* tu itinerario muy pronto, ¿de acuerdo? Quiero ir

al aeropuerto a esperarte.

Un beso,

Catalina

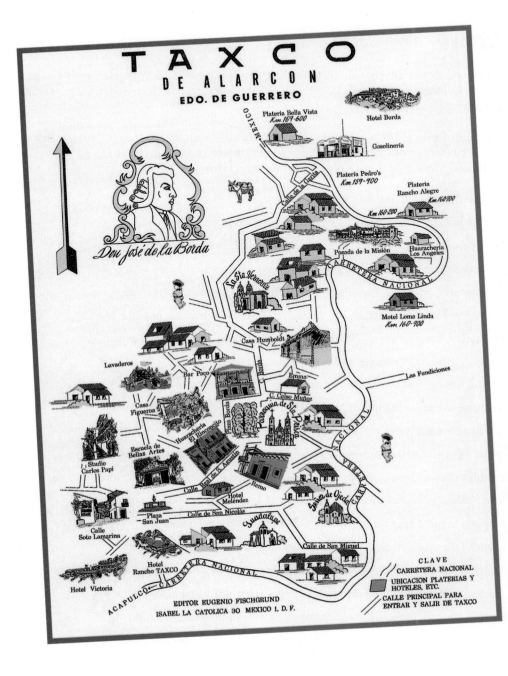

Preguntas

1. Según Catalina, ¿por qué no le ha escrito a su tía hasta ahora? 2. ¿Dónde está Catalina cuando escribe esta carta? 3. ¿Cómo es esa ciudad? 4. ¿Cuál es el monumento de mayor interés allí? ¿Por qué? 5. ¿Qué tipo de tiendas le menciona Catalina a su tía? ¿Por qué? 6. ¿Qué le pide ella a su tía al final? ¿Por qué?

Mosaico cultural

Para leer

FIESTAS MEXICANAS

Una niña haciendo el papel de María en las Posadas

Antes de leer

A photo can can give you hints about the content of the reading it accompanies. Before you read the following passage on Mexican fiestas, study the above photo of «las Posadas», an important Mexican celebration, and then answer the questions below.

1. Do you think «las Posadas» is a religious or political celebration? Why?
2. What do you think is happening in the event pictured? Who do the participants represent?

Lectura

A los mexicanos les gustan mucho las fiestas y participan activamente en ellas. Algunas fiestas son religiosas y otras son políticas. Hay días de fiesta nacionales, regionales y también locales. El calendario mexicano tiene muchas fiestas y casi cualquier cosa° es un buen pretexto para reunirse y celebrar la ocasión. Según el poeta mexicano Octavio Paz, quien recibió el Premio Nóbel de Literatura en 1990, México ha conservado el arte de la fiesta con sus colores, danzas, ceremonias, trajes° y fuegos artificiales°.

    Entre las fechas y fiestas nacionales más conocidas están el 21 de marzo, cumpleaños de Benito Juárez, un presidente mexicano popular del siglo diecinueve; el 1 (primero) de mayo, Día de los Trabajadores; el 5 de mayo, celebración de la derrota° de los invasores° franceses por las tropas° mexicanas en 1862[1]; y el 16 de septiembre, Día de la Independencia de México (de España).

    Una de las fiestas religiosas mexicanas más importantes es la celebración de «las Posadas».[2] Esta fiesta tiene lugar° durante las nueve noches anteriores a Navidad. Muchas familias se reúnen para celebrar las Posadas, dramatización simbólica del viaje de San José y de la Virgen María a Belén en busca de una posada° o de un lugar donde pasar la noche. Generalmente los niños hacen los papeles de San José y de la Virgen María, y también hacen de posaderos° o dueños de la posada.

casi... almost anything

costumes, outfits /
fuegos... *fireworks*

defeat
invaders / troops

tiene... *takes place*

en... *in search of an inn*

innkeepers

Después de leer

1. ¿Celebran muchas fiestas los mexicanos? ¿Cuáles, por ejemplo? 2. ¿Cuáles son algunas de las cosas y actividades asociadas con el arte de la fiesta? 3. ¿Cuáles son algunas fiestas políticas nacionales? 4. ¿Qué celebran los mexicanos el cinco de mayo? 5. ¿Cuándo tiene lugar la fiesta de las Posadas? 6. ¿Qué representa esa fiesta?

NOTAS CULTURALES

1. Although the French were initially driven back at Puebla on May 5, 1862, many more French troops were dispatched and they conquered Mexico City in 1863. Maximilian of Habsburg and his wife Charlotte of Belgium (Carlota) were placed on the Mexican throne by the French emperor Napoleon III. In 1867 at Querétaro, troops loyal to the republican government of Benito Juárez laid siege to the French forces of Maximilian and eventually forced his surrender. That important battle also began on May 5. After the French defeat and the execution of Maximilian and his generals, Juárez reentered Mexico City and was reelected president in December 1867.

2. The **Posadas** (literally, *the inns*) are held on nine consecutive nights, beginning on December 16 and ending on Christmas Eve. Nine families usually participate, with each family sponsoring one evening. The celebration begins around eight o'clock with prayers and songs; then the company divides into two groups, one acting as Joseph and Mary seeking lodging, the other acting as the innkeepers. The groups converse in song. At the end of the evening, the identity of those seeking shelter is revealed, they are admitted to the inn, and there is much celebrating. For the first eight nights, there are fruits, nuts, candies, and punch; on Christmas Eve the host family for that year (the **padrinos**) provides a large dinner after Midnight Mass **(Misa de gallo).** The origin of the custom is said to be an Aztec ceremony that a Spanish priest, Diego de Soria, adapted to Christian purposes.

Para escuchar

A. Una fiesta de quince años. Hoy Concepción cumple *(turns)* quince años. Ella y sus amigos celebran su cumpleaños con una gran fiesta bailable. Antonio, el primo favorito de Concepción, no ha podido venir y por eso los amigos filman la fiesta en un videocasete para enviárselo a Antonio. Escuche lo que dice Raúl, el narrador.

Vocabulario: una fiesta bailable (una fiesta con baile), sala *(living room),* **ruido** *(noise),* **misa** *(mass),* **se enfermó** *(got sick)*

B. En orden cronológico. Ponga en orden cronológico las siguientes declaraciones que cuentan los eventos del día.

_____ Jorge bailó con la hermana de Manuel.

_____ El hermano menor de Rafael comió mucha torta y se enfermó.

_____ Concepción, su familia y sus amigos fueron a una misa.

_____ Todos llegaron a la casa de Concepción.

_____ Felipe no bailó con Estela y ella dejó la fiesta.

_____ Elena tocó la guitarra y todos cantaron.

Para comunicarnos

In this chapter, you have seen examples of some important language functions or uses. Here is a summary and some additional information about these functions of language.

Extending and Accepting Invitations

¿Le (Te) gustaría ir a… (conmigo)?	*Would you like to go to . . . (with me)?*
¿Qué le (te) parece si vamos a…?	*How do you feel about going to . . . ?*
Si está(s) libre hoy, vamos a…	*If you're free today, let's go to . . .*
¿Quiere(s) ir a…?	*Do you want to go to . . . ?*
¿Me quiere(s) acompañar a…?	*Do you want to go with (accompany) me to . . . ?*

> Querido Raúl:
>
> Te invito a mi fiesta de cumpleaños el día miércoles, 21 de mayo. Va a ser en mi apartamento y vamos a tener buena música y comida a partir de las 20 horas. ¡Ojalá puedas venir!
>
> Espero tu respuesta antes del 20, si es posible.
>
> Con cariño,
>
> Luisa

Sí, ¡con mucho gusto!	*Yes, gladly (sure)!*
¡Cómo no! ¿A qué hora?	*Sure! What time?*
¡Listo(-a)! Gracias por la invitación.	*I'm ready to go! Thanks for the invitation.*
Ah sí, ¡qué buena idea!	*Oh, yeah, what a good idea!*
No veo la hora de verte (de hablar con José, de comer, etc.).	*I can't wait to see you (to talk to José, to eat, etc.).*
De acuerdo, ¡tengo todo el día libre!	*Okay, I have the whole day free!*

Declining Invitations

Tengo (Es que tengo) mucho que hacer esta semana. La semana que viene, tal vez.	*I have a lot to do this week. Next week, perhaps.*
Me gustaría (mucho), pero (no puedo ir)…	*I'd like to (very much) but (I can't go) . . .*
Otro día tal vez; hoy estoy muy ocupado(-a).	*Another day, perhaps; today I'm very busy.*
¡Qué lástima! Esta tarde tengo que estudiar.	*What a shame! This afternoon I have to study.*

Making a Toast

The most common way to make a toast is **¡Salud!** *(To your health!),* as you saw earlier. Three longer versions you may hear are:

Salud, amor y dinero.	*Health, love, and money.*
Salud, amor y dinero y el tiempo para gastarlos.	*Health, love, and money and the time to enjoy (spend) them.*
Salud y plata y un(a) novio(-a) de yapa.	*Health, money (silver), and a sweetheart besides.*

Making Introductions

If you are introducing yourself, you can say **Déjeme presentarme. Me llamo...** To introduce someone else to another person, you can say:

Ésta es…, una amiga de México (California, etc.).	*This is . . . , a friend from Mexico (California, etc.).*
Quiero que conozca(s) a…	*I want you to meet . . .*
Quiero presentarle(te) a …	*I want to introduce you to . . . (or I want to introduce . . . to you.)*

As you have seen earlier, **Mucho gusto** is generally used for *Glad to meet you.*

ACTIVIDADES

A. Invitaciones. Trabaje con un(a) compañero(-a) de clase. Hágale cada una de las siguientes invitaciones. Su compañero(-a) debe aceptar algunas de sus invitaciones y rechazar *(decline)* las otras.

1. ir a una exposición de arte
2. ir a una fiesta de cumpleaños para su mamá (la mamá de usted)
3. ir a una conferencia sobre Centroamérica
4. ir a un concierto de Madonna
5. ir al parque zoológico
6. ir a las montañas para esquiar
7. ir con él (ella) al teatro
8. ir al barrio italiano para comer pizza

B. Minidramas. Dramatice las siguientes situaciones.

1. El día de San Valentín *(Valentine's Day)* usted y un(a) amigo(-a) cenan en un restaurante muy bueno. Su amigo(-a) le cuenta que ayer tuvo una entrevista para un trabajo en una galería de arte y ¡le dieron el trabajo! El director quiere que empiece a trabajar inmediatamente. Usted felicita *(congratulate)* a su amigo(-a). Para celebrar la ocasión, pide una botella del mejor champán y el camarero se lo trae. Usted llena *(fill up)* su copa el de su amigo y los dos brindan *(toast)* por un futuro feliz en el nuevo trabajo.

2. Una persona que usted conoce y que tiene un carácter muy difícil lo (la) invita regularmente a salir: al teatro, al cine, a conciertos, o a cenar. A esa persona no le gusta que le digan que «No» cuando invita… Esta vez la invitación es para asistir a un concierto el viernes. Usted le dice que no va a poder porque ese día va a ver una obra de teatro. Entonces él (ella) repite la invitación para el sábado, después para el domingo, etc. Usted debe buscar (¡y encontrar!) una buena excusa para cada invitación y rechazarla *(decline it)* ¡muy cortésmente!

C. Mis intereses del momento. En grupos de tres o cuatro, que haga cada estudiante una lista de cinco cosas que le gustaría hacer en un futuro muy próximo, por ejemplo: jugar un partido de tenis, ir a un concierto de jazz, aprender a bailar el tango, ver una obra de teatro, viajar a Cancún o aprender a cocinar comida china. Luego comparen sus listas y vean si tienen algún interés en común. Si dos o más personas tienen intereses similares, hagan planes para divertirse juntos pronto ¡y traten de incluir en sus planes a los demás del grupo!

D. El cumpleaños de Claudia. Hoy Claudia cumple *(turns)* veintiún años. Mire la foto de la página 297 y describa cómo y con quién(es) Claudia celebra su cumpleaños. Según su opinión, ¿qué tocan los músicos probablemente? ¿Y qué dicen los jóvenes…?

E. Una fiesta buenísima. Traiga a clase una foto de una fiesta donde usted se divirtió mucho. En grupos pequeños o enfrente de la clase, descríbales su foto a sus compañeros de grupo o a toda la clase.

Para escribir

Respuesta a una invitación. Imagine que usted también está en la lista de invitados para la fiesta de cumpleaños de Luisa y que ayer le llegó la misma invitación que a Raúl (p. 318). ¿Piensa asistir a la fiesta o no va a poder por alguna razón? Escríbale una breve nota a Luisa; acepte su invitación o dígale por qué no va a poder estar con ella el 21 de mayo.

Vocabulario activo

COGNADOS

el aniversario	la galería	Janucá
el candelabro	el instructor,	la piñata
la celebración	la instructora	la sorpresa

VERBOS

construir	*to build*	presentar	*to introduce*
fumar	*to smoke*	quejarse	*to complain*
mandar	*to order, command; to send*	reunirse	*to meet, get together*
permitir	*to permit, allow*	saludar	*to greet*

FIESTAS Y ANIVERSARIOS

el adorno	*decoration*	la Nochebuena	*Christmas Eve*
el árbol	*tree*	el papel	*role*
el árbol de Navidad	*Christmas tree*	hacer el papel (de)	*to play the role (of)*
el comedor	*dining room*	el pavo	*turkey*
el desfile	*parade*	los Reyes Magos	*Three Kings (Three Wise Men)*
la misa	*mass (rel.)*	la tarjeta	*card*
la Navidad	*Christmas*		

OTRAS PALABRAS Y FRASES

el dueño (la dueña)	*owner*	medianoche	*midnight*
la injusticia	*injustice*	el mensaje	*message*
¡Qué injusticia!	*How unfair!*	próximo	*next*
la lectura	*reading*	el vecino (la vecina)	*neighbor*
listo	*ready; clever*		

Expresiones útiles

No veo la hora de (+ *inf.*)	*I can't wait (+ inf.)*
Quiero que conozca(s) a...	*I want you to meet . . .*

Vistazo cultural
LAS FIESTAS

A los hispanos les gustan las fiestas—fiestas con familiares (family members) y amigos, fiestas nacionales, regionales, folklóricas, religiosas... En general, cada comunidad o pueblo celebra anualmente varias fiestas. A la gente hispana le gusta reunirse (to get together). En la foto se ve una de las fiestas religiosas mexicanas más importantes: la que se celebra todos los 12 de diciembre, Día de la Virgen de Guadalupe, santa patrona de México.

Otras fiestas representan acontecimientos (events) históricos, como por ejemplo la conquista de América por los españoles, o la independencia de las naciones americanas de España. En el pueblo de Guatemala que vemos en la foto, los indios, vestidos de conquistadores españoles o de jefes indígenas, participan en una representación de la conquista.

Preguntas

1. ¿Por qué les gustan las fiestas a los hispanos?   2. ¿Qué tipos de fiestas les gustan?   3. ¿Qué se celebra el 12 de diciembre en México?   4. ¿Qué acontecimiento histórico representan los indios de Guatemala en la foto?   5. ¿Qué ciudad tiene una celebración muy famosa relacionada con la Semana Santa? Descríbala y explique qué es un «paso».   6. ¿Qué mezcla curiosa encontramos en muchas fiestas hispanas? Dé un ejemplo.   7. ¿Existe una mezcla de elementos cristianos y no cristianos en algunas de las fiestas que celebramos en Estados Unidos? Dé ejemplos.

Como la mayoría de la gente hispana es católica, las fiestas católicas son muy importantes, tanto en España como en Hispanoamérica. Una de las festividades religiosas más importantes del mundo hispano es la celebración de la Semana Santa (Holy Week). En Sevilla, por ejemplo, toda la ciudad se transforma durante esa semana. Adornan las casas mantos violetas (purple mantles), *estatuas y flores* (flowers). *Los niños se visten de* (dress as) *ángeles o de Jesús, y muchos adultos se visten de penitentes. Hay procesiones lentas y silenciosas de enormes pasos, que son plataformas decoradas con estatuas que representan escenas religiosas. Los hombres de Sevilla, vestidos de penitentes, llevan esos pasos. Después de las Pascuas* (Easter), *hay una gran celebración con bailes, música y fuegos artificiales* (fireworks).

En las fiestas religiosas de los pueblos pequeños de Hispanoamérica encontramos, muchas veces, una mezcla (mixture) curiosa de cristianismo y religión indígena. Así, por ejemplo, en algunas partes de Perú y de Bolivia, la gente honra (honor) simultáneamente a la Virgen María y a la Pachamama o Madre Tierra (Mother Earth). En la Fiesta de la Diablada (devilry) los indios bolivianos llevan máscaras (masks) que representan el bien y el mal en forma de ángeles y diablos, o de los antiguos demonios de los Andes, como se ve en esta foto.

La Pequeña Habana,
Miami, Florida

LA COMUNIDAD
CUBANO-AMERICANA
DEL SURESTE DE
ESTADOS UNIDOS

¿Sabía usted que...?

- La mayor parte de los cubano-americanos están aquí como exiliados *(exiles)* políticos del régimen de Fidel Castro. El primer grupo numeroso llegó de Cuba en 1959 y el segundo *(second)* en 1980. Hay cubanos en todos los estados, pero muchos viven en «la pequeña Habana», un barrio de Miami, Florida.

- Actualmente hay más de un millón de cubano-americanos en Estados Unidos; la mayoría está en el sureste del país.

- En Miami también viven muchos centro-americanos que vinieron a este país por razones políticas; la mayor parte de ellos son de El Salvador y de Nicaragua.

PREGUNTAS

1. ¿Cuántos cubano-americanos hay actualmente en Estados Unidos? ¿Dónde vive la mayoría de ellos?
2. En general, ¿por qué inmigraron a este país la mayor parte de los cubanos? Explique.
3. ¿Cuándo llegó de Cuba el primer grupo numeroso? ¿y el segundo?
4. ¿Qué es «la pequeña Habana»? ¿Dónde está?
5. ¿Qué otros grupos hispanos viven también en Miami? ¿Por qué dejaron sus respectivos países? Comente.

Una farmacia en una clínica en Miami

CAPÍTULO
TRECE

La salud y el cuerpo

Cultura

This chapter focuses on the Cuban-American community of the Southeast United States.

Estructuras

You will discuss and use:
- Other uses of the definite article
- The subjunctive with certain verbs expressing emotion, necessity, will, and uncertainty
- The subjunctive with impersonal expressions

Vocabulario

In this chapter you will learn to name the parts of the body and to talk about various states of health and sickness.

Comunicación

- Expressing doubt
- Asking for, granting, or denying permission
- Giving advice

Vocabulario del tema

El cuerpo humano

la cara
el ojo
la nariz
la boca
el brazo
el pecho
el corazón
la mano derecha
la pierna
los dedos del pie

el pelo
la oreja
los dientes
el hombro
el estómago
los dedos
la rodilla
el pie izquierdo

¿Qué tengo, doctor? Los síntomas

Me duele* todo el cuerpo, desde la cabeza hasta los pies.

Me duele la espalda.

Tengo dolor de garganta.

Y también tengo dolor de estómago.

***Doler** *(to ache, hurt)* is an **o** to **ue** stem-changing verb. Like **gustar,** it is normally used with an indirect object pronoun.

Tengo tos.   Tengo fiebre.   Tengo mareos.

El diagnóstico

Tiene sólo un catarro (resfrío, resfriado).
Está resfriado, nada más.
Tiene gripe y mucha fiebre.
¡Debe tomar jugo de naranja todos los días!

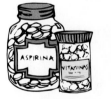

una pastilla   la receta
una píldora   la farmacia
                          la medicina
                          (el medicamento, el remedio)

Práctica

¡Vamos a dibujar! *(Let's draw!)*   El (la) profesor(a) va a dibujar una parte del cuerpo humano en la pizarra. Después le va a dar la tiza *(chalk)* a un(a) estudiante y le va a decir: «Dibuje el (la, los, las)..., por favor.» Ese(-a) estudiante agrega *(adds)* otra parte del cuerpo, le da la tiza a otro(-a) estudiante y la actividad sigue hasta dibujar todo el cuerpo.

Después dibujen la ropa que necesita la persona: Para un hombre, la camisa, los pantalones o los zapatos, por ejemplo; para una mujer, la blusa, la falda o los zapatos.

Preguntas

1. ¿Qué partes del cuerpo usamos para hablar? ¿para pensar? ¿para comer? ¿para caminar? ¿para escribir? ¿para nadar?   2. ¿Hace usted ejercicios físicos? ¿Nada usted? ¿Dónde? ¿Anda en bicicleta *(ride a bike)?* ¿Corre? ¿Cuándo? ¿por la mañana? ¿por la tarde? 3. ¿Toma usted vitaminas todos los días?   4. ¿Cuándo tiene usted más energía: por la noche o por la mañana? ¿el sábado por la noche o el lunes por la mañana?

Estructuras

I. Other Uses of the Definite Article

ALGO SOBRE LOS CATARROS*

—*Los* catarros se transmiten° por el aire y a través del° contacto directo de *las* manos.

—*Las* pastillas de zinc han probado° tener un gran efecto curativo sobre *el* catarro.

—*Las* inhalaciones y *los* líquidos calientes son buenos para *el* catarro, ya que° *los* virus del catarro no se reproducen bien en temperaturas superiores a las° del cuerpo.

se... *are transmitted*
a... *through*

han... *have proved*

ya... *since*

superiores... *higher than those*

1. ¿Cómo se transmiten los catarros? 2. A mucha gente (por ejemplo, a los japoneses) no les gusta dar la mano (*to shake hands*) para saludar. ¿Por qué? 3. ¿Qué hace usted cuando tiene catarro?

Several uses of the definite article, such as the article with titles (Chapter 1) and with dates and days of the week (Chapter 4), have already been presented. Other uses of the definite article are:

A. With parts of the body and articles of clothing when it is clear who the possessor is. The possessive adjective is not used in these instances.

El médico se lava las manos.	*The doctor is washing his hands.*
Ana se pone los zapatos.	*Ana is putting on her shoes.*
Ricardo se quitó el suéter.	*Ricardo took off his sweater.*
Dame la mano.	*Give me your hand.*
Me duele la cabeza y no me siento† bien. Tengo que descansar.	*My head aches and I don't feel well. I have to rest.*

B. Before a noun used in a general sense as representative of its class or type. The noun can be singular or plural, concrete or abstract.

La salud es muy importante.	*Health is very important.*
Así es el amor.	*That's love.*
No me gustan los cigarrillos.	*I don't like cigarettes.*

C. With names of languages and fields of study, except after the preposition **en** and after **aprender, enseñar, estudiar, hablar,** and **leer,** when it is usually omitted.

Enseño alemán.	*I teach German.*
Me gustan las lenguas en general.	*I like languages in general.*
¿Hablas francés? —Sí, pero con dificultad.	*Do you speak French? —Yes, but with difficulty.*
El francés es más difícil que el español, ¿no?	*French is harder than Spanish, right?*
¿Cómo se dice «buen viaje» en francés? —«Bon voyage.»	*How do you say "Have a good trip" in French? — "Bon voyage."*

---

*De la revista *Vanidades*
†**Sentir**(se), *to feel,* is an **e** to **ie** stem-changing verb. **Sentir que** usually means *to be sorry that* . . .

D. For rates and prices.

Aquí se venden huevos a setenta centavos la docena.	*Eggs are sold here for seventy cents a dozen.*
Compré un vino excelente a cuarenta pesos el litro.	*I bought an excellent wine for forty pesos a liter.*
¿Ese queso cuesta quinientos pesos el kilo? —No tengo la menor idea.	*Does that cheese cost 500 pesos a kilo? —I don't have the slightest idea.*

Práctica

A. **¿Qué le duele?**   A usted le duele todo el cuerpo y decide ir al doctor. Describa los dolores que tiene, según el modelo.

> **MODELO**   garganta / ojos
> **Me duele la garganta y también me duelen los ojos.**

1. estómago / espalda
2. pies / piernas
3. manos / brazos

4. cuello / boca
5. cabeza / cuerpo

B. **Un dolor de cabeza.**   Complete la conversación con artículos definidos, cuando sean necesarios. Después, conteste las preguntas que siguen.

RAMÓN   ¿Qué tal (1) _____ dolor de cabeza, mi amor?

JOSEFINA   Hoy fui al médico. Me dio píldoras de Anabufenol y otros medicamentos. No sé qué son porque no sé leer (2) _____ latín. Después fui a (3) _____ doctora Soya, que es experta en nutrición.

RAMÓN   ¿Y qué te dijo ella?

JOSEFINA   Me dijo que (4) _____ frutas y (5) _____ verduras frescas *(fresh)* son muy importantes para (6) _____ salud, y que (7) _____ café, (8) _____ té y (9) _____ chocolate son malos. Y me dio Herbavor, que según ella cura *(cures)* todos los males *(ills).*

RAMÓN   ¡Qué bien!

JOSEFINA   Después, por (10) _____ tarde, fui a una clase de yoga. (11) _____ maestra me dijo que (12) _____ tensión es (13) _____ causa principal de (14) _____ dolores de cabeza. Me enseñó algunos (15) _____ ejercicios como «el león» y «la cobra». Ahora me duele mucho (16) _____ espalda.

RAMÓN   ¡Qué lástima!

JOSEFINA   Por fin *(Finally)* fui a Madame Leona, la espiritista *(spiritualist).* Ella me aconsejó *(advised)* quitarme (17) _____ zapatos. Dijo que (18) _____ zapatos pueden causar toda clase de dolores. Y que no debo salir (19) _____ viernes *(pl.)* porque mi signo es Aries.

RAMÓN   Pero ahora, ¿cómo te sientes?

JOSEFINA   No sé. Después de tantos (20) _____ consejos, ¡tengo un dolor de (21) _____ cabeza terrible!

1. ¿Qué problema tenía Josefina?   2. ¿Qué le dio el médico?   3. ¿Qué le dijo la doctora Soya? ¿Qué le dio ella?   4. Según la maestra de yoga, ¿cuál es la causa principal de los dolores de cabeza? ¿Qué le recomendó ella a Josefina?   5. ¿Qué le dijo Madame Leona a ella?   6. ¿Cómo se siente Josefina después de todos esos consejos?

Entrevista

Trabaje con un(a) compañero(-a). En forma alternada, háganse y contesten las preguntas que siguen.

1. Cuando te despiertas por la mañana, ¿abres los ojos fácilmente o con mucha dificultad?
2. ¿Te duele a veces la cabeza? ¿el estómago? ¿la garganta? ¿Qué tomas o qué haces entonces?   3. ¿Qué ropa te pones cuando hace frío? ¿cuando hace calor? ¿cuando llueve?
4. ¿Te interesa el arte? ¿la política? ¿la literatura?

LOS CUBANO-AMERICANOS Y LA MÚSICA

Gloria Estefan y el Miami Sound Machine

Gloria Estefan

En 1994 el álbum *Mi Tierra* (1993) de Gloria Estefan y su grupo Miami Sound Machine fue distinguido con el Grammy Award al mejor álbum de música tropical latina. En sólo un año se habían vendido más de siete millones de copias de *Mi Tierra:* cinco millones en el extranjero *(abroad)* y dos millones y medio en Estados Unidos. En 1995 Estefan y su grupo recibieron un segundo Grammy Award por su álbum *Abriendo Puertas* que, como otras producciones del «Miami Sound Machine», combina influencias y ritmos cubanos (la salsa, la rumba, el mambo, el cha-cha-cha) con otros latinoamericanos (la cumbia, el merengue, la samba) y también norteamericanos como el jazz y el «American pop».

La famosa cantante Gloria Estefan (antes Gloria Fajardo) nació en Cuba en 1957. Por razones políticas su familia emigró a Estados Unidos en la década de los sesenta, donde su pasión por la música la ayudó a sobrevivir *(survive)* una serie de problemas familiares, incluyendo *(including)* la precaria salud de su padre, veterano de Vietnam. A los dieciocho años cantó con un grupo local, «The Miami Latin Boys», cuyo líder era Emilio Estefan. Éste la invitó a unirse al grupo que desde entonces se convirtió en el «Miami Sound Machine», con Gloria como cantante principal. Ella y Emilio se casaron en 1978 y juntos *(together)* han tenido muchísimo éxito *(success)*. Estefan se ganó la admiración de mucha gente con su extraordinario retorno *(comeback)* al mundo musical después de haberse roto una vértebra en un accidente de tránsito *(traffic)*.

PREGUNTAS

1. ¿Quién es Gloria Estefan? ¿Dónde y cuándo nació ella?   2. ¿Qué edad tenía ella cuando se unió al grupo de Emilio Estefan?   3. ¿Cuándo se casaron ellos?   4. ¿Qué álbumes recibieron el Grammy Award? ¿Cuándo?
5. ¿Qué clase de música asociamos con el «Miami Sound Machine»?   6. ¿Ha escuchado usted alguna canción de Gloria Estefan? ¿de otros cantantes latinos? Comente.

II. The Subjunctive with Certain Verbs Expressing Emotion, Necessity, Will, and Uncertainty

EN UNA CLÍNICA, EN MIAMI

LA DOCTORA	Primero quiero que la enfermera le *tome* la temperatura.°	**quiero...** *I'd like the nurse to take your temperature / patient*
LA ENFERMA°	Ya lo hizo, doctora, y no tengo fiebre. Pero me siento muy mal.	
LA DOCTORA	No me sorprende que *se sienta* mal.° Quiero que usted *vaya*° al hospital ahora mismo.°	**No...** *I'm not surprised that you feel bad. /* **Quiero...** *I want you to go /* **ahora...** *right away*
LA ENFERMA	Pero, doctora, ¿qué tengo?	
LA DOCTORA	No estoy segura.° Por ahora sólo sé que su aspecto físico° es horrible. Mírese en ese espejo.° Usted está muy pálida°, tiene los ojos nublosos°, la nariz...	*sure, certain* **aspecto...** *physical appearance / mirror / pale / blurry*
LA ENFERMA	¡Basta ya!° ¡Tampoco usted es una Venus!	**¡Basta...** *That's enough!*

1. ¿Qué quiere la doctora que haga la enfermera?   2. ¿Cómo se siente la enferma?
3. ¿Qué quiere la doctora que haga la enferma?   4. ¿Sabe la doctora qué tiene la enferma?
5. ¿Qué hace usted cuando se siente muy mal?

A.   You have seen that many sentences are composed of two or more clauses, or groups of words containing a subject and a verb. For instance, in the sentence *We wish that he were coming, We wish* is an independent clause, and *that he were coming* is a dependent clause. The subjunctive is used in Spanish in dependent clauses after verbs expressing:

1.   An order or request; for example, **insistir (en), pedir, decir.**

Insiste en que vengan ahora mismo.	*He insists that you come right away.*
Le pido al niño que no ponga los pies en la mesa.	*I am asking the child not to put his feet on the table.*
¡Te digo que levantes la mano!	*I'm telling you to raise your hand!*

2.   Will, desire, preference; for example, **querer, desear, preferir.**

No quiero que usted pierda el tiempo.	*I don't want you to waste time.*
Deseo que vengan a visitarme.	*I want you to come visit me.*
Carmen prefiere que su esposo no fume cigarrillos.	*Carmen prefers that her husband not smoke cigarettes.*

3. Hope, emotion, and feeling; for example, **ojalá, tener miedo, alegrarse (de), sorprender, sentir.**

Ojalá que Susana se sienta bien.	*I hope Susana will feel well.*
Tengo miedo que los niños se enfermen.	*I'm afraid that the children will get sick.*
Me alegro (de) que no tengas mareos.	*I'm glad you aren't dizzy.*
No me sorprende que Ernesto esté enfermo, porque no come bien.	*It doesn't surprise me that Ernesto is sick, because he doesn't eat well.*
Siento que Juan tenga un resfrío.	*I'm sorry Juan has a cold.*

4. Approval, permission, prohibition, or advice; for example, **gustar, permitir, prohibir, aconsejar, recomendar.**

Me gusta que Ana diga eso.	*I'm pleased (It pleases me) that Ana says that.*
Mamá no permite que hablemos con la boca llena.	*Mom doesn't allow us to talk with our mouths full.*
El doctor le prohíbe que salga de la casa.	*The doctor forbids him (her) to leave the house.*
Te aconsejo que llegues a las nueve en punto.	*I advise you to arrive at nine o'clock on the dot.*
El médico recomienda que tomes mucha agua y otros líquidos.	*The doctor recommends that you drink a lot of water and other liquids.*

5. Necessity; for example, **necesitar.**

Necesitan que alguien los lleve al hospital.	*They need someone to take them to the hospital.*

6. Doubt or uncertainty; for example, **dudar, no estar seguro(-a).**

Dudo que encuentren la cura para esa enfermedad.	*I doubt they will find the cure for that disease.*
No estoy seguro que el doctor sepa hacerlo.	*I'm not sure the doctor knows how to do it.*

B. The verbs **creer** and **pensar** require the subjunctive in interrogative or negative sentences when surprise or doubt is implied. The indicative is used in affirmative sentences or when there is no uncertainty in the speaker's mind.

¿Crees que Alicia esté embarazada?	*Do you think that Alicia is pregnant?* (doubt implied)
¿Crees que Alicia está embarazada? —No tengo la menor idea.	*Do you think that Alicia is pregnant?* (simple question) —*I don't have the slightest idea.*
No creo que Alicia esté embarazada.	*I don't believe that Alicia is pregnant.*
¿Piensas que Ramón sea feliz?	*Do you think Ramón is happy?* (doubt implied)
No pienso que Ramón sea feliz.	*I don't think that Ramón is happy.* (The speaker thinks he probably isn't.)
Pienso que Ramón es feliz.	*I think that Ramón is happy.*

C. Remember that **que** is always used in these expressions, although in English *that* can be omitted or an infinitive used.

Espero que ellos hablen con el médico.

I hope (that) they talk to the doctor.

Quiero que Juanito tome estas vitaminas.

I want Juanito to take these vitamins.

D. Remember also that the subjunctive is used only when there is a change of subject; when the subject of the main and dependent clauses is the same, an infinitive is used.

Quiero comprar unos medicamentos (unas medicinas).

I want to buy some medicines.

Quiero que ellos compren unos medicamentos (unas medicinas).

I want them to buy some medicines.

Práctica

A. El entrenador *(trainer, coach).* ¿Qué les dice el entrenador a los futbolistas *(soccer players)?* Siga el modelo.

MODELO   espero / comer bien y tomar vitaminas
Espero que coman bien y que tomen vitaminas.

1. les pido / correr diez kilómetros todos los días
2. deseo / hacer cincuenta sentadillas *(sit-ups)* diarias
3. no quiero / llegar tarde a las prácticas
4. les aconsejo / no acostarse tarde el viernes
5. espero / ganar el partido *(game)* del sábado
6. ojalá / poner atención a mis consejos

B. ¿De veras...? Trabaje con un(a) compañero(-a). En forma alternada, Estudiante 1 hace una oración en el presente para darle información personal al (a la) compañero(-a). La oración puede ser verdadera o falsa. Estudiante 2 responde con «¿De veras? Dudo que...» o «¡Qué interesante! No dudo que...», según el caso. Algunas de las oraciones deben ser verdaderas y otras falsas.

MODELO   ESTUDIANTE 1   **Mis abuelos viven en Cuba. (Conozco al presidente de México. Sé hablar italiano.)**
          ESTUDIANTE 2   **¿De veras? Dudo que tus abuelos vivan en Cuba (que conozcas al presidente de México, que sepas hablar italiano).**

C. **Quiero que...** Trabaje con un(a) compañero(-a). Estudiante 1 es el (la) doctor(a) y Estudiante 2 es el (la) paciente. Hagan un diálogo, empleando el subjuntivo varias veces. Usen las sugerencias.

PACIENTE: Dice que últimamente se siente mal, que siempre tiene dolores de cabeza y que no tiene mucha energía.

DOCTOR(A): Le hace varias preguntas sobre su rutina diaria: a qué hora se acuesta, qué come, etc.

PACIENTE: Dice que no duerme mucho y que tampoco come mucho porque no tiene tiempo.

DOCTOR(A): Le da varios consejos. Quiero (Deseo / Necesito / Te pido / Te aconsejo / Espero / Te prohíbo) que... (abrir la boca, decir «ah», tomar..., etc.).

LOS CUBANO-AMERICANOS Y LA LITERATURA

Oscar Hijuelos

Una escena de la película The Mambo Kings, *con Antonio Banderas*

En 1990 el talentoso *(talented)* escritor cubano-americano Oscar Hijuelos recibió el Premio Pulitzer de literatura por su novela *The Mambo Kings Play Songs of Love* (1989), convirtiéndose *(becoming)* así en el primer escritor hispano que obtenía ese premio. La obra refleja los dilemas que deben enfrentar *(face)* los cubanos que inmigran a Estados Unidos. Los personajes *(characters)* principales son dos hermanos músicos, especializados en ritmos afrocubanos, que vienen a este país esperando *(hoping)* triunfar en el mundo musical neoyorkino *(de Nueva York)* de la década de 1950 a 1960. Esos son años de mucha influencia cultural hispana en Estados Unidos con la moda del mambo y el tremendo éxito *(success)* del cantante y actor cubano Desi Arnaz, estrella *(star)* del famoso programa de televisión *I Love Lucy.* Hijuelos explora, a través de *(through)* sus personajes, los temas de adaptación y rechazo *(rejection)* a la nueva cultura.

Hijuelos nació en Nueva York en 1951. Hizo estudios universitarios en el City College de la City University de Nueva York, donde obtuvo el título de maestría (M.A.) en inglés en 1976. En 1983 publicó *Our House in the Last World,* su primera novela. Pero su fama es de fecha más reciente. Está relacionada con dos hechos *(facts)* concretos: la aparición de la película *The Mambo Kings* en 1992, adaptación de la novela del mismo nombre, y porque estuvo en la lista de los «Best-Sellers» por su novela *Mr. Ives' Christmas,* publicada en 1995.

PREGUNTAS

1. ¿Quién es Oscar Hijuelos? ¿Dónde nació él? ¿Cuándo? 2. ¿Qué premio recibió en 1990? ¿Por qué obra? 3. ¿Qué refleja esa novela? ¿Quiénes son los personajes principales? ¿Por qué vienen a Estados Unidos? 4. ¿Hay mucha o poca influencia hispana en la cultura popular de Estados Unidos en la década de los años cincuenta? Explique. 5. ¿Ha visto usted *The Mambo Kings* o alguna otra película que refleje los problemas de los hispanos en este país? Comente.

III. The Subjunctive with Impersonal Expressions

EL TABACO Y LA SALUD

Mientras que es verdad que muchos jóvenes piensan que el fumar les da cierto aire° de sofisticación, es probable que un fumador° *viva* 18 años menos que una persona que no fuma. Un fumador de treinta años probablemente va a vivir hasta la edad de sesenta y cuatro años, mientras que un no fumador va a llegar a los ochenta y dos. Lo cierto° es que es una lástima que los que no fuman *tengan* que respirar° el humo° secundario del tabaco, porque cada año mueren miles de personas por el efecto de este humo—50.000 personas por año sólo en Estados Unidos.

cierto... *a certain air*
smoker

Lo... *One thing for sure*

breathe / smoke

1. ¿Es probable que un fumador viva tantos años como un no fumador?   2. ¿Cuántas personas mueren por año en Estados Unidos por el humo secundario del tabaco? 3. ¿Cree usted que se debe prohibir el uso del tabaco en lugares públicos? ¿Por qué sí o por qué no?

A.   Impersonal expressions have no obvious subject, and equivalent English expressions often begin with the pronoun *it*. The subjunctive is used after many impersonal expressions of doubt, emotion, expectation, permission, prohibition, and personal judgment. Some of the more commonly used impersonal expressions that require the subjunctive in a following clause are:

Es bueno	*It's good*	Es (una) lástima	*It's a pity*
Es malo	*It's bad*	Es probable	*It's probable*
Es mejor	*It's better*	Es dudoso	*It's doubtful*
Es peor	*It's worse*	Es necesario	*It's necessary*
Es imposible	*It's impossible*	Es ridículo	*It's ridiculous*
Es posible	*It's possible*	Está bien	*It's all right (okay)*
Es importante	*It's important*	Está prohibido	*It's forbidden*

¿Es bueno que ellos hagan ejercicios?	*Is it good that they exercise?*
Es mejor que me vaya.	*It's better for me to leave.*
Es importante que tomes vitaminas.	*It's important that you take vitamins.*
No es posible que sea tan difícil.	*It's not possible that it's so difficult.*
¿Está bien que te acompañemos?	*Is it all right if we go with you?*
Está prohibido que los estudiantes fumen en clase.	*It's forbidden for students to smoke in class.*

All of the preceding impersonal expressions are followed by the subjunctive in dependent clauses in affirmative, negative, or interrogative sentences.

B. The following expressions require the indicative when used in the affirmative but the subjunctive when used in the negative. They take the subjunctive in interrogative sentences only if doubt is strongly implied.

Es cierto	*It's true*	Es seguro	*It's certain*
Es (Está) claro	*It's clear*	Es verdad	*It's true*

No es verdad que se necesite receta para eso.	*It's not true that you need (one needs) a prescription for that.*
¿Es verdad que se necesite receta?	*Is it true that you need a prescription?* (doubt implied)
¿Es verdad que se necesita receta?	*Is it true that you need a prescription?* (simple question)
Es verdad que se necesita receta.	*It's true that you need a prescription.*
No es cierto que esa enfermedad sea incurable.	*It's not true that that disease is incurable.*

C. The expressions **tal vez** and **quizás,** which both mean *perhaps,* normally require the subjunctive. They are followed by the indicative if the speaker or writer wants to express belief or conviction.

Quizás fume demasiado.	*Perhaps he smokes too much.* (The speaker is not sure.)
Quizás fuma demasiado.	*Perhaps he smokes too much.* (The speaker thinks he probably does.)
Tal vez Enrique lo sepa.	*Maybe Enrique knows about it.* (The speaker is not sure.)
Tal vez Enrique lo sabe.	*Maybe Enrique knows about it.* (The speaker thinks he probably does.)

Práctica

A. Los cubano-americanos. Haga oraciones nuevas, usando las palabras entre paréntesis.

MODELO El barrio cubano de Miami se llama «la pequeña Tegucigalpa». (No es verdad que...)
No es verdad que el barrio cubano de Miami se llame «la pequeña Tegucigalpa».

1. La mayor parte de los hispanos de Miami es de origen cubano. (Es cierto que...)
2. La pequeña Habana es un barrio pobre. (No es cierto que...)
3. La calle principal del barrio cubano es la Calle 8. (Es verdad que...)
4. Hay muchas tiendas con comidas mexicanas por la Calle 8. (Es improbable que...)
5. Fidel Castro es muy popular entre los cubano-americanos. (Es dudoso que...)

La Pequeña Habana, Miami, Florida

B.   No, mi amor...   Sara está embarazada por primera vez y su esposo Miguel se preocupa mucho. Trabaje con un(a) compañero(-a). Hagan los papeles de Sara y Miguel. Sigan el modelo.

> **MODELO**   tomar un café (es importante que no...)
> > SARA   **¿Está bien que tome un café?**
> > MIGUEL   **No, es importante que no tomes café.**

1. fumar un cigarrillo (no es bueno que...)
2. correr (es malo que...)
3. acostarme muy tarde (no es bueno que...)
4. comer muchos chocolates (no me gusta que...)
5. tomar vino (es importante que no...)

C.   Quizás...   Trabaje con un(a) compañero(-a). ¿Qué van a hacer usted y sus amigos este fin de semana? Hagan cinco oraciones cada uno(-a) con **quizás** o **tal vez.** Después, compartan *(share)* la información con la clase.

¡Vamos a repasar!

MEDICINA NATURAL

Para digestiones pesadas...

Nada como la menta

La menta contiene una sustancia que alivia los sintomas de la indigestión.

Medicina natural.   Para informarse sobre las características medicinales de algunas yerbas *(herbs)* y repasar algunas formas verbales presentadas en capítulos anteriores, complete el siguiente párrafo, marcando con un círculo las opciones más apropiadas.

«Traigo yerba santa *(holy),* pa' (para) la garganta..., traigo la ruda *(rue)* pa'l (para el) que estornuda *(sneezes)*... También traigo albahaca *(sweet basil)* pa' la gente flaca *(thin)*... y con esta yerba se casa usted». Ésta es parte de la letra *(lyrics)* de «Yerbero moderno» *(Modern Herb Doctor),* una de las canciones que (1) **canta / cantan** Celia Cruz, (2) **conocida / conocido** cantante cubana que se ha (3) **hecha / hecho** famosa en Estados Unidos por popularizar el ritmo de la salsa. Para (4) **comprendido / comprender** esas alusiones botánicas, es importante que uno (5) **sabe / sepa** qué son las yerbas (6) **mencionadas / mencionas** en la canción y qué función (7) **tengan / tienen** los yerberos. Las yerbas son plantas y hierbas cuyos efectos curativos son (8) **conocidos / conocen** en particular por los yerberos. Éstos coleccionan, clasifican y ordenan las plantas; son especialistas en botánica. Esto permite que ellos (9) **usan / usen** o (10) **recomienden / recomiendan** esas yerbas a las personas enfermas. Las yerbas muchas veces se (11) **usen / usan** en forma de té. Por ejemplo, un té de flor de azahar *(orange, lemon, or citron blossom)* (12) **cura / cure** el insomnio y uno de yerbabuena *(spearmint)* los cólicos; la manzanilla *(chamomile)* es buena para el estómago, el hisopo *(hyssop)* para el resfrío común, y el té de tilo *(linden)* calma los nervios. Para una curación efectiva es necesario que (13) **exista / existe** mucha fe por parte de la persona enferma y también una disposición atenta, afectuosa y sincera por parte del yerbero o curandero *(traditional healer)*. Esta tradición medicinal es parte de la santería, religión popular entre los caribeños (del Caribe) que llegó a esa región con los Yoruba, habitantes de África que vinieron como esclavos *(slaves)*. En la santería, los orishas son espíritus que dominan *(dominate)* todas las fuerzas de la naturaleza y de la vida humana. Pueden ser (14) **invocados / invocadas** por los santeros *(faith healers)* en beneficio de una causa. Tanto los yerberos como los santeros conocen los ritos y las oraciones necesarias para ponerse en contacto con esos espíritus. Las yerbas, libros de oraciones y los elementos necesarios para las curaciones se (15) **pueden / puedan** obtener en las «botánicas» o farmacias. Hoy día los dueños *(owners)* de las botánicas no van de pueblo en pueblo como los yerberos de antes. Es importante, sin embargo *(however)*, que (16) **tengan / tienen** mucho conocimiento sobre el valor medicinal de las yerbas porque frecuentemente tienen que aconsejar tanto sobre problemas de salud física como de salud mental ¡y hasta *(even)* espiritual!

Para leer

JOSÉ MARTÍ, HÉROE DE LA INDEPENDENCIA CUBANA

Por Cristina Cantú Díaz

José Martí (1853–1895)

Antes de leer

1. ¿Quién es José Martí?
2. Según su opinión, ¿por qué es muy popular entre los cubano-americanos?

Lectura

Entre las voces° latinoamericanas que han clamado° en contra de la opresión y a favor de la libertad, es probable que la voz del poeta cubano José Martí sea una de las más bellas° y sinceras. Poeta, ensayista° y mártir, Martí nació en 1853 en Cuba, de orígenes humildes.° Mostró gran inteligencia y talento desde su niñez.° El liberal progresista° Rafael María Mendive lo ayudó a terminar sus estudios secundarios y lo inspiró° a fundar° el periódico *La patria*° *libre* (Martí tenía entonces dieciséis años). Mendive, con muchos otros patriotas cubanos, fue arrestado° por su participación en el movimiento revolucionario de Cuba. Una carta de Martí encontrada entre las pertenencias° de Mendive llevó al arresto del joven Martí y a una sentencia de seis años de trabajos forzados° en prisión. Después de cumplir° un año de esta sentencia, fue deportado° a España. Allí continuó su educación en la Universidad de Zaragoza. Pudo volver a Cuba en 1878, pero sus actividades políticas lo llevaron nuevamente° al exilio, donde pasó los siguientes catorce años. En la ciudad de Nueva York fundó el Partido° Revolucionario Cubano en 1892. En 1895 Martí volvió a Cuba como partícipe° en una operación de invasión del país y murió en la batalla° de Dos Ríos. Siete años después, Cuba finalmente se independizó° de España.

Los poemas, ensayos° y artículos periodísticos de Martí expresan una profunda visión y comprensión° de los problemas latinoamericanos. Su poesía, llena° de imágenes° de la vida diaria, es altruista y sincera; el autor quería «hacer el bien» (como él mismo lo dijo) por los demás.° En su poema «Odio del Mar» Martí dijo: «Lo que° me duele no es vivir; me duele vivir sin hacer bien».

José Martí es uno de los símbolos más puros y sinceros de la lucha° por la independencia de Cuba y de todos los países oprimidos.° La popular canción «Guantanamera» inmortalizó° algunos de sus «Versos sencillos°». Lea la letra° de la canción que sigue en la página 342; la versión musical está incluida en la cinta de manual del laboratorio.

*voices / **han...** have cried out*

beautiful / essayist

humble
childhood / progressive

inspired / found
homeland
***fue...** was arrested*

belongings

forced
*completing / **fue...** he was deported*

again

Party
participant
battle
***se...** became independent*

essays

understanding
full / images

***los...** others*
***Lo...** What*

struggle
oppressed
immortalized
simple / lyrics

Guantanamera

Guantanamera, guajira, guantanamera.
Guantanamera, guajira, guantanamera.
Yo soy un hombre sincero,
de donde crece la palma°.   palm tree
Yo soy un hombre sincero,
de donde crece la palma,
y antes de morirme quiero
echar mis versos del alma°.   **echar...** cast out (express)
                                              my verses from my
                                              soul.

(Refrán)

Mi verso es de un verde claro°   clear, light
y de un carmín encendido.°   **carmín...** fiery scarlet
Mi verso es de un verde claro
y de un carmín encendido.
Mi verso es un ciervo herido°   **ciervo...** wounded deer
que busca en el monte amparo.°   shelter

(Refrán)

Con los pobres de la tierra°   earth
quiero yo mi suerte echar.°   **mi suerte...** cast my luck
Con los pobres de la tierra
quiero yo mi suerte echar.
El arroyo de la sierra°   **El arroyo...** The
me complace° más que el mar.   mountain stream / **me ...**
                                              me gusta

(Refrán)

Después de leer

1. ¿Cuándo nació José Martí?
2. ¿Qué hizo él cuando tenía dieciséis años?
3. ¿Por qué arrestaron al joven Martí?
4. ¿Cómo murió el poeta?
5. ¿Qué canción inmortalizó algunos de sus «Versos sencillos»?

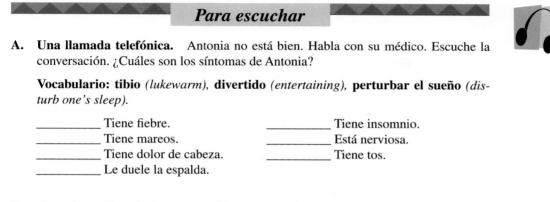

Para escuchar

A. Una llamada telefónica.   Antonia no está bien. Habla con su médico. Escuche la conversación. ¿Cuáles son los síntomas de Antonia?

> **Vocabulario: tibio** *(lukewarm),* **divertido** *(entertaining),* **perturbar el sueño** *(disturb one's sleep).*

_____ Tiene fiebre.   _____ Tiene insomnio.

_____ Tiene mareos.   _____ Está nerviosa.

_____ Tiene dolor de cabeza.   _____ Tiene tos.

_____ Le duele la espalda.

B. Consejos.   Escuche la conversación otra vez. ¿Qué consejos le da el médico?

Para comunicarnos

In this chapter, you have seen examples of some important language functions or uses. Here is a summary and some additional information about these functions of language.

Expressing Doubt

You don't know how to respond to someone because you don't know or can't decide something.

No sé.	*I don't know.*
No se sabe.	*No one knows.* (Literally, *"It's not known."*)
¿Quién sabe?	*Who knows?*
¿Qué sé yo?	*What do I know?* (informal)
No tengo la menor idea.	*I don't have the slightest idea.*

You have a response, but you are doubtful about it.

No estoy seguro(-a) que *(+ subj.)...*	*I'm not sure that . . .*
Es posible (probable) que *(+ subj.)...*	*It's possible (probable) that . . .*
Puede (Podría) ser.	*It could be.*
Tal vez..., Quizá(s)... *(+ subj. or ind.)*	*Perhaps . . .*
Que yo sepa... *(+ ind.)*	*As far as I know . . .*
Creo que sí (no).	*I believe so (not).*
Creo que *(+ ind.)...,* No creo que *(+ subj.)...*	*I believe that . . . , I don't believe that . . .*
Pienso que sí (no).	*I think so. (I don't think so.)*
Pienso que *(+ ind.)...,* No pienso que *(+ subj.)...*	*I think that . . . , I don't think that . . .*

Asking for Permission

¿Me permite *(+ inf.)...?*	*May I . . . ? (Will you allow me to . . . ?)*
¿Se permite *(+ inf.)...?*	*May one (we, I) . . . ?*
¿Se debe *(+ inf.)...?*	*May (Should) one . . . ?*
¿Se puede *(+ inf.)...?*	*Can one (we, I) . . . ?*
¿Está bien que *(+ subj.)...?*	*Is it okay to . . . ?*

Granting or Denying Permission

Sí, está bien que *(+ subj.)...*	*Yes, it's okay to . . .*
Sí, estoy seguro(-a) que puede(s)...	*Yes, I'm sure you can . . .*
No, no está bien que *(+ subj.)...*	*No, it's not okay to . . .*
No, está prohibido que *(+ subj.)...*	*No, it's prohibited to . . .*
Se prohíbe *(+ inf.)...*	*It's prohibited (forbidden) to . . .*
No se permite *(+ inf.)...*	*It's not permitted to . . .*
Eso no se hace.	*That's not done (allowed).*
¡Ni hablar!	*Don't even mention it!*

Giving Advice

Usted debe (Tú debes)...	*You should . . .*
Le (Te) aconsejo que *(+ subj.)...*	*I advise you to . . .*
Es mejor que usted (tú) *(+ subj.)...*	*It's better for you to . . .*
Recomiendo que usted (tú) *(+ subj.)...*	*I recommend that you . . .*

ACTIVIDADES

A. Dudas. Trabaje con un(a) compañero(-a). En forma alternada, un(a) estudiante hace una afirmación y el otro (la otra) expresa duda. Use tantas expresiones de duda como le sea posible.

MODELO La cafeína puede causar cáncer.
No estoy seguro(-a) de que la cafeína pueda causar cáncer.

1. La persona que sale de la casa con el pelo mojado *(wet)* se enferma.
2. Las pulseras de cobre *(copper bracelets)* curan la artritis.
3. La vitamina C cura el cáncer.
4. La leche es buena para todo el mundo.
5. Es bueno para el pelo si uno se lo lava con huevos y cerveza.
6. Dos o tres días sin comer, tomando *(drinking)* sólo jugo de lechuga, cura todos los males.
7. La persona que come mucha cebolla *(onion)* va a vivir muchos años.

B. **¿Qué dicen las siguientes personas?** Trabaje con un(a) compañero(-a). Hagan breves conversaciones posibles para las situaciones en las ilustraciones. Usen tantas expresiones para pedir, dar y negar *(deny)* permiso como les sea posible. Si quieren, usen algunas de estas palabras: **cerrar, prestar su bolígrafo, pescar** *(to fish),* **abrir, sentarme aquí, sacar una foto, entrar, fumar.**

MODELO	ESTUDIANTE 1	**¿Se puede fumar aquí?**
	ESTUDIANTE 2	**No, está prohibido.**

(1) (2) (3)

(4) (5) (6)

C. **Consejos.** Trabaje con un(a) compañero(-a). Estudiante 1 menciona un problema real o imaginario. Estudiante 2 le da consejos. Después, Estudiante 2 menciona un problema y Estudiante 1 le da consejos.

Para escribir

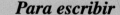

Usted tiene que escribirle una nota a su profesor(a) de español porque está enfermo(-a) y no puede dar *(take)* el examen. Descríbale los síntomas que usted tiene. También pídale permiso para dar el examen la semana que viene.

Vocabulario activo

COGNADOS

la cafeína	humano	el mambo	el remedio
cubano	imposible	las medicinas	los síntomas
cubano-americano	la influenza	el, la paciente	las vitaminas
la década	el líquido	posible	

VERBOS

aconsejar	*to advise*	enseñar	*to teach; to show*
alegrarse de	*to be glad*	insistir (en)	*to insist (on)*
curar	*to cure*	recomendar (ie)	*to recommend*
descansar	*to rest*	sentir (ie)	*to feel; sense*
dibujar	*to draw*	sentirse + *adj.*	*to feel a certain way*
doler (ue)	*to ache, hurt*	sentir que	*to be sorry that*
dudar	*to doubt*	sorprender	*to surprise*
enfermarse	*to get sick*	tener miedo (de) que	*to be afraid that*

EL CUERPO HUMANO

la boca	*mouth*	la garganta	*throat*
el brazo	*arm*	la mano	*hand*
la cara	*face*	la nariz	*nose*
el cuello	*neck*	el ojo	*eye*
el cuerpo	*body*	la oreja	*ear*
el dedo	*finger*	el pelo	*hair*
dedo del pie	*toe*	la pierna	*leg*
los dientes	*teeth*	la rodilla	*knee*
la espalda	*back*		

LA SALUD

el catarro	*cold*	enfermo	*sick*
tener (un) catarro	*to have a cold*	la gripe	*flu*
el cigarrillo	*cigarette*	tener (una) gripe	*to have the flu*
la cura	*cure*	los mareos	*dizziness, nausea*
embarazada	*pregnant*	tener mareos	*to be dizzy, nauseous*
la enfermedad	*illness*	el medicamento	*medicine*
el enfermero, la enfermera	*nurse*	el médico, la médica	*doctor*

la pastilla	*tablet*	el resfrío	*cold*
la píldora	*pill*	tener un resfrío	*to have a cold*
la receta	*prescription; recipe*	la tos	*cough*
el resfriado	*cold*	tener tos	*to have a cough*
tener un resfriado	*to have a cold*		

◣ OTRAS PALABRAS Y FRASES

ahora mismo	*right away*	lleno (de)	*filled, full (of)*
cierto	*certain, sure*	la mayor parte	*greater part, majority*
claro	*clear*	el miedo	*fear*
demasiado	*too much*	tener miedo de	*to be afraid of*
la dificultad	*difficulty*	Ojalá que...	*I hope (it is to be hoped) that . . .*
dudoso	*doubtful*	seguro	*sure, certain*

Expresiones útiles

Es mejor que usted (tú) (+ *subj.*)...	*It's better for you to . . .*
Es posible (probable) que (+ *subj.*)...	*It's possible (probable) that . . .*
¿Está bien que (+ *subj.*)...?	*Is it okay to . . . ?*
Está prohibido que (+ *subj.*)...	*It's prohibited to . . .*
Le (Te) aconsejo que (+ *subj.*)...	*I advise you to . . .*
No estoy seguro(-a) que (+ *subj.*)...	*I'm not sure that . . .*
No se permite (+ *inf.*)...	*It's not permitted to . . .*
No tengo la menor idea.	*I don't have the slightest idea.*
Recomiendo que usted (tú) (+ *subj.*)...	*I recommend that you . . .*
¿Se permite (+ *inf.*)...?	*May one (we, I) . . . ?*
¿Se debe (+ *inf.*)...?	*May (Should) one . . . ?*
Se prohíbe (+ *inf.*)...	*It's prohibited (forbidden) to . . .*
Tal vez..., Quizá(s)... (+ *subj. or ind.*)	*Perhaps . . .*
¿Se puede (+ *inf.*)...?	*Can one (we, I) . . . ?*

La administración del imperio de los incas dependía de sus comunicaciones. Los incas tenían grandes carreteras *(highways)* que empezaban en Cuzco (Perú), la capital de su imperio, y llegaban hasta Colombia, Ecuador, Bolivia, Argentina y Chile. Tenían un sistema de comunicación muy rapído

BOLIVIA

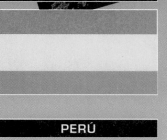

PERÚ

¿Sabía usted que...?

- Bolivia es uno de los dos países americanos que no tienen costas marítimas (el otro es Paraguay). Este país andino es uno de los primeros productores mundiales de estaño *(tin),* antimonio y tungsteno. La ciudad de Potosí era tan rica en minerales que la expresión **valer un Potosí** hoy día se usa para decir «valer *(to be worth)* una fortuna».
- Aunque Sucre es la capital oficial de Bolivia, La Paz también es capital y sede de gobierno *(seat of government)* del país. Además, La Paz es la capital más alta del mundo.
- El famoso lago Titicaca, en la frontera *(border)* entre Bolivia y Perú, es el lago navegable más alto del mundo; allí está la Isla del Sol, con sus ruinas incas.
- Bolivia tiene aproximadamente ocho millones de habitantes y su moneda oficial es el boliviano.
- En Perú hay tres regiones distintas: la Costa, la Sierra (o Cordillera de los Andes) y la Amazonia. La costa es árida, con excepción de algunos valles fértiles. En la zona central hay montañas altas. La región amazónica representa un 62% del territorio pero tiene solo la octava *(eighth)* parte de la población.
- Las ciudades principales de Perú incluyen Lima (la capital), Callao, Arequipa, Chiclayo y Trujillo.
- Cuzco (capital del imperio de los incas) y Machu Picchu (ciudad sagrada inca) atraen *(attract)* a miles de turistas todos los años.
- Perú tiene aproximadamente veintitrés millones de habitantes y su moneda oficial es el nuevo sol.

PREGUNTAS
1. ¿Cuáles son dos países andinos que no tienen costas marítimas?
2. ¿Cuál es la capital más alta del mundo? ¿el lago navegable más alto del mundo?
3. ¿Cuál es la moneda oficial de Bolivia? ¿de Perú?
4. ¿Cómo se llama la capital del imperio inca?

Ahora casi todos los países del mundo están conectados no sólo por caminos y carreteras, sino también por muchos otros medios de comunicación modernos

CAPÍTULO
CATORCE

La comunicación

Cultura

This chapter focuses on Bolivia and Peru.

Estructuras

You will discuss and use:

- The future tense
- The conditional mood
- The present participle and the progressive tenses

Vocabulario

In this chapter you will talk about communication.

Comunicación

- Making requests or offering assistance
- Stating intentions
- Expressing probability and possibility

Vocabulario del tema

La computadora

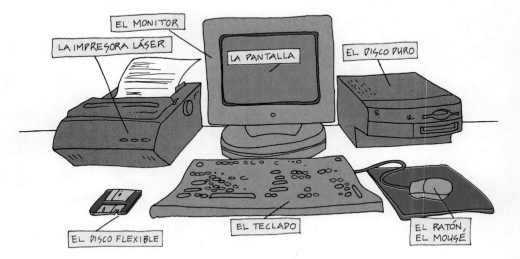

EL MONITOR

LA IMPRESORA LÁSER

LA PANTALLA

EL DISCO DURO

EL DISCO FLEXIBLE

EL TECLADO

EL RATÓN, EL MOUSE

La red

Una telaraña digital permite que se conecten millones de computadoras y accedan a increíbles servicios en todo el planeta.

En la autopista (highway) *o supercarretera* (superhighway)
de la información, o la red de «servicios totales»

Preguntas más frecuentes (FAQ)

¿Qué clase de computadora usas?
¿Qué clase de programación *(software)* usas?
¿Tienes CD-ROM? ¿Qué CD-ROMs usas más?
¿Cuál es tu dirección (casilla) electrónica *(E-mail address)*?
¿Tienes una página en la red? (una página principa *[home page]*)
¿Tienes fax?

Acciones

archivar	*to file*
bajar archivos	*to download ("lower files")*
entrar al sistema	*to log in*
enviar por correo electrónico, emailear	*to E-mail*
enviar por *fax,* faxear	*to fax*
guardar	*to save*
imprimir	*to print*
salir del sistema	*to log off, quit*
surfear (recorrer) la red	*to surf the Net*

Práctica

A.   Conexiones.   Conecte las palabras a la izquierda con la «jerga *(slang)* tecnológica» a la derecha.

1. la red
2. enviar por correo electrónico
3. el ratón
4. bajar archivos
5. enviar por fax
6. recorrer la red
7. hacer un archivo de reserva
8. el parque cibernético

a. emailear
b. faxear
c. el ciberparque
d. surfear la red
e. la Internet
f. hacer un download
g. hacer un backup
h. el mouse

La red es como una versión moderna de la Torre de Babel, donde se mezclan (mix) todas las lenguas en una «jerga tecnológica»

B.   Entrevista.   Haga las «preguntas más frecuentes» de la página 351 a un(a) compañero(-a) de clase.

I. The Future Tense

PREDICCIONES, DE «LO QUE TRAERÁ EL MAÑANA»

- *La inteligencia humana se* desarrollará° *mucho más por medio de implantaciones cerebrales.*
- *El cine, en vez de presentarse sobre una pantalla plana°,* consistirá *en figuras y paisajes que se moverán alrededor° de nosotros.*
- *Cada persona* llevará *una computadora de bolsillo° que* será *al mismo tiempo teléfono, llave, televisor, cédula de identidad,° libreta de notas y tarjeta de crédito.*
- *Los libros van a estar en pequeñas micro-fichas que se* podrán *leer en computadoras portátiles.°*
- *La ropa* será *«reciclable»; se* podrá *convertir en otro tipo de material después de usarla.*

De: Entérese, *volumen 15, número 183, páginas 34–35.*

se... will be developed

flat

paisajes... landscapes that move around
pocket
cédula... ID card

portable

1. Según la revista *Entérese,* ¿cómo se desarrollará la inteligencia humana en el futuro?
2. ¿Qué llevará cada persona?   3. ¿Cómo serán los libros?   4. ¿Cómo será la ropa?
5. ¿Cree usted en esas predicciones? ¿Por qué sí o por qué no?

A. To form the future tense, add to the infinitive the endings **-é, -ás, -á, -emos, -éis, -án.** The endings are the same for **-ar, -er,** and **-ir** verbs. Except for the first-person plural, **nosotros,** all forms have written accents.

hablar		comer		vivir	
hablaré	hablar**emos**	comeré	comer**emos**	viviré	vivir**emos**
hablar**ás**	hablar**éis**	comer**ás**	comer**éis**	vivir**ás**	vivir**éis**
hablar**á**	hablar**án**	comer**á**	comer**án**	vivir**á**	vivir**án**

Te acompañaré a La Paz.
El miércoles próximo iremos a Trujillo.

I'll go with you to La Paz.
Next Wednesday we will go to Trujillo.

B. Some verbs are irregular in the future. However, the irregularity is only in the stem; the endings are the same as those for regular verbs. The following are several types of verbs that show an irregularity in the future.

1. Verbs that drop the vowel of the infinitive ending.

habr-	(haber)
podr-	(poder)
querr-	(querer)
sabr-	(saber)

2. Verbs that replace the vowel of the infinitive ending with **d.** (Note that these are the same verbs that have a **g** in the present-tense **yo** form.)

pondr-	(poner)
saldr-	(salir)
tendr-	(tener)
vendr-	(venir)

3. Verbs that drop the stem consonant, plus a vowel.

dir-	(decir)
har-	(hacer)

Jaime no querrá guardar todos estos archivos.	*Jaime will not want to save all these files.*
Tendrán que salir del sistema.	*They'll have to log off.*
Podremos imprimir la composición más tarde.	*We'll be able to print out the composition later.*

C. The future tense can also be used to express probability or doubt in the present.

¿Qué hora será?	*What time can it be? (I wonder what time it is.)*
Serán las ocho.	*It must be eight o'clock. (It is probably eight o'clock.)*
¿Dónde estará el monitor?	*Where can the monitor be? (Where might the monitor be?)*

Práctica

A. Planes futuros. Complete el párrafo con el tiempo futuro de los verbos entre paréntesis.

El próximo verano mi familia y yo (1) _____ (ir) a Bolivia. Primero (2) _____ (visitar) la ciudad de Potosí, donde papá (3) _____ (ver) a un amigo. Después, mamá y él (4) _____ (ir) a Cochabamba. Allí tenemos varios parientes y mis padres (5) _____ (sentirse) muy felices de verlos. Sé que todos (6) _____ (querer) tenerlos en su casa, pero estoy seguro de que papá y mamá (7) _____ (preferir) estar solos en algún hotel. Durante ese tiempo, mi hermano y yo (8) _____ (viajar) y (9) _____ (conocer) muchos lugares interesantes. Nosotros (10) _____ (hacer) una visita a La Paz, donde mi hermano (11) _____ (poder) ver el Museo Arqueológico de Tiahuanaco y yo (12) _____ (divertirse) en la Plaza Murillo. Finalmente, los cuatro (13) _____ (encontrarse) en Santa Cruz de la Sierra. Mis padres (14) _____ (llegar) allí en auto desde Cochabamba y nosotros en avión desde La Paz.

B. En el año 2020. En cinco oraciones, diga cómo será la vida en el año 2020. Use su imaginación.

MODELO **En el año 2020 no tendremos que trabajar; la gente viajará más y los viajes costarán menos; se podrá curar el SIDA y otras enfermedades hoy día incurables,...**

C. Cuentos *(stories)* **progresivos.** En grupos de cuatro o más estudiantes, preparen ustedes un cuento progresivo. La primera persona empieza el cuento con una oración como «Mañana saldré de casa temprano...». Luego, otra persona repetirá lo que dijo la primera y añadirá *(will add)* otra acción al cuento. Y así siguen las otras personas del grupo. Algunos cuentos pueden empezar así:

1. Mañana me despertaré a las seis y...
2. El año que viene mis amigos y yo iremos a...
3. Mi novio(-a) y yo nos casaremos el año próximo y...

Entrevista

Entreviste a un(a) compañero(-a) de clase sobre sus ideas y planes futuros. El cuestionario que sigue le puede servir de guía *(as a guide)* pero usted debe hacerle otras preguntas adicionales. Luego presente la información a la clase.

En el futuro lejano *(distant)*
1. ¿Dónde vivirás después de terminar tus estudios? 2. ¿Qué profesión tendrás?
3. ¿Cuándo te casarás? 4. ¿Harás muchos viajes en el futuro? ¿Adónde viajarás?
5. ¿Adónde irás el verano que viene? 6. ¿Quién será presidente(-a) en el futuro?

En un futuro más próximo
7. ¿Qué harás para divertirte este fin de semana? 8. ¿Te quedarás en casa o saldrás el domingo? 9. ¿A qué hora te acostarás esta noche? 10. ¿A qué hora te levantarás mañana? ¿Por qué?

PERÚ Y LA LITERATURA

Mario Vargas Llosa

Mario Vargas Llosa nació en Arequipa, Perú, en 1936. Estudió literatura en Lima y obtuvo su doctorado en Madrid. En 1963 publicó su primera novela, *La ciudad y los perros (dogs),* basada en sus experiencias de adolescente en la escuela militar Leoncio Prado, en Perú. En esa obra hace una crítica a la falsa virilidad que se trata de inculcar *(implant)* en los jóvenes y que muchas veces da como resultado la pérdida *(loss)* de la sensibilidad.

Después ha publicado muchas otras novelas como *La casa verde* (1968), *Conversación en la Catedral* (1975), *La tía Julia y el escribidor* (1982) y *La guerra del fin del mundo* (1984). Ha recibido numerosos premios por su labor literaria y ha sido nominado al Premio Nóbel en varias ocasiones.

En 1990, Vargas Llosa decidió presentarse a las elecciones presidenciales de Perú, más por un sentido *(sense)* de responsabilidad que por un deseo de poder. Pero ganó las elecciones Alberto Fujimori y esto dejó en el escritor un gran sentimiento de derrota *(defeat)*. En 1993 publicó *El pez en el agua*. En este libro cuenta algunos episodios traumáticos de su vida: la relación con su padre entre los once y los veinte años y su experiencia política. También ofrece allí un crudo *(raw)* retrato *(portrait)* de su país, de los políticos y de la sociedad. Su primera novela después de su aventura política, *Muerte en los Andes,* trata de los conflictos políticos y sociales en Perú.

Mario Vargas Llosa

PREGUNTAS

1. ¿Dónde estudió Vargas Llosa?   2. ¿De qué trata su primera novela?   3. ¿Qué hizo en 1990?   4. ¿De qué trata *El pez en el agua?*   5. En general, èn Latinoamérica los escritores tienen más prestigio e influencia que en Estados Unidos. ¿Puede usted nombrar a un(a) escritor(a) que haya incursionado *(who has gotten involved)* en la política?

II. The Conditional Mood

EN EL APARTAMENTO DE PABLO Y MARISA

MARISA   ¿Recuerdas la promesa que me hiciste la semana pasada, Pablo?

PABLO   ¿La semana pasada? ¡Ah!, te dije que *iríamos*° al cine, ¿no?   *we would go*

MARISA	No, dijiste que *harías*° algo que me *gustaría* muchísimo.°	*you would do* / **me...** *I would like very much*
PABLO	¿Qué te *prometería* yo°? ¡No lo recuerdo!	**¿Qué...** *What could I have promised you?* /
MARISA	¡Me prometiste que no *fumarías* más°!	**no...** *you wouldn't smoke anymore* / **igual...**
PABLO	¡Y no fumo más, Marisa! Fumo exactamente igual que siempre°, querida.	*the same as always*

1. ¿Recuerda Pablo su promesa?   2. ¿Le prometió él a Marisa que irían al cine?   3. ¿Cuál fue la promesa de Pablo?   4. Según Marisa, ¿cuándo prometió Pablo que no fumaría más? 5. ¿Fuma más Pablo?

A. To form the conditional mood, add to the infinitive the endings **-ía, -ías, -ía, -íamos, -íais, -ían.** The endings are the same for **-ar, -er,** and **-ir** verbs.

hablar		comer	
hablaría	hablaríamos	comería	comeríamos
hablarías	hablaríais	comerías	comeríais
hablaría	hablarían	comería	comerían

vivir	
viviría	viviríamos
vivirías	viviríais
viviría	vivirían

The conditional is used to express what would happen in a certain situation. It usually conveys the meaning *would* in English.*

Él no compraría una computadora sin disco duro y pantalla grande.	*He wouldn't buy a computer without a hard disk and a big screen.*
Yo no alquilaría esa oficina, porque hay mucho ruido allí.	*I wouldn't rent that office because there's a lot of noise there.*

B. The conditional often refers to an action that was projected as future or probable from the perspective of some time in the past.

Prometieron que nos enviarían la información antes de las dos.	*They promised they would send us the information before two o'clock.*
No sabíamos si el módem llegaría hoy o mañana.	*We didn't know if the modem would arrive today or tomorrow.*
Dijo que bajaría todos los archivos.	*He said he would download all the files.*

---

*Remember that the imperfect in Spanish can also be translated as *would* when referring to a repeated event in the past: **Durante el verano comíamos en el patio todos los días.** (*During the summer we would eat on the patio every day.*)

C. The verbs that have irregular stems in the future also have the same irregular stems in the conditional. The endings are the same as those for verbs with regular stems.

dir-	(decir)	**habr-**	(haber)
har-	(hacer)	**podr-**	(poder)
pondr-	(poner)	**saldr-**	(salir)
querr-	(querer)	**tendr-**	(tener)
sabr-	(saber)	**vendr-**	(venir)

¡Lucía no diría eso, mamá! — *Lucía wouldn't say that, Mom!*

Pedro prometió que pondría la impresora en su oficina. — *Pedro promised he would put the printer in his office.*

Creo que ellos podrían ayudarte. — *I think they could (would be able to) help you.*

D. The conditional may be used to express probability in the past.

¿Qué hora sería cuando ellos llegaron? — *What time was it (probably) when they arrived?*

Serían las nueve. — *It must have been (was probably) nine o'clock.*

¿Qué edad tendría Pepito cuando fueron a España? — *Approximately how old was Pepito when they went to Spain?*

Tendría once o doce años de edad. — *He was around eleven or twelve years old (he must have been eleven or twelve years old).*

E. The conditional may also be used to indicate an attitude of politeness or deference. (You have seen the forms **podría** and **gustaría** in the **Para comunicarnos** sections, since they are frequently used in many expressions of request, permission, etc.)

¿Me podría decir usted cómo llegar al Hotel Continental?
—Con mucho gusto. — *Could you tell me how to get to the Continental Hotel?*
—Gladly.

El concierto empieza en diez minutos. Deberían tomar un taxi, ¿no? — *The concert starts in ten minutes. You should take a taxi, right?*

Práctica

A. Yo te lo dije, Luisa. A pesar de *(In spite of)* todo lo negativo que le dijo su amigo Pedro, Luisa alquiló una oficina en un barrio lejos del centro. Haga el papel de Luisa y complete las oraciones.

MODELO   Pedro me dijo que (gustar) ...no me **gustaría** el barrio.

Pedro me dijo que...
1. (haber) ...en ese lugar, _____ mucho ruido.
2. (hacer) ...allí _____ mucho frío en el invierno.
3. (estar) ...yo _____ muy lejos de todo y de todos.
4. (llevar) ...el viaje al centro me _____ más de una hora.
5. (poder) ...(yo) no _____ trabajar allí sin auto.
6. (deber) ...(yo) _____ alquilar una oficina más cerca.

B. **Para tener una vida mejor...**   En Lima, Perú, entrevistaron a más de doscientas mujeres. Les preguntaron: «De los siguientes, ¿qué aspectos mejorarían *(would improve)* la vida de una mujer?» Aquí van las respuestas, con el porcentaje (%) de mujeres que contestaron «Sí» a cada categoría. Trabaje con un(a) compañero(-a). Lean la información y hagan oraciones sobre la situación ideal para la mujer peruana; usen el modo condicional.

> **MODELO**   En el mundo ideal...
> **Los horarios de trabajo serían más flexibles.**
> **Los hijos ayudarían más en la casa.**

C. **¿Qué diría?**   Trabaje con un(a) compañero(-a). Hagan oraciones que una mujer peruana les diría a su esposo, a sus hijos y a su jefe, basadas en la información del ejercicio B. Usen su imaginación.

> **MODELOS**   A SU ESPOSO   **Me prometiste que arreglarías la computadora.**
> A SUS HIJOS   **Me dijeron que me ayudarían a lavar los platos.**
> A SU JEFE   **Me prometió que me daría una impresora láser.**

BOLIVIA Y LA ANTROPOLOGÍA

Tiahuanaco y el imperio de los incas

La Puerta del Sol, Tiahuanaco, Bolivia

Cerca del lago Titicaca, en el altiplano *(high plains)* de Bolivia, están las ruinas de Tiahuanaco, centro de la civilización dominante en Perú y Bolivia siglos antes de la llegada de los incas. Era el centro religioso más importante de la región andina. Los tiahuanacanos tenían un calendario solar y una especie de reloj de sol. Según una leyenda *(legend),* su dios Viracocha emergió de la Isla del Sol en el lago Titicaca y trajo luz *(light)* a la tierra. En la foto se ve la «Puerta del Sol» en Tiahuanaco.

Siglos después, según una leyenda inca, los «hijos del sol», Manco Cápac y Mama Ocllo, emergieron de la Isla del Sol en el lago Titicaca, cruzaron el altiplano para llegar después a Cuzco, Perú, y fundaron allí el imperio inca.

Los incas tenían un imperio muy grande, que incluía lo que *(included what)* es hoy día Perú, Bolivia, Ecuador, Argentina y Chile. Para comunicarse, tenían un sistema de carreteras muy avanzado y también un sistema de registro *(recording, register)* llamado **quipu.** La palabra **quipu** significa «nudo» *(knot)* en quechua, la lengua de los incas, y se refiere a un sistema de cuerdas *(strings)* de diferentes longitudes y colores, con nudos que representaban unidades en una base decimal (incluso habiá un símbolo para el cero). Así podían contar hasta 10.000 y registraban el número de hombres, mujeres, niños, llamas, etc., en cada pueblo del imperio. Los quipus también se usaban, siempre con una narración oral, para registrar eventos históricos.

PREGUNTAS

1. ¿Dónde está Tiahuanaco? 2. Según una leyenda tiahuanacana, ¿de dónde era el dios de los tiahuanacanos? ¿Qué trajo a la tierra? 3. Según una leyenda inca, ¿de dónde eran los «hijos del sol»? ¿Qué fundaron? 4. ¿Qué era el quipu? ¿Qué significa esa palabra en quechua? ¿Para qué se usaba?

III. The Present Participle and the Progressive Tenses

EN LA OFICINA SIN PAPEL

Una secretaria está bajando un archivo. Una empleada está leyendo las noticias de Perú en la red. La contadora° está calculando las tasas de cambio° del boliviano. Un ingeniero está programando una nueva computadora. Pero algunas cosas no cambian: ¡el jefe está durmiendo!

accountant
tasas... rates of exchange

1. ¿Qué está haciendo la secretaria? ¿la contadora? ¿el ingeniero?   2. ¿Qué está haciendo el jefe?

A. To form the present participle of most Spanish verbs, **-ando** is added to the stem of the infinitive of **-ar** verbs and **-iendo** to the stem of the infinitive of **-er** and **-ir** verbs.*

hablando	*speaking*
comiendo	*eating*
viviendo	*living*

Hablando de viajes, ¿cuándo sales para Arequipa?	*Speaking of trips, when are you leaving for Arequipa?*

---

*The present participle of **ir** is **yendo.**

B. Present participles of verbs with a stem ending in a vowel take the ending **-yendo** rather than **-iendo,** since in Spanish an unaccented **i** between two vowels becomes a **y.**

creyendo	(creer)	leyendo	(leer)
oyendo	(oír)	trayendo	(traer)

C. Stem-changing **-ir** verbs show a change in the stem of the present participle from **e** to **i** or **o** to **u** (as they do in the third-person singular and plural of the preterit).

diciendo	(decir)	pidiendo	(pedir)
prefiriendo	(preferir)	siguiendo	(seguir)
sirviendo	(servir)	durmiendo	(dormir)
muriendo	(morir)		

D. A form of **estar** in the present tense can be combined with a present participle to form the present progressive tense. This tense is used to emphasize that an action is in progress—taking place—at a particular moment in time. It is used only to stress that an action is occurring at a specific point in time; otherwise, the present tense is used.

Estoy limpiando la oficina.	*I'm cleaning the office.*
Estamos jugando con el nuevo CD-ROM ahora.	*We're playing with the new CD-ROM now.*

E. A form of **estar** in the imperfect tense can be combined with a present participle to form the past progressive tense, a tense that indicates that an action was in progress at a given moment in the past.

Estaba leyendo mi correo electrónico (cuando tuve la idea).	*I was reading my E-mail (when I had the idea).*
Ellos estaban comiendo (cuando llegué).	*They were eating (when I arrived).*
Mi esposa estaba entrando al sistema (a las seis de la mañana).	*My wife was logging in (at six o'clock in the morning).*
Los niños estaban surfeando la red.	*The children were surfing the Net.*

Práctica

A. **Contestando el correo.** Marisa está escribiéndole un correo electrónico a su novio Hugo. Cambie las oraciones al tiempo progresivo.

> MODELO   Carla me ayuda a hacer una página en la red.
> **Carla me está ayudando a hacer una página en la red.**

1. Mamá hace unas compras por computadora.
2. Papá imprime unos documentos.
3. Miguelito juega con un videojuego.
4. Sara lee las tasas de cambio.
5. Mis tíos Alberto y Susan viajan por España.
6. Aquí hace mucho frío hoy.
7. ¿Nieva mucho allí en estos días?

B. El terremoto. ¿Qué estaban haciendo las siguientes personas cuando ocurrió el terremoto en Lima? Siga el modelo.

MODELO   **La camarera estaba sirviéndoles café a unos comerciantes. Los comerciantes estaban hablando de una nueva tienda que iban a abrir.**

(1)

(2)

(3)

(4)

(5)

(6)

(7)

(8)

¡Vamos a repasar!

Un poco de pantomima.   Trabajen en grupos. Un estudiante hace una acción y los otros tratan de adivinar *(try to guess)* lo que está haciendo.

Mosaico cultural

Para leer

ENTREVISTAS CON JÓVENES PERUANOS

Por Mariella Balbi

Antes de leer

Cognados. Para cada cognado de la columna izquierda, escoja una palabra de la derecha con un significado *(meaning)* similar.

__d__	1. motivar	a.	esperar
_____	2. reprochar	b.	palabras
_____	3. aspirar	c.	turbulenta
_____	4. convulsionada	d.	causar
_____	5. incrementar	e.	aumentar *(increase)*
_____	6. términos	f.	criticar

Lectura

Víctor Hugo Torres M., vice-presidente de la Federación Universitaria de San Marcos, Lima

En tu medio°, ¿el que estudia es mejor visto°?
Sí, es muy bien visto porque tiene deseo
de superación.°

environment / **mejor...**
   thought better of
de... *to get ahead*

¿Y el que no estudia pero hace plata°?
Siempre tendrá la traba° de no tener
educación, se le reprochará eso.

dinero
obstacle

¿Te casarás cuando termines tu carrera°?
¿Cómo lo sabe?

carrera de estudios

Muchos piensan como tú...
Es que yo quiero realizarme° en mi vida
profesional y luego casarme.

fulfill myself

¿Tienes miedo al futuro?
No. Personalmente no. ¿Quién sabe? Me
preocupa no conseguir° trabajo.

get

Jésica Tejada, deportista

¿A ti te interesa la política?
La verdad es que no tengo un interés a
fondo.°

a... *deep*

¿Por qué?
Es que todos los cambios de gobierno son
iguales. Prometen y nunca cumplen.

¿Qué es lo que más te impresiona de los políticos?
Hablan demasiado y la gente ya no cree.
Bueno, es su trabajo.

¿Hay menos oportunidades para las mujeres que para los hombres?
Las cosas son más difíciles para las mujeres.

Zorobabel Cancino, líder de la Asociación Cristiana de Jóvenes

¿Por qué hay violencia en el Perú?
Para mí, viene desde los inicios° del Perú. La crisis económica y las diferencias sociales se han ido incrementando y han llegado a situaciones desesperantes.°

beginnings

causing despair

¿Qué te preocupa del futuro?
Aspiro a ser un profesional y me pregunto si podré mantenerme,° si encontraré trabajo.

support myself

¿Tú eres cristiano? ¿Te da la impresión que los jóvenes creen en Dios?
No. ¿Y sabe por qué? Porque la religión no ha respondido en los términos que debe a una sociedad moderna y convulsionada.

Después de leer

Escoja por lo menos *(Choose at least)* tres preguntas de la entrevista (por ejemplo: «¿Hay menos oportunidades para las mujeres?», «¿Qué te preocupa del futuro?») y hágaselas a varios(-as) compañeros(-as) de la clase. Compare y comente sus respuestas con las respuestas de los jóvenes peruanos.

Para escuchar

A. **Entrevista con Yolanda Rivas.** Va a escuchar una entrevista con Yolanda Rivas, una peruana que investiga el lenguaje y el uso de la red en español. Ella es de la sierra de Perú; estudió en Huancayo y después en Estados Unidos. Primero, lea las si-guientes preguntas:

1. Usted está estudiando el uso de la red en español, ¿no? ¿Cuáles son algunas de las conclusiones de sus estudios?
2. ¿Qué piensa de la red? ¿Está cambiando nuestra rutina diaria?
3. ¿Qué tal el uso del correo electrónico? ¿Influirá *(Will it influence)* mucho en la comunicación?
4. ¿Se debe censurar la información que sale en la red...?

Escuche la entrevista. ¿Cuáles de las siguientes ideas se mencionan?

_____ 1. los usuarios *(users)* hispanos de la red

_____ 2. los cuartos de discusión *(chatrooms)*

_____ 3. las «múltiples personalidades»

_____ 4. el uso del *fax*

_____ 5. la guerrilla

_____ 6. la sierra de Perú

_____ 7. la comunicación virtual

_____ 8. la comunicación no-verbal

_____ 9. la pornografía

_____ 10. la violencia

Vocabulario: niveles *(levels),* **elevados** *(high, elevated),* **idiomas** *(languages),* **ventaja** *(advantage),* **calzoncillos** *(underwear),* **sordos o ciegos** *(deaf or blind),* **no se rige** *(is not governed),* **risa** *(laughter),* **el contenido** *(content),* **proteger** *(to protect)*

B. ¿Verdadero o falso?   Escuche la entrevista otra vez. Según Yolanda Rivas, ¿son verdaderas o falsas estas afirmaciones?

1. V / F   3. V / F   5. V / F

2. V / F   4. V / F   6. V / F

Para comunicarnos

In this chapter, you have seen examples of the following language functions or uses. Here is a summary and some additional information about these functions of language.

Making Requests or Offering Assistance

Here are some expressions that you can use when you need or want to ask for something:

¿Me hace el favor de + *infinitive* ...?	*Will you do me the favor of . . . ?*
¿Me puede (podría) dar (pasar, prestar, *etc.*)..., por favor?	*Can (Could) you give (pass, loan, etc.) me . . . , please?*

In a shop, you should first greet the shopkeeper before making a request—it's considered rude not to: **Buenos días. Busco... Necesito...**

The words **quiero** and **deseo** are rarely used in requests; these words are very direct and can sound rude or childish. After all, you wouldn't normally phrase a polite request in English with *I want . . . ,* but, rather, *I would like . . .* or *Would you please give me . . . I would like* in Spanish is **Quisiera.**

Here are some ways to offer assistance:

¿En qué puedo servirlo(-la)? (others use this quite often.)	*How can I help you?* (Shopkeepers and
Si quiere, podría...	*If you like, I could . . .*
Hago... con mucho gusto.	*I'll do . . . with pleasure (gladly).*
¿Le (Te) puedo (+ *infinitive*) ...?	*May I do . . . to (for) you?*

Stating Intentions

In addition to using the future tense, you can state intentions with these expressions:

Pienso...	*I intend (plan) . . .*
No pienso...	*I don't intend (plan) . . .*
Voy a...	*I'm going to . . .*
No voy a...	*I'm not going to . . .*

Expressing Probability and Possibility

Besides the use of future and conditional forms to express probability and possibility, as you saw in this chapter, there are some other ways to express the same idea. The following are given in order, from most highly probable to least likely:

No hay duda de que (+ *indicative*)...	*There's no doubt that . . .*
Seguramente (+ *indicative*)...	*Surely . . .* (also *Probably . . .*)
Estoy seguro(-a) que (+ *indicative*)...	*I'm sure (positive) that . . .*
Es verdad (indudable, *etc.*) que (+ *indicative*)...	*It's true (certain, etc.) that . . .*
Creo (Pienso) que (+ *indicative*)...	*I believe (think) that . . .*
Es probable que (+ *subjunctive*)...	*It's probable that . . .*
Es posible que (+ *subjunctive*)...	*It's possible that . . .*
Tal vez (Quizás) (+ *subjunctive* or *indicative*)...	*Perhaps . . .*
Es poco probable que (+ *subjunctive*)...	*It's unlikely that . . .*
No hay ninguna posibilidad de que (+ *subjunctive*)...	*There's no possibility (chance) that . . .*

For information on when to use the subjunctive and when to use the indicative with these forms, review Chapter 13.

ACTIVIDADES

A. **¿Qué dicen?**   ¿Qué dicen estas personas para hacer un pedido *(request)* u ofrecer ayuda?

(1)   (2)   (3)

(4)   (5)   (6)

B. **Intenciones.**   Trabaje con un(a) compañero(-a). Hágale preguntas sobre sus planes para el fin de semana. Trate de averiguar *(Try to find out)* tres cosas que él (ella) va a hacer.

MODELO   limpiar tu cuarto
            **¿Limpiarás tu cuarto? (¿Piensas limpiar tu cuarto? ¿Es posible
               que limpies tu cuarto?)**

1. ir a un concierto de música «rock»
2. estudiar
3. trabajar
4. jugar al vólibol
5. celebrar un cumpleaños
6. hacer ejercicios
7. ir a alguna parte (a un sitio de interés, a un parque, etc.)

C. En treinta años... Las siguientes oraciones son predicciones que se han hecho sobre el mundo del futuro. Primero, dé las formas futuras de los verbos entre paréntesis. Después, exprese su opinión: ¿es posible o probable cada una de estas predicciones?

MODELO   En los países industrializados, casi todo el mundo (tener)
_____**tendrá**_____ un robot para limpiar la casa y cocinar y (ser)
_____**será**_____ muy común el uso de los robots en la industria.

Es posible que el uso de robots en la industria sea muy común; tal vez mucha gente también tenga robots en la casa.

1. Mucha gente _____ (vivir) y _____ (trabajar) en colonias en el espacio; esas colonias _____ (tener) su propio *(own)* sistema de producción de comida.

2. _____ (existir) órganos humanos artificiales de toda clase y el transplante de órganos _____ (ser) algo muy común; también _____ (haber) sangre *(blood)* artificial que se _____ (poder) usar para cualquier persona— sin importar el tipo de sangre que tenga (de tipo A, B, O, etc.).

3. La gente _____ (hacer) la mayoría de sus compras por computadora; _____ (ser) posible seleccionar *(select)* algo entre una gran variedad de artículos y comprarlo sin salir de la casa. También, gracias al uso de las computadoras, mucha más gente _____ (trabajar) en su casa en vez de ir a la oficina.

4. La gente _____ (vivir) hasta la edad de cien años o más porque _____ (haber) curas para muchas enfermedades (como el cáncer, por ejemplo). Como consecuencia, mucha gente _____ (casarse) más de una vez, y la jubilación *(retirement)* _____ (ser) a una edad más avanzada.

5. El 20% de los animales y plantas que ahora existen no _____ (existir) dentro de treinta años, por las grandes cantidades de bióxido de carbono *(quantities of carbon dioxide)* que _____ (haber) en la atmósfera.

6. Se _____ (inventar) píldoras para mejorar la memoria, para curar el miedo a las alturas *(heights)* y otras fobias y para hacer crecer el pelo *(make hair grow)*.

7. _____ (aumentar) dramáticamente el número de personas que vivan en nuestro planeta: la tierra _____ (tener) unos diez mil millones (10.000.000.000) de habitantes en el año 2030.

8. _____ (haber) menos gente «super-rica» y la situación económica de los países menos desarrollados _____ (estar) peor que ahora.

9. Más padres _____ (quedarse) en su casa con los niños mientras las madres trabajen fuera de la casa.

10. Los trenes _____ (ir) a 300 millas por hora; los coches _____ (ser) más pequeños y más rápidos; los aviones _____ (ser) de plástico.

11. En Estados Unidos, el 60% de los jóvenes del futuro _____ (asistir) a una universidad o «college».

12. Los apartamentos y casas de Estados Unidos y de otras partes del mundo _____ (ser) más pequeños, pero las paredes _____ (ser) movibles.

Para escribir

Escriba un mensaje a un «ciberamigo(-a)».* Puede empezar así: «Hola, (nombre del amigo[-a])». Cuéntele algo que está pasando en su vida en este momento o algo que está haciendo o estudiando. Dígale si está lloviendo o nevando, etc. Mencione algo que estaba haciendo ayer o anoche. Después hágale una o dos preguntas a su ciberamigo(-a). Despedidas *(closings)* posibles: «Con mucho cariño, (su nombre)», o simplemente «Tu amigo(-a) (su nombre)».

---

*Your instructor may have you write by E-mail to a real person who speaks or who is studying Spanish. If not, simply write a message on a separate page.

Vocabulario activo

COGNADOS

el CD-ROM	el fax	el módem	el ratón (o «el mouse»)
el disco flexible / duro	la Internet	el monitor	

VERBOS

alquilar	*to rent*	enviar por *fax*, faxear	*to send by fax*
archivar	*to file*	guardar	*to save, keep*
bajar archivos	*to download ("lower files")*	hacer un archivo de reserva	*to make a backup*
		imprimir	*to print*
desarrollar	*to develop*	limpiar	*to clean*
desarrollarse	*to be developed*	mejorar	*to improve*
entrar al sistema	*to log in*	salir del sistema	*to log off, quit*
enviar por correo electrónico, emailear	*to send by e-mail*	surfear (recorrer) la red	*to surf the Net*

LA COMPUTADORA Y LA COMUNICACIÓN

la dirección (o casilla) electrónica	*E-mail address*	la pantalla	*screen*
la impresora láser	*laser printer*	la programación	*software*
la página en la red (página principal)	*homepage*	la red	*net*
		la salida (la producción)	*output*
		la supercarretera	*superhighway*

OTRAS PALABRAS Y FRASES

el cambio	*change; exchange*	igual	*the same, equal*
la tasa de cambio	*exchange rate*	el ruido	*noise*
la edad	*age*		
¿Qué edad tiene ella?	*How old is she?*		

Expresiones útiles

¿En qué puedo servirlo (la)?	*How can I help you?*
Hago... con mucho gusto.	*I'll . . . gladly.*
¿Me podría dar (pasar, prestar, etc.)..., por favor?	*Would you give (pass, loan, etc.) me . . . , please?*
Quisiera...	*I'd like . . .*

Sabía usted que...?

- Las ciudades principales de Paraguay incluyen Asunción (la capital), Coronel Oviedo, Ciudad del Este, Encarnación, Concepción y Pilar.
- La palabra **Paraguay** es de origen guaraní *(Indian language)* que significa «agua que viene del mar» (**para** = mar; **gua** = de origen, que es de; **y** = agua).
- La represa *(dam)* hidroeléctrica de Itaipú es la más grande del mundo y está situada entre Paraguay y Brasil, a unos treinta minutos (en auto) de las Cataratas *(Falls)* de Yguazú (**agua grande** en guaraní), las más anchas *(widest)* del mundo.
- Paraguay tiene aproximadamente cuatro millones y medio de habitantes y su moneda oficial es el guaraní.
- Las ciudades principales de Uruguay incluyen Montevideo (la capital), Colonia, Punta del Este, Paysandú y Salto.
- **Uruguay,** como **Paraguay,** es una palabra de origen guaraní. Significa «agua que pertenece *(belongs)* al jefe *(chief)*» (**uru** = jefe, líder; **gua** = de origen, que es de; **y** = agua).
- El país de habla hispana más pequeño de América del Sur, Uruguay es, con Paraguay, uno de los mayores productores de tanino *(tannin)* de la región.
- Con Argentina, Brasil y Paraguay, Uruguay forma parte del **Mercosur** o Mercado Común de América del Sur, cuyas *(whose)* lenguas *(languages)* oficiales son el español, el guaraní y el portugués.
- Uruguay tiene aproximadamente tres millones de habitantes y su moneda es el peso uruguayo.

PREGUNTAS

1. ¿Qué significa **Paraguay** en guaraní? ¿y **Uruguay?**
2. ¿Cuál es la represa hidroeléctrica más grande del mundo? ¿Dónde está situada?
3. ¿Qué tienen de particular las Cataratas de Yguazú?
4. ¿Cuál es el país de habla hispana más pequeño de América del Sur? ¿Qué producto importante para el teñido *(tanning)* asociamos con Paraguay y Uruguay?
5. ¿Qué es el Mercosur? ¿Cuáles son los cuatro países que forman parte de esa alianza económica internacional?

Vista panorámica de
Montevideo, Uruguay

CAPÍTULO
QUINCE

Sentimientos y emociones

Cultura

This chapter focuses on
Paraguay and Uruguay.

Estructuras

You will discuss and use:
- Uses of the infinitive
- The subjunctive in dependent
  clauses that function as
  adjectives
- The subjunctive with certain
  adverbial conjunctions

Vocabulario

In this chapter you will talk
about feelings and emotions.

Comunicación

- Apologizing and expressing
  forgiveness
- Expressing relief or surprise
- Expressing anger or
  disappointment

¿Cómo está Alberto?

Está orgulloso. Se siente orgulloso
de ser el ganador *(winner).*

Está avergonzado.
Le da vergüenza la situación.

¿Cómo está Susana?

Está contenta. Se ríe.
Se siente muy feliz.

Está triste (deprimida).
Llora.

Se siente triste. Está desilusionado.
No ganó su equipo de fútbol.

Está enojada. Se enoja mucho.
Se pone furiosa.

Está alegre.
Le da risa el programa.

Está furioso.
Le da rabia la nota de su examen.

Está asustada. Se asusta fácilmente.

Práctica

Palabras descriptivas. Dé el adjetivo que le corresponde a cada uno de los sustantivos *(nouns)* que siguen:

MODELO el orgullo
 orgulloso

1. la tristeza
2. la alegría
3. la vergüenza
4. la depresión

5. el enojo
6. el susto
7. la desilusión
8. la furia

Preguntas

1. ¿Cómo está (se siente) la persona que tiene un mes de vacaciones? ¿que dice o hace algo malo en público? ¿que descubre que su mejor amigo va a mudarse a otra ciudad? ¿que pierde su pasaporte y su dinero?   2. ¿Qué hace la persona que ve una película trágica? ¿que escucha un chiste *(joke)?*   3. ¿Cómo se siente la persona que está sola en la casa a medianoche y oye ruidos extraños?   4. ¿Cómo se siente usted cuando gana en un deporte o juego?   5. Cuando esperamos a una persona por mucho tiempo, ¿cómo nos ponemos?   6. ¿Cuándo llora usted?   7. ¿Cuándo tiene vergüenza usted? ¿Qué cosas le dan vergüenza?   8. ¿Hay cosas que le asustan *(frighten)* a usted? ¿Puede dar un ejemplo?

I. Uses of the Infinitive

Cuando el ingeniero Alejandro Méndez Mazó llega a su oficina, encuentra el memorandum que le dejó su secretario con la información sobre los viajes a Encarnación.

MEMO

* A: Ing. Méndez Mazó*
DE: Mario
RE: Horarios de salida para Encarnación

1. *Ya* no es posible ir *a Encarnación en tren esta semana. Hay sólo un tren por semana y salió ayer.*
2. *Pero…* puede viajar *por ómnibus. Llamé a La Encarnacena y me informaron que hacen viajes a Buenos Aires todos los días y van por Encarnación. Tienen un «servicio común» y un «servicio diferencial». El servicio común tarda un poco más° pero es más barato.° El servicio diferencial cuesta más pero llega más rápido. Todos salen a las 9:00 de la mañana. El viaje de hoy acaba de salir.° Son las 9:30. ¡Mala suerte!°*
3. *Un pequeño problema:* Me olvidé de preguntar *si todavía tienen lugar para el viaje de mañana…*

tarda… takes a little longer / más… cheaper

acaba… has just left
¡Mala … Tough luck!
(*literally* Bad luck!)

1. ¿Puede ir en tren a Encarnación esta semana el ingeniero Méndez Mazó? ¿Por qué?
2. ¿Es posible viajar en ómnibus a Encarnación? ¿con qué compañía?   3. ¿Qué días tiene servicios a Buenos Aires La Encarnacena? ¿A qué hora salen de Asunción?   4. ¿Cuántos tipos de servicio tiene La Encarnacena? ¿Cuál es el servicio más rápido? ¿y el más económico?   5. ¿Puede viajar el ingeniero Méndez Mazó hoy a Encarnación con La Encarnacena? ¿Por qué?   6. ¿Sabemos si él podrá viajar mañana? ¿Por qué sí o por qué no?

In Spanish the infinitive can be used in the following ways.

1. As a noun: The infinitive is often used as the subject or object of a verb in much the same way that the *-ing* form of the English verb is used. It can be used with or without the definite article.

Creo que (el) viajar es estupendo.	*I believe that traveling is great.*

2. As a verb complement: Most verbs may be followed directly by an infinitive. Certain verbs require a preposition (most often **a** or **de** but in some cases **en** or **con**) before the infinitive. **Tener** and **haber** are followed by **que** to express obligation.

Francisca puede reír y llorar de alegría a la vez. ¡Qué increíble!	*Francisca can laugh and cry from happiness at the same time. How amazing!*
Fuimos a ver *La venganza del Zorro.*	*We went to see* The Revenge of Zorro.
Tratarán de llegar temprano. Tienen una sorpresa para ti.	*They'll try to arrive early. They have a surprise for you.*
Tenemos que comprar el pasaje. Hay que comprarlo hoy.	*We have to buy the ticket. It must be bought today.*

    The expression **acabar de** is followed by the infinitive to mean *to have just* (done something).

Acabo de hablar con tus clientes. —¡Qué alivio!	*I have just spoken to your clients. —What a relief!*
Acabamos de oír las malas noticias. —¡Esto es demasiado!	*We've just heard the bad news. —This is too much!*

3. As the object of a preposition:

Antes de comprender el problema, Marta lo leyó muchas veces.	*Before understanding the problem, Marta read it many times.*
Después de llorar casi una hora, Ana se calmó.	*After crying almost an hour, Ana calmed down.*
En vez de trabajar, él va a la playa todos los días.	*Instead of working, he goes to the beach every day.*
Sin mentir, le conté todo.*	*Without lying, I told him everything.*
Para ir a Asunción, hay que manejar dos horas.	*To go to Asunción, you have to drive two hours.*

---

*Mentir (to lie) is an **e** to **ie** stem-changing verb.

4. With **al: al** + *infinitive* expresses the idea of *on* or *upon* + the *-ing* form of the verb.

Al hablar con mamá, me di cuenta que estaba enojada. —«Lo siento», le dije.	*Upon talking to Mom (When I talked to Mom), I realized she was angry. —"I'm sorry," I said to her.*
Al recibir la noticia, Pedro se sintió avergonzado.	*Upon receiving the news (When he received the news), Pedro felt embarrassed.*
Al saber que su esposo tenía una amante, Olga se puso furiosa.	*Upon learning that her husband had a lover, Olga became furious.*

5. On signs, as an alternative to an **usted** command form.

Usar le escalera.	*Use the stairs.*
No fumar.	*No smoking.*

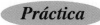

Práctica

A. ¡Vamos a darnos prisa! *(Let's hurry!)* Lelia y Rolando están organizando una fiesta de despedida *(farewell)* para Alicia, una amiga que pronto viaja a Brasil. Haga el papel de Rolando y conteste las preguntas de Lelia siguiendo los modelos. Use pronombres objetos cuando sea posible.

MODELOS   ¿Quién llama a Paco? (yo / ir a)
Yo lo voy a llamar.

¿Quién trae la torta? (Marisa / prometer)
Marisa prometió traerla.

1. ¿Quién compra el regalo? (Daniel / ir a)
2. ¿Quién busca a Sofía? (mi hermana / pensar)
3. ¿Quién trae los discos? (Ernesto y Mario / prometer)
4. ¿Quién hace el postre? (Rogelio / tener ganas de)
5. ¿Quién prepara la sangría? (los muchachos / prometer)
6. ¿Quién toca la guitarra y canta? (tú y yo / poder)

B. Sí, abuela, acabo de hacerlo. La Sra. Bello habla con su nieto Pepito. Con un compañero(-a), hagan el papel de la abuela y del nieto. En forma alternada, pregunte o conteste afirmativamente las preguntas de la señora Bello, como lo haría Pepito. Siga el modelo y use pronombres objetos cuando sea posible.

MODELO   ¿Viste a tu prima?
Sí, acabo de verla.

1. ¿Terminaron el trabajo tus padres?
2. ¿Lavaste el auto?
3. ¿Les habló Lucía a ustedes?

4. ¿Recibiste mi carta?
5. ¿Leyeron mis chistes tus hermanos?

C. Letreros *(Signs)* **del camino...**   José está viajando al Chaco y ve varios letreros. Siguiendo el modelo, diga qué indica cada uno de los letreros que siguen.

MODELO   **No doblar a la derecha.**

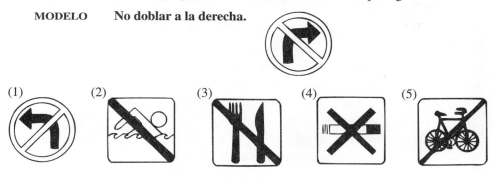

(1)   (2)   (3)   (4)   (5)

Entrevista

Hágale las siguientes preguntas a un(a) compañero(-a) y luego presente la información a la clase.

1. ¿Qué hiciste anoche al llegar a tu casa? ¿esta mañana al levantarte?   2. ¿Cómo te sentiste al terminar tus estudios secundarios? ¿al recibir la nota de tu primer examen de español?   3. Cuando tú viajas, ¿prefieres viajar de día o de noche? ¿Tienes miedo de viajar en avión? ¿Por qué sí o por qué no?

II. The Subjunctive in Dependent Clauses that Function as Adjectives

Unos estudiantes conversan en un liceo en Montevideo, Uruguay

EN UN LICEO° DE MONTEVIDEO

high school

SR. MÉNDEZ	¿Es usted la persona que quiere trabajar aquí?
SR. GÓMEZ	Sí, señor, yo soy profesor y busco un empleo° *que me guste.* Puedo enseñar historia, literatura o cualquier otro curso *que usted mande°.*
SR. MÉNDEZ	¡Cuánto me alegro!° Por fin conozco a alguien que sabe más que yo… Dígame, ¿sabe usted quién mató° a Julio César?
SR. GÓMEZ	Pero señor, pregúntele eso a alguien *que sea detective.*
SR. MÉNDEZ	¡Bruto!°
SR. GÓMEZ	Esto es demasiado, señor. Por favor, sin ofender…

job

cualquier… *any other course you like (literally, order)*

¡Cuánto… *How happy I am!*

killed

Brutus! (also *Brute! Ignoramus!*)

1. ¿Quién busca un empleo que le guste? 2. ¿Qué es el señor Gómez? 3. ¿Qué puede enseñar él? ¿Qué dice el señor Méndez cuando escucha que el profesor Gómez puede enseñar tantos cursos? 4. Aparentemente, ¿sabe él quién mató a Julio César? 5. Según el señor Gómez, ¿a quién hay que preguntarle quién lo mató? 6. ¿Sabe usted quién fue Julio César? ¿y Bruto?

A. A dependent clause that modifies a noun or pronoun is called an adjective clause.

Montevideo es una ciudad que tiene muchos museos y teatros interesantes.	*Montevideo is a city that has many interesting museums and theatres.*
Me da rabia pensar en eso que me dio tanta vergüenza.	*It makes me angry to think of that* (thing, circumstance) *that made me so ashamed.*

The noun or pronoun being described is called the antecedent. In the preceding sentences, the antecedents are **ciudad** and **eso.** Pronouns that often appear as the antecedents of adjective clauses include **alguien** *(someone),* **algo** *(something),* and **alguno** *(some, someone).*

Sandra habló con alguien que conoce a un buen detective.	*Sandra spoke to someone who knows a good detective.*
¿Dije algo que te ofendió?	*Did I say something that offended you?*

B. The verb in an adjective clause may be indicative or subjunctive, depending on whether the antecedent is definitely known to exist.

1. Antecedent definitely exists and is known: indicative.

El cliente es un abogado que sabe guaraní.*	*The client is a lawyer who knows Guaraní.*
La pobreza es algo que lo asusta.	*Poverty is something that scares him.*

2. Antecedent unknown, indefinite, uncertain, or nonexistent: subjunctive.

Necesitan un médico que sepa portugués.	*They need a doctor who knows Portuguese.*
No hay nada que lo asuste.	*There isn't anything that scares him.*

Study the contrasts in the following examples.

¿Hay alguien aquí que comprenda la situación de esta pareja?	*Is there anybody here who understands the situation of this couple?*
Sí, aquí hay alguien que la comprende.	*Yes, there's someone here who understands it.*
No, aquí no hay nadie que la comprenda.	*No, there's nobody here who understands it.*

C. The personal **a** is used before a direct object standing for a person when the speaker has someone definite in mind but not when the person is indefinite or unspecified. (However, when the pronouns **alguien, nadie, alguno,** and **ninguno** are used as direct objects referring to a person, the personal **a** is nearly always used, whether the person is known or not.)

Buscan un profesor que sea experto en lenguas indígenas.	*They're looking for a professor who is an expert on Indian languages.*
Le pagan 700 mil guaraníes por mes a un profesor que es experto en lenguas indígenas.	*They're paying 700 thousand guaranis per month to a professor who is an expert in Indian languages.*
Necesitamos a alguien que sepa hablar español y guaraní.	*We need someone who knows how to speak Spanish and Guaraní.*
Encontramos a alguien que sabe hablar español y guaraní.	*We found somebody who knows how to speak Spanish and Guaraní.*

---

*Guaraní is the language of the Indians who inhabited Paraguay before the Spanish conquest. Paraguay is the only Latin American country that has adopted an Indian language as one of its two official languages, Spanish and Guaraní, pages 392–393.

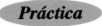

Práctica

A. El (La) candidato(-a) ideal. El Instituto de Lenguas del Mercosur busca a alguien que se encargue de *(would be in charge of)* la clase de lengua guaraní. ¿Cuál es la descripción del candidato ideal?

MODELO	tiene buen carácter
	Buscamos a alguien que tenga buen carácter.

1. sabe hablar bien el guaraní
2. es experto(-a) en culturas indígenas
3. tiene mucha experiencia
4. nunca se enoja con nadie
5. puede trabajar muchas horas por día
6. se lleva bien con los estudiantes
7. no es una persona racista

B. **¿Por qué se mudan?**   Los señores Ruiz piensan mudarse a otro barrio. Complete las oraciones para saber por qué.

MODELO   (gustar)   Vivimos en un barrio que no nos ____**gusta**____ mucho.
Buscamos un barrio que nos ____**guste**____ más.

1. (ser)   Tenemos una casa que _____ muy pequeña.
Necesitamos una casa que _____ más grande.

2. (estar)   Los niños quieren jugar en un parque que _____ cerca de casa. Ahora juegan en un parque que _____ muy lejos.

3. (haber)   Vivimos en un pueblo donde no _____ universidad.
Buscamos una ciudad donde _____ universidad.

4. (hablar)   En este pueblo hay poca gente que _____ español.
En realidad, aquí no hay nadie que _____ español.

5. (enseñar)   Mi hija asiste a una escuela donde no se _____ música.
Quiere asistir a una escuela donde se _____ música.

C. **Opiniones personales.**   Trabaje con un(a) compañero(-a). En forma alternada, completen las oraciones que siguen con sus opiniones personales.

1. Quiero casarme con un hombre (una mujer) que…
2. Quiero comprar un auto que…
3. Quiero trabajar en un lugar que…
4. Quiero votar por un(a) presidente(-a) que…
5. Quiero comer en un restaurante que…
6. Quiero ir al teatro (cine) con alguien que…

Entrevista

Hágale las siguientes preguntas a un(a) compañero(-a) y luego presente la información a la clase.

1. ¿Tienes amigos que viven cerca de tu casa? ¿Prefieres que tus amigos vivan cerca o lejos de tu casa?   2. ¿Eres amigo(-a) de alguien que sea muy interesante? ¿que tenga muchos problemas? ¿que siempre esté contento(-a)?   3. ¿Conoces a alguien que tenga más de cien años? ¿que escriba poemas o cuentos? ¿que viaje mucho?   4. ¿Prefieres ver películas que te den risa? ¿que te hagan llorar? ¿que te hagan pensar?   5. ¿Sabes si hay alguien en esta clase que sepa hablar árabe? ¿japonés?   6. ¿Conoces a alguien que pueda tocar la guitarra? ¿cantar?

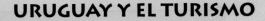

URUGUAY Y EL TURISMO

Vacaciones en Punta del Este

La playa de Punta del Este, Uruguay

Cuando llega el verano, a fines *(at the end)* de diciembre, los habitantes de los cuatro países del Mercosur —Argentina, Brasil, Paraguay y Uruguay— sueñan con el lugar ideal donde pasar unas lindas vacaciones: Punta del Este. Situada a 130 kilómetros de Montevideo, Punta del Este es una península que está rodeada *(surrounded)* por las aguas del Río de la Plata por un lado y por el océano Atlántico por el otro. Este rincón *(corner)* uruguayo tiene no sólo unas playas de gran belleza natural, sino además *(besides)* lugares especiales para hacer *windsurf* o buceo *(diving)*, practicar polo o *golf*, visitar *clubs* nocturnos, comer en restaurantes de gran calidad y bailar sin parar—toda la noche y hasta la mañana siguiente— en discotecas exclusivas. También allí se puede visitar exposiciones de arte y de artesanías, asistir a espectáculos teatrales, recitales y conciertos sinfónicos, y hasta *(even)* salir a alta mar en yates *(yachts)* fabulosos para pescar *(fishing)* o simplemente descansar rodeados de mar y cielo *(sky)*.

¡Pero todavía hay mucho más! Los que *(those who)* veranean (pasan el verano) en Punta del Este, no deberían dejar de visitar los siguientes lugares que están muy cerca:

- el Arboretum Lussich que es la séptima *(seventh)* reserva forestal del mundo y tiene 193 hectáreas con más de 300 especies forestales;
- la Isla de Lobos, que está a unos diez kilómetros del puerto, tiene una superficie *(area)* de cuarenta y una hectáreas y es una reserva de lobos marinos *(seals)*, gaviotas *(seagulls)* y teros *(local birds from Uruguay)*; y
- Casapueblo, nombre de un pueblo en miniatura que es una obra de arte del escultor *(sculptor)* uruguayo Carlos Páez Vilaró.

Pues…, ¡buen viaje y felices vacaciones en Punta del Este!

PREGUNTAS

1. ¿Qué es y dónde está Punta del Este?   2. ¿Qué atractivos *(attractions)* tiene Punta del Este para los turistas? Por ejemplo, ¿qué se puede hacer allí? Explique.   3. ¿Qué es el Arboretum Lussich y qué hay allí?   4. ¿Dónde está la Isla de Lobos? ¿Qué se puede ver en esa isla?   5. ¿Qué es Casapueblo? Comente.

III. The Subjunctive with Certain Adverbial Conjunctions

Doña Ramona, sirviendo una típica comida paraguaya

EN UNA CASA PARAGUAYA

JANE	Discúlpeme°, doña Ramona. Me siento muy avergonzada. Creo que rompí este reloj.	*Forgive me*
DOÑA RAMONA	No importa°, Jane. Ya estaba roto, pero vamos a dejarlo aquí *para que Luis lo arregle° cuando llegue.* Él es muy bueno en estas cosas.	**No...** *It doesn't matter* **para...** *so that Luis will fix it*
JANE	Oh, ¡qué alivio!	
DOÑA RAMONA	Pero pareces un poco deprimida. Debe ser por° el viaje… Entonces, *para que no pienses* en eso, ¿qué te parece si te enseño algunas palabras en guaraní *antes de que vuelvas* a tu país?	**Debe...** *It must be / because of*
JANE	¡Sí, doña Ramona! Las despedidas° siempre me causan tristeza.° Pero puede empezar a enseñarme guaraní *cuando desee.* Por ejemplo, ¿cómo se dice «yo te quiero»? Quiero decírselo a Teddy *en cuanto°* lo vea.	*farewells* *sadness* **en...** *as soon as*
DOÑA RAMONA	Pues eso se dice «she ro jaijú». Sé que él se va a sentir muy feliz *tan pronto como°* le digas qué significa.	**tan...** *as soon as*

1. ¿Quién le dice «Discúlpeme» a quién…? ¿Por qué?   2. ¿Por qué está Jane un poco deprimida?   3. ¿Qué quiere aprender ella antes de volver a su país?   4. ¿Qué le causa tristeza a Jane?   5. ¿Qué le quiere decir Jane a Teddy cuando lo vea?   6. ¿Cómo se dice «yo te quiero» en guaraní?

A. The following adverbial conjunctions always require the subjunctive in a clause that follows them; they indicate that an action or event is indefinite or uncertain (it may not necessarily take place):

a menos que	*unless*	para que	*so that*
antes (de)* que	*before*	sin que	*without*
en caso (de)* que	*in case*		

No voy a ir a menos que me sienta mejor.	*I'm not going to go unless I feel better.*
Sea cortés, para que no se ofendan.	*Be polite, so that they are not offended.*
¿Por qué no salen ahora, chicos, antes de que papá se ponga nervioso?	*Why don't you go out now, children, before Dad gets nervous?*
Vamos ahora en caso de que ellos tengan prisa.	*Let's go now in case they're in a hurry.*
Ana ve a Carlos todos los días sin que su familia lo sepa.	*Ana sees Carlos every day without her family knowing it.*

B. **Aunque** is followed by the subjunctive to indicate conjecture or uncertainty but by the indicative to indicate fact or certainty.

Voy a salir, aunque llueva.	*I am going to go out even though it may rain.*
Voy a salir, aunque llueve.	*I am going to go out even though it is raining.*

C. Either the subjunctive or the indicative may follow these conjunctions of time:

cuando	*when*	mientras (que)	*while*
después (de)* que	*after*	tan pronto como	*as soon as*
hasta que	*until*		

The indicative is used if the adverbial clause expresses a fact or a definite event; for instance, a customary or completed action. However, if the adverbial clause expresses an action that may not necessarily take place or that will probably take place but at an indefinite time in the future, the subjunctive is used.

A Elena le va a dar mucha rabia tan pronto como lo sepa.	*Elena is going to be very angry as soon as she finds out.*
A Elena le dio mucha rabia tan pronto como lo supo.	*Elena got very angry as soon as she found out.*

---

*The **de** may be omitted.

Cuando les cuente el chiste, ellos van a morirse de risa.	*When I tell them the joke, they're going to die of laughter.*
Cuando les conté el chiste, ellos se murieron de risa.	*When I told them the joke, they (nearly) died of laughter.*
No le digamos eso al profesor Leal hasta que se calme. Será otra desilusión más…	*Let's not tell Professor Leal that until he calms down. It'll be yet another disappointment . . .*
No le dijimos eso al profesor Leal hasta que se calmó.	*We didn't tell Professor Leal that until he calmed down.*
Vamos a poner la mesa después que llegue Jorge.	*We are going to set the table after Jorge arrives.*
Pusimos la mesa después que llegó Jorge.	*We set the table after Jorge arrived.*

D. Some of the conjunctions just discussed are prepositions or adverbs combined with **que (para que, sin que, antes de que, hasta que, después de que).** These prepositions are often followed by infinitives if there is no change in subject.

Después de enojarse, Juan se calmó pero se puso muy triste.	*After getting angry, Juan calmed down but became very sad.* (no change of subject)
Después de que ella se enojó, Juan se calmó pero se puso muy triste.	*After she got angry, Juan calmed down but became very sad.* (change of subject)

Práctica

A. Para completar…   Complete cada una de las siguientes oraciones con la forma correcta de uno de los verbos de la columna derecha y agregue *(add)* la información apropiada o necesaria.

> MODELO   Voy a pasar la noche aquí para que…   estar
> **Voy a pasar la noche aquí para que**
> **tú no estés solo.**

1. Quieren irse antes de que…		volver
2. Pensamos llegar a las siete a menos que…		estar
3. ¿Por qué no vamos al cine antes de que…?		llover
4. Ellos van a clase a menos que…		entender
5. ¿Piensan hacerlo sin que ella…?		llegar
6. El profesor habla claramente para que nosotros lo…		saber

B. La historia de Inés.   Combine las frases usando la conjunción dada entre paréntesis y así sabrá algo de la vida personal de Inés. Siga los modelos.

MODELOS   Inés vivió con sus padres. Compró un apartamento. (hasta que)
Inés vivió con sus padres hasta que compró un apartamento.

Inés y Bob van a trabajar. Ellos pueden casarse y mudarse a una casa grande. (hasta que)
Inés y Bob van a trabajar hasta que ellos puedan casarse y mudarse a una casa grande.

1. Su papá se puso furioso. Inés se fue de la casa.   (cuando)
2. Ella no le habló más a su papá. Él se calmó.   (hasta que)
3. Inés se va a alegrar. Su padre la perdona.   (cuando)
4. Inés le escribió una carta. Su padre la llamó.   (tan pronto como)
5. Su mamá se puso muy contenta. Inés le dio la noticia.   (después que)
6. Inés quiere mucho a su novio. Él es mucho mayor que ella.   (aunque)

C. Consejos.   Trabaje con un(a) compañero(-a) y dense consejos mutuamente. Uno(-a) de ustedes menciona un problema, real o imaginario; el otro (la otra) le aconseja qué hacer o no hacer.

MODELOS   ESTUDIANTE 1   **Siempre estoy cansado(-a) cuando me despierto por la mañana.**
ESTUDIANTE 2   **Debes tomar vitaminas (tratar de meditar, hacer ejercicios) tan pronto como te levantes, antes de venir a clase.**

ESTUDIANTE 1   **Nunca me va bien en los exámenes, aunque estudie mucho.**
ESTUDIANTE 2   **Realmente lo siento. Debes hablar con tus profesores para que te ayuden (te den consejos, etc.).**

Entrevista

Con un(a) compañero(-a), háganse las siguientes preguntas. Luego presente a la clase un resumen *(summary)* de las respuestas de su compañero(-a).

1. ¿Adónde piensas ir cuando termine esta clase? ¿cuando lleguen las vacaciones? ¿cuando completes tus estudios universitarios?   2. ¿Qué quieres hacer cuando sepas hablar bien el español? ¿antes de que termine esta década *(decade)?*   3. ¿Asistes a clase aunque llueva? ¿aunque estés muy cansado(-a)?   4. ¿No puedes estudiar a menos que tomes café? ¿a menos que estés solo(-a)?   5. ¿Qué crees que debe hacer un(a) estudiante para que le sea más fácil aprender español?

¡Vamos a repasar!

Planes de viaje.   Usted y dos amigos recibieron tres pasajes de promoción de la compañía LAPSA (Líneas Aéreas Paraguayas, S. A.) para viajar por dos meses, haciendo múltiples paradas intermedias *(stopovers)* a cualquier ciudad de la ruta de esa compañía aérea. En grupos de dos o tres estudiantes, hagan un itinerario, incluyendo cantidad de días para visitar las ciudades y lugares que más les interesan.

MODELO   Nosotros queremos visitar Asunción, Montevideo, Buenos Aires y las islas Galápagos. Saldremos de Miami y haremos un vuelo directo a Asunción. Allí pensamos quedarnos unos diez días para visitar Ciudad del Este y las Cataratas de Yguazú. Luego volaremos a Montevideo para visitar Punta del Este y estar allí otros diez días. Después tendremos que volver a Asunción para ir a Buenos Aires porque no hay vuelos entre Montevideo y Buenos Aires. Luego queremos pasar el resto de nuestras vacaciones en las islas Galápagos. Para eso viajaremos otra vez a Asunción y desde allí, tres días después, volaremos a Guayaquil. En Guayaquil tal vez nos guste pasar uno o dos días antes de volar a la isla donde vamos a quedarnos lo más posible. Finalmente regresaremos a Guayaquil, sólo para tomar un vuelo directo a Miami ¡después de dos meses de unas vacaciones inolvidables *(unforgettable)!*

Mosaico cultural

Para leer

UNA CARTA Y UNA CANCIÓN GUARANÍ

Un conjunto musical paraguayo, cantando en guaraní

Antes de leer

Mire la foto del conjunto *(group)* musical paraguayo y lea los tres primeros versos de «Pájaro Chogüí» en la página 394. Luego conteste las siguientes preguntas:

1. ¿Cuáles son los instrumentos típicos de un conjunto paraguayo?
2. Deduciendo del letrero *(sign)* que se ve en la foto, ¿qué organización o revista estará auspiciando *(sponsoring)* este evento musical? ¿Qué es *Ñe-ëngatú?* (La respuesta está en la página 384 de este capítulo.)
3. Según estos versos de «Pájaro Chogüí», ¿qué cuenta esta canción? ¿Será una historia real o ficticia? ¿Por qué?

Lectura

Querido Teddy:
En tu última carta me preguntaste si ya había aprendido algunas palabras en guaraní... ¡Por supuesto, «she ro jaijú», mi amor! Ayer doña Ramona me enseñó esa frase y muchas otras más. Te la voy a traducir° personalmente en cuanto regrese a San Francisco, ¿de acuerdo, «she cambá»°? Aquí en Asunción prácticamente todo el

translate

guaraní for "my darling"

mundo es bilingüe° y la verdad es que en
Paraguay más gente habla guaraní que español.
¿Sabías que éste es el único país de América donde
la lengua indígena es una de las dos lenguas
oficiales del país? Creo que el 95% de los
paraguayos habla guaraní mientras que sólo el
60% habla español (i.e., más o menos el 55% es
bilingüe, el 5% sólo habla español y el 40% sólo
guaraní). En tu carta también me pediste dos o tres
canciones paraguayas de protesta. El problema es
que aquí no hay muchas canciones de ese tipo. Le
pregunté a Luis si Paraguay tenía cantantes°
conocidos por sus canciones de protesta como la
argentina Mercedes Sosa, el uruguayo Alfredo
Zitarrosa, el cubano Silvio Rodríguez o los chilenos
Víctor Jara y Violeta Parra. Me dijo que la canción
de contenido social° o testimonial, muy popular en
casi todos los países de América Latina durante
los años sesenta y setenta, no tuvo muchos
representantes en Paraguay. Según Luis, ésa
fue una de las consecuencias culturales de la
dictadura° del general Alfredo Stroessner que, como
tú sabes, fue dictador durante casi treinta y cinco
años, de 1955 a 1989. Pero de todas maneras°
aquí te mando la letra° y la música (en el casete
adjunto°) de «Pájaro° Chogüí»°, una canción
típicamente paraguaya, inspirada en una leyenda
guaraní. Según la leyenda, un indiecito° guaraní
se había subido a un árbol.° Allí estaba cuando
escuchó el grito° de su madre que lo llamaba. El
niño se asustó tanto que se cayó° del árbol y se
murió. Después, mientras su madre lo tenía en
brazos°, el cuerpo del indiecito se transformó,
mágicamente, en un pájaro (el pájaro chogüí) y
empezó a volar° hacia el cielo°. Según la leyenda,
cuando oímos al pájaro chogüí, en realidad
estamos oyendo el canto° del indiecito guaraní.
¿Verdad que es una hermosa leyenda, Teddy?
Bueno, espero que escuches «Pájaro Chogüí» en
cuanto recibas esto, antes de que yo vuelva...
También te pido que me escribas o llames por
teléfono tan pronto como puedas, ¿de acuerdo?

Te abraza cariñosamente,

Jane

Glossary: bilingual; singers; **contenido...** social content; dictatorship; **de...** in any case; lyrics enclosed / Bird / Guaraní name for a bluish-green bird; little Indian boy; tree; cry; **se...** fell down; **lo...** had him in her arms; fly / sky; singing

Pájaro Chogüí
(canción tradicional paraguaya)

Cuenta la leyenda que en un árbol
se encontraba encaramado°　　　　　　　　　　se... was perched
un indiecito guaraní...
que sobresaltado° por un grito de su madre　　startled
perdió apoyo° y cayendo° se murió.　　　　　**perdió...** lost his support / falling down
Y que entre los brazos maternales
por extraño sortilegio°　　　　　　　　　　**por...** by strange magic
en chogüí se convirtió.°　　　　　　　　　　**en...** changed into a chogüí bird
¡Chogüí, chogüí, chogüí, chogüí!,
cantando está, mirando allá,
llorando y volando° se alejó.°　　　　　　　flying / **se...** moved away
¡Chogüí, chogüí, chogüí, chogüí!,
qué lindo va, qué lindo es,
perdiéndose en el cielo guaraní.°　　　　　　**perdiéndose...** disappearing into the guaraní (Paraguayan) sky

Y desde aquel día se recuerda°　　　　　　　**se...** people remember
al indiecito cuando se oye
como un eco a los chogüí.°　　　　　　　　　**como...** like an echo the chogüí birds

Es un canto alegre y bullanguero°　　　　　　noisy
del gracioso naranjero°　　　　　　　　　　**del...** of the charming orange lover
que repite en su cantar.°　　　　　　　　　song
Salta y picotea° las naranjas　　　　　　　　**salta...** leaps and nibbles
que es su fruta preferida
repitiendo sin cesar:°　　　　　　　　　　　**sin...** endlessly
¡chogüí, chogüí, chogüí, chogüí!,
cantando está, mirando allá,
llorando y volando se alejó.
¡Chogüí, chogüí, chogüí, chogüí!,
qué lindo va, qué lindo es,
perdiéndose en el cielo guaraní.
¡Chogüí, chogüí...!

Después de leer

¿Probable o improbable?　Deduciendo de la carta de Jane, indique si las siguientes afirmaciones son **probables** o **improbables,** y luego dé una explicación lógica a sus respuestas de **improbable.**

1. Jane es francesa.
2. Doña Ramona es bilingüe: habla español y guaraní.
3. Teddy está en San Francisco.
4. Doña Ramona es la tía de Teddy.
5. La mayoría de los paraguayos entiende guaraní.
6. Teddy sabe mucho de música paraguaya.
7. El gobierno de Stroessner fue muy popular y por eso duró *(lasted)* casi treinta y cinco años.
8. Jane y Teddy son novios.

Preguntas

1. ¿Qué le preguntó Teddy a Jane en su última carta? ¿Y qué le respondió ella?   2. ¿Qué se habla más en Paraguay: español o guaraní? Explique.   3. Según la carta de Jane, ¿cuál es el contenido de las «canciones de protesta»? ¿Ha escuchado usted alguna vez a alguno(s) de los cantantes mencionados en la carta? ¿A quién(es)?   4. Según Luis, ¿hay muchas canciones de protesta en Paraguay? ¿Por qué sí o por qué no?   5. ¿Quién fue Alfredo Stroessner? ¿Todavía sigue en el gobierno de Paraguay?   6. ¿Es «Pájaro Chogüí» una canción de protesta? ¿Por qué?   7. Según la leyenda que inspiró la canción, ¿cómo se murió el indiecito guaraní? ¿Qué pasó después…?   8. ¿Conoce usted alguna(s) leyenda(s) similar(es) a la del pájaro chogüí? ¿Cuál(es)? Comente.

Para escuchar

A.   **«Pájaro Chogüí», una canción paraguaya.**   Escuche la carta y la canción. Para poder comprender mejor la canción, antes de empezar el casete, lea por lo menos una vez la letra *(lyrics)* en la página 394.

B.   **Para completar.**   Va a oír ocho frases incompletas basadas en lo que acaba de escuchar. Complételas marcando con un círculo las terminaciones *(endings)* correspondientes.

1. Teddy	Jane	Stroessner
2. maya	española	guaraní
3. niño guaraní	hermoso pájaro	pájaro guaraní
4. su mamá	su papá	un niño guaraní
5. se despertó	se murió	se rompió el brazo
6. un árbol	un pájaro	una naranja
7. triste	trágico	alegre
8. la manzana	la naranja	la banana

Para comunicarnos

In this chapter, you have seen examples of some important language functions or uses. Here is a summary and some additional information about these functions of language.

Apologizing and Expressing Forgiveness

Lo siento (mucho).	*I'm (very) sorry.*
Siento mucho que (+ *subject*)…	*I'm very sorry that . . .*
Perdón. Perdóneme. (Perdóname.)	*Excuse me. (*also *Forgive me. I'm sorry.)*
Discúlpeme. (Discúlpame.)	*Excuse me. (*also *I'm sorry.)*
Está bien.	*It's okay.*
No hay (ningún) problema.	*There's no problem.*
No importa.	*It doesn't matter.*
No hay de qué.	*It's nothing. (*also *You're welcome.)*

Expressing Relief or Surprise

¡Qué bien!	*Good! (How nice!)*
¡Qué alivio!	*What a relief!*
¡Cuánto me alegro!	*How happy I am!*
¡Qué alegría!	*How wonderful! (How happy I am!)*
¡Por fin!	*Finally!* (when something good has finally happened)
Gracias a Dios.	*Thank God. (Thank goodness.)*
¡Qué suerte!	*How lucky! (How fortunate!)*
¡Qué sorpresa!	*What a surprise!*
¡Qué lindo (amable, etc.)!	*How pretty (nice, etc.)!*
¡Qué increíble!	*How amazing! (That's incredible!)*

Expressing Anger or Disappointment

¡Esto (Eso) es el colmo!	*This (That) is the last straw!*
¡Esto (Eso) es demasiado!	*This (That) is too much!*
¡Qué barbaridad!	*Good grief! (How terrible! How absurd!)*
¡Qué desilusión!	*What a disappointment!*

ACTIVIDADES

A. **¿Qué se dice?** Reaccione de manera apropiada a cada una de las siguientes situaciones.

> MODELO Recibió una *F* en un examen para el que usted estudió todo el fin de semana.
> **¡Qué barbaridad! (¡Qué desilusión!)**

1. Supo que su padre tuvo un accidente de auto, pero por suerte ya salió del hospital y está bien.
2. Recibió una *A* en un examen para el que *(for which)* usted sólo estudió diez minutos.
3. La semana pasada un compañero de clase le pidió un favor. Usted prometió hacérselo ese mismo día pero se olvidó *(you forgot)*… Ayer volvió a ver a su compañero.
4. Fue con un(a) amigo(-a) a cenar a un restaurante; pidieron bistec y vino. Les trajeron un bistec delicioso y un buen vino francés. La cena estuvo excelente pero no supieron el precio hasta que llegó la cuenta… ¿El precio total de la cena…? ¡Cien dólares!
5. Su mamá lo (la) llamó para contarle que va a visitarlo(-la) este fin de semana.
6. Jugó al tenis con la raqueta de su compañero(-a) de cuarto y la perdió. No recuerda dónde la dejó… Su compañero(-a) está muy enojado(-a).
7. Recibió una carta de sus abuelos con un pasaje de avión y dos boletos para asistir al próximo campeonato mundial *(world championship)* de fútbol.
8. Ayer fue su cumpleaños (de usted) y creía que nadie lo sabía; cuando llegó a su casa por la noche, allí lo (la) esperaban treinta personas, con una torta de cumpleaños.
9. Le robaron la bicicleta.
10. Su compañero(-a) de cuarto le acaba de decir que siente mucho haberlo(-la) despertado a usted cuando llegó tan tarde anoche. Pero en realidad, no lo (la) despertó.

B. Minidrama.   Trabaje con un compañero para dramatizar la siguiente situación. Su novio(-a) la (lo) llama dos horas después de cuando ustedes tenían planeado salir. Él (Ella) se había olvidado totalmente de la cita. Usted está furiosa(-o) y le recuerda: «Ésta es la segunda *(second)* vez que pasa esto esta semana…» Él (Ella) le dice: «Discúlpame. Te prometo que no volverá a pasar». Al prinicipio *(At first)* usted no quiere perdonarlo(-la) pero después decide darle una oportunidad más…

C. Refranes *(Proverbs).*   Aquí hay algunos proverbios sobre el tema del amor y la amistad. ¿Qué significado tienen? ¿Está usted de acuerdo con estos refranes? Comente.

1. Donde hay amor, hay dolor.
2. Ni el que ama ni el que manda quieren compañía.
3. Un amor se cambia por otro.
4. Ni ir a la guerra ni casar se debe aconsejar.
5. Donde hay celos, hay amor.
6. Quien *(He who)* bien te quiere, te hará llorar.

Entrevista

Hágale las siguientes preguntas a un(a) compañero(-a) y luego presente la información a la clase.

1. ¿Qué cosas te dan rabia? ¿Te has enojado recientemente por alguna razón? ¿Por qué? ¿Cuándo fue la última vez que te enojaste?   2. ¿Cuál fue una de las sorpresas más lindas que has recibido últimamente?   3. A muchos hispanos la mujer norteamericana les parece «liberada», libre de hacer lo que quiera *(free to do whatever she likes)*. Según tu opinión, ¿está «liberada» la mujer norteamericana? ¿Crees que las mujeres de este país tienen los mismos derechos que los hombres, tanto en el trabajo como en la casa?   4. ¿Existe la «norteamericana típica» o no? Si crees que existe, descríbela.   5. ¿Crees que es mejor que una mujer con hijos se quede en su casa en vez de trabajar fuera de casa *(outside the home)*? ¿Por qué sí o por qué no?   6. ¿Piensas que son más felices las mujeres casadas que las solteras? ¿los hombres casados que los solteros? ¿Por qué?

Para escribir

A. Querida Ramona…   A usted le gusta leer las cartas a **Querida Ramona** que se publican en el periódico de su ciudad. De las tres que leyó hoy, una refleja un problema muy similar al que usted tiene en este momento. Escríbale una carta de cincuenta a setenta palabras a **Querida Ramona** contándole su(s) problema(s) y pidiéndole consejos.

1. Acabo de pasar un fin de semana muy aburrido con mi novio. Creo que ya no lo quiero y no sé qué hacer… Tengo miedo de confesarle mis sentimientos porque no quiero que se deprima. ¿Qué debo hacer? Por favor, contésteme en su próxima «Columna sentimental». ABURRIDA
2. Ayer supe que mi novia está saliendo ¡con mi mejor amigo! ¡Estoy furioso y necesito que me aconseje urgentemente! ¿Debo matarlos a los dos… o habrá alguna otra solución menos trágica…? DESILUSIONADO DEL AMOR
3. Durante los últimos tres meses yo subí unos ocho kilos *(approx. 18 lbs.)* y parece que mi novia se siente avergonzada de mí y no quiere que nuestros amigos nos vean juntos. ¿Cree usted que ella ya no me quiere porque estoy un poco gordo *(fat)*…? ¿Qué puedo hacer? GORDO Y TRISTE

Vocabulario activo

COGNADOS

ansioso	la depresión	furioso	el servicio
el, la cliente	el, la detective	la leyenda	la terminal
la cultura	expreso	el picnic	

VERBOS

acabar de + *inf.*	*to have just* (done something)	matar	*to kill*
asustar	*to frighten, scare*	mentir (ie)	*to lie, tell a lie*
asustarse	*to be frightened, scared*	ofender	*to offend*
comentar	*to comment*	ofenderse	*to take offense*
darse cuenta de	*to realize*	olvidarse (de)	*to forget (to)*
disculpar	*to forgive; to excuse*	ponerse + *adj.*	*to become* + adj.
enojarse	*to become angry, get mad*	reírse (i)	*to laugh*
llorar	*to cry*	tener prisa	*to be in a hurry*
manejar	*to drive*	tratar (de)	*to try (to)*

SENTIMIENTOS Y EMOCIONES

alegre	*happy*	orgulloso	*proud*
la alegría	*happiness*	la rabia	*anger, rage*
asustado	*frightened, startled*	la risa	*laughter*
avergonzado	*embarrassed, ashamed*	el susto	*fright*
deprimido	*depressed*	triste	*sad*
la desilusión	*disappointment*	la tristeza	*sadness*
desilusionado	*disappointed*	la vergüenza	*shame*
enojado	*angry*	darle vergüenza a alguien	*to make someone ashamed*
el enojo	*anger*		

CONJUNCIONES

a menos que	*unless*	mientras (que)	*while*
antes (de) que	*before*	para que	*so that*
aunque	*although*	sin que	*without*
en caso (de) que	*in case*	tan pronto como	*as soon as*
hasta que	*until*		

OTRAS PALABRAS Y FRASES

cualquier(a)	*any*		la lengua	*language*
el chiste	*joke*		la noticia	*news item*
la despedida	*farewell, leave-taking*			

Expresiones útiles

¡Cuánto me alegro!	*How happy I am!*
Discúlpeme.	*Excuse me. (Forgive me.)*
¡Esto es demasiado!	*This is too much!*
Lo siento.	*I'm sorry.*
¡Qué alivio!	*What a relief!*

Vistazo cultural

EL ARTE

Las meninas, *del artista español Diego Rodríguez de Silva y Velázquez (1599–1660), es uno de los cuadros más importantes del Museo del Prado, en Madrid. En el centro de la obra está la infanta* (princess) *Margarita, con dos meninas* (maids of honor). *El pintor, Velázquez, está a la izquierda. Atrás, en un espejo* (mirror), *se ven el rey y la reina* (queen) *y, más atrás todavía, hay un oficial de la corte. En la historia del arte significa un problema resuelto: la representación perfecta del espacio en sus tres dimensiones por medio de la manipulación de distintas intensidades de luz* (light).

Francisco de Goya y Lucientes (1746–1828), pintor oficial de la corte española de los Borbones, sirvió a los reyes desde 1786 hasta su muerte en 1828, casi cuarenta y dos años. Creó unos 1.800 dibujos y pinturas, no sólo de la gente de la corte sino también de personas de todas las clases sociales, como las «majas» del cuadro. Vivió durante una época de guerras, violencia y revoluciones sociales, y muchas de sus obras muestran sus tormentos mentales y psicológicos. El cuadro de la foto, Majas en el balcón, *se descubrió en una colección privada europea hace poco y parece ser la auténtica versión original. Los colores vivos* (bright), *la sensualidad y el realismo de Goya lo clasifican como uno de los más grandes precursores de la pintura moderna.*

Preguntas

1. ¿Cuál de las obras le gusta más a usted? ¿Quién la creó? ¿Conoce otras obras del (de la) mismo(-a) pintor(a)? ¿Cuáles? 2. ¿Cuáles son sus pintores favoritos, en general? ¿Por qué?

En la historia del arte, Diego Rivera
(1886–1957) y Frida Kahlo (1907–1954)
ocupan un lugar único. Se casaron en 1929. Él
era el gran muralista mexicano: Con José
Clemente Orozco y David Alfaro Siqueiros, los
tres habían creado el movimiento nacionalista
que dominó el panorama artístico de la
primera parte del siglo XX en México. Sus
grandes murales, que se ven en muchos
edificios públicos de México, ilustran la historia
y cultura del país; también es conocido por sus
retratos de estilo indigenista y social, como el
que se ve en el cuadro. Kahlo lo consideraba su
ejemplo y maestro. Sin embargo (However), hoy
día ella es una de las pintoras más admiradas y
más populares del siglo XX. Sus obras reflejan
un amor intenso por México, por su gente y por sus
tradiciones. De niña Kahlo tuvo poliomelitis, y en 1925 un
accidente de autobús la dejó inválida; pintó sus dolores y
pasiones en sus muchos autorretratos famosos, como el
que se ve en el cuadro a la derecha.

Al pintor y escultor colombiano Fernando Botero (1932–)
siempre le han encantado las corridas de toros
(bullfights). Botero, que tenía cuatro años cuando su
padre murió, cuenta que un tío lo llevaba frecuentemente
a la plaza de toros. «Las corridas de toros son mi gran
pasión», dice. De niño quería ser torero (bullfighter)
porque «…en esa época ser torero daba esperanzas para
salir de los problemas económicos». Ahora Botero vende
sus cuadros por precios astronómicos. Sus enormes
esculturas y las figuras redondas (round) y sensuales de
sus pinturas se conocen en todo el mundo.

María de Mater O'Neill nació en San Juan, Puerto
Rico, en 1960. Pintora, diseñadora (designer) gráfica,
ensayista (essayist) y videoartista, es editora de
Cuarto del Quenepón, la primera revista cibernética
sobre la cultura puertorriqueña contemporánea. Ha
ganado muchos premios por sus diseños y videos. En
pintura obtuvo el Primer Gran Premio en la tercera
Bienal Internacional de Cuenca, Ecuador, en 1991.
Muchas de sus pinturas son autorretratos: Nos
invitan a entrar en el laberinto de su imaginación,
a explorar imágenes de su vida y, por extensión,
también de la cultura puertorriqueña.

Uno puede comprar de todo en las tiendas de Caracas, Venezuela

VENEZUELA

¿Sabía usted que...?

- Las ciudades principales de Venezuela incluyen Caracas (la capital), Maracaibo, Valencia, Maracay, Barquisimeto, Barcelona, San Cristóbal y Los Teques.

- Venezuela significa «pequeña Venecia»; lleva ese nombre por la similitud *(similiarity)* que vio Américo Vespucci (1499) entre las chozas *(huts)* indígenas en el lago Maracaibo y las casas flotantes de la ciudad italiana.

- En Canaima, al sur de Venezuela, se encuentra el famoso Salto Ángel *(Angel Falls)* que tiene 980 metros (unos 3.200 pies) de altura *(height)* y es el salto más alto del mundo.

- Venezuela tiene aproximadamente veintiún millones de habitantes y su moneda oficial es el bolívar.

PREGUNTAS

1. ¿Cómo se llama la capital de Venezuela?
2. ¿Cuál es la moneda del país?
3. ¿Qué significa «Venezuela»?
4. ¿Cuál es el salto más alto del mundo? ¿Dónde está?

Dos monjas (nuns) van
de compras

CAPÍTULO
DIECISÉIS

De compras

Cultura

This chapter focuses on
Venezuela.

Estructuras

You will discuss and use:
- The imperfect subjunctive
- *If* clauses
- Other uses of **por** and **para**

Vocabulario

In this chapter you will talk
about shopping and stores.

Comunicación

- Making a purchase
- Expressing satisfaction and
  dissatisfaction

Frazadas... *Wool blankets*

spend / cheap

save

En la tienda hay
blusas, faldas,
pantalones,
calcetines…

En el almacén *(grocery
store)* hay verduras,
carne, queso, frutas…

En la panadería
hay pan, galletas
(crackers), bizcochos
(cookies)…

En la farmacia
compramos aspirinas,
medicinas, cosméticos…

En el banco compramos
cheques de viajero y
cambiamos dinero…

En la mueblería
compramos muebles: mesas,
sillas, sillones *(armchairs),*
sofás, camas *(beds)…*

En el mercado los
artesanos muestran sus
obras: alfarería *(pottery),*
tapices *(tapestries),*
cerámica *(pottery)…*

Práctica

¿Verdadero o falso?   Si es falso, diga por qué.

1.   En el banco cambiamos y ahorramos dinero.
2.   En Venezuela, para comprar tapices y alfarería vamos a la panadería.
3.   Si necesitamos carne, vamos a la mueblería.
4.   Si me duele la cabeza y necesito aspirinas, voy a la farmacia.
5.   En el mercado hay de todo: papas, ponchos, frutas, tapices.

Preguntas

1. Cuando usted necesita ropa, ¿le gusta ir a tiendas grandes, a boutiques exclusivas, o prefiere hacer sus compras en tiendas más baratas? ¿Dónde compra su ropa?   2. Cuando va de compras, ¿busca ofertas o compra lo primero *(the first thing)* que le gusta?   3. ¿Ahorra usted dinero todos los meses?   4. ¿En qué gasta más dinero: en comida, en el costo de su apartamento, en su auto, en sus estudios —el costo de la universidad, de los libros, etc.— o en diversiones?   5. ¿Adónde va usted para comprar pan?   6. Si usted necesita medicina, ¿adónde va?   7. ¿Cuánto cuesta (vale) este libro? ¿un buen vestido? ¿un kilo de bananas?   8. Cuando usted tiene más dinero del que necesita *(than you need),* ¿qué hace con el resto?

I. The Imperfect Subjunctive

El Teatro Ayacucho, un teatro famoso en el centro de Caracas

EN CASA DE LOS BELLO

RAÚL	¿Dónde estabas, Marta?
MARTA	Ana me pidió que *fuera* de compras con ella. Quería que la *ayudara* a escoger° unos zapatos para su entrevista en el centro mañana…
RAÚL	¿Encontraron algo que les *gustara?*
MARTA	No, no compramos nada. A Ana no le gustaron los zapatos que estaban en oferta.° Buscaba algo que *hiciera* juego° con su traje nuevo.
RAÚL	¿Así que no compraron nada? Y entonces, ¿por qué tardaron tanto?°
MARTA	Es que fuimos al Teatro Ayacucho… y vimos una obra de García Lorca. Como a ti no te gusta el teatro, pensé que no te importaría perder° la obra con tal de que *volviéramos* a casa para la hora de la cena.
RAÚL	Y… perder la obra… no me importa, pero… ¡perder la cena… sí! ¡Estoy hambriento!°
MARTA	Entonces, ¿dónde te gustaría que *fuéramos* a cenar? Tú escoges el lugar… ¡y yo invito!°

choose

en… *on sale*
hiciera… *would match*

¿por qué… *Why did you take so long (to get back)?*

no… *you wouldn't mind missing*

starving

¡y… *and it's my treat!*

1. ¿Qué le pidió Ana a su madre?   2. ¿Por qué quería Ana zapatos nuevos?   3. ¿Compró ella los zapatos que estaban en oferta? ¿Por qué sí o por qué no?   4. ¿Adónde fueron Marta y su hija después? ¿Qué vieron allí?   5. ¿Por qué pensó Marta que a su marido no le importaría perder la obra de García Lorca?   6. ¿Dónde van a cenar ellos? ¿en su casa o en un restaurante? ¿Quién va a pagar la cuenta?

A. To form the imperfect subjunctive of all verbs, remove the **-ron** ending from the third-person plural form of the preterit and add the imperfect subjunctive endings: **-ra, -ras, -ra, -´ramos, -rais, -ran.** Notice that the **nosotros** form requires a written accent on the vowel preceding the ending.

hablar		comer	
habla**ra**	hablá**ramos**	comie**ra**	comié**ramos**
habla**ras**	habla**rais**	comie**ras**	comie**rais**
habla**ra**	habla**ran**	comie**ra**	comie**ran**

vivir	
vivie**ra**	vivié**ramos**
vivie**ras**	vivie**rais**
vivie**ra**	vivie**ran**

pensar		volver	
pensa**ra**	pensá**ramos**	volvie**ra**	volvié**ramos**
pensa**ras**	pensa**rais**	volvie**ras**	volvie**rais**
pensa**ra**	pensa**ran**	volvie**ra**	volvie**ran**

Verbs with spelling changes or irregularities in the third-person plural form of the preterit have the same changes in the imperfect subjunctive.

pedir		dormir	
pidie**ra**	pidié**ramos**	durmie**ra**	durmié**ramos**
pidie**ras**	pidie**rais**	durmie**ras**	durmie**rais**
pidie**ra**	pidie**ran**	durmie**ra**	durmie**ran**

Other verbs with irregular stems in the imperfect subjunctive are:

	USTEDES FORM	*YO* FORM
Infinitive	**Preterit**	**Imperfect Subjunctive**
andar	anduvieron	anduviera
construir	construyeron	construyera
creer	creyeron	creyera
dar	dieron	diera
decir	dijeron	dijera
estar	estuvieron	estuviera
haber	hubieron	hubiera
hacer	hicieron	hiciera
ir, ser	fueron	fuera
leer	leyeron	leyera
morir	murieron	muriera
poder	pudieron	pudiera
poner	pusieron	pusiera
querer	quisieron	quisiera
saber	supieron	supiera
tener	tuvieron	tuviera
traer	trajeron	trajera
venir	vinieron	viniera
ver	vieron	viera

B. The imperfect subjunctive is used in the same situations as the present subjunctive but usually when the verb in the main clause is in some past tense rather than in the present. Compare the following examples.

No quiero que usted gaste tanto dinero.	*I don't want you to spend so much money.*
No quería que gastara tanto dinero.	*I didn't want you to spend so much money.*
Es mejor que ahorres parte de tu sueldo… ¡o nunca serás rico!	*It's better that you save part of your salary . . . or you'll never get rich!*
Era mejor que ahorraras parte de tu sueldo.	*It was better that you saved part of your salary.*
El dependiente dice el precio claramente para que los turistas lo puedan entender.	*The salesclerk is saying the price clearly, so the tourists can understand it.*
El dependiente dijo el precio claramente para que los turistas lo pudieran entender.	*The salesclerk said the price clearly so that the tourists could understand it.*

Sometimes the verb in the main clause is in the present, but the imperfect subjunctive is used in the dependent clause to refer to something in the past.

¿Es posible que el tapiz valiera
tanto? Estaba en oferta, ¿no?

*Is it possible that the wall hanging was
worth that much? It was on sale,
right?*

Sí…, y no es posible que costara
500.000 bolívares. ¿Por qué no
regateas?

*Yes . . . , and it's not possible that it cost
500,000 bolivars. Why don't you bargain (over the price)?*

C. The imperfect subjunctive of **querer** is often used in requests, as you saw in Chapter 6.

Quisiera hablar con el dueño.

I'd like to speak to the owner.

Vengo a pagar el alquiler…

I've come to pay the rent . . .

Práctica

A. **Consejos.** Jaime, un estudiante venezolano, vino a Estados Unidos para estudiar ingeniería. Cuando sus padres se enteraron *(found out)* de que llevaba una vida un poco desordenada *(wild, unruly),* le escribieron una larga carta. Complete las frases que siguen para saber lo que ellos le pidieron o aconsejaron a Jaime que hiciera en el futuro. Siga el modelo.

> **MODELO** (dormía poco) Le pidieron que…
> **Le pidieron que durmiera más (se acostara más temprano, *etc.*).**

1. (fumaba dos paquetes de cigarrillos por día)   Le dijeron que…
2. (miraba televisión todas las noches)   No les gustaba que…
3. (sólo comía sándwiches y papas fritas)   Le prohibían que…
4. (tomaba mucho café)   Querían que…
5. (se acostaba a las tres de la mañana)   Le pidieron que…
6. (salía muy poco)   Querían que…
7. (había recibido una *F* el semestre pasado)   Le pidieron que…

B. **La historia se repite.** Don Andrés se jubiló *(retired)* hace dos años y le dejó el restaurante a su nieto Ramón. Con un(a) compañero(-a) de clase, uno(-a) hace el papel de don Andrés, que responde a los comentarios de Ramón diciéndole que lo que pasa ahora también pasaba antes. Haga los cambios necesarios o lógicos.

> **MODELO** RAMÓN   Necesito dos o tres personas que me ayuden los
> sábados.
> DON ANDRÉS   **Antes yo también necesitaba algunas personas
> que me ayudaran los sábados.**

1. No puedo pagar buenos sueldos hasta que mejore la situación económica.
2. Siempre tengo platos especiales en oferta para que los clientes estén contentos.
3. Tengo miedo de que los precios sean muy altos.
4. Hoy día no hay nadie que sepa apreciar la buena comida.
5. La ley *(law)* no permite que tengamos bebidas alcohólicas.

Entrevista

Con un(a) compañero(-a), entrevístense sobre los temas *(topics)* que siguen o sobre otros temas de su interés. Después resuma *(summarize)* para la clase algunas de las respuestas de su compañero(-a).

MODELO   el tipo de compañero(-a) de cuarto que buscaba y el (la) compañero(-a) que tiene ahora…

Buscaba un(a) compañero(-a) que nadara o jugara al tenis y tengo un(a) compañero(-a) que no tiene ningún interés en los deportes.

1. el tipo de casa, apartamento o residencia que quería antes y el tipo de casa, apartamento o residencia que quiere *(or…tiene)* ahora…
2. el tipo de universidad que buscaba antes y la universidad a la que asiste ahora…
3. las cualidades que buscaba en su novio(-a) ideal y las cualidades que ahora busca en un(a) novio(-a)… *(or…tiene su novio (-a) real…)*
4. algo que usted esperaba que pasara en su vida y algo que realmente pasó…
5. el tipo de auto con el que soñaba y el tipo de auto con el que sueña *(or…que tiene)* ahora…
6. el tipo de trabajo que le gustaba antes y el tipo de trabajo que le gusta *(or…que tiene)* ahora...

II. *If* Clauses

EN UN MERCADO DE ARTESANOS, EN CARACAS

DOÑA CARLA	¿Cuánto cuesta este poncho, señorita?	
VENDEDORA	Quinientos bolívares, señora. Está en oferta… Es de lana° pura, sabe…	*wool*
DOÑA CARLA	¿Quinientos bolívares? No los tengo… y *si* los *tuviera* no lo podría comprar… ¡Es demasiado caro!°	**¡Es…** *It's too expensive!*
VENDEDORA	¿Y *si* se lo *vendiera* por cuatrocientos ochenta?	
DOÑA CARLA	Pues, lo *preferiría* en otro color. Éste no me gusta porque…	
VENDEDORA	Es el último que me queda.° Hace unos diez minutos vendí uno rojo muy bonito. ¿Sabe que en las tiendas del centro estos ponchos cuestan el doble?° ¡Y en esos lugares tienen precios fijos°…¡ Pero lléveselo por cuatrocientos cincuenta, señora…	**me…** *I have left* **el…** *double, twice as much* **precios…** *fixed prices*
DOÑA CARLA	*Si* me lo *diera* por cuatrocientos veinte, me lo llevaría.	
VENDEDORA	Está bien. Se lo doy por cuatrocientos veinte.	
DOÑA CARLA	¡De acuerdo!° Muchas gracias.	**¡De…** *Agreed!, OK!*

Venden alfombras (rugs) *y muchas cosas más en los mercados venezolanos*

1. ¿Cuánto cuesta el poncho? 2. ¿Cree doña Carla que el poncho es muy caro o muy barato? 3. Si ella tuviera quinientos bolívares, ¿compraría el poncho? 4. Si la vendedora le vendiera el poncho por cuatrocientos ochenta bolívares, ¿lo compraría? 5. ¿De qué color era el poncho que la vendedora había vendido unos minutos antes? 6. Según la vendedora, ¿cuánto cuestan esos ponchos en el centro? En general, ¿es posible regatear en las tiendas del centro? ¿Por qué sí o por qué no? 7. ¿Compraría doña Carla el poncho si la vendedora se lo diera por cuatrocientos veinte bolívares?

A. When an *if* clause expresses a situation that the speaker or writer thinks of as true or definite or makes a simple assumption, the indicative is used.

Si llueve, Carlos no va de compras.	*If it rains, Carlos isn't going shopping.*
Si llovió ayer, Carlos no fue de compras.	*If it rained yesterday, Carlos didn't go shopping.*
Si Manuel va al mercado, yo voy también.	*If Manuel goes to the market, I will go too.*

When the verb in an *if* clause is in the present tense, it is always in the indicative, whether the speaker is certain or not.

Si vienes, me alegraré.	*If you come, I'll be happy.*
Si esta bicicleta no funciona bien, vamos a devolverla.	*If this bicycle doesn't work well, we'll return it.*

B. However, when the *if* clause expresses something that is hypothetical or contrary to fact and the main clause is in the conditional, the *if* clause is in the imperfect subjunctive.

Esa cámara es estupenda; si tuviera dinero, la compraría.	*That camera is wonderful; if I had money, I would buy it.*
Luis y Mirta irían con nosotros si estuvieran aquí.	*Luis and Mirta would go with us if they were here.*
Si las frazadas fueran de mejor calidad, las compraríamos.	*If the blankets were of better quality, we'd buy them.*
Si fueras más cuidadoso, no romperías las cosas.	*If you were more careful, you wouldn't break things.*

C. The expression **como si** *(as if)* implies a hypothetical, or untrue, situation. It is always followed by the imperfect subjunctive.

¡Regateas como si supieras lo que haces!	*You bargain as if you knew what you were doing!*
Andrés gasta dinero como si fuera millonario.	*Andrés spends money as if he were a millionaire.*
Elena se viste como si tuviera una fortuna.	*Elena dresses as if she had a fortune.*

Práctica

A. Esperanzas frustradas. Raquel pensaba pasar el día con Isabel pero, cuando estaba por salir, su mamá le dijo que tenía que ayudarla a limpiar la casa. Haga el papel de Raquel y cambie las oraciones para decir qué haría o adónde iría si no tuviera que quedarse en casa.

MODELO   Si hace buen tiempo, pasaremos todo el día en el parque.
             Si hiciera buen tiempo, pasaríamos todo el día en el parque.

1. Si llueve, iremos de compras.
2. Si tengo dinero, compraré un vestido nuevo.
3. Si Carmen y su hermano tienen tiempo, nos acompañarán.
4. Si tenemos hambre, comeremos en un restaurante.
5. Si veo a Pedro y a Marisa, los invitaré a almorzar con nosotras.

B. Puros sueños. Complete las oraciones que siguen.

MODELO   Su fuera actor (actriz), …
             Si fuera actor (actriz), saldría en muchas películas románticas.

1. Si tuviera un millón de dólares, …
2. Si yo fuera dueño(-a) *(owner)* de una tienda, …
3. Si me quedaran sólo tres meses de vida, …
4. Si tuviera que vivir solo(-a), …
5. Si yo naciera otra vez en forma de (algún animal o planta…) …
6. Si yo fuera hombre (mujer), …
7. Si yo fuera invisible, …
8. Si yo estuviera hoy en América del Sur, …

C. Si así fuera…   Para cada pregunta que le hace su compañero(-a), escoja una de las dos respuestas dadas *(a o b)* y agregue *(add)* otra de su propia invención. Siga el modelo.

> **MODELO**   ESTUDIANTE 1   ¿Qué harías si ganaras el Premio Nóbel?
> > a. no aceptarlo
> > b. seguir trabajando igual ques antes
> > c. ?
> ESTUDIANTE 2   **Si ganara el Premio Nóbel, yo seguiría trabajando igual que antes y ahorraría el dinero para gastarlo en el futuro.**

1. ¿Qué harías si fueras rico(-a)?
   a. viajar por todo el mundo
   b. ayudar a los pobres
   c. ?

2. ¿Qué harías si estuvieras de vacaciones?
   a. esquiar en las montañas
   b. levantarme tarde todos los días
   c. ?

3. ¿Qué harías si recibieras malas notas?
   a. estudiar más
   b. pedirles ayuda a mis profesores
   c. ?

4. ¿Qué harías si tu novio(-a) se enamorara de tu mejor amiga(-o)?
   a. llorar mucho
   b. buscar otro(-a) novio(-a) («Un amor se cambia por otro», ¿no?)
   c. ?

5. ¿Qué harías si pudieras viajar al pasado o al futuro?
   a. viajar a 1492 para estar con Colón durante su primer viaje a América
   b. visitar otra vez esta universidad en el año 2020
   c. ?

Entrevista

Con un(a) compañero(-a) y en forma alternada, haga y conteste las preguntas que siguen y otras que usted quiera agregar.

MODELO   **¿Qué harías si…?**

1. tuvieras dolor de cabeza en este momento
2. fueras presidente de Estados Unidos
3. recibieras una *D* en tu próximo examen de español
4. no estuvieras en clase hoy
5. quisieras ser famoso(-a)
6. pudieras cambiar el mundo
7. no tuvieras dinero para asistir a la universidad

VENEZUELA Y EL ARTE
Las artesanías

Se puede comprar artesanías muy bonitas en cualquier región de Venezuela. Por ejemplo, en la fría región de los Andes son típicas las *ruanas,* o ponchos de lana. También se hacen allí sombreros, cestas *(baskets)* y grandes jarras de cerámica. La zona central de Venezuela, la de los llanos, es una zona de ranchos; allí se puede encontrar monturas de caballo *(saddles)* y lazos. También se hacen en esa región instrumentos musicales, como arpas *(harps)* y cuatros, que son una especie de guitarras pequeñas. Venezuela es un país de gran tradición musical, que se originó en la combinación de la tradición africana, la india y la europea. En la región noreste o pesquera *(fishing)* se hacen redes, hamacas y algunos instrumentos musicales. Muchos de estos objetos y otros de madera o textiles se hacen para uso de la población y también para vender a los turistas. Los turistas que van a Venezuela tienen muchas oportunidades de ver y comprar artesanías para todos sus amigos.

Si usted va a Caracas, verá toda clase de cosas que se venden en la calle.

PREGUNTAS
1. ¿Qué clase de artesanías se puede comprar en la región andina de Venezuela? ¿en los llanos? ¿en la región noreste?   2. ¿Qué es un *cuatro?* ¿De dónde vienen las tradiciones musicales de Venezuela?

III. Other Uses of *por* and *para*

Raúl va al supermercado por pan, fruta y leche.

Allí venden las bananas por docena, no por kilo.

Catalina tiene que terminar su composición para el 20 de marzo.

Es una taza para té.

In Chapter 8 you saw some common uses of **por** and **para,** both often translated by *for* in English. Here is a review and some additional uses of **por** and **para.**

A. **Por** is generally used to express:

1. Cause or motive *(because of, on account of, for the sake of).*

Lo hizo por amor.	*He (She) did it for (the sake of) love.*
No hay ninguna posibilidad de que encontremos trabajo aquí. Por eso, vamos a mudarnos a la capital.	*There's no possibility of our finding work here. That's why (Because of that) we're moving to the capital.*

2. Duration, length of time, including parts of the day.

Los García irán a Caracas por dos días.	*The Garcías will go to Caracas for two days.*
Voy a trabajar en casa por la tarde.	*I'm going to work at home in the afternoon.*

3. Exchange *(in exchange for).*

Me gustaría cambiar nuestro televisor viejo por uno nuevo.	*I would like to exchange our old television set for a new one.*
Pagué cuatro mil pesos por esa cerámica. —¡Eso es increíble!	*I paid four thousand pesos for that ceramic. —That's unbelievable!*

4. In place of, as a substitute for, on behalf of.

Juan vendió los tapices por Manuel.	*Juan sold the tapestries for (on behalf of) Manuel.*
Trabajé por Ana hoy.	*I worked for (as a substitute for, instead of) Ana today.*

5. The equivalent of *through, along,* or *by* (often by means of a medium of communication or transportation).

Lo vimos por televisión ayer.	*We saw it on TV yesterday.*
Pase por el parque.	*Go through the park.*
Caminaban por la calle principal.	*They were walking along the main street.*
Los Castro piensan viajar por tren.*	*The Castros plan to travel by train.*

6. The object of an errand.

Pepe fue al mercado por papas.	*Pepe went to the market for potatoes.*
Vendré por ti a las siete.	*I'll come for you at seven o'clock.*

---

*The prepositon **en** is often used for transportation also: **en avión, en tren.**

7. Number, measure, or frequency *(per)*.

Venden huevos por docena.	*They sell eggs by the dozen.*
Van a ochenta kilómetros por hora.	*They are going eighty kilometers an (per)*
¡Eso es demasiado peligroso!	*hour. That's too dangerous!*
Nos visitan tres veces por año.*	*They visit us three times a year.*

B. **Para** is generally used to express:

1. An intended recipient *(for someone or something)*.

Trabajo para una compañía que vende computadoras.	*I work for a company that sells computers.*
Ana compró la corbata para su esposo.	*Ana bought the tie for her husband.*

2. Direction or destination.

Salieron para Maracaibo ayer.	*They left for Maracaibo yesterday.*

3. Purpose *(in order to)*.

Voy a la zapatería para comprar unos zapatos.	*I'm going to the shoe store (in order) to buy some shoes.*

4. Lack of correspondence in an expressed or implied comparison.

Pedrito es muy alto para su edad.	*Pedrito is very tall for his age.*
Ese cuadro es muy grande para la habitación.	*That painting is too big for the room.*

5. A specific event or point in time.

Tienen que regresar para el jueves.	*They have to return by Thursday.*
Iré a visitarte para Navidad.	*I'll go visit you for Chrismas.*

6. The use for which something is intended.

Un sillón es para descansar.	*An armchair is to rest in.*
Esta taza es para café.	*This cup is for coffee.*

C. Here are some expressions that use **por**. (You have already seen many of these in this book):

estar por *(+ inf.)*	*to be about to*	por lo general	*in general*
por casualidad	*by chance*	por lo menos	*at least*
por ciento	*percent*	por lo tanto	*therefore*
por cierto	*surely, certainly*	por primera	*for the first*
por eso	*for that reason*	(última) vez	*(last) time*
por estas razones	*for these reasons*	por todas partes	*everywhere*
por fin	*finally*		
por lo común	*commonly, usually*		

---

*The phrase **al** or **a la** may also be used with time periods: **Nos visitan tres veces al año (a la semana, etc.).**

Práctica

A. **La casa nueva.** Complete el siguiente párrafo con **por** o **para.**

Esta mañana Luisa me llamó (1) _____ teléfono (2) _____ invitarme a cenar en su casa nueva. Ella y Pepe están muy contentos porque (3) _____ fin pudieron comprarse una casa. (4) _____ eso, ellos quieren reunir a todos sus amigos esta noche (5) _____ enseñarnos la casa y (6) _____ celebrar juntos esa ocasión. No sé cuánto pagaron (7) _____ la casa, pero sé que (8) _____ poder comprarla tuvieron que pedir prestado *(to borrow)* mucho dinero del banco y de sus padres. Vivieron en un apartamento (9) _____ más de seis años, y pagaron unos $500,000 (10) _____ mes. Decidieron buscar una casa sólo porque supieron que Luisa espera un bebe (11) _____ agosto, y el apartamento va a ser muy pequeño (12) _____ los tres. Roberto, Luis, Tina, Paulina y yo decidimos contribuir $15,00 cada uno (13) _____ comprarles un lindo regalo (14) _____ la sala *(livingroom).* También vamos a llevarles las bebidas y el postre (15) _____ la fiesta. Los muchachos van (16) _____ el vino y la cerveza; Sonia y Paulina pasan (17) _____ la panadería (18) _____ comprar un postre; y yo debo ir (19) _____ el regalo. Creo que les voy a comprar el cuadro que a Luisa le gustó tanto. Lo venden (20) _____ $75,00.

B. **En acción.** Describa los dibujos que siguen. Use **por** o **para,** según sea apropiado.

MODELO **Aquí Pedro le trae algo a Lelia.**
—**¿Es para mí?**
—**Sí, por tu cumpleaños…**
¡y porque te quiero mucho!

(1)   (2)   (3)   (4)

(5)   (6)   (7)

¡Vamos a repasar!

Un viaje. Trabaje con dos o tres compañeros(-as) de clase y escojan un lugar que ustedes conocen y adonde quieren viajar. Imagínense que van a hacer un viaje allí.

1. Describan el lugar. ¿Dónde está? ¿Qué tiene?
2. ¿Qué tiempo hace en esta estación?
3. ¿Qué van a llevar con ustedes?
4. ¿Por cuánto tiempo piensan viajar?
5. ¿Para qué quieren hacer este viaje? *(e.g.,* para descansar, para visitar a algún[a] amigo[-a], etc.)
6. ¿Cómo van a viajar? (¿por tren? ¿por avión?)
7. ¿Cuánto piensan pagar por hoteles? ¿por comida?
8. ¿Viajan para hacer o ver algo en especial? ¿Qué? Expliquen.

Traten de usar **por** o **para** por lo menos cinco veces en sus respuestas. Lean las, siguientes frases de una descripción de un viaje a Canaima, Venezuela, para tener ideas:

Los Melgarejo piensan ir para Canaima por unos días. Van allí para visitar el famoso Salto Ángel.* Viajan por avión porque Julio, uno de sus hijos, trabaja para la compañía Servivensa. Por eso el pasaje no les va a costar mucho. Van a volver el domingo por la tarde.

---

*The highest waterfall on earth, named for the American pilot Jimmie Angel, who landed near it in 1937.

Mosaico cultural

Para leer

CARACAS, CIUDAD HISTÓRICA Y MODERNA

Vista de Caracas, Venezuela

Antes de leer

1. Segun la foto, ¿cómo es Caracas? Descríbala.
2. ¿Cuáles son las ventajas *(advantages)* y desventajas de una gran ciudad como Caracas?
3. ¿Qué haría una persona de cuarenta y cinco años en Caracas? ¿un adolescente de catorce años?

Lectura

Una pareja de un pequeño pueblo venezolano toma café con sus vecinos.

EL VECINO	No nos han dicho nada de su viaje a Caracas. ¿Qué les pareció la capital?
LA SEÑORA	¡Horrible!
EL SEÑOR	Una gran desilusión.° Todo era muy caro y de mala calidad. Nosotros hicimos el viaje principalmente para que los muchachos vieran los sitios importantes: los museos, la casa de Bolívar…[1]
LA SEÑORA	Pero también vieron otras cosas sin que lo pudiéramos evitar.°
LOS VECINOS	Total que° no les gustó Caracas… ¿Pero qué cosas tan horribles vieron?
EL SEÑOR	Fuimos al Parque del Este[2] y vimos novios que se besaban en público, como si estuvieran solos en el mundo. En resumen°, Caracas es un centro de perdición°…
EL VECINO	¡Qué escándalo!
EL SEÑOR	Pero eso no es todo… Había muchachos de once o doce años que fumaban en la calle.
LA VECINA	¡Como si no tuvieran otra cosa que hacer!
EL SEÑOR	Por eso regresamos pronto. Queríamos volver antes de que los muchachos empezaran a imitar las malas costumbres.°

disappointment

avoid

Total… *So*

En… *In conclusion*

immorality, sin

habits

En otra parte de la casa, el hijo de catorce años y la hija de dieciséis toman refrescos° con sus amigos.

soft drinks

EL AMIGO	¿Y el viaje a Caracas? ¿Qué les pareció la ciudad?
EL HIJO	¡Fabulosa! Allí todo es muy barato y de buena calidad. En las tiendas se venden miles de cosas.
LA HIJA	Sí, es un sueño. Los jóvenes se visten a la moda y tienen mucha libertad.
EL HIJO	Los edificios son muy lindos y modernos.[3]

LA AMIGA	¿Vieron la Rinconada?[4]	
EL HIJO	Sí, por fuera.° Yo quería que entráramos, pero mi padre dijo que no.	**por...** *from the outside*
LA HIJA	Es una lástima que no pudiéramos pasar más tiempo en las playas. Conocimos allá a un grupo de chicos que nos invitaron a una fiesta.	
EL HIJO	Sí, pero mamá nos prohibió que aceptáramos la invitación.	
LA AMIGA	¡Qué lástima! A mí me gustaría vivir algún día en Caracas.	
EL HIJO	A mí también. Si yo pudiera vivir en esa cuidad, sería la persona más feliz del mundo.	

Después de leer

1. ¿A qué ciudad viajó la pareja venezolana? ¿Para qué hicieron el viaje?   2. ¿Qué vieron en el Parque del Este?   3. ¿Por qué querían volver los padres?   4. ¿Qué les pareció la ciudad a los jóvenes? ¿Por qué les gustó hacer compras allí?   5. ¿A quiénes conocieron en la playa?   6. ¿Por qué no aceptaron la invitación que les hicieron?   7. ¿Cómo se sentiría el hijo si pudiera vivir en Caracas?   8. ¿Hay muchas diferencias de opinión entre usted y sus padres? ¿Le gustaría a usted viajar con ellos? ¿Por qué sí o por qué no?

NOTAS CULTURALES

1. Caracas is the birthplace of **Simón Bolívar,** one of South America's greatest heroes, and the site of the **Museo Bolívar,** which houses his personal effects and documents. **Bolívar** was born in 1783 and was a major figure in the movement for independence from Spain. He was a brilliant general and a greatly admired politician who dreamed of uniting the countries of South America as one nation. He died brokenhearted in 1830 without realizing his dream.

2. **El Parque del Este** in Caracas is a large park with artificial lakes, a zoo, playgrounds, and a train with fringe-topped cars. A great variety of orchids can be seen in its gardens, and in its excellent aviary there are specimens of the many tropical birds for which Venezuela is famous.

3. Caracas is a city of modern and ultramodern architecture. In the past several decades the government has sponsored many low-rent apartment complexes. The money for such projects comes from Venezuela's oil industry.

4. **La Rinconada** is one of the world's most luxurious racetracks, complete with escalators, an air-conditioned box for the president, and a swimming pool for the horses.

Para escuchar

A. De compras. Maricruz y Alejandro van a viajar a Boston. Necesitan hacer unas compras. Escuche las conversaciones y conteste las preguntas.

Vocabulario: **tercer piso** *(third floor)*, **al contado** *(cash)*

CONVERSACIÓN 1: En la Sección Informes del Centro Comercial Catedral, ¿qué busca Maricruz?

a. ropa de verano
b. ropa de invierno
c. una maleta

Vocabulario: talla *([clothing] size:* see table of correspondences on p. 423), **¿Qué número calza?** *(What's your shoe size?)*, **¿...o se los envuelvo?** *(...or should I wrap them for you?)*

CONVERSACIÓN 2: En la Sección Damas del Centro Comercial Catedral, ¿qué compra Maricruz?

a. unos pantalones y una blusa
b. unos pantalones y unos mocasines
c. una blusa y unos mocasines

Vocabulario: **los últimos** *(the last ones)*, **pesados** *(heavy)*

CONVERSACIÓN 3: En el Centro Artesanal Hannsi, ¿qué busca Alejandro?

a. unos regalos para unos amigos
b. cerámica para la casa
c. unas flores

B. ¿Verdadero o falso? Escuche las conversaciones otra vez. Conteste **V** (verdadero) o **F** (falso).

1. V / F
2. V / F
3. V / F
4. V / F
5. V / F
6. V / F

▲▲▲▲▲▲ *Para comunicarnos* ▲▲▲▲▲▲

In this chapter, you have seen examples of some important language functions or uses. Here is a summary and some additional information about these functions of language.

Making a Purchase

When asking for the price of an item, you usually say **¿Cuánto cuesta(n) / vale(n)...?** + the item(s).

In a department store, you'd often find the following subdivisions when looking for clothing: **Sección Damas (ropa para damas), Sección Caballeros (ropa para caballeros), Sección Niños (ropa para niños).**

Most stores now accept payment with various **tarjetas de crédito.** You can also pay for your expenses **al contado** *(cash),* **con cheque,** or **con cheque de viajero.**

Other useful words and phrases when shopping are:

¿Qué talla (medida) usa? (¿Cuál es su talla?)	*What's your size?*
¿Qué número calza?	*What (shoe) size do you take?*
probarse (algo)	*to try on (something)*
el probador	*fitting room*
hacer juego con...	*to go with (match) . . .*
quedarle chico (grande) a uno	*to be too small (big) on someone*
llevar puesto(-a, -os, -as)	*to wear, have on*
envolver	*to wrap*

> Note the following correspondences for sizes in clothing:
> 36 = 8 (American size), 38 = 10, 40 = 12, and so on.
>
> For shoe sizes, the correspondences are:
> 36 = 6 (American size), 38 = 8, 40 = 10, and so on.

Expressing Satisfaction and Dissatisfaction

The following are some ways to express that you are pleased or displeased with something you have bought, seen, and so on.

Esto (Eso) es buenísimo (fabuloso, justo lo que nos faltaba, etc.).	*This (That) is very good (great, just what we needed, etc.).*
¡Esto (Eso) es terrible (feo, malo, aburrido, insoportable)!	*This (That) is terrible (ugly, bad, boring, unbearable)!*
Esto (Eso) (no) es aceptable.	*This (That) is (un)acceptable.*
Es demasiado... *(+adj)*	*It's too . . . (big, little, expensive)*
Esto (Eso) no funciona (no sirve).	*This (That) doesn't work.*
(No) Me gusta... porque...	*I (don't) like . . . because . . .*
Me gustaría + *infinitive*... porque (pero, etc.)...	*I would like + infinitive . . . because (but, etc.) . . .*

ACTIVIDADES

A. **¿Qué dicen?**   Observe los dibujos e imagine qué estarán diciendo estas personas. Exprese satisfacción o insatisfacción, según sea apropiado. Siga el modelo.

MODELO   **Esta maleta está rota.**
               Me gustaría devolverla.

(1)

(2)

(3)

(4)

(5)

B. **Minidrama.**   Con un(a) compañero(-a), dramaticen la siguiente situación.

Usted y un(a) amigo(-a) van a pasar las vacaciones de primavera en Caracas. Su amigo(-a) tiene mucha ropa pero usted necesita comprar algunas cosas. Está en un gran centro comercial y quiere comprar algunas camisas (blusas), pantalones (faldas) y un traje elegante (un vestido de fiesta). Habla con un(a) vendedor(a); se prueba las ropas que le gustan y lleva todo lo que necesita para su viaje.

Para escribir

Escoja uno de los temas que siguen y escriba una breve composición con detalles y datos específicos.

1. Si le pudiera dar un millón de dólares a alguien o a alguna organización, ¿a quién o a qué organización se los daría? ¿Por qué?
2. Si el médico le dijera que sólo tiene un año de vida, ¿qué haría?
3. Si estuviera en una isla desierta, ¿con quién le gustaría estar? ¿Qué le gustaría hacer?
4. Si hiciera un viaje por un año y sólo pudiera llevar tres libros, ¿qué libros llevaría y por qué?

Vocabulario activo

COGNADOS

el artesano, la artesana	fabuloso	la organización	el sofá
la boutique	la fortuna	el poncho	el tipo
el costo	el kilo	puro	
	millonario	la residencia	

VERBOS

agregar	*to add*	escoger	*to choose*
ahorrar	*to save* (time, money)	gastar	*to spend; to waste*
aumentar	*to increase, go up*	rebajar	*to reduce; to mark down*
deber	*to owe*	regatear	*to haggle; to bargain* (over prices)
devolver (ue)	*to return* (something)	valer	*to be worth*

DE COMPRAS

la alfarería	*pottery; potter shop*	el empleado, la empleada	*employee*
el almacén	*grocery store*	la frazada	*blanket*
barato	*cheap, inexpensive*	la galleta	*cracker, cookie* (Mex.)
el bizcocho	*cookie, biscuit*	el mueble	*piece of furniture*
el bolívar	*bolivar* (monetary unit of Venezuela)	la mueblería	*furniture store*

la calidad	*quality* (meaning *worth, class, excellence*)	la oferta
		  en oferta
			sale, (special) offer
			  on sale

la cama	*bed*	la panadería	*bakery*
la cerámica	*pottery*	el precio fijo	*fixed price*
la cualidad	*quality* (meaning *characteristic, virtue, good feature*)	rebajado	*reduced; marked down; on sale*
		el sillón	*armchair*
		el tapiz	*tapestry*

el, la dependiente	*salesclerk; shop assistant; clerk*	la venta
		  en venta
			sale, selling
			  for sale

el dueño, la dueña	*owner*		

OTRAS PALABRAS Y FRASES

el coche, el carro   *car*
la lana   *wool*

los pobres   *the poor*
el sueldo   *salary*

Expresiones útiles

¿Cuánto cuesta (vale)…?   *How much is . . . ?*
Es demasiado…   *It's too . . .*
¡Eso es terrible   *That's terrible*
  (aburrido, etc.)!   *(boring,* etc.)*!*
hacer juego con   *to match, go with*
Me gustaría +   *I would like +*
  infiinitive… porque   infinitive . . .
  (pero, etc.)…   *because (but,* etc.) . . .

ECUADOR

¿Sabía usted que...?

- Las ciudades principales de Ecuador incluyen Quito (la capital), Guayaquil y Cuenca.

- Ecuador se llama así porque la línea del ecuador cruza *(crosses)* el norte del país, muy cerca de Quito.

- Ecuador es el país con la mayor producción de bananas y cacao del mundo.

- El famoso sombrero «jipi japa» *(Panama hat)* no es de Panamá sino de Ecuador.

- Ecuador tiene más de treinta volcanes activos, incluyendo Chimborazo, el pico *(peak)* más alto de Ecuador, y Cotopaxi, uno de los volcanes activos más altos del mundo.

- Ecuador tiene aproximadamente once millones de habitantes y su moneda oficial es el sucre.

PREGUNTAS

1. ¿Cuál es el origen del nombre de Ecuador?
2. ¿Qué produce Ecuador en gran cantidad?
3. ¿De dónde es realmente el sombrero «jipi japa» o *Panama hat?*
4. ¿Cuántos volcanes activos tiene Ecuador? ¿Qué tienen de particular los volcanes Chimborazo y Cotopaxi? Explique.

ESMERALDAS
LÍNEA ECUATORIAL
QUITO
MANTA
GUAYAQUIL
CUENCA
LOJA

CAPÍTULO
SUPLEMENTARIO

La naturaleza

Cultura

This chapter focuses on
Ecuador.

Estructuras

You will discuss and use:

- The neuter **lo**
- Long forms of possessive
  adjectives; possessive
  pronouns
- The passive voice

Vocabulario

In this chapter you will talk
about nature.

el amanecer (cuando empieza a salir el sol)
el anochecer (cuando empiezan a salir la luna y las estrellas)

Preguntas

1. ¿Cómo se llama la parte del día cuando empieza a salir el sol? ¿Sabe usted a qué hora salió el sol esta mañana?   2. Una adivinanza *(riddle):* «¿Qué le dijo la luna al sol»? Respuesta: «¿Tan grande y no te dejan salir de noche»? ¿Qué sale de noche con la luna? 3. ¿Cómo se llaman los «animales» que viven en los árboles y cantan? ¿los que viven en el agua? ¿Qué diferencia hay entre un pez y un pescado? (Para el pez, la diferencia es muy importante.)   4. Describa cómo es el invierno donde usted vive. ¿Llueve mucho? ¿Nieva? (¿Hay nieve?) ¿Hay nubes? ¿Niebla? ¿Qué le gusta del invierno? ¿de la primavera? ¿del verano? ¿del otoño?

Estructuras

I. The Neuter *lo*

Vocabulario: juego para armar *(puzzle* [literally, *game to assemble]),*   **era una idiotez** *(was such a stupid thing),*   **aviso por TV** *(TV ad),*   **refrán** *(proverb),*   **«No es oro todo lo que reluce»** *("All that glitters is not gold"),*   **Lo único** *(The only thing),*   **es que el sol sea una baratija** *(is that the sun turns out to be a trinket)*

1. ¿Por qué le dice Mafalda a su amigo que «No es oro todo lo que reluce»?   2. ¿Qué dice el otro niño cuando escucha el comentario de Mafalda?

CONSUELO Y PEPE HABLAN DE SUS PLANES PARA EL FIN DE SEMANA

CONSUELO	¿Te gustaría ir de campamento° con nosotros este fin de semana, Pepe?	**ir...** *to go camping*
PEPE	No, Consuelo. Realmente no tengo tiempo. *Lo* malo de° ir de campamento es que hay que dormir afuera... con los animales, los pájaros°, los insectos...	**Lo...** *The bad thing about* *birds*
CONSUELO	Por otra parte, *lo* bueno° es poder ver las estrellas° que salen al anochecer°, oír los pájaros que cantan por la mañana...	**lo...** *the good thing* *stars* / **que...** *that come out at dusk*
PEPE	*Lo que*° no me gusta es que los pájaros me despierten de mañana temprano. Y no me gusta vivir sin comodidades.°	**Lo...** *What* **sin...** *without conveniences*
CONSUELO	¿Qué es *lo que* llamas «vivir sin comodidades»?	
PEPE	Pues, déjame pensar... estar sin mi VCR, por ejemplo.	

1. ¿Le gusta a Pepe ir de campamento? ¿Qué es lo malo de ir de campamento, según él?
2. Según Consuelo, ¿qué es lo bueno de ir de campamento?   3. ¿Qué es lo que Pepe llama «vivir sin comodidades»?   4. ¿Le gusta a usted ir de campamento o prefiere pasar la noche en casa de amigos o en algún hotel? ¿Por qué?

A. The neuter article **lo** can be used with a masculine singular adjective to express an abstract quality or idea.

Lo malo de vivir en la ciudad es que hay mucho ruido.	*The bad thing about living in the city is that there is a lot of noise.*
En cambio, lo divertido de vivir en la ciudad es que hay muchas cosas que hacer los fines de semana.	*On the other hand, the fun thing about living in the city is that there are many things to do on the weekends.*
Lo maravilloso de ir de campamento es el contacto con la naturaleza.	*The wonderful part about going camping is the contact with nature.*

B. **Lo** can replace an adjective or refer to a whole idea previously stated.

¿Estás cansado? —Sí, lo estoy.	*Are you tired? —Yes, I am.*
¿Es aburrida la vida del campo? —No, no lo es.	*Is life in the country boring? —No, it isn't.*
¿Sabes cómo se dice «pájaro» en inglés? —Sí, lo sé; se dice «bird».	*Do you know how to say 'pájaro' in English? —Yes, I know; you say 'bird.'*

C. **Lo que** can be used to express something imprecise or to sum up a preceding idea, but it must precede a conjugated verb.

Lo que más me gusta de Florida es el clima.

What I like most about Florida is the climate.

Pedro vino a visitarnos ayer al anochecer, lo que nos alegró mucho.

Pedro came to visit us yesterday at dusk, which made us very happy.

D. However, **el, la, los,** or **las (el que, la que, los que, las que)** must be used to refer to a specific person or thing, the gender of which is known.

Esta composición es la más larga que escribí. La terminé al amanecer.

This composition is the longest one I wrote. I finished it at dawn.

¿Tienes las plantas? —¿Cuáles? —Las que te di ayer.

Do you have the plants? —Which ones? —The ones I gave you yesterday.

Práctica

A. **Lo bueno y lo malo.** Diga lo que es bueno y lo que es malo para cada una de las siguientes cosas. Siga el modelo.

MODELO el verano **Lo bueno del verano es el calor.**
Lo malo del verano son los insectos.

1. este país
2. la televisión
3. el campo
4. muchas ciudades
5. el fútbol americano
6. los viajes
7. la vida universitaria
8. este libro
9. el clima de esta región
10. los postres

B. **¿Le gusta o no le gusta?** Trabaje con un(a) compañero(-a) de clase. Expresen sus opiniones sobre las siguientes personas y cosas.

MODELO hacer / el presidente
ESTUDIANTE 1 **¿Te gusta lo que hace el presidente? (¿Qué te parece lo que hace el presidente?)**
ESTUDIANTE 2 **(No) me gusta lo que hace el presidente.**

1. pasar / en el mundo
2. ver / en la televisión
3. comprarme / mi novio(-a)
4. servirse / en la cafetería
5. leer / en el periódico
6. decir / los expertos en ecología

Entrevista

Trabaje con un(a) compañero(-a) de clase para hacerse y contestar las siguientes preguntas.

1. ¿Qué es lo más interesante de la vida universitaria? ¿lo más aburrido? ¿lo más divertido?
2. ¿Qué es lo mejor de tu vida? ¿lo peor?   3. ¿Qué es lo que más te gusta de tu familia? ¿y de tu casa?   4. ¿Qué es lo interesante de esta ciudad? ¿y de la ciudad donde vives?
5. ¿Qué es lo mejor de la ciudad? ¿lo peor?   6. ¿Qué es lo mejor de la vida en el campo? ¿lo peor?

El río Napo, en la región amazónica del Ecuador

ECUADOR Y LA ECOLOGÍA
Paneles solares en la región del Amazonas

¿Esperaría usted encontrar paneles solares sobre las chozas *(huts)* de los indios que viven en las selvas *(jungles)* amazónicas de Ecuador? Aunque parezca increíble, los indios de varias áreas de esa región han adoptado este elemento del progreso moderno y así disfrutan *(enjoy)* de la luz *(light)* artificial que ilumina sus noches y les permite, entre otras cosas, trabajar después del anochecer. Éste es un ejemplo de cómo los estudios relacionados con la ecología han contribuido a proteger sistemas ecológicos tan complejos *(complex)* y vulnerables como las selvas amazónicas. Así, en vez de escoger el método tradicional de obtener energía eléctrica —con represas *(dams)* que inundan y destruyen extensas áreas de la selva—, estos grupos indígenas usan los adelantos *(advances)* tecnológicos modernos sin destruir su hábitat.

Cuando se hace ecoturismo en las selvas amazónicas de Ecuador, se puede ver una inmensa variedad de pájaros de muchos colores y árboles altísimos, algunos de hasta cuarenta y cinco metros de altura *(height)*. También se puede ver una gran cantidad de flores, plantas y animales diversos. En medio de toda esa grandeza *(greatness)* natural, llama la atención ver las humildes *(humble)* chozas de los indios, extrañamente *(strangely)* adornadas con paneles solares. Esto demuestra cómo la preocupación por conservar los maravillosos *(marvelous)* ecosistemas selváticos se han traducido en una selección más sabia *(wiser)* y útil de las varias modalidades de la tecnología moderna.

PREGUNTAS

1. ¿Qué se encuentran hoy día sobre algunas chozas indígenas de las selvas amazónicas de Ecuador?   2. ¿Para qué usan los indios de esa región los paneles solares? Explique.   3. ¿Cuál es el método tradicional de obtener energía eléctrica que se menciona aquí? ¿Qué consecuencias negativas tiene ese método? ¿Conoce usted otras maneras de producir energía eléctrica? Comente.   4. ¿Qué se puede ver cuando se hace ecoturismo en Ecuador? ¿Qué llama la atención? ¿Por qué? Explique.

II. Long Forms of Possessive Adjectives; Possessive Pronouns

El aeropuerto de Quito, Ecuador

EN EL AEROPUERTO DE QUITO

ÓSCAR	Esta llave es *mía*,° ¿no?	**Esta…** *This key is mine*
RAÚL	Sí, es *tuya*.° Y dime, ¿es éste el pasaporte de Enrique?	*yours*
ÓSCAR	Pues… sí, creo que es *el suyo*.° Pero… no veo mi maleta.	**el…** *his*
EMPLEADA	¿La maleta azul era de usted? ¡Yo creía que era de esos turistas venezolanos!	
ÓSCAR	No, señorita, *la mía* era la única azul.° Las de ellos eran todas negras.	**la…** *mine was the only blue one*
EMPLEADA	¡Dios *mío!*° Vino un hombre con barba°, dijo que era amigo de ellos… ¡y se la llevó!	**¡Dios…** *Good heavens!* (literally, *"My God!"*) / *beard*

1. ¿Es de Óscar la llave?   2. ¿De quién es el pasaporte? ¿Es también suya la maleta perdida?   3. ¿De qué color era la maleta de Óscar?   4. ¿De quiénes eran las maletas negras?   5. ¿Quién se llevó la maleta azul?   6. ¿Cree usted que Óscar va a recuperar *(recover)* su maleta? ¿Por qué sí o por qué no?

A. There are other forms of possessive adjectives besides those you learned in Chapter 3. These longer forms follow rather than precede the nouns they modify, and they agree with them in gender and number.

la camisa mía	*my shirt*
el sueldo tuyo	*your salary*
los cuadernos nuestros	*our notebooks*

The longer forms are often used for emphasis, that is, to emphasize ownership.

B. Possessive pronouns have the same forms as the long forms of the possessive adjectives and are usually preceded by a definite article. The article and the pronoun agree in gender and number with the noun referred to, which is omitted.

el auto mío, el mío	*my car, mine*
la maleta tuya, la tuya	*your suitcase, yours*
la casa nuestra, la nuestra	*our house, ours*

C. **Suyo(-a, -os, -as)** can have several different meanings, depending on the possessor: for instance, **la casa suya** could mean *his house, her house, your house* (of **Ud.** or **Uds.**), or *their house.* For clarity, a prepositional phrase with **de** is sometimes used instead.

¿Y las llaves? —Las suyas no están aquí. (Las de usted no están aquí.)	*And the keys? —Yours aren't here.*

D. After the verb **ser,** the definite article is usually omitted.

¿Es mío este refresco? —Sí, es tuyo.	*Is this soft drink mine? —Yes, it's yours.*

Práctica

A. **¿Con quiénes vamos?**   Su profesor(a) les ha pedido que visiten un mercado al aire libre *(openair).* Diga quién(es) fue(ron) con quién(es).

MODELO yo / amigos
Yo fui con unos amigos míos.

1. Miguel y Jorge / compañeros
2. Susana / hermana
3. tú / primos
4. ustedes / tías
5. nosotros / vecino
6. la profesora de ecología / estudiantes

B. **¡Qué coincidencias tiene la vida!**   El señor Ruiz le habla a su hijo Alberto de sus buenos tiempos pasados. Haga el papel de Alberto y respóndale a su padre que las cosas siguen igual que antes.

MODELO SR. RUIZ   Mi apartamento era grandísimo.
ALBERTO **El mío es grandísimo también.**

1. Mis clases eran muy interesantes.
2. Mi compañero de cuarto era peruano.
3. Mis diversiones favoritas eran nadar y bailar.
4. Mi auto era muy económico.
5. Mis profesores eran muy buenos.

C. **¿Es tuyo esto?** La señora Ruiz le está ayudando a una amiga a desempacar *(unpack)* las maletas. Con un(a) compañero(-a) de clase, hagan los papeles de la señora Ruiz y de su amiga. Sigan los modelos.

MODELOS   anillo / ¿tú?
  SRA. RUIZ   **¿Es tuyo este anillo?**
    AMIGA   **Sí, es mío.**

  llaves / ¿Arturo?
  SRA. RUIZ   **¿Son de Arturo estas llaves?**
    AMIGA   **Sí, son suyas.**

1. falda / ¿tú?
2. sandalias / ¿Irene?
3. camisa / ¿Luisito?
4. poncho / ¿Luis?
5. cuadros / ¿ustedes?

III. The Passive Voice

La catedral de San Francisco en Quito, Ecuador

Querida Inés:

Desde hace dos días estoy aquí en Quito, la capital de Ecuador. Creo que me quedaré unos diez días más antes de volver a casa. Esta capital histórica y bonita fue fundada° *en 1534. Hay jardines y pequeñas plazas por todas partes. La ciudad tiene edificios magníficos que* fueron construidos° *por los españoles en el siglo XVI. Ahora tiene más de un millón de habitantes. Hoy visité la Catedral donde* está enterrado° *Antonio José de Sucre, el héroe nacional de este país. También fui al Palacio Nacional. Hace varios siglos que ese palacio es el centro del gobierno ecuatoriano. Mañana iré a la Universidad Central que tiene muchos edificios modernos. Esa Universidad Central tiene sus orígenes en un* seminario° *que* fue fundado *en 1594. También visitaré el monumento que marca la línea ecuatorial. ¡Allí es posible tener un pie en el hemisferio norte y otro en el sur!* Además, hay un excelente museo etnográfico. ¿Qué te parece? ¡Todo esto es de lo más fascinante!°*

*   Bueno, como te darás cuenta°, ¡me encanta Ecuador! Te llamaré en cuanto llegue a Seattle, ¿OK?*

*   Cariños,°*

Eugenia

fue... was founded

fueron... were built

está... is buried

seminary

de... most fascinating
te... You probably can tell

Affectionately

Práctica

¿Verdadero o falso?   Si es falso, diga por qué.

1. La ciudad de Quito fue fundada en 1534.*
2. Antonio José de Sucre fue un conquistador español.
3. La Universidad Central tiene muchos edificios de estilo colonial.
4. En Ecuador hay un monumento que marca la línea ecuatorial.
5. Eugenia volverá a Seattle el año que viene.

*See Nota Cultural 1, page 445.

A. In Spanish, as well as in English, sentences can be in either the active or the passive voice. In an active construction, the subject performs the action of the verb. In a passive construction, the subject is acted upon. Compare the following sentences. The subjects are shown in bold type.

1.   Active voice:

Los incas construyeron la ciudad de Cuzco.	*The Incas built the city of Cuzco.*
(Ellos) hicieron esos muebles en México.	*They made those pieces of furniture in Mexico.*
Marta pagará el alquiler.	*Marta will pay the rent.*

2.   Passive voice:

La ciudad de Cuzco fue construida por los incas.	*The city of Cuzco was built by the Incas.*
Esos muebles fueron hechos en México.	*Those pieces of furniture were made in Mexico.*
El alquiler será pagado por Marta.	*The rent will be paid by Marta.*

B. The passive voice in Spanish consists of a form of **ser** (in any tense) plus a past participle. The past participle behaves like an adjective, changing its ending to agree in gender and number with the subject. When the agent (the "doer" of the action) is mentioned, it is generally introduced by the preposition **por.**

subject	+	**ser**	+	past participle	+	**por**	+	agent
La ciudad		fue		construida		por		los incas.

Las papas fueron descubiertas en América.	*Potatoes were discovered in America.*
A propósito, ¿sabías que los muros serían pintados por los chicos?	*By the way, did you know that the walls would be painted by the boys?*
La novela *¡Yo!* fue escrita por Julia Álvarez.	*The novel ¡Yo! was written by Julia Alvarez.*

C. The passive voice is used less frequently in Spanish than in English. When no agent is expressed, **se** plus a verb in the third person is generally used instead. The verb is singular or plural to agree with its grammatical subject.

Se habla español.	*Spanish is spoken.*
Se necesitan muchos materiales para reparar la casa.	*Many materials are needed to repair the house.*
En 1735 se marcó la línea ecuatorial.	*The line of the equator was marked in 1735.*

You don't need to use the passive voice now, but the following exercises will help you learn to recognize and understand it.

Práctica

A. **Infórmese sobre Ecuador.** Escoja la forma apropiada del verbo para completar la frase.

1. La línea ecuatorial _____ por algunos científicos *(scientists)* franceses en 1735.
   a. será marcada   b. fue marcada
2. El Ecuador _____ al noroeste del Perú y al sur de Colombia.
   a. fue encontrado   b. se encuentra
3. Las regiones de Ecuador y Perú _____ por Francisco Pizarro.
   a. fueron conquistadas   b. se conquistaron
4. El rey inca Atahualpa y muchos otros indios _____ por los españoles.
   a. eran matados   b. fueron matados
5. La ciudad de Guayaquil _____ en la costa de Ecuador.
   a. se encuentra   b. fue encontrada

B. **Dicho de otra manera.** Para cambiar las frases de la forma pasiva (en bastardilla) a la construcción con **se,** marque con un círculo la letra del verbo apropiado.

   MODELO   Hoy día *son vistas* aquí muchas películas en español.
                   a. se ve   (b) se ven   c. se vieron

1. La vista desde esa montaña siempre *es muy admirada.*
   a. se admira mucho   b. se admiran mucho   c. será muy admirada
2. Ese museo *será visitado* todos los días del mes que viene.
   a. se visitaba   b. se visitará   c. se visita
3. Aquellos edificios *fueron construidos* antes de 1850.
   a. se construyeron   b. se construían   c. se construyen
4. Los regalos *serían comprados* en Ecuador.
   a. se comprarán   b. se compraron   c. se comprarían
5. Esas casas *fueron vendidas* el año pasado.
   a. se vendieron   b. se venderán   c. se venderían

C. **¿Cuál es la mejor traducción?** Escoja *a* o *b* para indicar la mejor traducción de las siguientes frases en bastardilla.

1. Those plants *were bought and brought* here last week.
   a. fueron comprados y traídos
   b. fueron compradas y traídas
2. The party *was organized* by Raquel.
   a. fue organizado
   b. fue organizada
3. These short stories *were written* by a famous writer.
   a. fueron escritos
   b. fueron escritas
4. Those two banks *were built* before 1850.
   a. fueron construidos
   b. fueron construidas

5. New flowers and plants *are cultivated* every year.
   a. son cultivados
   b. son cultivadas
6. When *was* that dessert *made?*
   a. fue hecho
   b. fue hecha

¡Vamos a repasar!

Carta desde Quito. Para saber qué es el mercado de Otavalo y repasar al mismo tiempo algunos usos del artículo definido e indefinido, complete la carta de Anita marcando con un círculo la palabra más apropiada para cada caso, incluyendo el guión («—») para indicar que no se usa el artículo.

Quito, 14 de agosto

Querido abuelo Luis:

En (1) **el / la** foto que te mando ves (2) **el / la** mercado indígena de Otavalo que

es (3) **el / —** más famoso de (4) **los / unos** mercados nativos. Otavalo está situado a

(5) **las / unas** dos horas al norte de Quito. Hace frío en las montañas y (6) **la / el** día que

yo fui allí tuve que ponerme (7) **mi / el** abrigo de invierno. Otavalo es famoso por sus

tejidos *(woven articles)* hechos a mano. Los otavaleños *(inhabitants of Otavalo)* han

conservado sus diseños *(designs)* tradicionales en los ponchos, suéteres, mantas

(blankets) y otros artículos que hacen. Los indios hablan (8) **el / —** quechua, (9) **la / el**

idioma de los incas, pero también hablan perfectamente (10) **el / —** español. El mercado

tiene lugar (11) **una / un** vez a (12) **la / —** semana: todos (13) **los / —** sábados. En el

tiempo que estuve allí compré varios recuerdos *(souvenirs)* tanto para mí como para todos

mis amigos y parientes. Y claro, tengo (14) **el / un** regalo muy especial para ti, abuelito…

Pero no te voy a contar lo que es porque… ¡quiero que sea una sorpresa! Saqué muchas

fotos y en mi próxima carta te voy a enviar algunas de (15) **las / los** mejores. Hasta muy

pronto.

Un beso grande de tu nieta *(grandaughter)* que te quiere mucho,

Anita

El mercado de Otavalo, Ecuador

Mosaico cultural

Para leer

QUITO, CIUDAD EN ETERNA* PRIMAVERA

La Plaza de la Independencia en Quito, Ecuador

Antes de leer

1. Describa la foto que se ve aquí.
2. Ahora mire esta y la foto de la página 428. Según su opinión, ¿por qué llaman a Quito «la ciudad de la eterna primavera»?

***Eterna** *(eternal, everlasting)*

Lectura

En el restaurante del Hotel Colón, en Quito

LAURA Así que piensan mudarse a Quito.[1] ¡Deben estar muy contentos! Pero, ¿cuándo?

PEDRO Pues, nos gustaría estar aquí para Año Nuevo. Yo me jubilo° el mes próximo, ¡por fin! Por ahora, buscamos casa. Lo malo es la inseguridad° de no saber dónde vamos a vivir.

LUIS Realmente lo que me sorprende es que ya puedas jubilarte. ¿No eres muy joven para eso? Tienes un aspecto bastante juvenil° y cierto aire de juventud° y energía.

ESTELA «Las apariencias engañan».° ¡Ya hace treinta años que Pedro trabaja para la misma compañía! Para nosotros, lo difícil será dejar Guayaquil[2] después de vivir tantos años allá. La compañía fue fundada por amigos del padre de Pedro, ¿lo sabían?

LUIS No lo sabíamos. Pero lo lindo, lo positivo, lo interesante de la vida en Quito es que aquí siempre hace un tiempo magnífico, ¿no?

LAURA Así es. Por algo llaman a Quito «la ciudad de la eterna primavera», ¿no? Estoy segura de que la vida aquí les gustará muchísimo. Lo bueno de vivir en la capital es que hay muchas actividades culturales, ¡y la ciudad ha sido construida con jardines y pequeñas plazas encantadoras!° Será un cambio muy beneficioso.°

PEDRO Eso espero. El ambiente° será bastante diferente al que estamos acostumbrados. Muchos edificios de Guayaquil fueron elevados° en los últimos quince años. Parece que se construyen nuevos edificios cada semana. Lo peor de la vida allá es el tráfico, … y además° hace bastante calor.

LAURA Cambiando de tema°, ¿arreglaron lo de la habitación que no les gustaba?

PEDRO No. Pedí una habitación doble, con dos camas, pero no me la pudieron dar.

LAURA ¿Y por qué no se quedan con nosotros?

LUIS ¡Buena idea! Tenemos un dormitorio para huéspedes°, con baño, dos camas y una sala pequeña con sofá y sillones.

ESTELA Es que no nos gustaría molestar…°

LAURA ¡Por favor! Esa habitación les va a gustar y la pueden usar por el tiempo que quieran. ¿Aceptan?

PEDRO Bueno, si no les causamos problemas. Estela, ¿qué dices?

ESTELA ¡Pues yo digo que sí! Y un millón de gracias. Sé que con ustedes estaremos cien veces mejor que en el hotel.

Yo... *I'm retiring*

uncertainty

youthful / youth

Las... *Appearances are deceiving*

enchanting / **un cambio...** *a very beneficial change / environment /* **fueron...** *were built, "put up"*

besides

Cambiando... *To change the subject*

guests

to bother

Después de leer

¿Cuál es la respuesta correcta?

1. ¿Cuándo se jubila Pedro?
   a. el año próximo   b. el mes próximo
2. ¿Cuántos años hace que Pedro trabaja para la misma compañía?
   a. 20 años   b. 30 años
3. ¿Qué es lo bueno de vivir en la capital?
   a. Siempre hace un tiempo magnífico allá. b. La capital está situada cerca del océano.
4. ¿Qué es lo peor de la vida en Guayaquil?
   a. los edificios nuevos   b. el tráfico
5. ¿Por qué no les gusta la habitación en el hotel a Pedro y a Estela?
   a. No tiene camas.   b. No es una habitación doble.
6. Describa el dormitorio para huéspedes que tienen Laura y Luis.
   a. Tiene baño y una sala pequeña.   b. Tiene dos baños y dos camas.

NOTAS CULTURALES

1. Quito, the capital city of Ecuador (elevation 9,500 feet), has been aptly called "a great outdoor museum" because of its numerous buildings in the ornate Spanish colonial style. The city was founded in 1534 on the site of the capital city of the pre-Inca kingdom of the Scyris, which had fallen to the Incas shortly before the arrival of the Spaniards. There is little seasonal variation of temperature because the city is so close to the equator. In fact, the monument marking the equator is located about 15 miles north of Quito. There visitors enjoy crossing the equator several times and standing with one foot in the Southern Hemisphere and the other in the Northern.

2. Guayaquil and Quito strongly dominate the life of Ecuador. Quito, the government center, located high in the Andes, has a cool climate and outstanding colonial architecture. Guayaquil, with a tropical climate, is a fast-growing modern port as well as the country's largest city and banking center. Most of Ecuador's trade passes through Guayaquil.

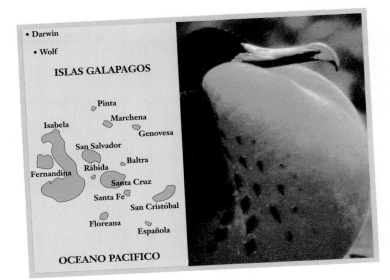

Para escuchar

A. Las islas fascinantes del Archipiélago de Colón.   Escuche el siguiente informe sobre las Islas Galápagos.

Vocabulario: obispo *(bishop),* **marinero** *(sailor),* **refugio** *(shelter),* **tortugas** *(tortoises),* **pesar** *(weigh),* **focas** *(seals),* **conviven** *(live together),* **libras** *(pounds)*

B. Preguntas.   Escuche las siguientes preguntas y marque con un círculo la letra de la respuesta correcta.

1. a. Cristóbal Colón
    b. Charles Darwin
    c. Tomás de Berlanga

2. a. la iguana marina
    b. la foca
    c. la tortuga gigante

3. a. *Las curiosas formas biológicas*
    b. *El origen de las especies por medio de la selección natural*
    c. *Tortugas y más tortugas*

4. a. Porque varios piratas ingleses buscaron refugio allí.
    b. Porque los habitantes de esas islas hablan inglés.
    c. Porque los nombres de las islas les fueron dados por Darwin.

5. a. el pingüino
    b. la iguana
    c. la tortuga gigante

Para escribir

Usted tiene un(a) «pen pal» en Quito. Hágale algunas preguntas sobre la vida de allí y descríbale la vida en Estados Unidos, incluyendo su lugar de campamento favorito y el sitio donde le gusta (o gustaría) pasar sus próximas vacaciones.

Vocabulario activo

COGNADOS

el animal	la ecología	el monumento	tranquilo
la costa	el insecto	la planta	el valle
la diferencia	magnífico	el silencio	

VERBOS

ir de campamento	*to go camping*

LA NATURALEZA

el amanecer	*dawn, daybreak*		la grandeza	*grandeur*
el anochecer	*twilight, dusk*		la hoja	*leaf*
el campo	*country* (as opposed to city)		la luna	*moon*
el cielo	*sky; heaven*		el pájaro	*bird*
el clima	*climate*		el pez (los peces)	*fish*
la estrella	*star*		la piedra	*stone*
la flor	*flower*		la tierra	*earth, land*

ADJETIVOS

bajo	*low; short*
bello	*beautiful*
imponente	*impressive*

OTRA PALABRAS Y FRASES

adentro	*inside*		el muro	*wall*
afuera	*outside*		por el contrario	*on the contrary*
bajo	*beneath, under* (adverb)		por otra parte	*on the other hand*
mientras tanto	*meanwhile*		el tema	*subject*
mismo: lo mismo	*the same thing*			

HOLT RINEHART WINSTON

soon to become

A Harcourt Higher Learning Company

Soon you will find Holt, Rinehart & Winston's distinguished innovation, leadership, and support under a different name . . . a new brand that continues our unsurpassed quality, service, and commitment to education.

We are combining the strengths of our college imprints into one worldwide brand: ◄Harcourt Our mission is to make learning accessible to anyone, anywhere, anytime—reinforcing our commitment to lifelong learning.

We'll soon be Harcourt College Publishers. Ask for us by name.

One Company
"Where Learning Comes to Life."

Apéndice I

Pronunciación: Las vocales *(Vowels)*

Spanish has five simple vowels, represented in writing by the letters **a, e, i** (or **y), o,** and **u.** Their pronunciation is short, clear, and tense. In the following examples the stressed syllables appear in bold type.

a   Similar in sound to the *a* in the English word *father,* but more open, tense, and short.
        Ana, pa**pá,** ma**má,** Cata**li**na, ba**na**na, A**de**la

e   Similar in sound to the *e* in the English word *met.*
        E**le**na, **Pe**pe, Te**re**sa, ele**fan**te, Fede**ri**co

i (y) Pronounced like the *i* in the English word *police.*
        y, di**fí**cil, sí, Cris**ti**na, cafete**rí**a, Mi**guel,** Isa**bel**

o   Similar in sound to the **o** in the English words *cord* and *cold.*
        no, An**to**nio, ofi**ci**na, hospi**tal, Pa**co, Teo**do**ro, doc**tor**

u   Pronounced like the *oo* in the English words *cool* and *fool* (never the sound of *oo* in *book* or of *u* in *cute* or *university).*
        Ra**úl, Úr**sula, **Cu**ba, univer**sal,** oc**tu**bre, universi**dad**

Pronunciación: Los diptongos

Nearly every stressed vowel in English is pronounced as a diphthong, a gliding from one vowel position to another. Spanish vowels, pronounced in isolation, are never diphthongs, but when two of them occur side by side, partial fusions sometimes result, and a diphthong is produced. Of the five Spanish vowels, **i** and **u** are classified as weak; **a, e,** and **o** are strong. Two strong vowels next to each other remain as two separate sounds, or syllables: **real (re-al),** Laos (La-os). Two weak vowels, or a weak plus a strong vowel, form a diphthong, a single syllable with a glide from one sound to the other. Listen to the following examples, and repeat each one, placing the most stress on the boldfaced syllable.

ia	Pa**tri**cia, A**li**cia, San**tia**go, **gra**cias	**ui (uy)**	**Lu**is, muy, **rui**na
ua	Juan, Eduardo, **cua**tro, Guate**ma**la	**ai (ay)**	hay, **ai**re, **bai**lan, **Jai**me
ie	Ga**briel, Die**go, diez, **cier**to	**au**	**Pau**la, **au**to, Au**re**lio,
ue	Con**sue**lo, Ma**nuel, bue**no, pues		restau**ran**te
io	**Ma**rio, **ra**dio, a**diós,** An**to**nio	**ei (ey)**	rey, seis, **trein**ta, **vein**te
uo	an**ti**guo, **cuo**ta	**eu**	feu**dal,** Eu**ro**pa, Eu**ge**nio
iu	**triun**fo, ciu**dad,** veinti**u**no	**oi (oy)**	hoy, soy, es**toi**co

Pronunciación: Las consonantes

Many consonants are pronounced similarly in Spanish and English. Others are pronounced very differently.

b, v   In Spanish, the letters **b** and **v** are pronounced in precisely the same way. At the beginning of a word, both sound much like an English *b,* whereas in the middle of a word they sound somewhere between *b* and *v* in English.
        Bo**go**tá, Va**len**cia, Ve**ró**nica, **bu**rro, ven**ta**na, Eva, Sebas**tián**

c, z In Spanish America, the letters **c** (before **e** and **i**) and **z** are pronounced like an English *s.**
  Alicia, Galicia, Cecilia, Zaragoza, La **Paz,** pizarra, lápiz
  A **c** before **a, o, u,** or any consonant other than **h** is pronounced like a *k.*
  inca, coca, costa, Cuzco, secreto, clase

ch[†] The combination of **c** and **h, ch** is pronounced like the *ch* in the English words *change, check,* and *chip.*
  chocolate, Chile, cha-cha-chá

d The letter **d** has two sounds. At the beginning of a word or after an **n** or **l,** it is somewhat like *d* in English, but softer, with the tongue touching the upper front teeth.
  día, Diego, Miranda, Matilde
 In all other positions, it is similar to *th* in the English word *then.*
  Felicidad, Eduardo, Ricardo, pared, estudiante

g, j The **g** before **i** or **e** and the **j** are both pronounced approximately like an English *h.*
  Jorge, Josefina, geología, Jalisco, región, página, ejemplo

g The **g** before **a, o,** or **u** is pronounced approximately like the English *g* in *gate.* In the combinations **gue** and **gui** the **u** is not pronounced, and the **g** has the same sound as the English *g.*
  amigo, amiga, Gustavo, Miguel, guitarra
 In the combianations **gua** and **guo,** the **u** is pronounced like a *w* in English.
  antiguo, Guatemala

h Spanish **h** is silent.
  La Habana, Honduras, Hernández, hotel, Hugo, Hilda

ll[†] The **ll** has some regional variations in pronunciation. In most Spanish-speaking countries its sound is much like that of *y* in the English word *yes.*
  llama, Vallejo, Sevilla, Murillo, silla

ñ The sound of **ñ** is roughly equivalent to the sound of *ny* in the English word *canyon.*
  señor, cañón, español

q A **q** is always followed in Spanish by a silent **u;** the **qu** combination represents the sound of *k* in English.
  Quito, Enrique

r The letter **r** is used to represent two different sounds. At the beginning of a word or after **l, n,** or **s,** it has the same sound as **rr** (see below). Elsewhere, it represents an **r** sound that is close to the British pronunciation of *very* or the *tt* in the American English words *kitty* and *Betty.*
  Patricia, Elvira, tortilla, Pilar, profesor

rr The letter sequence **rr,** while not a separate letter, and alphabetized in Spanish as in English, represents a special trilled sound, like a Scottish *burr* or a child imitating the sound of a motor. The same sound is represented by a single **r,** not **rr,** at the beginning of a word or after **l, n,** or **s.**
  error, horror, horrible, terrible
  Rosa, Rita, Roberto, radio
  Enrique, Israel, alrededor *(around)*
 Listen to the differences between **perro** *(dog)* and **pero** *(but).*
  perro, pero

x The letter **x** represents several different sounds in Spanish. Before a consonant, it is often pronounced like an English *s,* although some Latin Americans pronounce it like the English *x.*
  exterior, texto

---

*In most parts of Spain a **c** before **e** or **i,** a **z** before **a, e, i, o,** or **u,** and a final **z** are pronounced like *th* in the English word *thin.* This is a characteristic feature of the Peninsular accent.

[†]Please note that until recently, the **ch** and **ll** were separate Spanish letters. Therefore, when you are searching in an old dictionary or vocabulary list for a word beginning with either combination of letters, remember that they will follow **c** and **l,** respectively.

 clase coco chocolate libro Lupe llama

Before a vowel, it is like the English *gs.*

   ex**a**men, exis**ten**cia

In many words **x** used to have the sound of the Spanish **j.** In most of these words the spelling has been changed, but a few words can be spelled either with an **x** or a **j:** Mé**x**ico (**Mé**jico), Qui**x**ote (Qui**jo**te).

El enlace

Linking—the running together of words—occurs in every spoken language. In American English, *Do you want an orange?* becomes approximately "D'ya wan' a norange?" Anyone who attempts to speak English only as it is written is sure to sound like a computerized toy. Linking in Spanish is influenced by the following considerations.

1.   The final vowel of a word links with the initial vowel of the next word.

   Mi amiga se llama Amalia.   *My friend's name is Amalia.*
   Ella estudia inglés.   *She studies English.*
   La señorita Rivas ama a Andrés.   *Miss Rivas loves Andrés.*

2.   Two identical consonants are pronounced as one.

   el loco   *the crazy one*
   los señores   *the gentlemen*

3.   A final consonant usually links with the initial vowel of the next word.

   Es estudiante.   *He's a student.*
   Son excelentes.   *They are excellent.*

División en sílabas

Spanish words of more than one syllable always have a syllable that is accentuated, or spoken more forcefully than the others. Here is how to recognize the syllables in Spanish words.

A.   Every Spanish syllable contains only one vowel, diphthong, or triphthong. Diphthongs and triphthongs are not divided, but two strong vowels are.

   cre-o   le-al   a-diós   lim-piáis

B.   A single consonant (including the combinations **ch** and **ll**) between two vowels begins a new syllable.

   co-mo   mu-cho   fe-li-ci-da-des
   a-pe-lli-do gra-cias   Te-re-sa

C.   When two consonants occur between vowels, they are usually divided.

   ex-ce-len-te   cua-der-no   Ca-li-for-nia
   es-pa-ñol   u-ni-ver-si-dad Jor-ge

D.   However, most consonants, when followed by **l** or **r,** form a cluster with the **l** or **r.** Such clusters are not divided.

   ha-blar   es-cri-to-rio
   in-glés   pi-za-rra

Acentuación y el uso del acento

A few short rules describe the way most Spanish words are accentuated, or stressed.

A. Most words ending in a vowel, **-n,** or **-s** are stressed on the next-to-last syllable.

cla-ses   **co**-mo   re-**pi**-tan   his-**to**-ria   **bue**-nos   e-le-**fan**-te

B. Most words ending in consonant other than **-n** or **-s** are stressed on the last syllable.

es-pa-**ñol**   fa-**vor**   a-**rroz**   se-**ñor**   us-**ted**   pre-li-mi-**nar**

C. Words that are stressed in any other way carry a written accent on the vowel of the syllable that is stressed.

ca-**fé**   a-le-**mán**   in-**glés**   a-**diós**   **lá**-piz   di-**fí**-cil

D. Written accent marks are also used to mark the difference between pairs of words with the same spelling, and also on all question words.

el   *the*   él   *he*   si   *if*   sí   *yes*   como   *as*   ¿cómo?   *how?*

Apéndice II

El uso de las letras mayúsculas

Capital letters are used in Spanish, as in English, to begin proper names and for the first word in a sentence. But Spanish does not use capital letters in the following cases:

Words used to address someone (except abbreviations).

Perdón, profesor(a).	*Excuse me, Professor.*
Perdón, señorita.	*Excuse me, Miss.*
Perdón, señor Robles.	*Excuse me, Mr. Robles.*
Perdón, Sr. Robles.	

Book titles—except for the first letter and proper names

La muerte de Artemio Cruz	*The Death of Artemio Cruz*
Cien años de soledad	*One Hundred Years of Solitude*

The names of languages

el español	*Spanish*
el inglés	*English*

Nouns and adjectives of nationality

los mexicanos	*the Mexicans*
la bandera argentina	*the Argentine flag*

Days, months, and seasons of the year

lunes	*Monday*
julio	*July*
primavera	*spring*

Verbos

Regular Verbs—Simple Tenses

	INDICATIVE				
	Present	Imperfect	Preterit	Future	Conditional
hablar	hablo	hablaba	hablé	hablaré	hablaría
hablando	hablas	hablabas	hablaste	hablarás	hablarías
hablado	habla	hablaba	habló	hablará	hablaría
	hablamos	hablábamos	hablamos	hablaremos	hablaríamos
	habláis	hablabais	hablasteis	hablaréis	hablaríais
	hablan	hablaban	hablaron	hablarán	hablarían
comer	como	comía	comí	comeré	comería
comiendo	comes	comías	comiste	comerás	comerías
comido	come	comía	comió	comerá	comería
	comemos	comíamos	comimos	comeremos	comeríamos
	coméis	comíais	comisteis	comeréis	comeríais
	comen	comían	comieron	comerán	comerían
vivir	vivo	vivía	viví	viviré	viviría
viviendo	vives	vivías	viviste	vivirás	vivirías
vivido	vive	vivía	vivió	vivirá	viviría
	vivimos	vivíamos	vivimos	viviremos	viviríamos
	vivís	vivíais	vivisteis	viviréis	viviríais
	viven	vivían	vivieron	vivirán	vivirían

Regular Verbs—Perfect Tenses

INDICATIVE							
Present Perfect		Past Perfect		Future Perfect		Conditional Perfect	
he		había		habré		habría	
has		habías		habrás		habrías	
ha	hablado	había	hablado	habrá	hablado	habría	hablado
hemos	comido	habíamos	comido	habremos	comido	habríamos	comido
habéis	vivido	habíais	vivido	habréis	vivido	habríais	vivido
han		habían		habrán		habrían	

Regular Verbs—Progressive Tenses

INDICATIVE			
Present		Imperfect	
estoy		estaba	
estás		estabas	
está	hablando	estaba	hablando
estamos	comiendo	estábamos	comiendo
estáis	viviendo	estabais	viviendo
están		estaban	

Regular Verbs—Simple Tenses

| | **SUBJUNCTIVE** | |
Present	Imperfect	Commands
hable	hablara (-se)	—
hables	hablaras (-ses)	habla (no hables)
hable	hablara (-se)	hable
hablemos	habláramos (´-semos)	hablemos
habléis	hablarais (-seis)	hablad (no habléis)
hablen	hablaran (-sen)	hablen
coma	comiera (-se)	—
comas	comieras (-ses)	come (no comas)
coma	comiera (-se)	coma
comamos	comiéramos (´-semos)	comamos
comáis	comierais (-seis)	comed (no comáis)
coman	comieran (-sen)	coman
viva	viviera (-se)	—
vivas	vivieras (-ses)	vive (no vivas)
viva	viviera (-se)	viva
vivamos	viviéramos (´-semos)	vivamos
viváis	vivierais (-seis)	vivid (no viváis)
vivan	vivieran (-sen)	vivan

Regular Verbs—Perfect Tenses

| | **SUBJUNCTIVE** | |
Present Perfect		Past Perfect	
haya		hubiera (-se)	
hayas		hubieras (-ses)	
haya	hablado	hubiera (-se)	hablado
hayamos	comido	hubiéramos (´-semos)	comido
hayáis	vivido	hubierais (-seis)	vivido
hayan		hubieran (-sen)	

Stem-Changing, Spelling-Changing, and Irregular Verbs

These charts contain the principal irregular verbs from the text plus model verbs showing standard patterns of stem and spelling changes. These irregular verbs are numbered for easy reference to the verb charts following, which show the ways in which they depart from normal patterns. Forms containing an irregularity are printed in **bold type.** In the text, verb changes are in parentheses. These verbs show the patterns signaled.

STEM-CHANGING VERBS							**SPELLING-CHANGING VERBS**					
i, i	**pedir**	24	ue	**jugar**	21		c	**empezar**	14	j	**escoger**	15
ie	**pensar**	25	ue	**volver**	43		gu	**pagar**	23	qu	**buscar**	3
ie	**perder**	26	ue, u	**dormir**	13		i, g	**seguir**	34	z	**vencer**	40
ie, i	**sentir**	35	y	**construir**	7		í	**esquiar**	16	zc	**conocer**	6
ú	**continuar**	9	y	**creer**	10		í	**prohibir**	29	zc, j	**conducir**	5
ue	**contar**	8										

INFINITIVE PRESENT PARTICIPLE PAST PARTICIPLE	**INDICATIVE**				
	Present	Imperfect	Preterit	Future	Conditional
1. **andar** andando andado	ando andas anda andamos andáis andan	andaba andabas andaba andábamos andabais andaban	**anduve** **anduviste** **anduvo** **anduvimos** **anduvisteis** **anduvieron**	andaré andarás andará andaremos andaréis andarán	andaría andarías andaría andaríamos andaríais andarían
2. **avergonzar** avergonzando avergonzado	**avergüenzo** **avergüenzas** **avergüenza** avergonzamos avergonzáis **avergüenzan**	avergonzaba avergonzabas avergonzaba avergonzábamos avergonzabais avergonzaban	**avergoncé** avergonzaste avergonzó avergonzamos avergonzasteis avergonzaron	avergonzaré avergonzarás avergonzará avergonzaremos avergonzaréis avergonzarán	avergonzaría avergonzarías avergonzaría avergonzaríamos avergonzaríais avergonzarían

This verb combines the changes illustrated in charts 8 and 14; **g** also changes to **gü** before **e**.

| 3. **buscar (qu)** buscando buscado | busco buscas busca buscamos buscáis buscan | buscaba buscabas buscaba buscábamos buscabais buscaban | **busqué** buscaste buscó buscamos buscasteis buscaron | buscaré buscarás buscará buscaremos buscaréis buscarán | buscaría buscarías buscaría buscaríamos buscaríais buscarían |

In verbs ending in **-car** the **c** changes to **qu** before **e**: **ataqué, busqué, critiqué, provoqué, toqué.**

| 4. **caer** **cayendo** **caído** | **caigo** caes cae caemos caéis caen | caía caías caía caíamos caíais caían | caí **caíste** **cayó** **caímos** **caísteis** **cayeron** | caeré caerás caerá caeremos caeréis caerán | caería caerías caería caeríamos caeríais caerían |
| 5. **conducir (j, zc)** conduciendo conducido | **conduzco** conduces conduce conducimos conducís conducen | conducía conducías conducía conducíamos conducíais conducían | **conduje** **condujiste** **condujo** **condujimos** **condujisteis** **condujeron** | conduciré conducirás conducirá conduciremos conduciréis conducirán | conduciría conducirías conduciría conduciríamos conduciríais conducirían |

In verbs ending in **-ducir,** the **c** changes to **zc** before **a** or **o**: **conduzco, traduzca**. In the preterit they follow pattern 12.

| 6. **conocer (zc)** conociendo conocido | **conozco** conoces conoce conocemos conocéis conocen | conocía conocías conocía conocíamos conocíais conocían | conocí conociste conoció conocimos conocisteis conocieron | conoceré conocerás conocerá conoceremos conoceréis conocerán | conocería conocerías conocería conceríamos conoceríais conocerían |

In most verbs ending in a *vowel* + **-cer** or **-cir** the **c** changes to **zc** before **a** or **o**: **agradezca, conozca, parezca, ofrezca.**
Note: decir is an exception.

| **SUBJUNCTIVE** | | |
Present	Imperfect	Commands
ande	**anduviera (-se)**	—
andes	**anduvieras (-se)**	anda (no andes)
ande	**anduviera (-se)**	ande
andemos	**anduviéramos (´-semos)**	andemos
andéis	**anduvierais (-seis)**	andad (no andéis)
anden	**anduvieran (-sen)**	anden
avergüence	avergonzara (-se)	—
avergüences	avergonzaras (-ses)	**avergüenza** (no **avergüences**)
avergüence	avergonzara (-se)	**avergüence**
avergoncemos	avergonzáramos (´-semos)	**avergoncemos**
avergoncéis	avergonzarais (-seis)	avergonzad (no **avergoncéis**)
avergüencen	avergonzaran (-sen)	**avergüencen**
busque	buscara (-se)	—
busques	buscaras (-ses)	busca (no **busques**)
busque	buscara (-se)	**busque**
busquemos	buscáramos (´-semos)	**busquemos**
busquéis	buscarais (-seis)	buscad (no **busquéis**)
busquen	buscaran (-sen)	**busquen**
caiga	**cayera (-se)**	—
caigas	**cayeras (-ses)**	cae (no **caigas**)
caiga	**cayera (-se)**	**caiga**
caigamos	**cayéramos (´-semos)**	**caigamos**
caigáis	**cayerais (-seis)**	caed (no **caigáis**)
caigan	**cayeran (-sen)**	**caigan**
conduzca	**condujera (-se)**	—
conduzcas	**condujeras (-ses)**	conduce (no **conduzcas**)
conduzca	**condujera (-se)**	**conduzca**
conduzcamos	**condujéramos (´-semos)**	**conduzcamos**
conduzcáis	**condujerais (-seis)**	conducid (no **conduzcáis**)
conduzcan	**condujeran (-sen)**	**conduzcan**
conozca	conociera (-se)	—
conozcas	conocieras (-ses)	conoce (no **conozcas**)
conozca	conociera (-se)	**conozca**
conozcamos	conociéramos (´-semos)	**conozcamos**
conozcáis	conocierais (-seis)	conoced (no **conozcáis**)
conozcan	conocieran (-sen)	**conozcan**

INFINITIVE PRESENT PARTICIPLE PAST PARTICIPLE	INDICATIVE				
	Present	Imperfect	Preterit	Future	Conditional
7. **construir (y)**	**construyo**	construía	construí	construiré	construiría
construyendo	**construyes**	construías	construiste	construirás	construirías
construido	**construye**	construía	**construyó**	construirá	construiría
	construimos	construíamos	construimos	construiremos	construiríamos
	construís	construíais	construisteis	construiréis	construiríais
	construyen	construían	**construyeron**	construirán	construirían

In **construir** and **destruir**, a **y** is inserted before any ending that does not begin with **i: construyo, destruyo,** and so on. An **i** changes to **y** between two vowels: **construyó, destruyó.**

8. **contar (ue)**	**cuento**	contaba	conté	contaré	contaría
contando	**cuentas**	contabas	contaste	contarás	contarías
contado	**cuenta**	contaba	contó	contará	contaría
	contamos	contábamos	contamos	contaremos	contaríamos
	contáis	contabais	contasteis	contaréis	contaríais
	cuentan	contaban	contaron	contarán	contarían

Numerous **-ar** verbs change their stem vowel from **o** to **ue** in the shoe-pattern forms of the present indicative and present subjunctive and in the affirmative **tú** command.

9. **continuar (ú)**	**continúo**	continuaba	continué	continuaré	continuaría
continuando	**continúas**	continuabas	continuaste	continuarás	continuarías
continuado	**continúa**	continuaba	continuó	continuará	continuaría
	continuamos	continuábamos	continuamos	continuaremos	continuaríamos
	continuáis	continuabais	continuasteis	continuaréis	continuaríais
	continúan	continuaban	continuaron	continuarán	continuarían

In verbs ending in **-uar**, the **u** changes to **ú** in the shoe-pattern forms of the present indicative and present subjunctive and in the affirmative **tú** command.

10. **creer (y)**	creo	creía	creí	creeré	creería
creyendo	crees	creías	**creíste**	creerás	creerías
creído	cree	creía	**creyó**	creerá	creería
	creemos	creíamos	**creímos**	creeremos	creeríamos
	creéis	creíais	**creísteis**	creeréis	creeríais
	creen	creían	**creyeron**	creerán	creerían

In verbs ending in **-eer**, the **i** changes to **y** between vowels. The stressed **i** of an ending takes a written accent: **creído.**

11. **dar**	**doy**	daba	**di**	daré	daría
dando	das	dabas	**diste**	darás	darías
dado	da	daba	**dio**	dará	daría
	damos	dábamos	**dimos**	daremos	daríamos
	dais	dabais	**disteis**	daréis	daríais
	dan	daban	**dieron**	darán	darían

	SUBJUNCTIVE	
Present	Imperfect	Commands
construya	**construyera (-se)**	—
construyas	**construyeras (-ses)**	**construye** (no **construyas**)
construya	**construyera (-se)**	**construya**
construyamos	**construyéramos (´-semos)**	**construyamos**
construyáis	**construyerais (-seis)**	construid (no **construyáis**)
construyan	**construyeran (-sen)**	**construyan**
cuente	contara (-se)	—
cuentes	contaras (-ses)	**cuenta** (no **cuentes**)
cuente	contara (-se)	**cuente**
contemos	contáramos (´-semos)	contemos
contéis	contarais (-seis)	contad (no contéis)
cuenten	contaran (-sen)	**cuenten**
continúe	continuara (-se)	—
continúes	continuaras (-ses)	**continúa** (no **continúes**)
continúe	continuara (-se)	**continúe**
continuemos	continuáramos (´-semos)	continuemos
continuéis	continuarais (-seis)	continuad (no continuéis)
continúen	continuaran (-sen)	**continúen**
crea	**creyera (-se)**	—
creas	**creyeras (-ses)**	cree (no creas)
crea	**creyera (-se)**	crea
creamos	**creyéramos (´-semos)**	creamos
creáis	**creyerais (-seis)**	creed (no creáis)
crean	**creyeran (-sen)**	crean
dé	**diera (-se)**	—
des	**dieras (-ses)**	da (no des)
dé	**diera (-se)**	**dé**
demos	**diéramos (´-semos)**	demos
deis	**dierais (-seis)**	dad (no deis)
den	**dieran (-sen)**	den

INFINITIVE PRESENT PARTICIPLE PAST PARTICIPLE	INDICATIVE				
	Present	Imperfect	Preterit	Future	Conditional
12. **decir**	**digo**	decía	**dije**	**diré**	**diría**
diciendo	**dices**	decías	**dijiste**	**dirás**	**dirías**
dicho	**dice**	decía	**dijo**	**dirá**	**diría**
	decimos	decíamos	**dijimos**	**diremos**	**diríamos**
	decís	decías	**dijisteis**	**diréis**	**diríais**
	dicen	decían	**dijeron**	**dirán**	**dirían**
13. **dormir (ue, u)**	**duermo**	dormía	dormí	dormiré	dormiría
durmiendo	**duermes**	dormías	dormiste	dormirás	dormirías
dormido	**duerme**	dormía	**durmió**	dormirá	dormiría
	dormimos	dormíamos	dormimos	dormiremos	dormiríamos
	dormís	dormíais	dormisteis	dormiréis	dormiríais
	duermen	dormían	**durmieron**	dormirán	dormirían

Selected **-ir** verbs change their stem vowel from **o** to **ue** in the shoe-pattern forms of the present indicative and present subjunctive and in the affirmative **tú** command. They show an additional stem-vowel change of **o** to **u** in the **nosotros** and **vosotros** forms of the present subjunctive, the **usted** and **ustedes** forms of the preterit, all forms of the imperfect subjunctive, and the present participle.

INFINITIVE PRESENT PARTICIPLE PAST PARTICIPLE	Present	Imperfect	Preterit	Future	Conditional
14. **empezar (c)**	**empiezo**	empezaba	**empecé**	empezaré	empezaría
empezando	**empiezas**	empezabas	empezaste	empezarás	empezarías
empezado	**empieza**	empezaba	empezó	empezará	empezaría
	empezamos	empezábamos	empezamos	empezaremos	empezaríamos
	empezáis	empezabais	empezasteis	empezaréis	empezaríais
	empiezan	empezaban	empezaron	empezarán	empezarían

In verbs ending in **-zar,** the **z** changes to **c** before an **e: almorcé, comencé, empecé. (Empezar** also follows stem-change pattern 25.)

INFINITIVE PRESENT PARTICIPLE PAST PARTICIPLE	Present	Imperfect	Preterit	Future	Conditional
15. **escoger (j)**	**escojo**	escogía	escogí	escogeré	escogería
escogiendo	escoges	escogías	escogiste	escogerás	escogerías
escogido	escoge	escogía	escogió	escogerá	escogería
	escogemos	escogíamos	escogimos	escogeremos	escogeríamos
	escogéis	escogíais	escogisteis	escogeréis	escogeríais
	escogen	escogían	escogieron	escogerán	escogerían

In verbs ending in **-ger** or **-gir,** the **g** changes to **j** before **a** or **o: escoja, proteja, corrijo.**

INFINITIVE PRESENT PARTICIPLE PAST PARTICIPLE	Present	Imperfect	Preterit	Future	Conditional
16. **esquiar (í)**	**esquío**	esquiaba	esquié	esquiaré	esquiaría
esquiando	**esquías**	esquiabas	esquiaste	esquiarás	esquiarías
esquiado	**esquía**	esquiaba	esquió	esquiará	esquiaría
	esquiamos	esquiábamos	esquiamos	esquiaremos	esquiaríamos
	esquiáis	esquiabais	esquiasteis	esquiaréis	esquiaríais
	esquían	esquiaban	esquiaron	esquiarán	esquiarían

Two other verbs conjugated like **esquiar** are **enviar** and **variar;** the **i** changes to **í** in the shoe-pattern forms of the present indicative and present subjunctive and in the affirmative **tú** command.

SUBJUNCTIVE		
Present	Imperfect	Commands
diga	**dijera (-se)**	—
digas	**dijeras (-ses)**	**di** (no **digas**)
diga	**dijera (-se)**	**diga**
digamos	**dijéramos (´-semos)**	**digamos**
digáis	**dijerais (-seis)**	decid (no **digáis**)
digan	**dijeran (-sen)**	**digan**
duerma	**durmiera (-se)**	—
duermas	**durmieras (-ses)**	**duerme** (no **duermas**)
duerma	**durmiera (-se)**	**duerma**
durmamos	**durmiéramos (´-semos)**	**durmamos**
durmáis	**durmierais (-seis)**	dormid (no **durmáis**)
duerman	**durmieran (-sen)**	**duerman**
empiece	empezara (-se)	—
empieces	empezaras (-ses)	**empieza** (no **empieces**)
empiece	empezara (-se)	**empiece**
empecemos	empezáramos (´-semos)	**empecemos**
empecéis	empezarais (-seis)	empezad (no **empecéis**)
empiecen	empezaran (-sen)	**empiecen**
escoja	escogiera (-se)	—
escojas	escogieras (-ses)	escoge (no **escojas**)
escoja	escogiera (-se)	**escoja**
escojamos	escogiéramos (´-semos)	**escojamos**
escojáis	escogierais (-seis)	escoged (no **escojáis**)
escojan	escogieran (-sen)	**escojan**
esquíe	esquiara (-se)	—
esquíes	esquiaras (-ses)	**esquía** (no **esquíes**)
esquíe	esquiara (-se)	**esquíe**
esquiemos	esquiáramos (´-semos)	esquiemos
esquiéis	esquiarais (-seis)	esquiad (no esquiéis)
esquíen	esquiaran (-sen)	**esquíen**

INFINITIVE PRESENT PARTICIPLE PAST PARTICIPLE	INDICATIVE				
	Present	Imperfect	Preterit	Future	Conditional
17. **estar**	**estoy**	estaba	**estuve**	estaré	estaría
estando	**estás**	estabas	**estuviste**	estarás	estarías
estado	**está**	estaba	**estuvo**	estará	estaría
	estamos	estábamos	**estuvimos**	estaremos	estaríamos
	estáis	estabais	**estuvisteis**	estaréis	estaríais
	están	estaban	**estuvieron**	estarán	estarían
18. **haber**	**he**	había	**hube**	**habré**	**habría**
habiendo	**has**	habías	**hubiste**	**habrás**	**habrías**
habido	**ha**	había	**hubo**	**habrá**	**habría**
	hemos	habíamos	**hubimos**	**habremos**	**habríamos**
	habéis	habíais	**hubisteis**	**habréis**	**habríais**
	han	habían	**hubieron**	**habrán**	**habrían**
19. **hacer**	**hago**	hacía	**hice**	**haré**	**haría**
haciendo	haces	hacías	**hiciste**	**harás**	**harías**
hecho	hace	hacía	**hizo**	**hará**	**haría**
	hacemos	hacíamos	**hicimos**	**haremos**	**haríamos**
	hacéis	hacíais	**hicisteis**	**haréis**	**haríais**
	hacen	hacían	**hicieron**	**harán**	**harían**
20. **ir**	**voy**	**iba**	**fui**	iré	iría
yendo	**vas**	**ibas**	**fuiste**	irás	irías
ido	**va**	**iba**	**fue**	irá	iría
	vamos	**íbamos**	**fuimos**	iremos	iríamos
	vais	**ibais**	**fuisteis**	iréis	iríais
	van	**iban**	**fueron**	irán	irían
21. **jugar (ue)**	**juego**	jugaba	**jugué**	jugaré	jugaría
jugando	**juegas**	jugabas	jugaste	jugarás	jugarías
jugado	**juega**	jugaba	jugó	jugará	jugaría
	jugamos	jugábamos	jugamos	jugaremos	jugaríamos
	jugáis	jugabais	jugasteis	jugaréis	jugaríais
	juegan	jugaban	jugaron	jugarán	jugarían

The verb **jugar** changes its stem vowel from **u** to **ue** in the shoe-pattern forms of the present indicative and present subjunctive and in the affirmative **tú** command. (**Jugar** also follows spelling-change pattern 23.)

22. **oír**	**oigo**	oía	oí	oiré	oiría
oyendo	**oyes**	oías	**oíste**	oirás	oirías
oído	**oye**	oía	**oyó**	oirá	oiría
	oímos	oíamos	**oímos**	oiremos	oiríamos
	oís	oíais	**oísteis**	oiréis	oiríais
	oyen	oían	**oyeron**	oirán	oirían

SUBJUNCTIVE		
Present	Imperfect	Commands
esté	estuviera (-se)	—
estés	estuvieras (-ses)	está (no estés)
esté	estuviera (-se)	esté
estemos	estuviéramos (´-semos)	estemos
estéis	estuvierais (-seis)	estad (no estéis)
estén	estuvieran (-sen)	estén
haya	hubiera (-se)	—
hayas	hubieras (-ses)	—
haya	hubiera (-se)	—
hayamos	hubiéramos (´-semos)	—
hayáis	hubierais (-seis)	—
hayan	hubieran (-sen)	—
haga	hiciera (-se)	—
hagas	hicieras (-ses)	haz (no hagas)
haga	hiciera (-se)	haga
hagamos	hiciéramos (´-semos)	hagamos
hagáis	hicierais (´-seis)	haced (no hagáis)
hagan	hicieran (-sen)	hagan
vaya	fuera (-se)	—
vayas	fueras (-ses)	vé (no vayas)
vaya	fuera (-se)	vaya
vayamos	fuéramos (´-semos)	vayamos
vayáis	fuerais (-seis)	id (no vayáis)
vayan	fueran (-sen)	vayan
juegue	jugara (-se)	—
juegues	jugaras (-ses)	juega (no juegues)
juegue	jugara (-se)	juegue
juguemos	jugáramos (´-semos)	juguemos
juguéis	jugarais (-seis)	jugad (no juguéis)
jueguen	jugaran (-sen)	jueguen
oiga	oyera (-se)	—
oigas	oyeras (-ses)	oye (no oigas)
oiga	oyera (-se)	oiga
oigamos	oyéramos (´-semos)	oigamos
oigáis	oyerais (-seis)	oíd (no oigáis)
oigan	oyeran (-sen)	oigan

INFINITIVE PRESENT PARTICIPLE PAST PARTICIPLE	INDICATIVE				
	Present	Imperfect	Preterit	Future	Conditional
23. **pagar (gu)** pagando pagado	pago pagas paga pagamos pagáis pagan	pagaba pagabas pagaba pagábamos pagabais pagaban	**pagué** pagaste pagó pagamos pagasteis pagaron	pagaré pagarás pagará pagaremos pagaréis pagarán	pagaría pagarías pagaría pagaríamos pagaríais pagarían

In verbs ending in **-gar,** the **g** changes to **gu** before an **e: juegue Ud., llegué.**

| 24. **pedir (i, i)** **pidiendo** pedido | **pido** **pides** **pide** pedimos pedís **piden** | pedía pedías pedía pedíamos pedíais pedían | pedí pediste **pidió** pedimos pedisteis **pidieron** | pediré pedirás pedirá pediremos pediréis pedirán | pediría pedirías pediría pediríamos pediríais pedirían |

Selected **-ir** verbs change their stem vowel from **e** to **i** in the shoe-pattern forms of the present indicative and present subjunctive and in the affirmative **tú** command. They show an additional stem-vowel change of **e** to **i** in the **nosotros** and **vosotros** forms of the present subjunctive, the **usted** and **ustedes** forms of the preterit, all forms of the imperfect subjunctive, and the present participle.

| 25. **pensar (ie)** pensando pensado | **pienso** **piensas** **piensa** pensamos pensáis **piensan** | pensaba pensabas pensaba pensábamos pensabais pensaban | pensé pensaste pensó pensamos pensasteis pensaron | pensaré pensarás pensará pensaremos pensaréis pensarán | pensaría pensarías pensaría pensaríamos pensaríais pensarían |

Numerous **-ar** verbs change their stem vowel from **e** to **ie** in the shoe-pattern forms of the present indicative and present subjunctive and in the affirmative **tú** command.

| 26. **perder (ie)** perdiendo perdido | **pierdo** **pierdes** **pierde** perdemos perdéis **pierden** | perdía perdías perdía perdíamos perdíais perdían | perdí perdiste perdió perdimos perdisteis perdieron | perderé perderás perderá perderemos perderéis perderán | perdería perderías perdería perderíamos perderíais perderían |

Numerous **-er** and **-ir** verbs change their stem vowel from **e** to **ie** in the shoe-pattern forms of the present indicative and present subjunctive and in the affirmative **tú** command.

| 27. **poder** **pudiendo** podido | **puedo** **puedes** **puede** podemos podéis **pueden** | podía podías podía podíamos podíais podían | **pude** **pudiste** **pudo** **pudimos** **pudisteis** **pudieron** | **podré** **podrás** **podrá** **podremos** **podréis** **podrán** | **podría** **podrías** **podría** **podríamos** **podríais** **podrían** |

	SUBJUNCTIVE	
Present	Imperfect	Commands
pague	pagara (-se)	—
pagues	pagaras (-ses)	paga (no **pagues**)
pague	pagara (-se)	**pague**
paguemos	pagáramos (´-semos)	**paguemos**
paguéis	pagarais (-seis)	pagad (no **paguéis**)
paguen	pagaran (-sen)	**paguen**
pida	**pidiera (-se)**	—
pidas	**pidieras (-ses)**	**pide** (no **pidas**)
pida	**pidiera (-se)**	**pida**
pidamos	**pidiéramos (´-semos)**	**pidamos**
pidáis	**pidierais (-seis)**	pedid (no **pidáis**)
pidan	**pidieran (-sen)**	**pidan**
piense	pensara (-se)	—
pienses	pensaras (-ses)	**piensa** (no **pienses**)
piense	pensara (-se)	**piense**
pensemos	pensáramos (´-semos)	pensemos
penséis	pensarais (-seis)	pensad (no penséis)
piensen	pensaran (-sen)	**piensen**
pierda	perdiera (-se)	—
pierdas	perdieras (-ses)	**pierde** (no **pierdas**)
pierda	perdiera (-se)	**pierda**
perdamos	perdiéramos (´-semos)	perdamos
perdáis	perdierais (-seis)	perded (no perdáis)
pierdan	perdieran (-sen)	pierdan
pueda	**pudiera (-se)**	—
puedas	**pudieras (-ses)**	—
pueda	**pudiera (-se)**	—
podamos	**pudiéramos (´-semos)**	—
podáis	**pudierais (-seis)**	—
puedan	**pudieran (-sen)**	—

INFINITIVE PRESENT PARTICIPLE PAST PARTICIPLE	INDICATIVE				
	Present	Imperfect	Preterit	Future	Conditional
28. **poner** poniendo **puesto**	**pongo** pones pone ponemos ponéis ponen	ponía ponías ponía poníamos poníais ponían	**puse** **pusiste** **puso** **pusimos** **pusisteis** **pusieron**	**pondré** **pondrás** **pondrá** **pondremos** **pondréis** **pondrán**	**pondría** **pondrías** **pondría** **pondríamos** **pondríais** **pondrían**
29. **prohibir (í)** prohibiendo prohibido	**prohíbo** **prohíbes** **prohíbe** prohibimos prohibís **prohíben**	prohibía prohibías prohibía prohibíamos prohibías prohibían	prohibí prohibiste prohibió prohibimos prohibisteis prohibieron	prohibiré prohibirás prohibirá prohibiremos prohibiréis prohibirán	prohibiría prohibirías prohibiría prohibiríamos prohibiríais prohibirían

In verbs with the stem root **ahi, ahu, ehi, ehu,** and **ohi,** the **i** when stressed is written **í.**

30. **querer** queriendo querido	**quiero** **quieres** **quiere** queremos queréis **quieren**	quería querías quería queríamos queríais querían	**quise** **quisiste** **quiso** **quisimos** **quisisteis** **quisieron**	**querré** **querrás** **querrá** **querremos** **querréis** **querrán**	**querría** **querrías** **querría** **querríamos** **querríais** **querrían**
31. **reír** **riendo** **reído**	**río** **ríes** **ríe** **reímos** reís **ríen**	reía reías reía reíamos reíais reían	reí **reíste** **rió** **reímos** **reísteis** **rieron**	reiré reirás reirá reiremos reiréis reirán	reiría reirías reiría reiríamos reiríais reirían
32. **saber** sabiendo sabido	**sé** sabes sabe sabemos sabéis saben	sabía sabías sabía sabíamos sabíais sabían	**supe** **supiste** **supo** **supimos** **supisteis** **supieron**	**sabré** **sabrás** **sabrá** **sabremos** **sabréis** **sabrán**	**sabría** **sabrías** **sabría** **sabríamos** **sabríais** **sabrían**
33. **salir** saliendo salido	**salgo** sales sale salimos salís salen	salía salías salía salíamos salíais salían	salí saliste salió salimos salisteis salieron	**saldré** **saldrás** **saldrá** **saldremos** **saldréis** **saldrán**	**saldría** **saldrías** **saldría** **saldríamos** **saldríais** **saldrían**

SUBJUNCTIVE		
Present	Imperfect	Commands
ponga	**pusiera (-se)**	—
pongas	**pusieras (-ses)**	**pon** (no **pongas**)
ponga	**pusiera (-se)**	**ponga**
pongamos	**pusiéramos (´-semos)**	**pongamos**
pongáis	**pusierais (-seis)**	poned (no **pongáis**)
pongan	**pusieran (-sen)**	**pongan**
prohíba	prohibiera (-se)	—
prohíbas	prohibieras (-ses)	**prohíbe** (no **prohíbas**)
prohíba	prohibiera (-se)	**prohíba**
prohibamos	prohibiéramos (´-semos)	prohibamos
prohibáis	prohibierais (-seis)	prohibid (no prohibáis)
prohíban	prohibieran (-sen)	**prohíban**
quiera	**quisiera (-se)**	—
quieras	**quisieras (-ses)**	**quiere** (no **quieras**)
quiera	**quisiera (-se)**	**quiera**
queramos	**quisiéramos (´-semos)**	queramos
queráis	**quisierais (-seis)**	quered (no queráis)
quieran	**quisieran (-sen)**	**quieran**
ría	**riera (-se)**	—
rías	**rieras (-ses)**	**ríe** (no **rías**)
ría	**riera (-se)**	**ría**
riamos	**riéramos (´-semos)**	**riamos**
riáis	**rierais (-seis)**	**reíd** (no **riáis**)
rían	**rieran (-sen)**	**rían**
sepa	**supiera (-se)**	—
sepas	**supieras (-ses)**	sabe (no **sepas**)
sepa	**supiera (-se)**	**sepa**
sepamos	**supiéramos (´-semos)**	**sepamos**
sepáis	**supierais (-seis)**	sabed (no **sepáis**)
sepan	**supieran (-sen)**	**sepan**
salga	saliera (-se)	—
salgas	salieras (-ses)	**sal** (no **salgas**)
salga	saliera (-se)	**salga**
salgamos	saliéramos (´-semos)	**salgamos**
salgáis	salierais (-seis)	salid (no **salgáis**)
salgan	salieran (-sen)	**salgan**

INFINITIVE PRESENT PARTICIPLE PAST PARTICIPLE	INDICATIVE				
	Present	Imperfect	Preterit	Future	Conditional
34. **seguir (i, g)** **siguiendo** seguido	**sigo** **sigues** **sigue** seguimos seguís **siguen**	seguía seguías seguía seguíamos seguíais seguían	seguí seguiste **siguió** seguimos seguisteis **siguieron**	seguiré seguirás seguirá seguiremos seguiréis seguirán	seguiría seguirías seguiría seguiríamos seguiríais seguirían

In verbs ending in **-guir**, the **gu** changes to **g** before **a** and **o: siga**. (**Seguir** also follows stem-change pattern 24.)

| 35. **sentir (ie, i)** **sintiendo** sentido | **siento** **sientes** **siente** sentimos sentís **sienten** | sentía sentías sentía sentíamos sentíais sentían | sentí sentiste **sintió** sentimos sentisteis **sintieron** | sentiré sentirás sentirá sentiremos sentiréis sentirán | sentiría sentirías sentiría sentiríamos sentiríais sentirían |

Certain **-ir** verbs change their vowel from **e** to **ie** in the shoe-pattern forms of the present indicative and present subjunctive and in the affirmative **tú** command. They show an additional stem-vowel change of **e** to **i** in the **nosotros** and **vosotros** forms of the present subjunctive, the **usted** and **ustedes** forms of the preterit, all forms of the imperfect subjunctive, and the present participle.

36. **ser** siendo sido	**soy** **eres** **es** **somos** **sois** **son**	**era** **eras** **era** **éramos** **erais** **eran**	**fui** **fuiste** **fue** **fuimos** **fuisteis** **fueron**	seré serás será seremos seréis serán	sería serías sería seríamos seríais serían
37. **tener** teniendo tenido	**tengo** **tienes** **tiene** tenemos tenéis **tienen**	tenía tenías tenía teníamos teníais tenían	**tuve** **tuviste** **tuvo** **tuvimos** **tuvisteis** **tuvieron**	**tendré** **tendrás** **tendrá** **tendremos** **tendréis** **tendrán**	**tendría** **tendrías** **tendría** **tendríamos** **tendrías** **tendrían**
38. **traer** **trayendo** **traído**	**traigo** traes trae traemos traéis traen	traía traías traía traíamos traíais traían	**traje** **trajiste** **trajo** **trajimos** **trajisteis** **trajeron**	traeré traerás traerá traeremos traeréis traerán	traería traerías traería traeríamos traeríais traerían
39. **valer** valiendo valido	**valgo** vales vale valemos valéis valen	valía valías valía valíamos valíais valían	valí valiste valió valimos valisteis valieron	**valdré** **valdrás** **valdrá** **valdremos** **valdréis** **valdrán**	**valdría** **valdrías** **valdría** **valdríamos** **valdríais** **valdrían**

SUBJUNCTIVE		
Present	Imperfect	Commands
siga	**siguiera (-se)**	—
sigas	**siguieras (-ses)**	**sigue** (no **sigas**)
siga	**siguiera (-se)**	**siga**
sigamos	**siguiéramos (´-semos)**	**sigamos**
sigáis	**siguierais (-seis)**	seguid (no **sigáis**)
sigan	**siguieran (-sen)**	**sigan**
sienta	**sintiera (-se)**	—
sientas	**sintieras (-ses)**	**siente** (no **sientas**)
sienta	**sintiera (-se)**	**sienta**
sintamos	**sintiéramos (´-semos)**	**sintamos**
sintáis	**sintierais (-seis)**	sentid (no **sintáis**)
sientan	**sintieran (-sen)**	**sientan**
sea	**fuera (-se)**	—
seas	**fueras (-ses)**	**sé** (no **seas**)
sea	**fuera (-se)**	**sea**
seamos	**fuéramos (´-semos)**	**seamos**
seáis	**fuerais (-seis)**	sed (no **seáis**)
sean	**fueran (-sen)**	**sean**
tenga	**tuviera (-se)**	—
tengas	**tuvieras (-ses)**	**ten** (no **tengas**)
tenga	**tuviera (-se)**	**tenga**
tengamos	**tuviéramos (´-semos)**	**tengamos**
tengáis	**tuvierais (-seis)**	tened (no **tengáis**)
tengan	**tuvieran (-sen)**	**tengan**
traiga	**trajera (-se)**	—
traigas	**trajeras (-ses)**	trae (no **traigas**)
traiga	**trajera (-se)**	**traiga**
traigamos	**trajéramos (´-semos)**	**traigamos**
traigáis	**trajerais (-seis)**	traed (no **traigáis**)
traigan	**trajeran (-sen)**	**traigan**
valga	valiera (-se)	—
valgas	valieras (-ses)	**val** (no **valgas**)
valga	valiera (-se)	**valga**
valgamos	valiéramos (´-semos)	**valgamos**
valgáis	valierais (-seis)	valed (no **valgáis**)
valgan	valieran (-sen)	**valgan**

INFINITIVE PRESENT PARTICIPLE PAST PARTICIPLE	**INDICATIVE**				
	Present	Imperfect	Preterit	Future	Conditional
40. **vencer (z)**	**venzo**	vencía	vencí	venceré	vencería
venciendo	vences	vencías	venciste	vencerás	vencerías
vencido	vence	vencía	venció	vencerá	vencería
	vencemos	vencíamos	vencimos	venceremos	venceríamos
	vencéis	vencíais	vencisteis	venceréis	venceríais
	vencen	vencían	vencieron	vencerán	vencerían

In verbs ending in *consonant* + **cer,** the **c** changes to **z** before **a** or **o.**

41. **venir**	**vengo**	venía	**vine**	**vendré**	**vendría**
viniendo	**vienes**	venías	**viniste**	**vendrás**	**vendrías**
venido	**viene**	venía	**vino**	**vendrá**	**vendría**
	venimos	veníamos	**vinimos**	**vendremos**	**vendríamos**
	venís	veníais	**vinisteis**	**vendréis**	**vendríais**
	vienen	venían	**vinieron**	**vendrán**	**vendrían**

42. **ver**	**veo**	**veía**	**vi**	veré	vería
viendo	ves	**veías**	viste	verás	verías
visto	ve	**veía**	**vio**	verá	vería
	vemos	**veíamos**	vimos	veremos	veríamos
	veis	**veíais**	visteis	veréis	veríais
	ven	**veían**	vieron	verán	verían

43. **volver (ue)**	**vuelvo**	volvía	volví	volveré	volvería
volviendo	**vuelves**	volvías	volviste	volverás	volverías
vuelto	**vuelve**	volvía	volvió	volverá	volvería
	volvemos	volvíamos	volvimos	volveremos	volveríamos
	volvéis	volvíais	volvisteis	volveréis	volveríais
	vuelven	volvían	volvieron	volverán	volverían

Numerous **-er** and **-ir** verbs change their stem vowel from **o** to **ue** in the shoe-pattern forms of the present indicative and present subjunctive and in the affirmative **tú** command.

SUBJUNCTIVE		
Present	Imperfect	Commands
venza	venciera (-se)	—
venzas	vencieras (-ses)	vence (no **venzas**)
venza	venciera (-se)	**venza**
venzamos	venciéramos('-semos)	**venzamos**
venzáis	vencierais (-seis)	venced (no **venzáis**)
venzan	vencieran (-sen)	**venzan**
venga	**viniera (-se)**	—
vengas	**vinieras (-ses)**	ven (no **vengas**)
venga	**viniera (-se)**	**venga**
vengamos	**viniéramos ('-semos)**	**vengamos**
vengáis	**vinierais (-seis)**	venid (no **vengáis**)
vengan	**vinieran (-sen)**	**vengan**
vea	viera (-se)	—
veas	vieras (-ses)	ve (no **veas**)
vea	viera (-se)	**vea**
veamos	viéramos ('-semos)	**veamos**
veáis	vierais (-seis)	ved (no **veáis**)
vean	vieran (-sen)	**vean**
vuelva	volviera (-se)	—
vuelvas	volvieras (-ses)	**vuelve** (no **vuelvas**)
vuelva	volviera (-se)	**vuelva**
volvamos	volviéramos ('-semos)	volvamos
volváis	volvierais (-seis)	volved (no volváis)
vuelvan	volvieran (-sen)	**vuelvan**

Apéndice III

The Future and Conditional Perfect Tenses

A. The future perfect tense is formed with the future tense of the auxiliary verb **haber** + a past participle. The past participle always ends in **-o** when used to form a perfect tense.

haber		
habré	habremos	
habrás	habréis	+ past participle
habrá	habrán	

The future perfect tense expresses a future action with a past perspective—that is, an action that will have taken place (or may have taken place) by some future time. It can also express probability, an action that must have or might have taken place.

En unas semanas me habré acostumbrado al frío.	*In a few weeks I will have become accustomed to the cold.*
Mañana a esta hora ya nos habremos ido al campo.	*Tomorrow at this time we will have already left for the country.*
Creo que Mario ya habrá llamado.	*I think that Mario must (might) have called already.*

B. The conditional perfect tense is formed with the conditional tense of the auxiliary verb **haber** + a past participle. It often corresponds to the English *would have* + past participle.

haber		
habría	habríamos	
habrías	habríais	+ past participle
habría	habrían	

Habrían llamado.	*They would have called.*
¿Qué habría hecho usted?	*What would you have done?*
Habría sido mejor quedarnos adentro porque ahora está nevando.	*It would have been better to stay inside because it's snowing now.*

The Present Perfect and Past Perfect Subjunctive

A. The present perfect subjunctive is formed with the present subjunctive of **haber (haya, hayas, haya, hayamos, hayáis, hayan)** + a past participle. It is used in a dependent clause that expresses an action that happened (or was supposed to have happened) before the time indicated by the verb in the main clause. Compare the following examples.

Espero que ellos lleguen.	*I hope they arrive.*
Espero que ellos hayan llegado.	*I hope they have arrived.*
Dudo que tengas tiempo.	*I doubt that you have time.*
Dudo que hayas tenido tiempo.	*I doubt that you have had time.*
Es una lástima que no coman bien.	*It's a shame they don't eat well.*
Es una lástima que no hayan comido bien.	*It's a shame they haven't eaten well.*

B. The past perfect subjunctive is formed with the past subjunctive of **haber (hubiera, hubieras, hubiera, hubiéramos, hubierais, hubieran)** + a past participle.* Compare the following examples.

Esperaba que llegaran.	*I was hoping they might arrive (were going to arrive.)*
Esperaba que hubieran llegado.	*I was hoping they had arrived.*
Ella dudaba que tuvieras tiempo.	*She doubted that you had time.*
Ella dudaba que hubieras tenido tiempo.	*She doubted that you had had time.*
Fue una lástima que no comieran bien.	*It was a shame they weren't eating well.*
Fue una lástima que no hubieran comido bien.	*It was a shame they hadn't eaten well.*

---

*The **-iese** variant (**hubiese, hubieses, hubiese, hubiésemos, hubieseis, hubiesen**) is commonly used in Spain, but the **-iera** form is more frequent in Spanish America.

Glossary of Grammatical Terms ▲▲▲▲▲▲

As you learn Spanish, you may come across grammatical terms in English with which you are not familiar. The following glossary is a reference list of grammatical terms and definitions with examples. You will find that these terms are used in the grammatical explanations of this book. If the terms are unfamiliar to you, it will be helpful to refer to this list.

adjective   a word used to modify, qualify, define, or specify a noun or noun equivalent (*intricate* design, *volcanic* ash, *medical* examination)

    A **demonstrative adjective** designates or points out a specific item. (*this* area)

    A **descriptive adjective** provides description. (*narrow* street)

    An **interrogative adjective** asks or questions. (*Which* page?)

    A **possessive adjective** indicates possession. (*our* house)

    A **predicate adjective** forms part of the predicate and complements a verb phrase. (His chances are *excellent.*)

    In Spanish, the adjective form must agree with or show the same gender and number as the noun it modifies.

    See **clause, (adjective).**

adverb   a word used to qualify or modify a verb, adjective, another adverb, or some other modifying phrase or clause (soared *gracefully, very* sad)

    See **clause, (adverbial).**

agreement   the accordance of forms between subject and verb, in terms of person and number

    In Spanish, the form of the adjective must also conform in gender and number with the modified noun or noun equivalent.

antecedent   the noun or noun equivalent referred to by a pronoun (The *book* is interesting, but *it* is difficult to read.)

article   a determining or nondetermining word used before a noun

    A **definite article** limits, defines, or specifies. (*the* village)

    An **indefinite article** refers to a nonspecific member of a group or class. (*a* village, *an* arrangement)

    In Spanish, the article takes different forms to indicate the gender and number of a noun.

auxiliary   a verb or verb form used with other verbs to construct certain tenses, voices, or moods (He *is* leaving. She *has* arrived. You *must* listen.)

clause   a group of words consisting of a subject and a predicate and functioning as part of a complex or compound sentence rather than as a complete sentence

    An **adjective clause** functions as an adjective. (The ad calls for someone *who can speak Spanish.*)

    An **adverbial clause** functions as an adverb. (*Clearly aware of what he was saying,* he answered our question.)

    A **dependent clause** modifies and is dependent upon another clause. (*Since the rain has stopped,* we can have a picnic.)

A **main clause** is capable of standing independently as a complete sentence. (If all goes well, *the plane will depart in twenty minutes.)*

A **noun clause** functions as subject or object. (I think *the traffic will be heavy.)*

cognate   a word having a common root or being of the same or similar origin and meaning as a word in another language *(university* and **universidad)**

command   See **mood (imperative).**

comparative   level of comparison used to show an increase or decrease of quantity or quality or to compare or show inequality between two items *(higher* prices, the *more* beautiful of the two mirrors, *less* diligently, *better* than)

comparison   the forms an adjective or adverb takes to express change in the quantity or quality of an item or the relation, equal or unequal, between items

conditional   a verb construction used in a contrary-to-fact statement consisting of a condition or an *if* clause and a conclusion (If you had told me you were sick, *I would have offered* to help.)
See **mood (subjunctive).**

conjugation   the set of forms a verb takes to indicate changes of person, number, tense, mood, and voice

conjunction   a word used to link or connect sentences or parts of sentences

contraction   an abbreviated or shortened form of a word or word group *(can't, we'll)*

diminutive   a form of a word, usually a suffix added to the original word, used to indicate a smaller or younger version or variety and often expressive of endearment (duck*ling,* pup*py,* novel*lette)*

diphthong   in speech, two vowel sounds changing from one to the other within one syllable (s*oi*l, b*oy*)

gender   the class of a word by sex, either biological or linguistic. In English, almost all nouns are classified as masculine, feminine, or neuter according to the biological sex of the thing named; in Spanish, however, a word is classified as feminine or masculine (there is no neuter classification) on the basis of grammatical form or spelling.

idiom   an expression that is grammatically or semantically unique to a particular language *(I caught a cold. Happy birthday.)* It must be learned as a unit because its meaning cannot be derived from knowing its parts.

imperative   See **mood.**

indicative   See **mood.**

infinitive   the basic form of the verb, and the one listed in dictionaries, with no indication of person or number; it is often used in verb constructions and as a verbal noun, usually with *to* in English or with **-ar, -er,** or **-ir** in Spanish.

inversion   See **word order (inverted).**

mood   the form and construction a verb assumes to express the manner in which the action or state takes place

The **imperative mood** is used to express commands. *(Walk* to the park with me.)

The **indicative mood,** the form most frequently used, is usually expressive of certainty and fact. (My neighbor *walks* to the park every afternoon.)

The **subjunctive mood** is used in expressions of possibility, doubt, or hypothetical situations. (If I *were* thin, I'd be happier.)

noun   word that names something and usually functions as a subject or an object *(lady, country, family)*

See **clause, (noun).**

number   the form a word or phrase assumes to indicate singular or plural *(light / lights, mouse / mice, he has / they have)*

A **cardinal number** is used in counting or expressing quantity. *(one, twenty-three, 6,825)*

An **ordinal number** refers to sequence. *(second, fifteenth, thirty-first)*

object   a noun or noun equivalent

A **direct object** receives the action of the verb. (The boy caught a *fish.)*

An **indirect object** is affected by the action of the verb. (Please do *me* a favor.)

A **prepositional object** completes the relationship expressed by the preposition. (The cup is on the *table.)*

participle   a verb form used as an adjective or adverb and in forming tenses

A **past participle** relates to the past or a perfect tense and takes the appropriate ending. *(written* proof, the door has been *locked)*

A **present participle** assumes the progressive *-ing* ending in English. *(protesting* loudly; will be *seeing)*

In Spanish, a participle used as an adjective or in an adjectival phrase must agree in gender and number with the modified noun or noun equivalent.

passive   See **voice (passive).**

person   designated by the personal pronoun and / or by the verb form

first person   the speaker or writer *(I, we)*

second person   the person(s) addressed *(you)*

In Spanish, there are two forms of address: the familiar and the polite.

third person   the person(s) or thing(s) spoken about *(she, he, it, they)*

phrase   a word group that forms a unit of expression, often named after the part of speech it contains or forms

A **prepositional phrase** contains a preposition. *(in the room, between the window and the door)*

predicate   the verb or that portion of a statement that contains the verb and gives information about the subject (He *laughed.* My brother *commutes to the university by train.)*

prefix   a letter or letter group added at the beginning of a word to alter the meaning *(non*committal, *re*discover)

preposition   a connecting word used to indicate a spatial, temporal, causal, affective, directional, or some other relation between a noun or pronoun and the sentence or a portion of it (We waited *for* six hours. The article was written *by* a famous journalist.)

pronoun   a word used in place of a noun

A **demonstrative pronoun** refers to something previously mentioned in context. (If you need hiking boots, I recommend *these.)*

An **indefinite pronoun** denotes a nonspecific class or item. *(Nothing* has changed.)

An **interrogative pronoun** asks about a person or thing. *(Whose* is this?)

An **object pronoun** functions as a direct, an indirect, or a prepositional object. (Three persons saw *her.* Write *me* a letter. The flowers are for *you.)*

A **possessive pronoun** indicates possession. (The blue car is *ours.)*

A **reciprocal pronoun** refers to two or more persons or things equally involved. (María and Juan saw *each other* today.)

A **reflexive pronoun** refers back to the subject. (They introduced *themselves.)*

A **subject pronoun** functions as the subject of a clause or sentence. *(He* departed a while ago.)

reciprocal construction   See **pronoun (reciprocal).**

reflexive construction   See **pronoun (reflexive).**

sentence   a word group, or even a single word, that forms a meaningful complete expression

A **declarative sentence** states something and is followed by a period. *(The museum contains many fine examples of folk art.)*

An **exclamatory sentence** exhibits force or passion and is followed by an exclamation point. *(I want to be left alone!)*

An **interrogative sentence** asks a question and is followed by a question mark. *(Who are you?)*

subject   a noun or noun equivalent acting as the agent of the action or the person, place, thing, or abstraction spoken about *(The fishermen* drew in their nets. *The nets* were filled with the day's catch.)

suffix   a letter or letter group added to the end of a word to alter the meaning or function (like*ness,* transport*ation,* joy*ous,* love*ly)*

superlative   level of comparison used to express the highest or lowest level or to indicate the highest or lowest relation in comparing more than two items *(highest* prices, the *most* beautiful, *least* diligently)

The **absolute superlative** expresses a very high level without reference to comparison. (the *very beautiful* mirror, *most diligent, extremely well)*

tense   the form a verb takes to express the time of the action, state, or condition in relation to the time of speaking or writing

The **future tense** relates something that has not yet occurred. (It *will* exist. We *will* learn.)

The **future perfect tense** relates something that has not yet occurred but will have taken place and be complete by some future time. (It *will have* existed. We *will have* learned.)

The **past tense** relates to something that occurred in the past, distinguished as **preterit** (It *existed.* We *learned.)* and **imperfect.** (It *was existing.* We *were learning.)*

The **past perfect tense** relates to an occurrence that began and ended before or by a past event or time spoken or written of. (It had *existed.* We *had learned.)*

The **present tense** relates to now, the time of speaking or writing, or to a general timeless fact. (It *exists*. We *learn*. Fish *swim*.)

The **present perfect tense** relates to an occurrence that began at some point in the past but was finished by the time of speaking or writing. (It *has existed*. We *have learned*.)

The **progressive tense** relates to an action that is, was, or will be in progress or continuance. (It *is happening*. It *was happening*. It *will be happening*.)

triphthong   in speech, three vowel sounds changing from one to another within one syllable *(wire, hour)*

verb   a word that expresses action or a state or condition *(walk, be, feel)*

A **spelling-changing verb** undergoes spelling changes in conjugation (infinitive: *buy;* past indicative: *bought)*

A **stem-changing verb** undergoes a stem-vowel change in conjugation (infinitive: *draw;* past indicative: *drew)*

voice   the form a verb takes to indicate the relation between the expressed action or state and the subject

The **active voice** indicates that the subject is the agent of the action. (The child *sleeps*. The professor *lectures*.)

The **passive voice** indicates that the subject does not initiate the action but that the action is directed toward the subject. (I *was contacted* by my attorney. The road *got slippery* from the rain. He *became* tired.)

word order   the sequence of words in a clause or sentence

In **inverted word order,** an element other than the subject appears first. *(If the weather permits,* we plan to vacation in the country. *Please* be on time. *Have* you met my parents?)

In **normal word order,** the subject comes first, followed by the predicate. *(The people celebrated the holiday.)*

Vocabulario español–inglés

This vocabulary includes contextual meanings of all active vocabulary and idiomatic expressions as well as passive words. It excludes most cardinal numbers; diminutives; superlatives ending in **-ísimo;** most adverbs ending in **-mente;** most proper names; most conjugated verb forms and certain exact or very close cognates (such as those ending in **-ión, -dad,** or **-tad**) that are not active vocabulary. The entries are arranged according to the Spanish alphabet; that is, words **ñ** and **rr** are found listed separately after all words beginning with **n** and **r,** respectively. In the same way, words containing **ñ** and **rr** are placed alphabetically after words containing **n** and **r,** respectively. Active vocabulary and functional expressions are followed by the chapter number in which they occur. **CP** refers to the **Capítulo preliminar** and **CS** refers to **Capítulo suplementario.** Stem and spelling changes are given in parentheses after a verb entry; see the verb charts on pages 454–469 for specific conjugations.

The following abbreviations are used:

adj	adjective	*p*	plural
adv	adverb	*poss adj*	possessive adjective
conj	conjunction	*pp*	past participle
contr	contraction	*prep*	preposition
dir obj	direct object	*pres*	present
f	feminine	*pres p*	present participle
fam	familiar	*pret*	preterit
imp	imperfect	*pron*	pronoun
indic	indicative	*recip*	reciprocal
indir obj	indirect object	*refl*	reflexive
inf	infinitive	*rel pron*	relative pronoun
m	masculine	*subj*	subject
n	noun	*subjunc*	subjunctive
obj of prep	object of preposition	*v*	verb

A

a at, to **1; a la derecha** on (to) the right **2; a la izquierda** on (to) the left **2; a la moda** in style, fashionable **7; a menos que** unless **15; a pesar de** in spite of; **a propósito de…** regarding . . . ; **a propósito…** by the way . . . ; **a tiempo** on time **10; a través** through; **a veces** sometimes **5**
abandonar to abandon
abierto open

el **abogado,** la **abogada** lawyer **3**
abolir to abolish
abrazar (c) to hug, embrace **10**
el **abrazo** hug, embrace **9**
el **abrigo** (winter) coat **7**
abril April **4**
abrir to open **3**
abstracto abstract **12**
absurdo absurd
la **abuela** grandmother **1**
el **abuelo** grandfather **1**
aburrido boring; bored **2**
acá here
acabar to finish, end; **acabar de** (+ *inf*)

to have just (done something) **15**
acariciar to caress
el **acceso** access
el **accidente** accident
la **acción** action
el **aceite** oil
la **aceptación** acceptance
aceptar to accept **15**
acerca de concerning
acompañar to accompany, go with **9**
aconsejar to advise **13**
el **acontecimiento** event, happening
acordarse de (ue) to remember

acostar (ue) to put to bed **7**
acostarse (ue) to go to bed **7**
acostumbrarse to get used to **7**
activo active
el **actor** actor
la **actriz** actress
actual current, present
acuático *adj* water
acuerdo: ponerse de acuerdo to agree; **¿de acuerdo?** okay?, all right?, agreed? **1**
acusado accused
adecuado adequate

479

adelante straight, straight ahead **10; Siga adelante.** Keep going straight. **10**

además moreover, besides; in addition to

adentro inside **CS**

adicional additional

Adiós. Good-bye. **CP**

adivinar to guess

el **adjetivo** adjective

admirar to admire **10**

¿Adónde? To what place? Where? **1**

adornar to decorate

el **adorno** decoration; ornament **12**

la **aduana** customs; customs house **10**

la **aerolínea** airline

el **aeropuerto** airport **1**

la **afirmación** statement **11**

afirmar to affirm, state

africano African

afrocubano Afro-Cuban

afuera outside **CS**

la **agencia de viajes** travel agency **2**

el, la **agente de viajes** travel agent **2**

agosto August **4**

agregar (gu) to add **16**

la **agricultura** agriculture

el **agua** *f* water **5**

ahora now **1; ahora mismo** right away **3**

ahorrar to save *(time, money, etc.)* **16**

el **aire** air **2; aire acondicionado** air conditioning

al *(contr of* **a + el)** to the; **al contrario...** on the contrary . . .

11; al lado (de) beside, next to **2**

la **alcoba** bedroom

la **alegación** allegation, charge

alegrarse (de) to be glad, happy (about) **13**

alegre happy **15**

la **alegría** happiness **15** **¡Qué alegría!** How happy I am! I'm so happy! **15**

alemán German **3**

la **alfarería** pottery; potter's shop **16**

la **alfombra** rug, carpet

algo something **4**

alguien someone, anyone **4**

algún, alguno(s), alguna(s) some, any **4**

alguna parte somewhere **10**

alivio: ¡Qué alivio! What a relief! **15**

el **almacén** department store **16**

almorzar (ue) to have lunch **6**

el **almuerzo** lunch **6**

alquilar to rent **14**

el **alquiler** rent

alrededor around

alternado: en forma alternada 10 taking turns

alto tall **2;** high

altruista altruistic **2**

allí *(or* **allá)** there **1**

el **ama de casa** *f* housewife **3**

amable nice, friendly, kind **2**

el **amanecer** dawn, daybreak **CS**

el, la **amante** lover

amar to love **9**

amarillo yellow **7**

el **ambiente** atmosphere

el **amigo,** la **amiga** friend **1**

la **amistad** friendship **6**

el **amor** love **6**

anaranjado orange *(color)*

andar to walk; to run *(as a watch, car);* **andar en bicicleta** to ride a bicycle

andino Andean

el **ángel** angel

anglosajón Anglo-Saxon

el **anillo** ring **9**

el **aniversario** anniversary **12**

anoche last night **7**

el **anochecer** twilight, dusk **CS**

anochecer to grow dark

ansioso anxious, nervous **15**

antecedente antecedent, something that precedes

anterior earlier, previous

antes first **6; antes de** before **6; antes (de) que** before **15**

antiguo ancient **5;** *(before noun)* former **10**

la **antropología** anthropology **3**

el **antropólogo,** la **antropóloga** anthropologist

anunciar to announce

el **anuncio** announcement; advertisement **10**

añadir to add

el **año** year **3; el Año Nuevo** New Year's Day; **los años 70** the seventies

apagar (gu) to turn off, extinguish **11**

aparecer (zc) to appear

aparente apparent

el **apartamento** apartment **5**

apasionante passionate

apoyar to support

el **apoyo** support

aprender to learn **3**

aprobar (ue) to approve, to pass (an exam)

apropiado appropriate

aproximadamente approximately

aquel, aquella *adj* that *(over there)* **5**

aquél, aquélla *pron* that *(over there)* **5**

aquello *neuter pron* that *(over there)* **5**

aquellos, aquellas *adj* those *(over there)* **5**

aquéllos, aquéllas *pron* those *(over there)* **5**

aquí here **CP**

árabe Arabian

el **árbol** tree **12; el árbol de Navidad** Christmas tree **12**

archivar to file **14**

ardiente ardent, passionate

argentino Argentinean **2**

el **arma** *f* el **arma** *f* arm, weapon

la **armonía** harmony

armonioso harmonious

la **arqueología** archaeology

arqueológico archaeological

el **arquitecto** architect

la **arquitectura** architecture **3**

arreglar to fix, arrange

arreglarse to be okay, turn out all right

arriba above

el **arroz** rice **8**

el **arte** *f* art **8**

la **artesanía** crafts, handiworks

el **artesano**, la **artesana** artisan **16**

el **artículo** article

el, la **artista** artist; actor, actress **7**

la **asamblea** assembly

el **ascensor** elevator

asesinar to assassinate

el **asesino** assassin

así like that; thus **5; así que** so; **Sí, así es.** Yes, that's so; **Así pienso.** That's how I think.

el **asiento** seat

asistir a to attend **7**

asociar to associate

el **aspecto (físico)** (physical) appearance

aspirar to aspire

la **aspirina** aspirin **4**

asustado frightened, startled **15**

asustar to frighten, scare **15**

asustarse to be frightened **15**

atacar (qu) to attack **11**

atleta athletic

atrás behind

a través de across, through

aumentar to gain, increase **16**

el **aumento** increase, raise **11;** el **aumento de sueldo** raise in salary **11**

aunque although **15**

el **auto** automobile **4**

el **autobús** bus **2**

el **autor**, la **autora** author

la **autoridad** authority

el **autorretrato** self-portrait

el **autostop** hitchhiking **10; hacer autostop** to hitchhike **10**

avanzado advanced

la **avenida** avenue **1**

el **aventurero**, la **aventurera** adventurer

avergonzado embarrassed, ashamed **15**

el **avión** airplane **1**

ayer yesterday **7**

la **ayuda** help

ayudar to help **5**

azteca Aztec **3**

el **azúcar** sugar **8**

azul blue **7**

B

bailable danceable

bailar to dance **6**

el **bailarín**, la **bailarina** dancer

el **baile** dance **6**

bajar to go down, decrease; **bajar (de)** to get off, descend **2; bajar archivos** to download files

bajo *adv* beneath, under **CS;** *adj* low; short **2**

la **banana** banana **8**

el **banco** bank **5**

la **bandera** flag

bañarse to bathe

el **baño** bathroom **6;** el **traje de baño** swimming suit **7**

barato inexpensive, cheap **16**

la **barba** beard

la **barbaridad: ¡Qué barbaridad (bárbaro)!** Good grief!

el **barco** ship, boat **10**

el **barrio** neighborhood, community **5**

basado en based on

basar (en) to base *(e.g., an opinion)* (on)

básico basic

el **básquetbol** basketball **6**

¡Basta! That's enough!

bastante *adj* enough **3;** *adv* quite, rather, fairly

bastar to be enough

la **bastardilla** italics

la **basura** garbage, trash

la **batalla** battle

la **batería** battery

el, la **bebé** baby

la **bebida** beverage, drink **8**

el **béisbol** baseball **6**

bello beautiful **CS; bellas artes** *f* fine arts

besar to kiss **9**

el **beso** kiss **9**

la **biblioteca** library **3**

la **bicicleta** bicycle **5; andar en bicicleta** to ride a bicycle

bien okay; well **CP; Muy bien.** Very well. **CP; ¡Qué bien!** Good! (How nice!); **estar bien** to be well **CP; Está bien.** It's all right (okay). **13**

el **bienestar** well-being

la **bienvenida** welcome **10; darle la bienvenida a alguien** to welcome someone **10**

¡Bienvenidos! Welcome! **CP**

bilingüe bilingual **5**

el **billete** ticket

la **biología** biology **3**

biológico biological

el **bistec** (beef) steak **8**

el **bizcocho** cookie, biscuit **16**

blanco white **7**

bloquear to block

el **bloqueo** blockade

la **blusa** blouse **7**

la **boca** mouth **13**

la **boda** wedding **9**

el **boleto** ticket *(for an event or transportation)* **6;** el **boleto de ida y vuelta** round-trip ticket

el **bolígrafo** ballpoint pen **CP**

el **bolívar** *monetary unit of Venezuela* **6**

el **bolso** purse, pocketbook **7**

bonito pretty **2**

el **bosque tropical** tropical forest **11**

la **bota** boot **7**

la **botella** bottle

el **botón** button

la **boutique** boutique **18**

el **brazo** arm **13**

breve brief

brindar to toast

bueno *(shortened form,* **buen***)* good; OK **2; ¡Buen provecho!** Enjoy the meal! **8; ¡Buena lección!** That's a good lesson for you! **5; Buenas noches.** Good night. Good evening. *(after sunset)* **CP; Buenas tardes.** Good afternoon. *(until*

about sunset) **CP;**
Bueno… Well . . .
7; Bueno, nos
vemos. We'll be
seeing each other.;
Buenos días. Good
morning. Good day.
Hello. **CP**
buscar (qu) to look
for; to search **1**

C

la **cabecilla** head, leader
la **cabeza** head **4**
cada each, every **3;**
cada vez más more
and more
la **cadena** chain
caerse (g) to fall down
el **café** coffee; café **5**
la **cafeína** caffeine **13**
la **caja** cashier's office;
cash register **10**
el **cajero,** la **cajera**
cashier **10**
el **calcetín** sock **7**
calcular to calculate
el **calendario** calendar **3**
la **calidad** quality **16**
caliente hot *(not used*
for weather or
people) **4**
calmar to calm **10**
calmarse to calm
down, be calm **10**
calor warmth, heat;
tener calor to be
warm *(a person or*
animal) **4**
calzar (c): ¿Qué
número calza?
What size (shoe) do
you wear?
la **calle** street **5**
la **cama** bed **16**
la **cámara** camera **1**
la **camarera** waitress **3**
el **camarero** waiter **3**

cambiar to change,
exchange **10;**
Cambiando de
tema… To change
the subject . . .
el **cambio** change **14;** la
tasa de cambio
exchange rate **14; En**
cambio… On the
other hand . . . **11**
caminar to walk **10;**
Camine dos
cuadras… Walk
two blocks . . . **10**
el **camino** road, way
la **camisa** shirt **7**
la **camiseta** T-shirt **7**
campamento: ir de
campamento to go
camping **CS**
el **campeonato**
championship
el **campo** country *(as*
opposed to city) **CS**
el **canal** channel **11**
la **canción** song **6**
el **candelabro** candelabra
12
el **candidato,** la **candidata**
candidate
cansado tired **4**
el, la **cantante** singer
cantar to sing **6**
la **cantidad** quantity,
number
el **canto** song, chant
la **capa** layer
la **capacidad** capacity;
capability
la **capital** capital (city) **1**
el **capítulo** chapter **CP**
la **cara** face **13**
el **carácter** character;
disposition
la **característica**
characteristic
caracterizado por
characterized by
¡Caramba! Good
grief! **5**

caribeño Caribbean
el **cariño** affection
la **carne** meat **2;** la **carne**
de vaca beef **8**
caro expensive **7**
la **carta** letter **3;** las
cartas playing
cards
el, la **cartero** mail carrier
la **carrera** career
la **casa** house; home **CP;**
en casa at home
CP
el **casamiento** marriage;
wedding
casarse (con) to get
married (to) **9**
casi almost
la **casilla electrónica**
e-mail address **14**
el **caso** case **6; en caso**
(de) que in case
la **castañuela** castanet
el **castillo** castle
casualidad: por
casualidad by
chance
catalán Catalonian **7**
el **catarro** cold (sickness)
13
la **catedral** cathedral **6**
católico Catholic
catorce fourteen
el **caudillo** leader
la **causa** cause
causar to cause
la **celebración**
celebration **12**
celebrar to celebrate **4**
los **celos** jealousy **9;**
tener celos de to
be jealous of **9**
celoso jealous **9**
la **cena** dinner **6**
cenar to have dinner **8**
la **censura** censorship
el **centavo** cent
el **centenario** centennial
el **centro** downtown;
center **4**

la **cerámica** ceramics,
pottery **6**
cerca (de) near (to),
nearby **2**
el **cerdo** pork **8**
los **cereales** grains;
cereals **8**
cerebral brain, cerebral
la **ceremonia** ceremony
cero zero
cerrar (ie) to close **5**
el **cerro** hill
la **cerveza** beer **8**
el **champán** champagne
el **cheque** check **10;** el
cheque de viajero
traveler's check **10**
la **chica** girl, young
person **2**
chicano Chicano,
Mexican-American
el **chico** boy, guy, young
person **2**
el **chile** (sweet or hot)
pepper
chileno Chilean **2**
el **chiste** joke **15**
el **chocolate** chocolate **8**
el **cielo** sky; heaven **CS**
cien(-to) one hundred
la **ciencia** science;
las **ciencias de**
computación
computer science **3;**
las **ciencias naturales**
natural science;
las **ciencias políticas**
political science **3;**
las **ciencias sociales**
social sciences **3**
el, la **científico** scientist
cierto certain, sure **13;**
Es cierto. It's true.
el **cigarrillo** cigarette **13**
el **cigarro** cigar
cinco five
cincuenta fifty
el **cine** movie theater,
movies **6**
la **cinta** tape **6**

el **cinturón** belt **7**

el **círculo** circle

la **ciruela** plum

la **cita** date, appointment **9; tener una cita** to have a date or an appointment **9**

la **ciudad** city **1**

la **civilización** civilization **3**

clamar to speak out

el **clamor** outcry

claramente clearly

claro clear, light; certain **13**; certainly **12; ¡Claro!** Of course! **3; Es (Está) claro.** It's clear.

la **clase** class(room) **CP**

clásico classical

el, la **cliente** client **15**

el **clima** climate **CS**

la **clínica** clinic

el **coche** car **16**

la **cocina** kitchen

cocinar to cook **8**

cognado cognate **CP**

la **coincidencia** coincidence; **¡Qué coincidencia!** What a coincidence! **4**

colectivo collective

el **colmo** the last straw

colombiano Colombian **2**

el **colón** monetary unit of Costa Rica

la **colonia** colony

el **colonizador,** la **colonizadora** colonist

el **color** color; **¿De qué color es?** What color is it? **7**

la **columna** column

la **combinación** slip; combination

la **comedia** comedy

el **comedor** dining room **12**

comentar to explain; to comment **15**

el **comentario** comment

comenzar (ie) to begin

comer to eat **3**

el, la **comerciante** businessperson **3**

la **comida** food; meal **2**

como as, since; **Como consecuencia (resultado)...** As a consequence (result)...; **tan** (+ *adj or adv* +) **como** as ... as **7; tanto como** as much as **7; ¿Cómo?** How? What? Pardon me. **1; ¿Cómo está(s)?** How are you? **CP; Cómo no.** Of course. Certainly. **6; ¿Cómo se dice...?** How do you say ... ? **CP; ¿Cómo se llama...?** What is the name of ... ? **CP**

la **cómoda** chest of drawers

cómodo comfortable

el **compañero** (la **compañera**) **de clase (cuarto)** classmate (roommate) **9**; partner; companion

la **compañía** company **10**

la **comparación** comparison

comparar to compare

completamente completely

completar to complete

la **composición** composition **3**

el **compositor,** la **compositora** composer

comprar to buy **5**

compras: de compras shopping

comprender to understand **3**; to include

la **comprensión** comprehension

la **computación: ciencias de computación** computer science **3**

la **computadora** computer **6**

común common

comunicarse to communicate

la **comunidad** community **5**

con with **CP; con mucho gusto** gladly **6; Con permiso.** Excuse me. (With your permission.) **9; conmigo** with me **6; contigo** with you **6**

el **concierto** concert **6**

el **conductor,** la **conductora** driver

conectar to connect

la **conferencia** lecture

confesar (ie) to confess

la **confianza** confidence, trust

confirmar to confirm

el **congreso** congress

la **conjunción** conjunction

conmemorar to commemorate

conocer (zc) to be familiar with; to know **5**; to meet **2**

conocido well known

la **conquista** conquest

el **conquistador,** la **conquistadora** conqueror

conquistar to conquer

la **consecuencia** consequence

conseguir (i, g) to obtain, get

el **consejo** advice, piece of advice **6;** los **consejos** advice

conservar to preserve, save **11**

construir (y) to build **12**

consultar to consult **10**

contado: al contado in cash

contagioso contagious

la **contaminación del aire (del agua)** air (water) pollution **5**

contaminado polluted **2**

contar (ue) to tell (a story); to count **10; contar (ue) con** to count on

el **contenido** content

contento content; happy **1**

contestadora: contestadora automática answering machine

contestar to answer **4; Conteste, por favor.** Answer, please. **CP**

continuar (ú) to continue

contra against

contrario: al contrario... on the contrary ... **11**

el **contrato** contract

contribuir to contribute

la **conversación** conversation **5**

conversar to converse

convertirse (ie, i) to become

convulsionado convulsed

coordinar to match

la **copa**   wine glass

la **copia**   copy

el **corazón**   heart

la **corbata**   tie **7**

la **cordillera**   mountain chain

correcto   right, correct **11**

corregir (i, i, j)   to correct

el **correo**   post office; mail **5; la oficina de correos**   post office

correr   to run **6**

correspondiente   corresponding

la **corrida de toros**   bullfight

la **corte**   court

cortés   courteous, polite **2**

corto   brief, short *(not used in reference to people)* **2**

la **cosa**   thing **3**

cosmopolita   cosmopolitan **7**

la **costa**   coast **CS**

costar (ue)   to cost **6**

el **costo de la vida**   cost of living **11**

la **costumbre**   custom; habit

crear   to create

crecer (zc)   to grow

creer   to believe, think **3; ¡Ya lo creo!**   I believe it!

el **crimen**   crime **5**

cristiano   Christian

criticar (qu)   to criticize

los **críticos**   critics

cruzar (c)   to cross **10**

el **cuaderno**   notebook, workbook **CP**

la **cuadra**   (city) block **10**

el **cuadro**   painting **7**

¿Cuál? ¿Cuáles?   Which? Which one(s)? What? **1**

la **cualidad**   quality **16**

cualquier(a)   any **15**

cuando   when; **de vez en cuando**   from time to time

¿Cuándo?   When? **1**

¿Cuánto(-a, -os, -as)?   How much? How many? **3; ¿Cuánto cuesta (vale)…?**   How much is … ? **16; ¡Cuánto me alegro!**   How happy I am! **15**

cuarenta   forty

el **cuarto**   room **6;** quarter; **cuarto de baño**   bathroom

cuatro   four; el **cuatro**   small guitar

cuatrocientos   four hundred

cubano   Cuban **13**

cubano-americano   Cuban-American **13**

cubrir   to cover **11**

la **cuchara**   spoon **8**

el **cuchillo**   knife **8**

el **cuello**   neck **13**

la **cuenta**   bill, check **8; darse cuenta de**   to realize **15; La cuenta, por favor.**   The check, please. **8**

el **cuento**   story

el **cuerpo**   body **13**

la **cuestión**   issue, matter

el **cuestionario**   questionnaire

la **cueva**   cave

¡Cuidado!   Be careful! Watch out! **4**

cuidar   to take care of

cuidarse   to take care of oneself

la **culpa**   guilt **5; Es su (tu) propia culpa.**   It's your own fault. **5; Tiene(s) la culpa.**   It's your fault.

cultivar   to cultivate

la **cultura**   culture **15**

el **cumpleaños**   birthday **4; feliz cumpleaños**   happy birthday

cumplir   to carry out, to fulfill; **cumplir… años**   to turn . . . years old

el **cura**   priest **3**

la **cura**   cure **13**

curar   to cure **13**

curativo   healing, curative

curioso   curious

el **curso**   course **6**

cuyo (-a, -os, -as)   whose

D

la **dama**   lady

la **danza**   dance

dar   to give **6; dar a**   to face, be facing; **dar las gracias**   to thank **6; dar un paseo**   to take a walk, go for a stroll **6; darle hambre (sed, sueño)**   to make (someone) hungry (thirsty, sleepy); **darle la bienvenida a alguien**   to welcome someone **11; darle rabia (a alguien)**   to make (someone) angry; **darle risa (a alguien)**   to make (someone) laugh; **darle vergüenza (a alguien)**   to make (someone) ashamed; **darse cuenta de**   to realize **15**

datar de   to date from

de   of, from **CP**; about; made of; **¿de acuerdo?**   okay?, all right?, agreed? **1; ¿de dónde?**   from where?; **de habla hispana**   Spanish-speaking; **de la mañana**   A.M. **3; de la tarde (noche)**   P.M. **3; de moda**   in style, fashionable; **De nada.**   You're welcome. **9; ¿De qué color es?**   What color is it? **7; ¿De qué es?**   What is it made of? **7; ¿De qué tamaño es?**   What size is it?; **¿De quién?**   Whose?; **¿De veras?**   Really? **7**

debajo (de)   under

deber (+ inf)   should, ought to, must **3;** to owe **16; ¡Debe(n) estar muy contento(s)!**   You must be very happy!; **Eso debe ser terrible.**   That must be terrible.; **¿Se debe (+ inf)…?**   Should (May) one (we, I) . . . ? **16**

los **deberes**   homework

debido a   due to

la **década**   decade **13**

decidir   to decide **3**

decir (i)   to say, tell **6; Se dice…**   You say . . . **CP; ¿Cómo se dice…?**   How do you say . . . ? **CP**

declarar   to declare **11**

decorar   to decorate

dedicar (qu)   to dedicate

el **dedo**   finger **13;** el **dedo del pie**   toe **13**

definido   definite

dejar   to leave *(something behind)*

10; to let, allow **10; dejar de** to stop

del (*contr of* **de** + **el**) from the; of the **2**

delante de in front of

delgado slim, slender, thin **2**

delicioso delicious, good, tasty **2**

demasiado too (much) **13; ¡Esto es demasiado!** This is too much! **15; Es demasiado…** It's too . . . **16**

el **demonio** demon

dentro (de) inside, within; **dentro de poco** soon

depender (de) to depend (on) **7**

el, la **dependiente** clerk, salesperson **16**

deportar to deport

el **deporte** sport **6**

el, la **deportista** athlete

deportivo *adj* sports, athletic

el **depósito** deposit

deprimido depressed **15**

deprimirse to become depressed

el **derecho** right **11;** los **derechos humanos** human rights **11**

derecho *adv* straight, straight ahead **10; Siga derecho.** Keep going straight. **10**

derrocar (qu) to overthrow

el **desacuerdo** disagreement

desaparecer (zc) to disappear

el **desaparecido,** la **desaparecida** missing person **4**

desarrollar to develop **14**

desarrollarse to be developed **14**

el **desayuno** breakfast **6**

descansar to rest **13**

el **descanso** rest

el, la **descendiente** descendent

descortés impolite **2**

describir to describe **1**

el **descubrimiento** discovery

descubrir to discover **3**

el **descuento** discount

desde from (a certain time); since; **desde un principio** from the very beginning

desear to want, wish **1**

el **desempleo** unemployment **5**

el **deseo** desire, wish

desesperante desperate

el **desfile** parade **2**

el **desierto** desert **4**

la **desilusión** disappointment **15**

desilusionado disappointed **15**

desnutrido malnourished

desordenado messy

despacio slowly; **Más despacio, por favor.** Slower, please.

la **despedida** farewell, leave-taking **15**

despejado clear

despertar (ie) to awaken (*someone*) **6**

despertarse (ie) to awaken, wake up **7**

despierto awake, alert

el **desprecio** contempt

después afterward **6; después de** after **6;** later, then; **Después…** Then . . . ; **Después de pasar…** After passing . . . ; **después (de) que** after;

Después de todo… After all . . . ; **¿Y después?** And then what? **11; ¿Y qué pasó después?** And then what happened? **11**

el **destino** destiny

destruir (y) to destroy

la **desventaja** disadvantage

el, la **detective** detective **15**

deteriorar to deteriorate

detrás (de) behind **2**

devolver (ue) to return (something) **16**

el **día** day **CP; Buenos días.** Good morning. Good day. **CP;** el **Día de Acción de Gracias** (*U.S.*) Thanksgiving; el **día feriado** holiday; **Día de la Madre** Mother's Day; el **Día de los Muertos** Day of the Dead; el **Día de (los) Reyes** Epiphany; el **Día de los Trabajadores** Labor Day

el **diario** newspaper; diary

diario daily **7**

dibujar to draw **13**

el **dibujo** drawing

el **diccionario** dictionary

diciembre December

el **dictador** dictator

la **dictadura** dictatorship

dieciséis sixteen

el **diente** tooth **13**

la **dieta** diet **8; estar a dieta** to be on a diet **8**

diez ten

la **diferencia** difference **CS**

difícil difficult **2**

la **dificultad** difficulty **3**

Dígame. Hello (*literally,* "Speak to me").

el **dinero** money **5**

el **dios** god **3; ¡Dios mío!** My goodness! My God!

la **dirección** address **1;** direction

el **discípulo** disciple

el **disco** record; disk **6; disco compacto** compact disk **6; disco duro** hard disk **14; disco flexible** floppy disk **14**

la **discoteca** discotheque **5**

discreto discreet

la **discriminación** discrimination **5**

disculpar to forgive, excuse **15; Discúlpeme.** Excuse me. (Forgive me.) **5**

el **diseño** design

la **disputa** fight, dispute

distinto different

la **diversión** diversion; amusement **6**

diverso diverse, different **4**

divertir (ie) to amuse, entertain **7**

divertirse (ie) to enjoy oneself, have a good time **7**

dividir to divide

divorciarse to (get a) divorce **9**

el **divorcio** divorce **5**

doblar to turn **10; Doble a la izquierda (derecha).** Turn left (right). **10**

doce twelve

la **docena** dozen

el **doctor,** la **doctora** doctor **2**

el **doctorado** doctorate

el **dólar** dollar **6**

doler (ue) to ache, hurt **13**

el **dolor** pain; **tener dolor de cabeza (estómago)** to have a headache (stomachache) **4**

dominar to dominate; rule

el **domingo** Sunday

dominicano Dominican (of the Dominican Republic) **5**

el **dominio** rule; mastery

don, doña *titles of respect used with first names*

¿Dónde? Where? **1**

dormir (ue) to sleep **6**

dormirse (ue) to fall asleep

el **dormitorio** bedroom

dos two

doscientos two hundred

dramatizar (c) to dramatize

la **droga** drug

la **duda** doubt; **No hay duda de que (+ indic)…** There's no doubt that . . .

dudar to doubt **13**

dudoso doubtful **13**

el **dueño, la dueña** owner **12**

los **dulces** sweets **8**

durante during

durar to last

duro hard

E

echar to throw out

la **ecología** ecology **CS**

la **economía** economy

económico economical

el **ecoturismo** ecotourism

el **ecuador** equator

ecuatoriano Ecuadorian

la **edad** age **14**; era; **¿Que edad tienes?** How old are you? **14**

el **edificio** building **5**

efecto: en efecto as a matter of fact

egoísta selfish **2**

el **ejemplo** example; **por ejemplo** for example

el **ejercicio** exercise **CP**

el **ejército** army **11**

él *subj* he **CP**; **él** *obj of prep* him

el the

elaborado elaborate

la **elección** election **11**

el **elefante** elephant

elegante elegant **2**

elegido elected

elegir (j) to elect

ella *subj* she **CP**; **ella** *obj of prep* her

ellos, ellas *subj* they **CP**; *obj of prep* them

embarazada pregnant **13**

embargo: sin embargo nevertheless, however

emergir to emerge

la **emoción** emotion

emocionante exciting

empezar (ie) to begin, start **5**

el **empleado, la empleada** employee **16**

el **empleo** employment; job **5**

en in, on, at **1**; **en cambio** on the other hand **11**; **en casa** at home **CP**; **en caso (de) que** in case; **en cuanto** as soon as; **en fin…** finally . . . ; well . . .

(as an expletive) **9**; **en general** in general; **en punto** on the dot **3**; **En resumen…** In short . . . (In conclusion . . .) **en seguida** at once, immediately **10**; **¿En serio?** Really? **9**

enamorado de in love with **9**

enamorarse (de) to fall in love (with) **9**

encabezar (c) to head

encantar to delight **8**; **Me encanta(n)…** I love . . . **8**

encargarse (gu) de to take charge of

la **enchilada** enchilada **8**

encontrar (ue) to find; to meet **6**

encontrarse (ue) con to meet (up with); to run into

la **energía** energy **11**

enero January **4**

enfermarse to get sick **13**

la **enfermedad** illness, sickness **3**

el **enfermero, la enfermera** nurse **13**

enfermo ill, sick **13**

enfrente (de) in front (of); across (from), opposite **2**

enojado angry **15**

enojarse to become angry, get mad **15**

el **enojo** anger **15**

la **ensalada** salad **8**

el, la **ensayista** essayist

el **ensayo** essay

enseñar to teach **1**; to show **13**

entender (ie) to understand **5**

el **entendimiento** understanding

enterarse (de) to find out (about)

entero whole

entonces then, well **8**

la **entrada** ticket (for an event) **6**; entrance way

entrar (en) to enter, come or go into **9**; **entrar al sistema** to log in **14**

entre between, among **7**; **Entre paréntesis…** Incidentally . . . ; **entre sí** among themselves

el **entrenador, la entrenadora** trainer

entrenar to train

el **entretenimiento** entertainment

la **entrevista** interview

enviar (í) to send **11**; **enviar por correo electrónico** to e-mail **14**

envolver (ue) to wrap

epistolar pertaining to letters

la **época** epoch, era; time

el **equipaje** luggage **10**

el **equipo** team

escaparse to escape

la **escena** scene

el **escenario** setting

escoger (j) to choose

escribir to write **3**

escrito *pp* written

el **escritor, la escritora** writer **3**

el **escritorio** desk

escuchar to listen to **1**

la **escuela** school **3**; la **escuela secundaria** high school

el **escultor, la escultora** sculptor

la **escultura** sculpture
ese, esa *adj* that **5**
ése, ésa *pron* that **5**
el **esfuerzo** effort
la **esmeralda** emerald
eso *neuter pron* that **5**;
Eso debe ser terrible. That must be terrible.; **Eso es.** That's it.; **¡Eso es demasiado!** That is too much!; **¡Eso es terrible (aburrido)!** That's terrible (boring)! **16**; **Eso no se hace.** That's not done (allowed).
esos, esas *adj* those **5**
ésos, ésas *pron* those **5**
el **espacio** space
la **espalda** back **13**
el **español** Spanish **CP**
la **especialidad** specialty **8**
especializarse (c) to specialize
especialmente especially
la **especie** species, kind
el **espectáculo** show
el **espejo** mirror
la **esperanza** hope
esperar to wait for; to hope; to expect **5**; **Es de esperar.** It's to be expected. **5**; **¡Espere(n)!** Wait!
el **espíritu** spirit
espiritual spiritual
espontáneo spontaneous
la **esposa** wife **1**
el **esposo** husband **1**
esquiar (í) to ski **4**
la **esquina** corner **10**
estable stable
establecer (zc) to establish
el **establecimiento** establishment

la **estación** station **10**; season **4**
el **estadio** stadium
el **estado** state **2**
la **estancia** ranch
el **estante: estante de libros** bookcase
estar to be **CP**
la **estatua** statue
el **este** east **2**
este, esta *adj* this **5**
éste, ésta *pron* this **5**
la **estética** esthetics
el **estilo** style **5**
estimular to stimulate
esto *neuter pron* this **5**; **¡Esto es demasiado!** This is too much! **5**; **¡Esto es el colmo!** This is the last straw!
el **estómago** stomach **4**
estornudar to sneeze
estos, estas *adj* these **5**
éstos, éstas *pron* these **5**
la **estrella** star **CS**
la **estructura** structure
el, la **estudiante** student **CP**
estudiar to study **1**
el **estudio** study **3**
la **estufa** stove
estupendo great, wonderful **3**
estúpido stupid
étnico ethnic
etnográfico ethnographic
europeo European
evitar to avoid
exacto exact **8**; exactly **10**
el **examen** exam, test **CP**
excelente excellent **CP**
la **excursión** excursion **10**
la **excusa** excuse
el **exiliado, la exiliada** exile
el **exilio** exile

existir to exist **9**
el **éxito** success
la **experiencia** experience
experto expert; el **experto, la experta** expert **10**
explicar (qu) to explain
el **explorador, la exploradora** explorer
explorar to explore
la **exposición** exhibit, exhibition **1**
expresar to express
la **expresión** expression **CP**
expreso express, fast **15**
extender (ie) to extend
extenso extensive
el **extranjero, la extranjera** foreigner
extraño strange
extremo extreme

F

la **fábrica** factory
fabuloso fabulous **16**
fácil easy **2**
fácilmente easily
la **falda** skirt **7**
falso false **1**
faltar to be missing or lacking **8**; **Me falta(n)...** I need ... **8**
la **fama** fame; **tener fama** to be famous
la **familia** family **CP**
famoso famous **2**
la **farmacia** pharmacy **1**
la **farsa** farce
fascinante fascinating **10**
el **favor** favor **6**; **Por favor.** Please. **CP**

favorito favorite **4**
faxear to fax **14**
la **fe** faith
febrero February **4**
la **fecha** date (day of year) **4**
la **felicidad** happiness
¡Felicitaciones! Congratulations! **9**
felicitar to congratulate
feliz happy **9**; **feliz cumpleaños** happy birthday; **Feliz fin de semana.** Have a good weekend.
el **fenicio, la fenicia** Phoenician
feo ugly **2**
el **ferrocarril** railroad **10**
la **fiebre** fever; **tener fiebre** to have a fever **4**
la **fiesta** party, holiday **3**; celebration; la **fiesta de Janucá** Chanukah
fijarse to notice
fijo: precio fijo fixed price
la **filosofía** philosophy **3**
el **filósofo, la filósofa** philosopher
el **fin** end; purpose; **a fin de cuentas** after all, all things considered; **al fin y al cabo** in the end; el **fin de semana** weekend **1**; **En fin...** Finally ...; Well ... *(as an expletive)* **10**; **Feliz fin de semana.** Have a good weekend *(literally, Happy end of week)*; **por fin** finally **7**
final: al final at the end
financiar to finance
fino fine; excellent
firmar to sign

la **física**   physics **3**
físico   physical
flamenco   flamenco, Gypsy
el **flan**   caramel custard **8**
la **flor**   flower **CS**
florecer (zc)   to flourish
flotante   floating
la **fobia**   phobia
la **foca**   seal
fondo: a fondo   in depth
forestal   of the forest
la **forma**   form, shape; way
formar   to form
la **fortuna**   fortune **16**
la **foto(grafía)**   photograph **4**
el **francés**   French **1**
franco   frank
el, la **franquista**   supporter of Franco
la **frase**   phrase; sentence
la **frazada**   blanket **16**
la **fresa**   strawberry
fresco   fresh; cool
los **frijoles**   beans, kidney beans **8**
el **frío**   cold; **tener frío** to be cold *(a person or animal)*
frito   fried **8**
el **frontón**   jai alai court; wall
frustrado   frustrated
la **fruta**   fruit **8**
el **fuego**   fire; los **fuegos artificiales** fireworks
la **fuente**   fountain; source
fuera   outside; **por fuera** from or on the outside
fuerte   strong
la **fuerza**   force, power
el **fumador**, la **fumadora** smoker
fumar   to smoke **12**

la **función**   show, performance; function
funcionar   to work *(an appliance or machine);* **Esto (Eso) no funciona.** This (That) doesn't work.
la **fundación**   founding; establishment
fundado   founded
el **fundador**, la **fundadora** founder **5**
fundar   to found
el **funicular**   funicular, cable car
la **furia**   fury; rage
furioso   furious **15**
el **fútbol**   soccer **6**; el **fútbol americano** football **6**
el, la **futbolista**   football player
el **futuro**   future **3**

G

la **galería**   gallery **12**
la **galleta**   cracker **16**
el **ganado**   cattle
ganar   to win; to earn **11**
ganas: tener ganas de (+ *inf*)   to feel like *(doing something)* **3**
el **garaje**   garage **14**
la **garganta**   throat **13**
gastar   to spend; to waste **16**
el **gasto**   expense; waste
el **gato**   cat **6**
el **gazpacho**   cold soup made of tomatoes, cucumbers, onions
la **generación**   generation
generalmente   generally **9**
generoso   generous
la **gente**   people **5**
el, la **gerente**   manager

el **gigante**   giant; *adj* giant
el **gimnasio**   gym **5**
el **gitano**, la **gitana** Gypsy **7**
gobernar (ie)   to govern
el **gobierno**   government **11**
la **golondrina**   swallow *(bird)*
el **golpe**: el **golpe de estado**   coup d'état
gordo   fat **2**
Gracias.   Thank you. **CP**; Thanks.; **Gracias a Dios.** Thank God.; **Mil gracias.** Thank you very much *(literally,* A thousand thanks*)*.; **Muchas gracias.** Thank you. Thank you very much.; **dar las gracias** to thank **6**
el **grado**   degree **4**
gran   great
grande   (**gran** *before a masculine singular noun*) big, tall; great **2**
la **grandeza**   grandeur **CS**
la **grasa**   grease
gratis   free of charge
grave   serious **11**
el **griego**, la **griega** Greek
la **gripe**   flu **13**; **tener (la) gripe** to have the flu
gris   gray **7**
gritar   to shout
el **grito**   shout; scream
el **grupo**   group
el **guante**   glove **7**
guardar   to keep; to save **14**
guatemalteco   Guatemalan

la **guerra**   war; **en guerra** at war **11**
el **guerrillero**, la **guerrillera**   guerrilla (warrior) **11**
la **guitarra**   guitar **6**
gustar   to please, be pleasing, to like **8**; **Me gusta(n)…** I like … **8**; **Me gustaría** (+ *inf*) … **porque (pero,** *etc.*) I would like (+ *inf*) … because (but, *etc.*) **16**; **A mí me gustaría tomar (comer)…** I would like … to drink (eat). **8**
el **gusto**   pleasure **6**; **con mucho gusto** gladly **6**; **¡Qué gusto!** What a pleasure!; **Mucho gusto.** Glad to meet you. **CP**

H

haber: hay *(impersonal)* there is, there are **1**; **hay que** (+ *inf*) it's necessary; one (we, you, and so on) must **4**
la **habitación**   room **10**
el, la **habitante**   inhabitant
hablar   to talk, speak **1**; **¡Ni hablar!** Don't even mention it!; **¿Quién habla?** Who is this? *(literally,* Who is speaking?*)*
hacer   to do; to make **3**; **Eso no se hace.** That's not done (allowed).; **Hace buen (mal) tiempo.**

The weather is nice (bad). **4; Hace calor (fresco, frío, sol, viento).** It is warm (cool, cold, sunny, windy). **4; hace un rato** a short while ago; **hace… que** (+ *pres*) to have been -ing for … **9; hace… que** (+ *pret* or *imp*) ago **9; hacer un archivo de reserva** to make a backup file **14; hacer ejercicios** to do exercises **3; hacer el papel (de)** to play the role (of); **hacer juego con** to match, to go with **16; hacer la maleta** to pack one's suitcase **3; hacer un viaje** to take a trip; **hacía… que** (+ *imp*) had been -ing for … **9; hacerse** to become, turn into

la **hamaca** hammock

el **hambre** *f* hunger; **tener hambre** to be hungry **4**

hambriento hungry

la **hamburguesa** hamburger **8**

hasta until; as far as; even; **Hasta la próxima.** Until next time.; **Hasta luego.** See you later. **1; Hasta mañana.** See you tomorrow. **1; Hasta (muy) pronto.** See you (very) soon. **1; hasta que** until **15**

hay there is, there are (*see* **haber**) **1; ¿Qué hay de nuevo?** What's new?; **No**

hay de qué. You're welcome. (It's nothing.) **9; hay que** (*from* **haber**) it's necessary; one (we, you, *etc.*) must (+ *inf*) **4**

el **hecho** fact, act

el **helado** ice cream **8**

la **herencia** heritage

la **hermana** sister **1**

el **hermano** brother **1**

hermoso beautiful **7**

la **hija** daughter **1**

el **hijo** son **1**

el **hipódromo** racetrack

hispano Hispanic **CP**

la **historia** history **3**

el **hogar** home

la **hoja** leaf **CS**

Hola. Hello. Hi. **CP**

el **hombre** man **1**

el **hombro** shoulder

la **honra** honor

la **hora** hour **3; No veo la hora de** (+ *inf*). I can't wait (+ *inf*). **12; ¿Qué hora es?** What time is it? **3**

el **horario** schedule; timetable **11**

el **hospital** hospital

el **hotel** hotel **1**

hoy today **1; hoy día** nowadays

la **huelga** strike **11**

el **huésped**, la **huéspeda** guest

el **huevo** egg **8**

humano human **11**

húmedo humid

humilde humble

¡Huy! Ow!, Wow!

I

ida: de ida y vuelta round-trip **10**

la **idea** idea **2**

idealista idealist **2**

identificar (qu) to identify

el **idioma** language

la **iglesia** church **9**

igual the same, equal **14**

igualmente likewise **CP**

la **imagen** image

imaginar to imagine

imaginario imaginary

imitar to imitate

el **imperio** empire

el **impermeable** raincoat **7**

la **implantación** implant

implementar to implement

implicar (qu) to imply

imponente impressive **CS**

imponer to impose

la **importancia** importance **3**

importante important **3**

importar to matter; to be important **8; No importa.** It doesn't matter.

imposible impossible

impresionante impressive

impresionar to impress

la **impresora** printer; **impresora láser** laser printer **14**

imprimir to print **14**

improvisado improvised

improvisar improvise

el **impuesto** tax

inca Inca

el **incendio** fire **11**

incluir (y) to include

incluso including

increíble incredible **7; ¡Qué increíble!** How amazing!

incrementar to increase

inculcar to inculcate, instill (*ideas, etc.*)

indicar (qu) to indicate, show

indígena native, indigenous

indio Indian **2**

indocumentado undocumented

indudable certain

la **inestabilidad** instability

la **infancia** infancy

la **inflación** inflation **5**

la **influencia** influence

la **información** information **1**

informarse sobre to find out about; inform oneself **11**

el **informe** report

la **ingeniería** engineering **3**

el **ingeniero**, la **ingeniera** engineer **3**

el **inglés** English **1**

iniciar to begin

la **injusticia** injustice **2**

inmediato immediate

inmenso immense

el, la **inmigrante** immigrant

inmortalizar (c) to immortalize

innumerable countless

inolvidable unforgettable

el **insecto** insect **CS**

la **inseguridad** insecurity

inseguro insecure; unsafe

insensible insensitive **2**

insistir (en) to insist (on) **13**

insociable unsociable **2**

el **insomnio** insomnia
insoportable
intolerable
inspirado inspired
inspirar to inspire
el **instructor,** la
instructora
instructor **2**
insultar to insult
intelectual intellectual
2
inteligente intelligent
2
el **interés** interest; **sitio de interés** point (site) of interest **11**
interesante interesting **2**
interesar to interest **8**; **Me interesa(n)…** I am interested in . . . **8**
internacional
international **2**
interno internal
interpretar to interpret
interrogativo
interrogative
inundar to inundate, flood
invadir to invade
el **invasor,** la **invasora**
invader
el **inventario** inventory
investigar (gu) to investigate
el **invierno** winter **4**
el **invitado,** la **invitada**
guest **8**
invitar to invite **8**
ir to go **4**; **ir a** (+ *inf*) to be going to (+ *inf*) **4**; **ir de campamento** to go camping **CS**; **ir de compras** to go shopping **4**; **ir de vacaciones** to go on vacation **4**; **ir en auto (autobús,**

avión, tren) to go by car (bus, plane, train) **4**; **¡Qué va!** Oh, come on! **8**; **Vaya derecho hasta llegar a…** Go straight until you get to . . . **10**
irresponsable
irresponsible **2**
irse to go away; leave **7**
la **isla** island
el **istmo** isthmus
italiano Italian **2**
izquierdo left; **a la izquierda** to the left, on the left

J

el **jai alai** jai alai
jamás never, not ever **4**
el **jamón** ham **8**
Janucá Chanukah **12**
japonés Japanese
el **jardín** (flower) garden
los **jeans** jeans **7**
el **jefe,** la **jefa** leader; boss; chief
joven young **2**; *n* young person
la **joya** jewel
las **joyas** jewelry
la **jubilación** retirement
jubilarse to retire
judío Jewish
el **juego** game; **hacer juego con** to match, to go with
jugar (ue) a to play (*sport or game*) **6**; **jugar a las cartas** to play cards
el **jueves** Thursday
el **jugo** juice **8**
la **juguetería** toy store
julio July **4**
junio June **4**
juntos together **9**

justificar to justify
justo just
juvenil of young people
la **juventud** young people

K

el **kilograma** kilogram **16**

L

la the **1**; *dir obj* her, it, you **5**
laboral *adj* work
el **lado** side; **al lado (de)** beside, next to
el **lago** lake **4**
la **lámpara** lamp
la **lana** wool **16**
el **lápiz** pencil **CP**
largo long **2**
las the **1**; *dir obj* them, you
la **lástima** pity; **¡Qué lástima!** What a pity (shame)! **5**; **Es (una) lástima.** It's a pity.
latino Latin **9**
lavar to wash **7**
lavarse to wash oneself **7**
el **lazo** lasso, rope
le *indir obj* (to, for) you, him, her, it
la **lección** lesson **CP**
la **leche** milk **8**
la **lechuga** lettuce **8**
la **lectura** reading **12**
leer (y) to read **3**
lejano distant, far
lejos (de) far (from) **2**
la **lengua** language **15**
el **lenguaje** language, speech
lentamente slowly **4**
lento slow

el **león** lion
les *indir obj* (to, for) you, them **6**
la **letra** letter (*of alphabet*); lyrics; **las letras** letters, writing
el **letrero** sign
levantar to raise **7**
levantarse to get up, stand up **7**
la **ley** law
la **leyenda** legend **15**
la **liberación** liberation **1**
liberar to liberate
la **libertad** freedom
el **libertador,** la **libertadora**
liberator
libre free, at liberty
la **librería** bookstore **3**
la **libreta de notas**
notebook
el **libro** book **CP**
el, la **líder** leader
limitado limited
limpiar to clean **14**
limpio clean **14**
lindo beautiful, pretty **2**
la **línea** line
la **liquidación** sale
el **líquido** liquid
listo ready; clever; **¡Listo!** I'm ready (to go)! **12**
la **literatura** literature **3**
la **llamada** call
llamar to call **2**
llamarse to be called, to be named **7**; **¿Cómo se llama…?** What is the name of . . . ? **CP**; **Me llamo…** My name is . . . **CP**
la **llave** key
la **llegada** arrival
llegar (gu) to arrive **1**; **llegar a ser** to become; **llegar al**

poder to come to power; **llegar tarde** to be late, arrive late

lleno (de) filled, full of **13**

llevar to carry; to take **1**; to wear **7**; to take *(a period of time)*; **llevar (a)** to lead (to); **para llevar** to take out **8**

llevarse (bien, mal) con to get along (well, poorly) with **9**

llorar to cry **5**

llover (ue) to rain **6**; **Llueve.** It's raining. **4**

la **lluvia** rain **4**

lo *dir obj* him, it, you **5**; *neuter article* the; **lo que** which; that which, what; **lo (+ adj)** the . . . thing, part; **lo que es hoy** what is today; **Lo siento.** I'm sorry.

loco crazy

lógico logical

la **longitud** length

los the **1**; *dir obj* them, you **5**

la **lucha** fight, struggle

luchar to fight

lucrativo profitable

luego then, next **6**; **Hasta luego.** See you later. **1**

el **lugar** place; room *(space)* **5**

el **lujo** luxury

la **luna** moon **CS**; **luna de miel** honeymoon

el **lunes** Monday

la **luz** light

M

la **madera** wood **2**

la **madre** mother **1**

la **madrina** godmother

el **maestro,** la **maestra** teacher, master, scholar **9**

magnífico great, magnificent **CS**

el **maíz** corn **8**

mal *adv* badly **estar mal** to be unwell **CP**

el **mal** evil

la **maleta** suitcase **3**

malo bad; sick **2**

mandar to order, command; to send **12**; **¿Mande?** What? *(Mexico)*

el **mandato** command **10**

manejar to drive **15**

manera: de esta manera in this way; **¡De ninguna manera!** No way! **11**; **de todas maneras** anyway

la **manifestación** demonstration **11**

la **mano** hand **13**; **en manos de** in the possession of; **a mano** by hand

mantener to maintain; **mantenerse** to support one's self

la **mantequilla** butter **8**

la **manzana** apple **8**

la **mañana** morning **4**; *adv* tomorrow **1**; **de la mañana** A.M. **3**; **por la mañana** in the morning **3**; **Hasta mañana.** See you tomorrow. **1**

el **mapa** map

el **mar** sea **4**

la **maravilla** miracle

maravilloso marvelous, wonderful **10**

la **marca** stamp, trademark, seal

marcar (qu) to mark

el **mareo** dizziness, nausea, motion sickness **13**; **tener mareos** to be dizzy, nauseous **13**

mariachi popular music of Mexico

el **marido** husband

el **marisco** shellfish **8**

marrón brown

el **martes** Tuesday **4**

marzo March **4**

más (que) more (than); **el más** the most; **más o menos** more or less; so-so **CP**

la **masa** dough

matar to kill **15**

las **matemáticas** mathematics **3**

materno maternal; **lengua materna** native language

el **matrimonio** married couple; marriage **9**

máximo maximum, high

maya Maya **3**

mayo May **4**

mayor older; greater; larger **7**

el, la **mayor** oldest, eldest; greatest; largest **7**; la **mayor parte** greater part

la **mayoría** majority

me *dir obj* me **5**; *indir obj* (to, for) me **6**; *refl pron* myself

la **medianoche** midnight **12**

las **medias** stockings **7**

el **medicamento** medication, medicine **13**

la **medicina** medicine **3**

el **médico,** la **médica** doctor **13**

la **medida** size

el **medio** means; middle; environment; **medio ambiente** environment

medio half **9**; **en medio de** in the middle of; **por medio de** by means of, through; **…y media** half past . . .

el **mediodía** noon **11**

mejor better **7**; el, la **mejor** the best; **Es mejor que usted (tú) (+ subjunc)...** It's better for you to . . . **13**

mejorar to improve **14**

mencionar to mention

menor smaller; lesser; younger; smallest; least; youngest **7**; el, la **menor** youngest **7**; **No tengo la menor idea.** I don't have the slightest idea.

menos less, fewer; **menos (que)** less, fewer (than); el **menos** the least; **más o menos** more or less; so-so **CP**; **a menos que** unless **15**; **por lo menos** at least

el **mensaje** message **12**

mentir (ie) to lie, tell a lie **15**

el **mercado** market **10**

el **mes** month **4**; **el mes que viene** next month

la **mesa** table **CP**

la **mesera** waitress

el **mesero** waiter

mestizo person of mixed Indian and European ancestry

el **metro** subway; meter

mexicano Mexican **2**

la **mezquita** mosque

mi my **3**

mí *obj of prep* me, myself **6**

el **miedo** fear **13**

el **miembro** member

mientras while **6**; **mientras (que)** while **15**; **mientras tanto** meanwhile **CS**

el **miércoles** Wednesday **4**

mil one thousand; **Mil gracias.** Thank you very much *(literally,* A thousand thanks).

militar *adj* military

los **militares** the military

un **millón (de)** million

el **millonario** millionaire **16**

mineral mineral

mínimo minimum, low

el **ministro,** la **ministra** minister

la **minoría** minority

el **minuto** minute

mío, mía, míos, mías my, of mine

mirar to look at; to watch **1**

la **misa** mass *(church)* **12**

mismo same **9**; **ahora mismo** right away; **lo mismo** the same thing **CS**; **al mismo tiempo** at the same time **9**

el **misterio** mystery

misterioso mysterious **9**

la **mitad** half

el **mito** myth

la **moda** fashion, style **7**; **a la moda (de moda)** in style (fashionable) **7**

el **modelo** model, example; el, la

modelo model *(person)*

moderno modern **2**

el **modo** mood

mojado wet

molestar to bother, annoy; **¿Le molestaría que...** (+ *subjunc)?* Would it bother you if...?

el **momento** moment **3**

la **montaña** mountain **4**

moreno brunette, dark *(skin color)* **2**

morir(se) (ue) to die **7**

el **moro** Moor

mostrar (ue) to show **6**

motivar to motivate

la **motocicleta** motorcycle

el **movimiento** movement

la **muchacha** girl **3**

el **muchacho** boy **3**

mucho much; many; a lot *(very)* **1**; *adv* very much; **Mucho gusto.** Glad to meet you. **CP; Muchas gracias.** Thank you. Thank you very much.

mudarse to move, change residence **7**

el **mueble** (piece of) furniture **16**

la **mueblería** furniture store **16**

la **muerte** death

muerto dead

la **mujer** woman **1**

mulato mulatto

mundial worldwide; world; *n* World Cup

el **mundo** world **3**; **todo el mundo** everyone **4**

el **muro** wall **CS**

el **museo** museum **2**

la **música** music **6**

el, la **músico** musician **3**

musulmán Moslem

mutuamente mutually

muy very **1; Muy agradecido(-a).** (I'm) very grateful.; **Muy bien.** Very good (well). **CP**

N

nacer (zc) to be born **7**

la **nación** nation **11**; las **Naciones Unidas** United Nations **11**

la **nacionalidad** nationality

nada nothing, not anything **4; De nada.** You're welcome. **9**

nadar to swim **4**

nadie no one, not anyone **4**

la **naranja** orange *(fruit)* **8**

el **narcotraficante** drug trafficker

la **nariz** nose **13**

el **narrador,** la **narradora** narrator

narrar to narrate

la **naturaleza** nature

naturalmente naturally, sure, of course

la **Navidad** Christmas **12**; el **árbol de Navidad** Christmas tree **12**

necesario necessary **4**

la **necesidad** necessity, need

necesitado needy, underprivileged

necesitar to need **1**

negar (ie, gu) to deny

el **negocio** business **10**

negocios: el **hombre (la mujer) de negocios** businessperson

negro black **7**

nervioso nervous **1**

nevar (ie) to snow **5**; **Nieva.** It's snowing. **4**

ni... ni neither ... nor **4; ¡Ni hablar!** Don't even mention it!; **¡Ni por todo el dinero del mundo!** Not for all the money in the world!; **ni siquiera** not even

nicaragüense Nicaraguan

la **niebla** fog **4; Hay niebla.** It's foggy. **4**

la **nieve** snow **4**

ningún, ninguno(-s), ninguna(-s) none, not any, no, neither (of them) **4; ninguna parte** nowhere **10**

la **niña** girl, child **1**

el **niñero,** la **niñera** baby-sitter

la **niñez** childhood

el **niño** boy, child **1**

el **nivel** level

no no; **No hay (ningún) problema.** There's no problem.; **No hay de qué.** You're welcome. (It's nothing.) **9; No importa.** It doesn't matter. **8; No veo la hora de** (+ *inf).* I can't wait (+ *inf).* **12**

la **noche** night, evening; **por la noche** at night **3**; **de la noche** P.M. **3; Buenas noches.** Good night. Good evening. **CP**

la **Nochebuena** Christmas Eve **12**

nombrar to name

el **nombre**   name **4**
nominal   nominal; in name
nominar   to nominate
el **noroeste**   northwest
el **norte**   north **2**
norteamericano   North American **2**
nos   *dir obj* us **5;** *indir obj* (to, for) us **6;** *refl pron* ourselves; *recip* each other, one another
nosotros, nosotras   *subj* we **CP;** *obj of prep* us, ourselves **6**
la **nota**   grade **9;** **sacar una nota**   to get a grade **9**
la **noticia**   news item **15**
las **noticias**   news **11**
el **noticiero**   news program **11**
novecientos   nine hundred
la **novela**   novel
noventa   ninety
la **novia**   girlfriend; bride; fiancée **9**
noviembre   November **4**
el **novio**   boyfriend; groom; fiancé **9**
la **nube**   cloud **4**
nublado   cloudy; **Está nublado.**   It's cloudy. **4**
nubloso   cloudy
nuestro(s), nuestra(s)   our, (of) ours **3**
nueve   nine
nuevo   new **2; ¿Qué (y) hay de nuevo?**   What's new?
la **nuez, las nueces**   nut(s)
el **número**   number; **el número de teléfono**   telephone number **1**
numeroso   numerous
nunca   never, not ever **4**

nuyorriqueño   Nuyorican (New York Puerto Rican)

O

o   or; **o...o**   either ... or **4**
el **objetivo**   objective
el **objeto**   object
obligar (gu)   to compel
la **obra**   work, artistic work **6; la obra de teatro**   play **6; la obra maestra**   masterpiece
el **obrero, la obrera**   worker **11**
obsesionado   obsessed
obtener   to obtain
occidental   western
ochenta   eighty
ocho   eight
ochocientos   eight hundred
octavo   eighth
octubre   October **4**
ocupado   busy **11**
ocurrir   to happen, occur
el **odio**   hatred
el **oeste**   west **2**
ofender   to offend **15**
ofenderse   to take offense; to be (get) offended **15**
la **oferta**   sale, (special) offer **16; en oferta**   on sale **16**
la **oficina**   office **1; la oficina de correos**   post office
el **oficio**   job
ofrecer (zc)   to offer
oír   to hear, to listen **8; Oiga, señor(-a)...**   Excuse me, sir (ma'am) ... (*literally,* Listen, sir [ma'am] ...) **10**

Ojalá que...   I (we, let's) hope (it is to be hoped) that . . . **13**
el **ojo**   eye **13**
la **ola**   wave
olvidar   to forget
olvidarse de   to forget to **15**
once   eleven
la **ópera**   opera **2**
la **operación**   operation
opinar   to think of
oponerse (g)   to oppose
la **oportunidad**   opportunity **5**
oprimido   oppressed
optimista   optimistic **2**
la **oración**   sentence
el **orden**   order, sequence
la **orden**   order **10**
ordenado   neat
la **oreja**   ear **13**
organizar (c)   to organize
el **orgullo**   pride
orgulloso   proud **15**
el **origen**   origin
originar   to create
el **oro**   gold **2**
os   *dir obj* you **5;** *indir obj* (to, for) you **6;** *refl pron* yourselves
oscuro   dark
el **otoño**   fall; autumn **4**
otro   other, another **2; otra vez**   again, once more **2; Otro día tal vez...**   Another day perhaps . . .
el **ozono**   ozone

P

la **paciencia**   patience
el, la **paciente**   patient **13**
el **padre**   father **1**
los **padres**   parents **1**
el **padrino**   godfather
los **padrinos**   godparents; host family

la **paella**   dish with rice, shellfish, chicken, and vegetables **8**
pagano   pagan
pagar (gu)   to pay (for)
la **página**   page **CP; página en la red**   Web page; **página principal**   Web page **14**
el **país**   country; nation **2**
el **pájaro**   bird **CS**
la **palabra**   word
el **palacio**   palace
pálido   pale
el **pan**   bread **8**
la **panadería**   bakery **16**
panameño   Panamanian
la **pantalla**   screen **14**
el **pantalón**   pair of pants **7**
los **pantalones**   pants **7**
la **pantomima**   pantomime
el **Papa**   Pope **11**
la **papa**   potato **8; las papas fritas**   french fries **8**
el **papel**   paper **CP;** role **12; hacer el papel (de)**   to play the role (of) **12**
el **paquete**   package
el **par**   pair
para   for; in order to **1; para que**   so that **15; ¿Para qué sirve?**   What do you use it for? **7**
la **parada**   stop **6**
el **paraguas**   umbrella **7**
paraguayo   Paraguayan
parar   to stop **10**
parecer (zc)   to seem, appear **9; ¿Qué le (te) parece si vamos a...?**   How do you feel about going to . . . ?

la **pared** wall **CP**

la **pareja** pair, couple **9**

los **paréntesis** parentheses

el **pariente** relative *(family)* **1**

el **parque** park **5**; el **parque de diversiones** amusement park; el **parque zoológico** zoo

la **parte** part; **alguna parte** somewhere **10**; **la mayor parte** most; greater part, majority **13**; **ninguna parte** nowhere **10**; **Por otra parte...** On the other hand . . . ; **¿De parte de quién?** Who's speaking?

participar to participate

el **participio** participle

la **partida** departure

el **partido** match, game; *(political)* party; el **partido de fútbol** soccer game

partir: a partir de from

el **párrafo** paragraph

la **parrilla** grill

el **pasado** past

pasado past; last **7**

el **pasaje** ticket; fare **10**

el **pasajero**, la **pasajera** passenger **2**

el **pasaporte** passport **1**

pasar to pass; to spend time **1**; to happen, occur **11**; **pasar hambre** to go hungry; **pasarlo bien** to have a good time; **¿Qué te pasa?** What's wrong? What's the matter with you?

el **pasatiempo** pastime **6**

pasear to stroll, walk **10**

el **paseo** walk, stroll, ride **6**; trip, outing **10**; **dar un paseo** to take a walk **6**

el **paso** passing

el **pastel** pastry, cake

la **pastilla** tablet **13**

patinar to skate **6**

el **patio** patio

la **patria** native land

el **patrón**, la **patrona** patron; master, boss

el **pavo** turkey **12**

la **paz** peace **1**

la **pedagogía** pedagogy, teaching

pedir (i, i) to ask, ask for; to order *(in a restaurant)* **6**

la **película** film, movie **5**

peligroso dangerous

el **pelo** hair **13**

la **pelota** ball

penitente penitent

pensar (ie) to think; to plan; to intend **5**; **pensar de** to think about, have an opinion of **5**; **pensar en** to think about, reflect on **5**; **Pienso...** I intend (plan) . . .

la **pensión** boardinghouse **10**

peor worse **7**; el, la **peor** the worst **7**

el **pepino** cucumber

pequeño small, little **2**

la **pera** pear

perder (ie) to lose; to miss *(train, plane, etc.)*; to waste *(time)* **5**; **perder (el) tiempo** to waste time

perdición: el centro de perdición den of iniquity

perdido lost **2**

Perdón. Excuse me. **9**; **Perdóneme. (Perdóname.)** Forgive me. *(also:* Excuse me., I am sorry.)

perdonar to forgive, pardon **10**

el **periódico** newspaper **11**

periodístico journalistic

el **período** period

permanecer (zc) to remain

el **permiso** permission; **Con permiso.** Excuse me. (With your permission.) **9**

permitir to permit, allow **12**

pero but **1**

la **persona** person **2**

la **pertenencia** possession

perturbar to disturb

peruano Peruvian

pesar to weigh

pesar: a pesar de in spite of

el **pescado** fish **8**

pescar to fish

la **peseta** *monetary unit of Spain* **CP**

pesimista pessimistic **2**

pésimo terrible

el **(nuevo) peso** *monetary unit of Mexico*

el **petróleo** petroleum

el **pez**, los **peces** fish **CS**

el **piano** piano **6**

picante hot, spicy *(said of foods)* **8**

el **picnic** picnic **15**

el **pico** peak

el **pie** foot **13**; **a pie** on foot **10**

la **piedra** stone **CS**

la **pierna** leg **13**

el **pijama** pajamas **7**

la **píldora** pill **13**

la **pimienta** (black) pepper **8**

pintar to paint **6**

el **pintor**, la **pintora** painter

pintoresco picturesque

la **pintura** painting; paint

la **piña** pineapple **8**

la **piñata** piñata, *hanging pot filled with candy which is broken with a stick at a party* **12**

la **pirámide** pyramid

el **pirata** pirate

el **piso** floor, story

la **pizarra** blackboard **CP**

el **plan** plan

planear to plan

la **planta** plant **CS**

plantar to plant

la **plata** silver; money

la **plataforma** platform

el **plátano** banana; plantain **8**

el **plato** plate; dish **2**

la **playa** beach **4**

la **plaza** plaza, square

la **pluma** pen

la **población** population

pobre poor **2**; **¡Pobrecito!** Poor thing! **5**; los **pobres** the poor **16**

la **pobreza** poverty

poco little; *pl* few **6**; **dentro de poco** soon; **poco a poco** little by little

poder (ue) to be able, can **6**; **¿Me podría dar (pasar, prestar, etc.)..., por favor?** Could you give (pass, loan, *etc.)* me . . . , please? **14**; **No puede ser.** It can't be. **7**; **¿Nos (me) puede traer...?**

Can you bring us (me) . . . ? **8;¿Le (te) puedo (+ *inf*)…?** May I . . . to (for) you? **6; Puede (Podría) ser.** It could be.; **¿Se puede (+ *inf*)…?** Can one (we, I) . . . ?; **¿En qué puedo servirlo(-la)?** How can I help you? **14**
el **poder** power; **llegar al poder** to come to power
poderoso powerful
el **poema** poem **6**
la **poesía** poetry
el, la **poeta** poet
poético poetic
el **policía, la mujer policía** police officer **3**
la **policía** police force
el **poliomielitis** polio
el, la **político** politician; *adj* political
el **pollo** chicken **8**
el **poncho** poncho **16**
poner (g) to put; to place **3;** to turn on; to light **11; poner atención** to pay attention; **poner la mesa** to set the table **8**
ponerse (g) to put on *(clothing)* **7; ponerse (+ *adj*)** to become (+ *adj*) **15; ponerse de acuerdo** to agree
popular popular **2**
por by; for; through; because of **1;** per; **por cierto (+ *indic*)…** Certainly . . . ; **¡Por Dios!** Good Lord!; **¿Por dónde va uno a…?** How do you get to . . . ? **10; por**

ejemplo for example **3; por el contrario** on the other hand **CS; por esas razones** for those reasons; **Por eso…** For that reason . . . ; **Por favor.** Please. **CP; por fin** finally **9; por la mañana** in the morning **3; por medio de** by means of, through; **por la noche** in the evening (night) **3; por la tarde** in the afternoon **3; Por lo tanto…** Therefore . . . ; **por otra parte** on the other hand **CS; ¿Por qué?** Why?; **por suerte** luckily; **por supuesto** of course, naturally; **por todas partes** everywhere
el **porcentaje** percent
porque because **1**
portátil portable
posible possible **13**
posiblemente possibly
la **postal** postcard
el **postre** dessert **8**
la **práctica** practice
practicar (qu) to practice **3**
práctico practical **3**
el **precio** price; el **precio fijo** fixed price **16;** el **precio rebajado** reduced price
precolombino pre-Columbian, before Columbus **6**
preferir (ie, i) to prefer **5**
la **pregunta** question **1; Buena pregunta.** Good question. **7**
preguntar to ask **2**

el **prejuicio** prejudice
preliminar preliminary
el **premio** prize **11**
prender to turn on; to light; to grasp **11**
la **prensa** press
preocupado worried
preocuparse (de) (por) to worry (about) **7**
preparar to prepare **2**
la **presencia** presence
la **presentación** introduction
presentar to introduce **12;** to present; **presentarse: presentarse a las elecciones** to run for office
la **presidencia** presidency
el, la **presidente** president **2**
prestar to loan; lend **6**
el **prestigio** prestige
la **primavera** spring **4**
primero *(shortened form,* **primer)** first **4**
el **primo, la prima** cousin **1**
principal principal, main **7**
principio: al principio at first
prisa: tener prisa to be in a hurry
privado private
probablemente probably
el **probador** fitting room
probar(se) (ue) to try (on)
el **problema** problem **4; No hay (ningún) problema.** There's no problem.
proclamar to proclaim
la **producción** output **14**
la **profesión** profession **3**
el **profesor, la profesora** professor **CP**

profundo deep
el **programa** program **3;** el **programa documental** documentary program
la **programación** software **14**
programar to program **6**
progresista progressive
el **progreso** progress **2**
prohibido prohibited
prohibir (í) to forbid, prohibit; **Se prohíbe (+ *inf*)…** It's prohibited, forbidden.
la **promesa** promise **6**
prometer to promise **6**
el **pronombre** pronoun
pronto soon; fast **3; tan pronto como** as soon as
el **pronunciamiento** edict
la **propiedad** property, real estate
propio own; **Es su (tu) propia culpa.** It's your own fault. **5**
el **propósito** purpose; **A propósito de…** Regarding . . . ; **A propósito…** By the way . . .
próspero prosperous
proteger to protect
protestar to protest **11**
el **provecho** benefit; **¡Buen provecho!** Enjoy the meal! **8**
la **provincia** province
provocar (qu) to provoke
próximo next **12**
el **proyecto** project
la **psicología** psychology **3**
el **psicólogo, la psicóloga** psychologist
publicar to publish

el **público** public **11**
el **pueblo** town; people **11**
el **puente** bridge
la **puerta** door **CP**
el **puerto** port **10**
puertorriqueño
　　Puerto Rican **5**
Pues... Well . . . **7**
la **pulsera** bracelet
el **punto** point
puntual punctual
puro pure **16**

Q

que *rel pron* that;
　　which, who **9;**
　　¿Qué? What? **1;**
　　¿Por qué? Why?
　　1; ¡Qué alegría!
　　How happy I am! I'm
　　so happy!; **¡Qué**
　　alivio! What a
　　relief! **15; ¡Qué**
　　barbaridad! Good
　　grief *(literally,* What
　　barbarity)! **5; ¿Qué**
　　es esto? What is
　　this? **CP; ¡Qué**
　　escándalo! What a
　　scandal!; **¿Qué**
　　espera(s)? What
　　do you expect? **5;**
　　¡Qué gusto! What
　　a pleasure!; **¿Qué**
　　hay de nuevo?
　　What's new?; **¿Qué**
　　hora es? What
　　time is it? **3; ¡Qué**
　　horror! How
　　horrible!; **¿Qué**
　　importancia tiene?
　　What's so important
　　(about that)? **5; ¿Qué**
　　increíble! How
　　amazing! **15; ¡Qué**
　　injusticia! How
　　unfair! **12; ¡Qué**
　　lástima! What a

shame (pity)! **5;**
¡Qué mala suerte!
What bad luck! **5;**
¡Qué mundo más
pequeño! What a
small world!; **¿Qué**
nos recomienda?
What do you
recommend (to us)?;
¡Qué sorpresa!
What a surprise!;
¡Qué suerte! What
luck!; **¿Qué tal?**
How are things? **CP;**
¿Qué tal el examen?
How was the exam?
CP; ¿Qué te pasa?
What's wrong?
What's the matter
with you?; **¿Qué**
tiempo hace?
What's the weather
like? **4; ¿Qué**
tontería! What
nonsense! **11; ¡Qué**
ya! Oh, come on! **7**
quebrar (ie) to break
quechua Quechua
　　(indigenous language
　　or people of the
　　Andean region)
quedar to be left,
　　remain **7**
quedarse to stay **7**
la **queja** complaint
quejarse to complain
　　12
la **quena** kind of Indian
　　flute
querer (ie) to want, to
　　love **5; querer decir**
　　to mean **6**
querido dear
el **queso** cheese **8**
el **quetzal** monetary unit
　　of Guatemala
quien *rel pron* who,
　　whom **9**
¿Quién? ¿Quiénes?
　　Who? Whom? **1**

la **química** chemistry **3**
quince fifteen
quinientos five
　　hundred
quinto fifth
Quisiera... I would
　　like . . . **14**
quitar to remove; take
　　away
quitarse to take off
　　(clothing) **7**
quizás perhaps **2;**
　　Quizás (+ *indic or*
　　subjunc)... Perhaps
　　. . . **13**

R

la **rabia** anger, rage **15**
la **radio** radio **1**
la **raíz** root; origin
rápidamente rapidly,
　　fast **4**
la **raqueta** racket
raramente rarely
el **rato** short time; **hace**
　　un rato a short
　　while ago
el **ratón** mouse **14**
la **raza** race
la **razón** reason; **tener**
　　razón to be right **4;**
　　por esas razones
　　for those reasons
la **realidad** reality; **en**
　　realidad in reality,
　　really
realista realist **2**
realizar (c) to realize,
　　perform, fulfill
realmente really **5**
rebajado reduced;
　　marked down; on
　　sale **16**
rebajar to lower; to
　　reduce; to mark
　　down **16**
el, la **rebelde** rebel
la **recepción** reception
　　desk

el, la **recepcionista**
　　receptionist **6**
la **receta** prescription;
　　recipe **13**
rechazar (c) to reject
recibir to receive **3**
reciclar to recycle
recientemente
　　recently
recoger (j) to pick up
recomendar (ie) to
　　recommend **13**
reconstruir (y) to
　　reconstruct
recordar (ue) to
　　remember **6**
recorrer: recorrer la
　　red to surf the Net
　　14
el **recreo** recreation
el **recuerdo** souvenir;
　　remembrance
recuperar to recover
la **red** Net **14**
reelegir (i, i, j) to
　　reelect
referirse a (ie) to refer
　　to
reflejar to reflect
refrescar (qu) to
　　refresh
el **refresco** soft drink
el **refugiado,** la **refugiada**
　　refugee
el **refugio** refuge
el **regalo** gift **1**
regatear to bargain **16**
el **régimen** regime
registrar to register,
　　record
regresar to return, go
　　back **5**
regularmente regularly
rehusar to refuse
el **reino** kingdom
reírse (i, i) to laugh **15**
religioso religious **9**
relleno stuffed
el **reloj** watch; clock **2**
relucir (zc) to glitter

reparar to repair
repasar to review
el **repaso** review
repetir (i, i) to repeat
6; Repitan.
Repeat. **CP; Repita,
por favor.** Repeat
that, please.
el **reportaje** report **11**
el **reportero**, la **reportera**
reporter **4**
representar to
represent **3**
reprochar to reproach
reproducir (zc, j) to
reproduce
requerir (ie) to require
el **resentimiento**
resentment
la **reservación**
reservation **6**
reservar to reserve **6**
el **resfrío** cold **13; tener
resfrío** to have a
cold **13**
la **residencia estudiantil**
dorm
resolver (ue) to solve
respetar to respect,
esteem
respeto: con respeto a
with respect to
respirar to breathe
responder to answer,
respond
la **responsabilidad**
responsibility
responsable
responsible **2**
la **respuesta** answer;
response **10**
el **restaurante** restaurant
1
resuelto *pp* solved
el **resultado** result
resultar to result
resumen summary;
En resumen… In
short . . . (In
conclusion . . .)

retirarse to withdraw
retomar to retake;
conquer
el **retrato** portrait
la **reunión** meeting **11**
reunirse to meet, get
together **12**
revisar to check,
examine
la **revista** magazine **11**
el **rey** king; los **Reyes
Magos** Three
Kings (Three Wise
Men) **12**
rico rich (*in property*)
2; delicious, good,
tasty **8**
ridículo ridiculous **7;
¡Qué ridículo!**
How ridiculous! **7**
rígido strict
el **río** river
la **riqueza** wealth,
splendor
la **risa** laughter **15; darle
risa (a alguien)** to
make (someone)
laugh
el **ritmo** rhythm **5**
robar to rob; steal
el **robo** theft, robbery
Rocosas: las Rocosas
Rockies
la **rodilla** knee **13**
rojo red **7**
romano Roman
romántico romantic
romper to break **9;
romper con** to
break up with **9**
la **ropa** clothing **7;** la
ropa interior
underwear
el **ropero** closet
la **rosa** rose
rosa rose colored
el **rostro** face
roto *pp* broken
rubio blond **2**
el **ruido** noise **14**

la **ruina** ruin **10**
la **rutina** routine **7**

S

el **sábado** Saturday **4**
saber to know (*facts,
information*), know
how to **5; ¿Sabías
que…?** Did you
know that . . . ? **9**
sabroso delicious **8**
sacar (qu) to take
(out); to get **9; sacar
fotos** to take
pictures **6; sacar una
nota** to get a grade
9
el **sacerdote** priest
el **sacrificio** sacrifice
sagrado sacred
la **sal** salt **8**
la **sala** living room; la
sala de clase
classroom; **sala de
estar** living room
la **salida** exit; departure;
output **14**
salir (g) to leave, go
out **3;** to come out;
salir del sistema to
log off **14**
la **salsa** sauce; music of
Afrocuban and New
York origin **5**
el **salsero**, la **salsera**
salsa musician or
singer **5**
la **salud** health **13;
¡Salud!** Cheers!
Gesundheit!
(*literally,* Health!) **9;
Salud y plata y
un(a) novio(-a) de
yapa.** Health,
money (*silver*), and a
sweetheart besides.;
**Salud, amor y
pesetas y el tiempo
para gozarlos**

(**gastarlos**). Health,
love, and money and
the time to enjoy
(spend) them.
saludar to greet **12**
salvadoreño
Salvadoran
salvar to save
la **sandalia** sandal **7**
el **sándwich** sandwich **8**
la **sangre** blood
la **sangría** sangría, *drink
made with fruit and
wine*
sano healthy
la **santería** Afro-
Caribbean religion
el **santo**, la **santa** saint
la **sardana** Catalonian
dance
satisfactorio
satisfactory
se *indir obj* (to) him,
her, it, you, them;
impersonal subj pron
one, people, they; *refl
pron* himself, herself,
itself, yourself,
yourselves,
themselves; *recip*
each other, one
another
seco dry
el **secretario**, la **secretaria
(bilingüe)**
(bilingual) secretary
3
secundario secondary;
la **escuela
secundaria** high
school
la **sed** thirst; **tener sed**
to be thirsty **4**
seguida: en seguida at
once, immediately **10**
seguir (i, i) to
continue, to follow **6;
seguir un curso** to
take a course **6; Siga
adelante (derecho).**

Keep going straight. **10; Siga por la calle…** Follow . . . Street **10**

según according to **2**

segundo second

seguro sure; certain **13**; safe; **Seguro.** Certainly. Sure. Of course. Naturally.

seis six **1**

seiscientos six hundred

seleccionar to choose

la **selva** jungle

la **semana** week **1; la semana que viene** next week

el **semestre** semester **9**

el **seminario** seminary

sencillo simple

el **sendero** path

sensible sensitive **2**

sentarse (ie) to sit down, be seated **7**

el **sentimiento** feeling

sentir (ie, i) to feel; to sense **13; sentir que** to be sorry that **13; Lo siento (mucho).** I'm (very) sorry.

sentirse (ie, i) (+ *adj*) to feel a certain way **13**

el **señor** man; gentleman; sir; Mr. **CP**

la **señora** lady; ma'am; Mrs. **CP**

la **señorita** young lady; miss; Miss **CP**

separar to separate

septiembre (setiembre) September **4**

ser to be **2; ¿De qué es?** What is it made of? **7; Es…** It's . . . **CP; Es de esperar.** It's to be expected. **5; Es demasiado…** It's too . . . **16; Es que**

The thing is that . . . **7; No puede ser.** It can't be. **7**

la **serie** series

serio serious; **¡Pero no habla(s) en serio!** But you're not serious! **7; ¿En serio?** Really? **9**

el **servicio** service **15**; benefit

servir (i, i) to serve **6; ¿En qué puedo servirlo(-la)?** How can I help you? **6; Esto (Eso) no sirve.** This (That) doesn't work.; **¿Para qué sirve?** What do you use it for? **7**

sesenta sixty

setecientos seven hundred

setenta seventy

los **shorts** shorts **7**

si if, whether **3; Si quiere, podría…** If you like, I could . . . **6**

sí yes **CP**

el **SIDA** AIDS (Acquired Immune Deficiency Syndrome)

siempre always **3**

la **sierra** mountain range

la **siesta** siesta (*afternoon nap or rest*)

siete seven

el **siglo** century **3**

el **significado** meaning

significar (qu) to mean

el **signo** sign

siguiente following; next **10**

el **silencio** silence **CS**

la **silla** chair **CP**

el **sillón** armchair **16**

el **símbolo** symbol **7**

simpático nice **2**

simple single; simple

simultáneo simultaneous

sin without; **sin embargo** however; **sin que** without **15**

la **sinagoga** synagogue

sincero sincere

sino if not; but

sinónimo synonymous

el **síntoma** symptom **13**

el **sistema** system

el **sitio** place **10; sitio de interés** point (site) of interest **10**

la **situación** situation **1**

situar (ú) to situate, locate

la **soberanía** sovereignty

sobre on, about; over, on, upon **1**

sobrevivir to survive, remain

la **sobrina** niece

el **sobrino** nephew

la **sociedad** society

la **sociología** sociology

sociopolítico sociopolitical

el **sofá** sofa **16**

el **sol** sun; **hacer sol** to be sunny **4**

solamente only **6**

el **soldado** soldier

solitario solitary

solo *adj* alone, single **9**

sólo *adv* only **7**

soltero single, unmarried **9**

el **sombrero** hat **7**

sonoro harmonious

soñar (ue) con to dream about, to dream of **6**

la **sopa** soup **8**

sorprender to surprise **13**

la **sorpresa** surprise **12; ¡Qué sorpresa!** What a surprise! **12**

el **sostén** brassiere

su(s) his, her, its, your, their, one's **3**

subir to climb, go up **10; subir a** to get on; to go up; to get into **10**

el **sueldo** salary **16**

el **suelo** floor, ground

el **sueño** dream

la **suerte** luck **5; por suerte** luckily **7; ¡Qué suerte!** What luck!

el **suéter** sweater **7**

sufrir to suffer

la **supercarretera** superhighway **14**

el **supermercado** supermarket

la **superpoblación** overpopulation **11**

supuesto: por supuesto of course, naturally

el **sur** south **2**

suramericano South American

surfear to surf **14**

el **sustantivo** noun

el **susto** fright **15**

suyo, suya, suyos, suyas his, of his, her, of hers; your, of yours; their, of theirs

T

taíno indigenous people of the Caribbean

tal such; **con tal de que** provided that; **tal vez** perhaps, maybe; **Tal vez** (+ *indic or subjunc*)… Perhaps . . . **13; ¿Qué tal?** How are things? **CP**

la **talla** size, measurement

el **tamaño** size; **¿De qué tamaño es?** What size is it?

también also, too **1**

tampoco not either, neither **4**; **Ni yo tampoco.** I don't either.

tan so; as **7**; **tan** (+ *adj or adv* +) **como** as . . . as **7**; **tan pronto como** as soon as **15**

tanto (**-a, -os, -as**) so much **7**; so many; **tanto como** as much as **7**; **Por lo tanto…** Therefore . . . ; **Tanto mejor.** So much the better.

el **tapiz** tapestry **16**

tardar en to take (a long time) to

tarde late **5**; la **tarde** afternoon; evening *(before sunset)* **4**; **por la tarde** in the afternoon **3**; **de la tarde** P.M. **3**; **Buenas tardes.** Good afternoon. **CP**

la **tarea** task, assignment

la **tarjeta** card **12**; la **tarjeta de crédito** credit card

la **tasa de cambio** exchange rate **14**

el **taxi** taxi **10**

la **taza** cup **8**

el **té** tea **8**

te *dir obj* you **5**; *indir obj* (to, for) you **6**; *refl pron* yourself

el **teatro** theater **2**

el **techo** roof

telefónico (by) telephone

el **teléfono** telephone **1**

la **televisión** television **1**

el **televisor** television set

el **tema** subject, topic **5**

temer to fear

la **temperatura** temperature **4**

el **templo** temple **7**

temprano early **5**

la **tendencia** tendency

el **tenedor** fork **8**

tener (**ie**) to have **3**; **tener que** (+ *inf*) to have to (+ *inf*) **3**; **tener… años** to be . . . years old **4**; **tener calor (frío)** to be warm (cold) *(a person or animal)* **4**; **tener celos (de)** to be jealous (of); **tener cuidado** to be careful **4**; **tener dolor de cabeza (estómago)** to have a headache (stomachache) **4**; **tener en cuenta** to take into account; **tener éxito** to be successful; **tener fiebre** to have a fever **4**; **tener ganas de** (+ *inf*) to feel like *(doing something)* **3**; **tener hambre** to be hungry **4**; **tener la oportunidad de** to have the opportunity to; **tener lugar** to take place; **tener miedo (de) que** to be afraid that **13**; **tener prisa** to be in a hurry **15**; **tener razón** to be right **4**; **tener sed** to be thirsty **3**; **tener sueño** to be sleepy **3**; **tener suerte** to be lucky **3**; **tener tos** to have a cough **13**; **tener una cita** to

have a date; to have an appointment **9**; **No tengo la menor idea.** I don't have the slightest idea. **13**; **¿Qué edad tienes?** How old are you? **14**; **Tengo mis dudas.** I have my doubts.; **Tiene(s) la culpa.** It's your fault. **5**; **Sí, tiene(s) razón.** Yes, you're right.

el **tenis** tennis **6**

la **teología** theology

teóricamente theoretically

tercero *(shortened form,* **tercer***)* third

la **terminación** ending

la **terminal** terminal **15**

terminar to finish, end **9**

el **terremoto** earthquake **11**

terriblemente terribly

el **territorio** territory

el **tesoro** treasure

ti *obj of prep* you, yourself **6**

la **tía** aunt **1**

tibio lukewarm

el **tiempo** time *(in a general sense)* **3**; weather **4**; **a tiempo** on time; **¿Qué tiempo hace?** What's the weather like? **4**; **Hace buen (mal) tiempo.** The weather is nice (bad). **4**

la **tienda** shop, store **5**

la **tierra** earth, land, country **CS**

tímido timid, shy

el **tío** uncle **1**

típico typical **2**

el **tipo** type **9**; *(slang)* guy **9**

tira: la **tira cómica** comic strip

el **titular** headline

el **título** title; degree

la **tiza** chalk

tocar (**qu**) to touch; to play *(music or a musical instrument)* **6**

todavía still, yet **3**

todo all, every **3**; whole, entire; **todo el mundo** everyone **4**

todos all, every, everyone **3**; **todos los días** every day **4**; **todas las semanas** every week **4**

tomar to take; to drink **4**; **tomar sol** to sunbathe

el **tomate** tomato **8**

la **tontería** nonsense

tonto stupid, silly

el **toro** bull

la **torta** cake **8**

la **tortilla** omelet

la **tortuga** tortoise; turtle

torturado tortured

la **torre** tower

la **tos** cough **13**; **tener tos** to have a cough

total: Total que… So . . .

trabajador hardworking **2**

el **trabajador,** la **trabajadora** worker; el **Día de los Trabajadores** Labor Day

trabajar to work **1**

el **trabajo** work **5**; la **agencia de trabajo** employment agency

traducir (**zc, j**) to translate

traer (**j**) to bring, carry **8**

el **tráfico** traffic **2**

el **traje** suit; outfit **7;** el **traje de baño** swimsuit **7**

tranquilo tranquil, calm **CS**

transmitir to transmit

el **transplante** transplant

el **transporte** transportation

tratar (de) to try (to) **5**

trece thirteen

treinta thirty

tremendo tremendous

el **tren** train

tres three

trescientos three hundred

la **tribu** tribe

el **trimestre** trimester

triste sad **15**

la **tristeza** sadness **15**

el, la **trombonista** trombonist

las **tropas** troupes, troops

tú *subj pron* you *(fam)* **CP**

tu(s) your *(fam)* **5**

la **tumba** tomb

turbulento turbulent; stormy

el **turismo** tourism

el, la **turista** tourist **1**

turístico tourist

tuyo, tuya, tuyos, tuyas your, of yours

U

u or *(replaces* o *before words beginning with* o *or* ho-*)*

último most recent, latest; last

un, una a, an; one

único unique **5;** only; el **único** the only one

la **unidad** unity

unificar (qu) to unify

unir to unite

la **universidad** university **1**

universitario *adj* university **3**

uno one

unos, unas some; a few

urbano urban

la **urgencia** urgency

urgente urgent **5**

uruguayo Uruguayan **10**

usar to use **10**

el **uso** use

usted *subj* you *(formal)* **CP;** *obj of prep* you *(formal)*

ustedes *subj* you *(formal pl)* **CP;** *obj of prep* you *(formal pl)*

el **usuario** user

útil useful

la **utilización** use

utilizar use, utilize

la **uva** grape

V

la **vaca** cow; la **carne de vaca** beef **8**

las **vacaciones** vacation **1; estar de vacaciones** to be on vacation; **ir de vacaciones** to go on vacation **4**

vacío empty

la **vainilla** vanilla

valer to be worth **16;** **¿Cuánto vale…?** How much is . . . ?; **valer la pena** to be worth it

el **valle** valley **CS**

vallenata folk music of Colombia

el **valor** value, price

la **vanidad** vanity

vanidoso vain

variado varied

variar to vary

la **variedad** variety

varios several, some; various **5**

el **vaso** glass **8**

el **vecino,** la **vecina** neighbor **12**

veinte twenty

veintiuno twenty-one

la **vela** candle

el **vendedor,** la **vendedora** salesperson **3**

vender to sell **3**

venezolano Venezuelan

la **venganza** revenge

venir (ie) to come **3**

la **venta** sale, selling **16; en venta** for sale **16**

la **ventaja** advantage

la **ventana** window **CP**

ver to see **5; Bueno, nos vemos.** We'll be seeing each other.; **A ver.** Let's see. **7; No veo la hora de** (+ *inf*). I can't wait (+ *inf*). **12**

el **verano** summer **4**

veras: ¿De veras? Really? **7**

el **verbo** verb

la **verdad** truth **1; Es verdad.** It's true.; **¿verdad?** right?, true? **1**

verdaderamente truly

verdadero true; real **1**

verde green **7**

la **verdura** vegetable **8**

la **vergüenza** shame **15; darle vergüenza a alguien** to make someone ashamed **15**

el **vestido** dress **7**

vestir (i, i) to dress **7**

vestirse (i, i) to get dressed **7; vestirse de** to dress as

la **vez** time, instance **2; a veces** sometimes **5; cada vez más** more and more; **de vez en cuando** from time to time

viajar to travel **1**

el **viaje** journey, trip **10;** el **viaje de negocios** business trip **10**

el **viajero,** la **viajera** traveler **10**

la **vida** life **3**

viejo old **2**

el **viento** wind **4**

el **viernes** Friday **4**

vigilar to watch (over)

el **vino** wine **8**

la **viñeta** vignette

violento violent

violeta violet **7**

el **violín** violin **6**

visigodo Visigoth

la **visita** visit; **estar de visita** to be visiting

visitar to visit **1**

la **vista** view **10**

la **vitamina** vitamin **13**

vivir to live **3**

el **vocabulario** vocabulary **CP**

volar (ue) to fly

el **volcán** volcano **11**

el **vólibol** volleyball **6**

la **voluntad** will

volver (ue) to return, come back, go back **6**

volverse (ue) to become; **volverse loco** to go crazy

vosotros, vosotras *subj* you *(fam pl)* **CP;** *obj of prep* you, yourselves *(fam pl)*

votar to vote

la **voz** voice; **voces** *pl* voices

el **vuelo** flight **4**

la **vuelta** return; **de ida y vuelta** round-trip

vuestro(s), vuestra(s) your, (of) yours *(fam pl)* **3**

Y

y and **CP**; **¿Y qué?** So what? **5**

ya already **9**; now; **¡Ya lo creo!** I believe it!; **ya no** no longer, not any longer **9**

yanqui Yankee

yo *subj* I **CP**

Z

la **zapatería** shoe store

el **zapato** shoe **7**

la **zona** zone

el **zoológico** zoo

English-Spanish Vocabulary ▲▲▲▲▲▲▲

The following abbreviations are used:

adj	adjective	*p*	plural
adv	adverb	*poss adj*	possessive adjective
conj	conjunction	*pp*	past participle
contr	contraction	*prep*	preposition
dir obj	direct object	*pres*	present
f	feminine	*pres p*	present participle
fam	familiar	*pret*	preterit
imp	imperfect	*pron*	pronoun
indic	indicative	*recip*	reciprocal
indir obj	indirect object	*refl*	reflexive
inf	infinitive	*rel pron*	relative pronoun
m	masculine	*subj*	subject
n	noun	*subjunc*	subjunctive
obj of prep	object of preposition	*v*	verb

A

a, an un, una

A.M. de la mañana

able: be able poder

about de, acerca de, sobre

abstract abstracto

accident el accidente

accompany acompañar; **accompanied by** acompañado de

according to según

across: go across cruzar (c)

act el hecho; el acto *(in a play)*

actor el actor

actress la actriz

add agregar

additional adicional; **in addition (to) . . .** además (de)...

admiral el almirante

admire admirar

admit reconocer (zc)

advertisement el anuncio

advice los consejos; **piece of advice** el consejo

affectionately cariñosamente

afraid: be afraid tener miedo

after *adv* después; *conj* después (de) que; *prep* después (de); **after all . . .** a fin de cuentas…, después de todo

afternoon la tarde; **in the afternoon** por la tarde

afterward después (de)

again otra vez; **once again** nuevamente

against contra

age la edad

agency la agencia

agent el, la agente

ago hace... que + *(pret or imp)*

agree estar de acuerdo

AIDS el SIDA

air el aire

airplane el avión

airport el aeropuerto

allied aliado

allow dejar, permitir

almost casi

alone solo

already ya

also también

although aunque

always siempre

American el americano, la americana

among entre

amuse divertir (ie, i)

amusing divertido

ancient antiguo

and y; *(before i- or hi-)* e

Andean andino

anger la rabia, el enojo

Anglo-Saxon anglosajón

angry enojado; **get angry** enojarse, enfadarse; **make (someone) angry** darle rabia (a alguien)

anniversary el aniversario

announce anunciar

announcement el anuncio

annoy molestar

another otro

answer la respuesta; *v* contestar, responder

anthology la antología

anthropology la antropología

anxious ansioso

any algún, alguno(-a, -os, -as); cualquier(a); **not any** ningún, ninguno(-a)

anyone alguien; cualquiera

apartment el apartamento

apologize disculparse

appear parecer (zc)

apple la manzana

appointment la cita; **have an appointment** tener una cita

April abril
archaeologist el arqueólogo, la arqueóloga
archaeology la arqueología
architecture la arquitectura
Argentine argentino
arm el brazo
armchair el sillón
arms *(weapons)* las armas
army el ejército
arrest detener
arrival la llegada
arrive llegar (gu)
art, the arts el arte *f,* las artes
artisan el artesano, la artesana
artist el, la artista
as como; **as . . . as** tan… como; **as much as** tanto como; **as soon as** en cuanto, tan pronto como
ashamed avergonzado; **be (get) ashamed** avergonzarse (üe, c); **make (someone) ashamed** darle vergüenza (a alguien)
ask preguntar; rogar (ue, gu); **ask for** pedir (i, i)
asleep: fall asleep dormirse (ue, u)
aspirin la aspirina
assembly la asamblea
at en; **at home** en casa
athlete el, la atleta
athletics el atletismo
attack atacar (qu)
attempt intentar
attend asistir a
August agosto
aunt la tía

author el autor, la autora
automobile el auto
autumn el otoño
avenue la avenida
awaken despertarse (ie)
Aztec azteca

B

baby el bebé
back la espalda
backup; to make a backup file hacer un archivo de reserva
bad malo *(shortened form* mal)
badly mal
baggage el equipaje
baker el panadero, la panadera
bakery la panadería
balcony el balcón
ball *(sports)* la pelota
ballet el ballet
banana el plátano, la banana
bank el banco
barber el peluquero, la peluquera
barbershop la peluquería
bargain *(over prices) v* regatear
baseball el béisbol
basketball el básquetbol
Basque vasco
bathe bañarse
bathing suit el traje de baño
bathroom el baño, el cuarto de baño
bathtub la bañera
be estar; ser; *(impersonal)* haber; **be in a good mood** estar de buen humor; **be in agreement (with)** estar de acuerdo (con); **be in**

love (with) estar enamorado (de); **be missing or lacking** faltar; **be on vacation** estar de vacaciones
beach la playa
bean: kidney bean el frijol
beautician el peluquero, la peluquera
beautiful hermoso
beauty parlor la peluquería, salón de belleza
because porque
become *(through conscious effort)* hacerse, llegar a ser; *(temporarily)* ponerse; *(relatively permanently)* volverse (ue)
bed la cama; **go to bed** acostarse (ue)
bedroom el dormitorio, la alcoba
beef la carne, la carne de vaca
beer la cerveza
before *adv conj* antes (de) que; *prep (time)* antes (de)
beg rogar (ue, gu)
begin comenzar, empezar (ie, c), iniciar
behind detrás (de); **behind the scenes** entre bastidores
believe creer (y)
belt el cinturón
beret la boina
beside al lado (de)
besides además de
best mejor; el, la mejor
better mejor
between entre
beverage la bebida
bicycle la bicicleta
bigger más grande

biggest el, la más grande
bilingual bilingüe
bill la cuenta
biology la biología
birthday el cumpleaños
biscuit el bizcocho
black negro
blanket la frazada, la manta
block la cuadra
blond rubio
blood la sangre
blouse la blusa
blue azul
boardinghouse la pensión
boat el barco
body el cuerpo
book el libro
bookshelf el estante de libros
bookstore la librería
boot la bota
border la frontera
bored aburrido; **be (get) bored** aburrirse
boring aburrido
born: be born nacer (zc)
boss el, la jefe
both ambos
bother molestar
boutique la boutique
boy el chico, el muchacho, el niño
boyfriend el novio
brassiere el sostén
bread el pan
break romper; **break up with** romper con
breakfast el desayuno
bride la novia
bridge el puente
bring traer
brother el hermano
brother-in-law el cuñado
brown marrón, café
brunette moreno
build construir (y)
building el edificio
bull el toro

bullfight la corrida de toros

bullfighter el torero, la torera

bureau la cómoda; el buró, el escritorio

bus el autobús

business el negocio; **businessperson** el, la comerciante; el hombre (la mujer) de negocios; **business trip** el viaje de negocios

busy ocupado

but pero

butter la mantequilla

buy comprar

by por; **by the way ...** a propósito...

Bye! ¡Chau!; ¡Adios!

C

café el café

cafeteria la cafetería

cake el pastel, la torta

calendar el calendario

call llamar; **to be called** (as a name) llamarse

calm down calmarse

camera la cámara

camp el campamento; **go camping** ir de campamento

can v poder

candelabrum el candelabro

candy el dulce, los dulces

capital (city) la capital

capsule la cápsula

car el coche, el auto, el carro

card la tarjeta; **credit card** la tarjeta de crédito; **playing cards** las cartas, los naipes

care: take care (of) cuidar (a)

career la carrera

careful: be careful tener cuidado

Caribbean el Caribe

carpenter el carpintero, la carpintera

carpet la alfombra

carry llevar; traer; **carry out** cumplir

case el caso

cash register la caja

cashier el cajero, la cajera

cashier's office la caja

castanets las castañuelas

cat el gato

Catalan el catalán, la catalana

cathedral la catedral

Catholic católico

cause n la causa

cave la cueva

celebrate celebrar

celebration la celebración, la fiesta

censorship la censura

center el centro

century el siglo

ceramics la cerámica

cereal el cereal

certain cierto, indudable, seguro

Certainly. Claro., Cómo no., Por supuesto., Por cierto.

chair la silla

chalk la tiza

chalkboard la pizarra

champion el campeón, la campeona

change cambiar; **change the subject** cambiar de tema

channel el canal

Chanukah la fiesta de Janucá

chapter el capítulo

character (in a play) el personaje

cheap barato

check n (restaurant) la cuenta; (bank) el cheque; v revisar; **traveler's check** el cheque de viajero

Cheers! ¡Salud!

cheese el queso

chemistry la química

chest el pecho

chicken el pollo

chief el jefe, la jefa

child el niño, la niña

Chilean chileno

chili el chile

chocolate el chocolate

choose escoger

Christmas la Navidad

church la iglesia

citizen el ciudadano, la ciudadana

city la ciudad

civilization la civilización

class la clase

classic clásico

classmate el compañero, la compañera

classroom la (sala de) clase

clean limpiar

clearly claramente

clerk el, la dependiente

client el, la cliente

climate m el clima

climb subir

cloak el manto

clock el reloj

close cerrar (ie)

closet el ropero

clothing la ropa

cloud la nube

cloudy nublado

club el club

coast la costa

coat el saco; (winter) el abrigo

coffee el café

coffee pot la cafetera

coincidence la coincidencia

cold n (illness) el catarro, el resfrío; **have a cold** tener catarro, estar resfriado, tener un resfrío; **be (feel) cold** tener frío; **be cold** (weather) hacer frío

Colombian colombiano

colonial colonial

colonist el colonizador, la colonizadora

come venir; **come about** realizarse; **come out** salir

comfortable cómodo

command el mandato; v mandar

communication la comunicación

communist comunista

community la comunidad

company la compañía

complain quejarse (de)

composer el compositor, la compositora

composition la composición

comprehend comprender

computer la computadora; **computer science** las ciencias de computación

concerning acerca de

concert el concierto

conference la conferencia

congratulate felicitar

Congratulations! ¡Felicitaciones!

congress el congreso

conquer conquistar

consequence: As a consequence ... Como consecuencia...

conserve conservar
construct construir (y)
construction la construcción
consult consultar
contemporary contemporáneo
contented contento
continue continuar (ú)
contrary: on the contrary al contrario, por el contrario
conversation la conversación
cook *v* cocinar
cookie el bizcocho
cool fresco; **be cool** *(weather)* hacer fresco
corn el maíz
corner la esquina
correct *adj* correcto
correctly correctamente
corridor el pasillo
cosmetics los cosméticos
cosmopolitan cosmopolita
cost *n* el costo; *v* costar (ue); **cost of living** el costo de (la) vida
cough la tos; **have a cough** tener tos, toser
counselor el consejero, la consejera
count contar (ue); **count on** contar con
country *(nation)* el país, la tierra; *(countryside)* el campo
coup d'état el golpe de estado
couple la pareja
course el curso; **of course** por supuesto, claro, ¡cómo no!
court *(sports)* la cancha; *(jai alai)* el frontón
courtship el noviazgo

cousin el primo, la prima
cover *v* cubrir; **covered up** encubierto, cubierto
cracker la galleta
craft work la artesanía
crazy loco
crime el crimen
criminal el, la criminal
cross *n* la cruz; *v* cruzar (c)
cry llorar
Cuban-American cubano-americano
cup la taza
current *adj* actual
custard: caramel custard el flan
customs, customs house la aduana
customs agent el, la agente de aduana

D

dad el papá
daily diario
dam la represa
dame la dama
dance *n* el baile; *v* bailar
dancer el bailarín, la bailarina
dangerous peligroso
dark oscuro; *(skin)* moreno
date *(day of year)* la fecha; **have a date** tener una cita
daughter la hija
dawn *f* el alba
day el día; **Day of the Dead** el Día de los Muertos
dear *(formal letter)* estimado; *(informal letter)* querido
death la muerte
debt: foreign debt la deuda externa

December diciembre
decide decidir
declare declarar
decoration el adorno
decrease bajar
defeat vencer (z)
degree *(temperature)* el grado; *(academic)* el título
delicious delicioso; rico; sabroso
delight encantar
delighted encantado
democratic demócrata; democrático
demonstration la manifestación
departure la salida
depend: It depends on . . . Depende de...
depressed deprimido; **be (get) depressed** deprimirse
descend bajar (de)
descendant el descendiente
describe describir
desert el desierto
desk el escritorio
dessert el postre
destroy destruir (y)
detail el detalle
detective el, la detective
develop desarrollar; **to be developed** desarrollarse
devil el diablo
devout devoto
diagnosis el diagnóstico
dictatorship la dictadura
die morir(se) (ue, u)
diet la dieta; **be on a diet** estar a dieta
different diferente; diverso
difficult difícil; **with difficulty** difícilmente
dining room el comedor

dinner la cena; **have dinner** cenar
directly directamente
director el director, la directora
"disappeared" *(vanished)* **person** el desaparecido, la desaparecida
disappointed desilusionado
disappointment la desilusión
disco, discotheque la discoteca
discover descubrir
discrimination la discriminación
dish el plato; **main dish** el plato principal
disk el disco; **compact disk** disco compacto; **hard disk** disco duro; **floppy disk** disco flexible
diverse diverso
diversion la diversión
divorce el divorcio; **get a divorce** divorciarse
dizziness el mareo
dizzy mareado
do hacer
doctor el doctor, la doctora, el médico, la médica
dollar el dólar
Dominican dominicano
door la puerta
dot: on the dot en punto
doubt *n* la duda; *v* dudar
doubtful dudoso
download: to download files bajar archivos
downtown el centro
dozen la docena
drama *m* el drama
dream *n* el sueño; *v* **dream (about)** soñar (ue) (con)

dress *n* el vestido;
  v vestir (i, i); **dress
  as** vestirse de; **get
  dressed** vestirse
  (i, i)
dresser la cómoda
drink *n* la bebida;
  v beber, tomar
drive conducir (zc, j),
  manejar
drop dejar
dry seco
due to debido a
during durante

E

each cada; **each other**
  nos, os, se; el uno (la
  una, etc.) al otro (a la
  otra, etc.)
ear *(outer)* la oreja
earlier anterior, previo
early temprano
earn ganar
earthquake el terremoto
easily fácilmente
east el este
Easter la(s) Pascua(s)
easy fácil
eat comer; **eat lunch**
  almorzar (ue, c)
economic económico
Ecuadorian ecuatoriano
edition la edición
effort el esfuerzo
egg el huevo
eighth octavo
either . . . or o... o
elected elegido
election la elección
elegant elegante
elephant el elefante
e-mail el correo
  electrónico; **e-mail
  address** la
  dirección electrónica,
  la casilla electrónica;
  v emailear

embarrassed
  avergonzado; **be
  (get) embarrassed**
  avergonzarse (üe, c)
embrace abrazar (c)
emotion la emoción
empire el imperio
employee el empleado, la
  empleada
employment el empleo;
  employment agency
  la agencia de trabajo
enchilada la enchilada
end *v* acabar, terminar; **in
  the end** al fin y al
  cabo, al final
enemy el enemigo, la
  enemiga
energy la energía
engagement el noviazgo
engineer el ingeniero, la
  ingeniera
engineering la ingeniería
English *(language)* el
  inglés; *adj* inglés
enjoy (oneself) divertirse
  (ie, i); **Enjoy your
  meal!** ¡Buen
  provecho!
enough bastante
ensemble el conjunto
enter entrar
entire: (an) entire todo
entrance, entryway la
  entrada
Epiphany el Día de (los)
  Reyes
epoch la época
equal igual
escape escaparse
especially especialmente
essay el ensayo
essayist el, la ensayista
establish establecer (zc)
estate la hacienda
eternal eterno
evening *(before sunset)*
  la tarde; *(after
  sunset)* la noche; **in

  the evening** por la
  tarde (noche)
event el acontecimiento
every cada; **every day**
  todos los días
everybody todo el
  mundo
everywhere por todas
  partes
evil el mal
exactly exacto,
  exactamente
exam el examen
examine revisar,
  examinar
example el ejemplo; el
  modelo; **for example**
  por ejemplo
excellent excelente
except excepto
exchange cambiar;
  exchange rate la
  tasa de cambio
exciting emocionante
excursion la excursión
excuse oneself
  disculparse; **Excuse
  me.** *(for past deed)*
  Perdón.,
  Discúlpeme.; *(for
  future deed)* Con
  permiso.
exercise el ejercicio;
  v hacer ejercicios
exhibit la exposición
exhibition la exposición
exile el exil(i)ado
exist existir
exit la salida
expect esperar
expensive caro
experience la
  experiencia
expert el experto, la
  experta
explain explicar (qu)
explorer el explorador, la
  exploradora
extinguish apagar (gu)

extra extra
extremely
  extremadamente
eye el ojo

F

fabulous fabuloso
face la cara
fact el hecho
fairly bastante
faithful fiel
fall *n* el otoño; *v* caer; **fall
  asleep** dormirse (ue,
  u); **fall in love (with)**
  enamorarse (de)
false falso
**familiar: to be familiar
  with** conocer
family la familia
famous famoso
fan el aficionado, la
  aficionada
fantastic fantástico
far (from) lejos (de)
fare el pasaje
farewell la despedida
fascinating fascinante
fashion la moda
fashionable a la moda
fast rápidamente
fat gordo
father el padre
father-in-law el suegro
fault la culpa
favor el favor
favorite favorito
fax el fax; *v* faxear
fear *v* temer
February febrero
feel sentir (ie, i);
  *(physical or mental
  state)* sentirse; **feel
  like (doing
  something)** tener
  ganas (de + *inf*)
feeling el sentimiento
fever la fiebre; **have a
  fever** tener fiebre

few   pocos; **a few** unos, unas

fiancé   el prometido, el novio

fiancée   la prometida, la novia

field   *(sports)* la cancha

fifth   quinto

fight   pelear

file   el archivo; *v* archivar

film   la película

final   final; último

finally   por fin, en fin, finalmente

find   hallar, encontrar (ue); **find out (about)** enterarse (de); *pret* saber

finger   el dedo

fingernail   la uña

finish   acabar; terminar

fire   el incendio; el fuego

firefighter   el bombero, la bombera

fireworks   los fuegos artificiales

first   primero *(shortened from* primer*)*; antes

fish   *n* el pescado; *v* pescar (qu)

fisherman   el pescador

fishing   la pesca

fixed   fijo

flag   la bandera

flight   el vuelo

floor   el piso

flourish   florecer (zc)

flower   la flor

flu   la gripe

flute   la flauta

fog   la niebla

follow   seguir (i, i)

follower   el seguidor, la seguidora

following   siguiente

food   la comida

foot   el pie; **on foot** a pie

football   el fútbol americano; **football**

player   el, la futbolista

for   para; por; **for example** por ejemplo

forbid   prohibir (í)

force   la fuerza

foreign   extranjero

forest   el bosque

forget   olvidar

forgive   disculpar, perdonar

fork   el tenedor

former   antiguo; primero, anterior

fortress   la fortaleza

fortune   la fortuna

founder   el fundador, la fundadora

fourth   cuarto

freezer   el congelador

French   *(language)* el francés; *adj* francés; **french fries** papas fritas

fresh   fresco

Friday   el viernes

fried   frito

friend   el amigo, la amiga

friendship   la amistad

frighten   asustar

frightened   asustado; **be (get) frightened** asustarse

from   de; **from** *(a certain time)* desde; **from the very beginning** desde un principio

fruit   la fruta

frustrated   frustrado; **be (get) frustrated** frustrarse

fulfill   cumplir

function   la función

funny   divertido

furious   furioso

furniture   los muebles; **piece of furniture** el mueble

future   el futuro

G

gallery   la galería

game   el juego; *(sports)* el partido; **soccer game** el partido de fútbol

garage   el garaje

garbage   la basura

garden   *(flower)* el jardín, *(vegetable)* la huerta

gardener   el jardinero, la jardinera

gasoline   la gasolina

generally   generalmente

generous   generoso

gentleman   el señor

German   *(language)* el alemán; *adj* alemán

Gesundheit!   ¡Salud!

get   conseguir (i, g), sacar (qu); **get along (well)** llevarse (bien); **get into or on** subir (a); **get off** bajar (de); **get together** reunirse; **get up** levantarse; **get used to** acostumbrarse

gift   el regalo

girl   la chica, la muchacha, la niña

girlfriend   la novia

give   dar

glass   *(drinking glass)* el vaso; *(wine glass)* la copa

glasses   *(eye)* las gafas, los lentes, los anteojos

gloves   los guantes

go   ir; **go away** irse; **go back** regresar, volver (ue); **go camping** ir de

campamento; **go crazy** volverse loco; **go down** bajar; **go for a stroll** dar un paseo; **go in** entrar; **go on vacation** ir de vacaciones; **go out** salir; **go shopping** ir de compras; **go to bed** acostarse (ue); **go up** *(increase)* aumentar; **go up** *(climb)* subir; **go with** acompañar; *(match)* hacer juego con

God   (el) Dios; **Thank God.** Gracias a Dios.

gold   el oro

golf   el golf

good   *n* el bien; **good** buen, bueno; **Good afternoon.** *(until about sunset)* Buenas tardes.; **Good morning.** Buenos días.; **Good night.** Buenas noches.; **Good appetite!** ¡Buen provecho!; **Good grief!** ¡Caramba!; ¡Qué barbaridad! **Good!** ¡Qué bien!; **Good-bye.** Adiós.

govern   gobernar (ie)

government   el gobierno

grade   la nota

graduation   la graduación

grain   el cereal

granddaughter   la nieta

grandfather   el abuelo

grandmother   la abuela

grandson   el nieto

grape   la uva

grasp   prender

grateful agradecido

great *(big)* grande; *(wonderful)* estupendo; **the great majority** la gran mayoría

Greek *(language)* el griego; *adj* griego

green verde

greet (each other) saludar(se)

greeting el saludo

gray gris

grocery store el almacén

groom (bridegroom) el novio

guard cuidar

guerrilla fighter el guerrillero, la guerrillera

guest el invitado, la invitada

guide: tourist guide *(book)* la guía turística; *(person)* el, la guía de turismo

guilt la culpa

guitar la guitarra

guy *(slang)* el tipo

gym el gimnasio

gypsy el gitano, la gitana

H

hair el pelo; el cabello

half medio

ham el jamón

hamburger la hamburguesa

hand la mano; **on the other hand** por otra parte

handbag el bolso, la bolsa

happen ocurrir, pasar, suceder

happening el acontecimiento

happily alegremente

happiness la felicidad; la alegría

happy alegre, feliz, contento; **be (get) happy** alegrarse

harbor el puerto

hardworking trabajador

harp *f* el arpa

hat el sombrero

have tener; **have a cold** tener catarro; tener un resfrío; **have a good time** divertirse (ie, i); **have an opinion of** pensar de; **have just (done something)** acabar de + *inf*

he él

head *n* la cabeza

headache el dolor de cabeza; **have a headache** tener dolor de cabeza

health la salud

hear oír, entender (ie)

heart el corazón

heaven el paraíso

Hello. Hola.

help *n* la ayuda; *v* ayudar

her *poss adj* su, suyo; *obj of prep* ella; *dir obj* la; *indir obj* le, se

here aquí, acá

heritage la herencia

hers el suyo

herself *refl* se

Hi. Hola.

high alto

him *dir obj* lo; *indir obj* le, se; *obj of prep* él

himself *refl* se

hip la cadera

his *poss adj* su, suyo; *poss pron* el suyo

Hispanic hispano

history la historia

hitchhike *v* hacer autostop

hitchhiking el autostop

holiday el día feriado, la fiesta

home la casa

homeless sin casa

honeymoon la luna de miel

honor la honra

hope *n* la esperanza; *v* esperar; **I (we, let's) hope (that)** ojalá (que)

hopefully ojalá (que)

horrible horrible

hospital el hospital

hot *(temperature)* caliente; *(food)* picante; **be hot** *(weather)* hacer calor; *(people)* tener calor

hotel el hotel

hotel-keeper el hotelero

hour la hora; **half an hour** media hora

house la casa

housewife *f* el ama de casa

how cómo; **how?** ¿cómo?; **how much?, how many?** ¿cuánto(-a, -os, -as)?; **How are things?** ¿Qué tal?

however sin embargo

hug *n* el abrazo; *v* abrazar (c)

hundred cien(to)

hunger el hambre; **be hungry** tener hambre

hurry: be in a hurry tener prisa

hurt doler (ue)

husband el esposo

I

I yo

Iberian *adj* ibero

ice cream el helado

idea la idea

idealist idealista

if si

illness la enfermedad

imagination la imaginación

imagine imaginar

immediately en seguida, inmediatamente

immigrant el, la inmigrante

impolite descortés

importance la importancia

important importante; **be important (to someone)** importarle (a alguien)

imported importado

impossible imposible

impressive impresionante

improve mejorar

in en; **in case** en caso (de) que; **in front of** delante de; **in order to** para; **in the morning** por la mañana; **in the afternoon** por la tarde; **in the evening (night)** por la noche

Incan inca

included incluido

increase *n* el aumento; *v* aumentar

incredible increíble

independence la independencia

Indian *adj* indígena, indio

indigenous indígena, nativo

inexpensive barato

inflation la inflación

information la información

inhabitant el, la habitante

injection la inyección

inside dentro (de)

insist (on) insistir (en)
insomnia el insomnio
instructor el instructor, la instructora
intelligent inteligente
intend (to do something) pensar (+ *inf*)
interest *v* interesar
interesting interesante
introduce presentar
introduction la presentación
invader el invasor, la invasora
inventory el inventario
invite invitar
Irish *(language)* el irlandés; *adj* irlandés
island la isla
isolate aislar (í)
it *obj of prep* él, ella, ello; *dir obj* lo, la; *indir obj* le, se
Italian *(language)* el italiano; *adj* italiano
its *poss adj* su, suyo; *pos pron* el suyo
itself *refl* se

J

jacket la chaqueta
jai alai el jai alai
January enero
jealous celoso; **be jealous (of)** tener celos (de)
jealousy los celos
jeans los jeans
Jewish *adj* judío
job el trabajo, el empleo, el puesto
jogging *n* el correr
joke *n* el chiste
juice el jugo
July julio
June junio
just: have just (done something) acabar de + *inf*

K

keep guardar
key la llave
kilogram el kilo
kind *adj* amable; *n.* tipo
king el rey
kingdom el reino
kiss *n* el beso; *v* besar
kitchen la cocina
knee la rodilla
knife el cuchillo
know *(facts, information)* saber; *(person, place, subject matter)* conocer (zc); **know how** *(to do something)* saber (+ *inf*); **well known** muy conocido
knowledge el conocimiento

L

Labor Day el Día de los Trabajadores
laboratory el laboratorio
lack la falta; **to be lacking** faltar
lady la dama, la señora
lake el lago
lamp la lámpara
land la tierra
language la lengua, el idioma
large grande
last *adj* pasado; último; *v* durar; **last night** anoche; **last week** la semana pasada; **last year** el año pasado
late tarde
later más tarde; después (de); **See you later.** Hasta luego.
latest último
laugh *v* reír, reírse
laughter la risa
law la ley

lawyer el abogado, la abogada
lead to llevar a
leader el, la líder
learn aprender
leave salir; irse; **leave behind** dejar; **leave-taking** la despedida
left *adj* izquierdo; **on, to the left** a la izquierda; **to be left** quedar
leg la pierna
legacy la herencia
legume la legumbre
lend prestar
less menos; **less ... than** menos... que
lesson la lección
let dejar, permitir
letter *(note)* la carta; *(alphabet)* la letra
lettuce la lechuga
library la biblioteca
lie *v* mentir (ie, i)
life la vida
light *n* la luz; *v* prender; *adj* claro
like *prep* como; *v* querer, gustar; **I like ...** Me gusta...; **like that** así
likewise igualmente
link el vínculo
liquid el líquido
liquidation la liquidación
listen (to) escuchar
literature la literatura
little *adj* pequeño, poco; *adv* poco; **little by little** poco a poco
live vivir
living room la sala (de estar)
loan prestar
local local
locate situar (ú)
log in entrar al sistema
log off salir del sistema

long largo
longer: no longer ya no
look (at) mirar; **look for** buscar (qu)
lose perder (ie)
lost perdido
lot *adj, adv* mucho
love *n* el amor; **in love with** enamorado de; *v* amar, querer; **I love ...** Me encanta(n)...
lover el, la amante
low bajo
lucky: be lucky tener suerte
luggage el equipaje
lunch el almuerzo; **eat lunch** almorzar (ue, c)
lyrics la letra

M

magazine la revista
mail el correo; *v* mandar por correo
main principal
majority la mayoría; la mayor parte
make hacer; **made of** de; **make (someone) angry, ashamed, hungry, laugh, thirsty, sleepy** darle rabia, vergüenza, hambre, risa, sed, sueño (a alguien)
mama la mamá
man el hombre, el señor
many muchos; **as, so many** tantos; **how many?** ¿cuántos?; **too many** demasiados
map *m* el mapa
March marzo
mark down rebajar; **marked down** rebajado

market el mercado
marriage el casamiento, el matrimonio
marriage annulment la anulación matrimonial
married casado; **get married (to)** casarse (con); **married couple** el matrimonio
marvelous maravilloso
mask la máscara
masterpiece la obra maestra
match *v* hacer juego con; *n (sports)* el partido
mathematics las matemáticas
matrimony el matrimonio
matter *v* importar
May mayo
maybe tal vez, quizás
me *dir, indir obj* me; *obj of prep* mí; **with me** conmigo
meal la comida
mean *v* querer decir
meat la carne
medication el medicamento
medicine la medicina
meet conocer (zc); *(up with)* encontrarse con; **Glad to meet you.** Mucho gusto.
meeting la reunión
Mexican *adj* mexicano
middle: in the middle of the century a mediados de(l) siglo
midnight la medianoche
mile la milla
military *adj* militar
milk la leche
million el millón
millionaire el millonario, la millonaria
mine *poss adj* mío; *poss pron* el mío

mineral mineral; **mineral water** el agua mineral
minority la minoría
Miss la señorita
miss *(bus, plane, etc.)* perder; **to be missing** faltar
mix *v* mezclar(se)
mixed: of mixed ancestry mestizo
mixture la mezcla
model el modelo; *(person)* el, la modelo
modern moderno
mom la mamá
moment el momento
Monday el lunes
money el dinero
monotonous monótono
month el mes
monument el monumento
more más; **more . . . than** más... que; **more than** más de (+ *number*); **more and more** cada vez más
morning la mañana; **in the morning** por la mañana
Moslem el musulmán, la musulmana
mosque la mezquita
mother la madre
mother-in-law la suegra
Mother's Day el Día de la Madre
mountain la montaña
mouse el ratón
mouth la boca
move *(change residence)* mudarse
movie la película; **movie theater** el cine
movies el cine
Mr. el señor
Mr. and Mrs. los señores
Mrs. la señora

much *adj* mucho; *adv* mucho
mural el mural
museum el museo
music la música
musician el, la músico
must (+ *inf*) deber (+ *inf*), hay que (+ *inf*)
my *poss adj* mi, mío
myself *refl* me; *obj of prep* mí
mysterious misterioso

N

name *n* el nombre; *v* nombrar; **be named** llamarse
nap la siesta
napkin la servilleta
nation la nación; el país
nationality la nacionalidad
native indígena, nativo
natural sciences las ciencias naturales
naturally naturalmente; **Naturally.** Claro., Naturalmente.
nausea la náusea; los mareos
near (to), nearby cerca (de)
necessary necesario, preciso; **it is necessary (to do something)** es necesario, es preciso, hay que (+ *inf*)
neck el cuello
need necesitar
needy necesitado
neighbor el vecino, la vecina
neighborhood el barrio
neither tampoco; **neither (of them)** ningún, ninguno; **neither . . . nor** ni... ni
nephew el sobrino

nervous nervioso
net la red
never jamás, nunca
nevertheless sin embargo
new nuevo; **New Year's Day** el Año Nuevo
newlywed el recién casado, la recién casada
news las noticias; **piece of news** la noticia; **news program** el noticiero
newspaper el periódico
next próximo; luego; **next (to)** al lado (de); **next week (month)** la semana (el mes) que viene, la semana (el mes) próxima(-o)
nice agradable, amable, simpático
niece la sobrina
night la noche
ninth noveno
no no; ningún, ninguno; **no longer** ya no, no... más; **no one** nadie
Nobel Prize el Premio Nóbel
noise el ruido
none ningún, ninguno
noon el mediodía
north el norte; **North American** *adj* norteamericano
northeast el nordeste *(also* noreste*)*
nose la nariz
not no; **not any** ningún, ninguno; **not anyone** nadie; **not either** tampoco; **not even** ni siquiera; **not ever** jamás, nunca
notebook el cuaderno
nothing nada
novel la novela
November noviembre

now ahora
nowadays hoy día
nowhere ninguna parte
number el número
nurse el enfermero, la enfermera
nut la nuez

O

obtain conseguir (i, g)
occur ocurrir, pasar, suceder
ocean el océano
October octubre
of de; **of the** del *(contraction of* de + el)
offend ofender; **be (get) offended** ofenderse
offer ofrecer (zc); **special offer** la oferta; la ganga
office la oficina
oil el petróleo; el aceite
OK bien; bueno; de acuerdo
old viejo, antiguo; **How old is she?** ¿Qué edad tiene ella?
older mayor
oldest mayor; el, la mayor
on en; sobre; **on** (+ *pres p)* al (+ *inf)*
once una vez; **at once** en seguida
one un, una; *(impersonal pron)* se; **one another** nos, se **one's** su(s)
only *adv* sólo, solamente; **the only one** el único
open abrir
opera la ópera
opportunity la oportunidad
oppose oponerse (a)
opposite enfrente de

optimistic optimista
or o, *(before* o- *or* ho-) u
orange *n* la naranja, *adj* anaranjado
orchestra la orquesta
order el mandato, el orden; *v* mandar, pedir (i, i)
organization la organización
ornament el adorno
other otro
ought to (do something) deber (+ *inf)*
our, (of) ours nuestro
ourselves *refl* nos; *obj of prep* nosotros(-as)
outfit el traje
outing el paseo
output la producción, la salida
oven el horno
over sobre
overcoat el abrigo
overpopulation la superpoblación
overthrow derrocar (qu)
owe deber
own *adj* propio
owner el dueño, la dueña

P

P.M. *(noon to sunset)* de la tarde; *(after sunset)* de la noche
pack one's suitcase hacer la maleta
page la página
pain el dolor
paint *n* la pintura; *v* pintar
painter el pintor, la pintora
painting la pintura, el cuadro
pajamas el pijama
pants los pantalones
papa el papá
paper el papel
parade el desfile

paradise el paraíso
pardon *v* perdonar; **Pardon me.** Perdón., Perdóneme.
parents los padres
park el parque; **amusement park** el parque de diversiones
part la parte; **the** *(adj)* **part** lo (+ *adj)*
party la fiesta; *(political)* el partido
pass *(time)* pasar
passenger el pasajero, la pasajera
passport el pasaporte
past el pasado
pastime el pasatiempo, la diversión
pastry el pastel
patience la paciencia
patron el patrón, la patrona
pay pagar (gu)
peace agreement el acuerdo de paz; **peace treaty** el tratado de paz
pen la pluma; **ballpoint pen** el bolígrafo
pencil el lápiz
peninsula la península
people la gente, el pueblo; *imp pron* se
pepper la pimienta; *(hot)* el chile
per por
perfectly perfectamente
performance la función
perhaps quizá(s), tal vez
period la época; el período
permit permitir
persecution la persecución
person la persona
Peruvian peruano
pessimistic pesimista
petroleum el petróleo

pharmacy la farmacia
philosophy la filosofía
photo, photograph la foto
physics la física
pianist el, la pianista
piano el piano
pill la píldora
pineapple la piña, el ananá
place *n* el lugar, el sitio; *v* poner
plan *n* el plan; *v* planear; **plan (to do something)** pensar (+ *inf)*
plantain el plátano
plate el plato
plateau la meseta
platinum el platino
play *n* el drama *m,* la obra de teatro; *v (game, sport)* jugar (ue); *v (musical instrument)* tocar (qu); **play a role** hacer un papel
player el jugador, la jugadora
plaza la plaza
pleasant agradable, amable
please por favor; **be pleasing** gustar
pleasure el placer; **The pleasure is mine.** El gusto es mío.
plus más
poem *m* el poema
poet el, la poeta
poetry la poesía
point el punto; **point of interest** el sitio de interés
police force la policía
police officer el policía, la mujer policía
polite cortés
political science las ciencias políticas

politician el, la político
pollution la contaminación
poncho el poncho
pool (*swimming*) la piscina
poor pobre; **Poor thing!** ¡Pobrecito!
Pope el Papa
popular popular
population la población
pork el cerdo; **pork chop** la chuleta de cerdo
port el puerto
portrait el retrato
position (*job*) el puesto
possession: in the possession of en manos de
possible posible
post office la oficina de correos, el correo
potato la papa
pottery la alfarería, la cerámica; **potter shop** la alfarería
poverty la pobreza
power la fuerza; el poder
powerful poderoso
practical práctico
practice v practicar (qu)
pre-Columbian precolombino
predict predecir
prefer preferir (ie, i)
prescription la receta
present adj actual; **at present** actualmente, en la actualidad
preserve conservar
president el presidente, la presidenta
press la prensa
pretty bonito, lindo
price el precio, el valor
priest el sacerdote, el cura m
principal adj principal
print imprimir

printer la impresora
probable probable
probably probablemente, seguramente
problem el problema m
procession la procesión
produce producir (zc, j)
profession la profesión
professor el profesor, la profesora
program n el programa m; v programar
programmer (*computer*) el programador, la programadora
progress v progresar
prohibit prohibir (í)
promise n la promesa; v prometer
prosperous próspero
protagonist el, la protagonista; el personaje principal
protest protestar
Protestant protestante
proud orgulloso
provided that con tal (de) que
psychology la psicología
public n el público; adj público
Puerto Rican adj puertorriqueño
punctuality la puntualidad
pure puro
purse el bolso, la bolsa
push empujar
put poner; **put on** ponerse
pyramid la pirámide

Q

quality (*worth, class, excellence*) la calidad; (*characteristic*) la cualidad
queen la reina

question la pregunta
quite bastante; muy

R

race (*culture*) la raza
racket la raqueta
radio la radio
rage la rabia
railway el ferrocarril
rain n la lluvia; v llover (ue)
raincoat el impermeable
raise el aumento; v levantar
rather adv más bien; bastante
read leer (y)
ready: I'm ready. Estoy listo(-a).
realism el realismo
realistic realista
realized: be realized realizarse (c)
really realmente; verdaderamente; **Really?** ¿De veras?, ¿En serio?
reasonable razonable
receive recibir
recently recientemente, últimamente
reception desk la recepción
receptionist el, la recepcionista
recognize reconocer (zc)
recommend recomendar (ie)
record (*music*) el disco
red rojo; (*wine*) tinto; **Red Cross** la Cruz Roja
reduce rebajar; **reduced** rebajado
reelect reelegir (i, i, j)
reflect reflejar
refreshment el refresco
refrigerator el refrigerador, la nevera, la heladera

regarding en cuanto a; a propósito de
regime el régimen
region la región
regulations las regulaciones
relative el pariente
religious religioso
remain permanecer (zc), quedarse
remember acordarse (ue) (de), recordar (ue)
remembrance el recuerdo
renovate renovar (ue)
rent n el alquiler; v alquilar
repair reparar, arreglar
repeat repetir (i, i)
report el reportaje
reporter el reportero, la reportera
Republican republicano
reservation la reservación
reserve v reservar
residence la residencia
resource: natural resources los recursos naturales
respond responder
response la respuesta
responsible responsable
rest v descansar
restaurant el restaurante
result el resultado; **As a result . . .** Como resultado...
return regresar, volver (ue); (*bring back*) devolver (ue)
revenge la venganza
revolution la revolución
rhythm el ritmo
rice el arroz
rich rico
ride el paseo; **ride a bicycle** andar en bicicleta
ridiculous ridículo; **How ridiculous!** ¡Qué ridículo!

right *adj* derecho; correcto; *n* el derecho; **human rights** los derechos humanos; **on, to the right** a la derecha; **be right** tener razón; **right now** ahora mismo; **Right?** ¿No?, ¿Verdad?

ring el anillo
rise subir
river el río
road el camino
role el papel; **play a role** hacer un papel
romantic romántico
room el cuarto, la habitación; *(space)* lugar
roommate compañero(-a) de cuarto
round-trip viaje de ida y vuelta
routine la rutina
rug la alfombra
ruin la ruina
run correr; *(as a watch, car)* andar; **run into** encontrarse con; **run out** acabar
runner el corredor, la corredora
running *n* el correr

S

sad triste; **become sad** entristecerse (zc)
saint el santo, la santa
salad la ensalada
salary el sueldo
sale la oferta; la venta; **on sale** en oferta, en liquidación, rebajado; **for sale** en venta
salesperson el vendedor, la vendedora
salesclerk el, la dependiente

salsa musician or singer el salsero, la salsera
salt la sal
same mismo, igual
sandals las sandalias
sandwich el sándwich
Saturday el sábado
sauce la salsa
saucer el platillo
save *(time, money)* ahorrar; guardar; conservar
say decir
scare asustar; **scared** asustado; **be (get) scared** asustarse
scarf el pañuelo
scene la escena
schedule el horario
school la escuela
science la ciencia; **computer science** las ciencias de computación; **natural science** las ciencias naturales; **political science** las ciencias políticas; **social science** las ciencias sociales
Scot el escocés, la escocesa
screen la pantalla
sculptor el escultor, la escultora
sculpture la escultura
sea el mar
season la estación
second segundo
secretary el secretario, la secretaria
see ver; **let's see** a ver
seem parecer (zc)
sell vender
semester el semestre
senator el senador, la senadora
send enviar (í), mandar
sensitive sensible
separate *v* separar

separation: trial separation la separación provisional
September septiembre *(also* setiembre*)*
serious grave, serio; **no habla(s) en serio** you're not serious
seriously en serio
serve servir (i, i)
set: to set the table poner la mesa
seventh séptimo
several varios
shame la vergüenza; **What a shame!** ¡Qué lástima!, ¡Qué vergüenza!
she ella
shellfish el marisco
ship el barco
shirt la camisa
shoe el zapato; **shoe store** la zapatería
shop la tienda
shopping compras; **to go shopping** ir de compras
short *(stature)* bajo; *(length)* corto; **short story** el cuento
shot la inyección
should (+ *inf*) deber (+ *inf*)
shoulder el hombro
shout gritar
show *n* la función; *v* enseñar, mostrar (ue)
shower la ducha
sick enfermo; **get sick** enfermarse
sickness la enfermedad; **motion sickness** los mareos
siesta la siesta
silk la seda
similar parecido, similar
since desde
sing cantar

singer el, la cantante
single soltero
sink el lavamanos
Sir Señor
sister la hermana
sister-in-law la cuñada
sit down sentarse (ie)
site el sitio
situate situar (ú)
sixth sexto
skate patinar
skater el patinador, la patinadora
skating el patinaje
ski *n* el esquí; *v* esquiar (í)
skier el esquiador, la esquiadora
skiing el esquí
skin la piel
skirt la falda
sleep dormir (ue, u); **be sleepy** tener sueño
slender delgado
slim delgado
slip la combinación
slower: Slower, please. Más despacio, por favor.
slowly lentamente, despacio
small pequeño
smaller menor, más pequeño
smallest menor; el, la más pequeño(-a)
smoke *v* fumar
snow *n* la nieve; *v* nevar (ie)
so *adv* tan; así que; **So . . .** Total que…; **so much** tanto (-a, -os, -as); **so that** para que; **so-so** más o menos; **So what?** ¿Y qué?
soccer el fútbol
sociable sociable
social science las ciencias sociales

socialist socialista

sociology la sociología

socks los calcetines

soda el refresco

sofa el sofá

soft drink el refresco

software la programación

solve resolver (ue)

some algún, alguno(-a, -os, -as); unos(-as)

someone alguien

something algo

sometimes a veces

somewhere alguna parte

son el hijo

song la canción

soon pronto

sorry: be sorry sentir (ie, i); **I'm sorry.** Discúlpeme., Perdón.; **I'm (very) sorry.** Lo siento (mucho).

soul el alma *f*

soup la sopa

south el sur

southwest el suroeste

souvenir el recuerdo

Spanish *(language)* el español; **Spanish-speaking** de habla hispana

speak hablar

special especial

specially especialmente

specialty la especialidad

spectator el espectador, la espectadora

spend gastar; *(time)* pasar

spicy picante

spite: in spite of a pesar de

spoon la cuchara

sport el deporte

spot el sitio

spring la primavera

square *(town)* la plaza

stadium el estadio

stand up levantarse

start empezar (ie, c)

startled asustado

state el estado

statement la afirmación

station la estación

stay quedarse

steak el bistec

still aún, todavía

stockings las medias

stomach el estómago; **have a stomach ache** tener dolor de estómago

stop dejar de; parar; *n* la parada

store la tienda; **furniture store** la mueblería; **grocery store** el almacén; **shoe store** la zapatería

story la historia; **(short) story** el cuento

stove la estufa

straight: straight ahead adelante, derecho

street la calle

strike *n* la huelga

string la cuerda

stroll el paseo; *v* pasear

strong fuerte

struggle *n* la lucha; *v* luchar

student el, la estudiante

study *n* el estudio; *v* estudiar

stuffed relleno

style el estilo, la moda

subject el tema *m*

subway el metro

successful: be successful tener éxito

such tal

suffer sufrir

sugar el azúcar

suit el traje

suitcase la maleta

summary: in summary en resumen

summer el verano

sun el sol

sunbathe tomar sol

Sunday el domingo

sunglasses las gafas de sol

sunny: be sunny hacer sol

superhighway la supercarretera, autopista

supper la cena

support *n* el apoyo; *v* apoyar

sure seguro; **Sure!** ¡Cómo no!; **Sure.** Claro., Por supuesto.

Surely . . . Seguramente (+ *ind*)...

surf surfear; **to surf the Net** surfear la red, recorrer la red

surname el apellido

surprise *n* la sorpresa; *v* sorprender

surrender entregarse (gu)

survive sobrevivir

sustain oneself mantenerse

sweater el suéter

sweets los dulces

swim nadar

swimmer el nadador, la nadadora

swimming *n* la natación; **swimming pool** la piscina; **swimming suit** el traje de baño

symbol el símbolo

symptom el síntoma *m*

synagogue la sinagoga

syrup (cough) el jarabe (de tos)

system el sistema *m*

T

T-shirt la camiseta

table la mesa; **end table** la mesita de luz

tablet la pastilla

take tomar; *(a period of time)* llevar; *(along)* llevar; **take back** devolver (ue); **take off** quitarse; **take out** sacar (qu); **take-out (food)** (comida) para llevar; **take place** tener lugar; **take a course** seguir un curso; **take a trip** hacer un viaje; **take a walk** pasear; **take into account** tener en cuenta; **take pictures** sacar fotos

tale el cuento

talk hablar

tall alto

tango el tango

tape la cinta

tapestry el tapiz

tea el té

teach enseñar

teacher el maestro, la maestra

team el equipo

teeth los dientes

telephone el teléfono

television *(concept)* la televisión; **television set** el televisor

tell decir; **tell** *(a story)* contar (ue)

temperature la temperatura

temple el templo

tennis el tenis; **tennis shoes** los zapatos de tenis

tension la tensión

tenth décimo

terrible terrible, pésimo

territory el territorio

test la prueba, el examen

than que

thank agradecer (cz), dar (le) las gracias; **Thank**

God. Gracias a Dios.

thankful agradecido

Thanks. Gracias.

Thanksgiving el Día de Acción de Gracias (U.S.)

that *adj* ese, esa; aquel, aquella; *conj* que; **that (one)** *pron* ése, ésa; eso; aquél, aquélla; aquello; *n pron* que; **that of** el, la de **that which** lo que

the el, la, los, las; **the seventies** los (años) 70; **the military** los militares

theater el teatro

theft el robo

their su(s); suyo(s), suya(s)

theirs el suyo, la suya

them *obj of prep* ellos(-as); *dir obj* los, las; *indir obj* les; se

theme el tema *m*

themselves *refl* se

then entonces, luego; después (de); **Then . . .** Después..., Entonces...

there allí, allá; **there is, there are** hay; **there to be** *(impersonal)* haber

Therefore . . . Por lo tanto...

thermometer el termómetro

these *adj* estos(-as); *pron* éstos(-as)

they ellos, ellas; *impersonal pron* se

thin delgado

thing la cosa; **the** *(adj)* **thing** lo (+ *adj*)

think pensar (ie); *(believe)* creer (y); **think about** pensar en; **think of** pensar de; **I (don't) think so.** Pienso/Creo que sí (no).; **I think that . . .** Pienso/Creo que (+ *indicative*)...

third tercer, tercero

thirsty: be thirsty tener sed

this *adj* este, esta; **this (one)** *pron* éste, ésta; esto

those *adj* esos, esas, aquellos, aquellas; **those (ones)** *pron* ésos, ésas, aquéllos, aquéllas

thousand mil

threaten amenazar (c)

throat la garganta

through por, a través de

throw out echar

thumb el pulgar

Thursday el jueves

thus así

ticket *(for an event)* el boleto, la entrada; *(for transportation)* el boleto, el pasaje

tie la corbata

time *(abstract)* el tiempo; *(specific)* la hora, la vez; **at the same time** al mismo tiempo; **from time to time** de vez en cuando; **have a good time** divertirse (ie, i); **on time** a tiempo

timetable el horario

tired cansado; **be (get) tired** cansarse

to a; *(in order to)* para; **to the** al *(contraction of* a + el)

toast *(drink a toast to)* brindar

today hoy

toe el dedo del pie

together juntos

toilet el inodoro; *(bathroom)* el baño

tolerate tolerar

tomato el tomate

tomorrow mañana

too también; **too much** demasiado

totally totalmente

touch tocar (qu)

tourist el, la turista

toward hacia

town el pueblo

track la pista

trade el oficio

traditional tradicional

traffic el tráfico

train el tren

tranquil tranquilo

translate traducir (zc, j)

translation la traducción

trash la basura

travel viajar; **travel agency** la agencia de viajes; **travel agent** el, la agente de viajes

traveler el viajero, la viajera

tree el árbol

trip el viaje

tropical tropical

true verdadero; **True?** ¿Verdad?, ¿No?

truly verdaderamente

truth la verdad

try (to) tratar (de)

Tuesday el martes

turkey el pavo

turn doblar; **turn into** hacerse; **turn off** apagar (gu); **turn on** prender, encender; **turn out all right** arreglarse; *n* **taking**

turns en forma alternada

type el tipo

typical típico

U

ugly feo

umbrella el paraguas (*pl* los paraguas)

uncle el tío

under debajo (de)

underpants los calzoncillos

underprivileged necesitado

undershirt la camiseta, la camisilla

understand comprender, entender (ie)

underwear la ropa interior

undocumented indocumentado

unemployment el desempleo

unfortunately desgraciadamente, por desgracia, desafortunadamente

unify unificar (qu)

unique único

unite unir

United Nations las Naciones Unidas

United States los Estados Unidos

university *n* la universidad; *adj* universitario

unless a menos que

unlikely poco probable, improbable

unmarried soltero

unsociable insociable

until hasta (que)

unwell mal

upon sobre; **upon** (+ *pres p*) al (+ *inf*)

urban   urbano
urgent   urgente
Uruguayan   uruguayo
us   *dir obj* nos; *indir obj* nos; *obj of prep* nosotros(-as)
use   usar

V

vacation   las vacaciones; **be on vacation** estar de vacaciones; **go on vacation**   ir de vacaciones
value   el valor
various   varios
vary   variar (í)
vegetable   la legumbre; **green vegetables** las verduras
very   muy
view   la vista
violet   violeta
violin   el violín
visit   *n* la visita; *v* visitar; **be visiting**   estar de visita
vitamin   la vitamina
voice   la voz
volcano   el volcán
volleyball   el vólibol

W

wait (for)   esperar
waiter, waitress   el mesero, la mesera; el camarero, la camarera
wake up   despertarse (ie)
walk   *n* el paseo; *v* andar, caminar; **take a walk** dar un paseo
wall   la pared
want   desear, querer; **want to (do something)**   tener ganas (de + *inf*)
war   la guerra

warm: to be (feel) warm tener calor; *(weather)* hacer calor
wash (oneself)   lavarse
waste   gastar; **waste time** perder el tiempo
watch   *n* el reloj; *v* mirar, observar; **Watch out.** Cuidado.
water   el agua *f*
wave   la ola
way   el camino
we   nosotros(-as)
weapon   el arma *f*
wear   *(clothes)* llevar
weather   el tiempo; **be good (bad) weather** hacer buen (mal) tiempo
Web page   la página en la red, la página principal
wedding   la boda, el casamiento
Wednesday   el miércoles
week   la semana
weekend   el fin de semana
welcome   dar la bienvenida; **Welcome.** Bienvenido.; **You are welcome.**   De nada., No hay de qué.
well   *adv* bien; entonces; *interjection* pues, bueno; **get well** curarse
west   el oeste
what   *rel pron* lo que; **what?**   ¿qué?, ¿cuál?; **What (did you say)?**   ¿Cómo?, *(Mexico)* ¿Mande?; **What a . . . !** ¡Qué...!; **What a shame!**   ¡Qué lástima!; **What color is it?**   ¿De qué color es?; **What is your**

name?   ¿Cómo se (te) llama(s)?; **What time is it?**   ¿Qué hora es?; **What's going on?**   ¿Qué pasa?; **What's new?** ¿Qué hay de nuevo?; **What's the weather like?** ¿Qué tiempo hace?; **what is today . . .**   ¿Qué diá es hoy...
when   cuando; **when?** ¿cuándo?
where   donde; **where?** ¿dónde?; **(to) where?** ¿adónde?
whether   si
which   *rel pron* que; **which?**   ¿cuál(es)?, ¿qué?; **that which** lo que
while   mientras (que)
white   blanco
who   *rel pron* que, quien; **who?**   ¿quién(es)?
whole   entero, todo
whom   *rel pron* que, quien; **whom?**   ¿a (de) quién?
whose   *rel pron* cuyo, de quien; **whose?**   ¿de quién?
why?   ¿por qué?
wife   la esposa
win   ganar
wind   el viento; **be windy** hacer viento
window   la ventana
wine   el vino; **red wine** vino tinto
winter   el invierno
wise: wise person   el sabio, la sabia; **the Three Wise Men** los (tres) Reyes Magos
wish   desear, querer
with   con
withdraw   retirarse

within   dentro (de)
without   sin, sin que
woman   la mujer, la señora
wonderful   maravilloso, estupendo
wool   la lana
word   la palabra
work   *n* el trabajo; *(artistic)* la obra; *v* trabajar; *(an appliance or machine)* funcionar; **work as**   trabajar de
workbook   el cuaderno (de ejercicios)
worker   el obrero, la obrera
world   el mundo
worldwide   mundial
worry   preocuparse (por)
worse   peor
worst   peor; el, la peor
worsen   empeorar
worth: be worth   valer; **be worth it**   valer la pena
write   escribir
writer   el escritor, la escritora; **short-story writer**   el, la cuentista
writing   la escritura; las letras

Y

yankee   yanqui
year   el año; **be . . . years old**   tener...años
yellow   amarillo
yes   sí
yesterday   ayer
yet   aún, todavía, ya
you   *subj* tú, vosotros(-as), usted(es) (Ud., Uds.); *obj of prep* ti, vosotros(-as), usted(es); *dir obj* te, os, lo, la, los, las;

indir obj te, os, le, les, se; **with you** contigo, con vosotros(-as), con usted(es)

young joven; **younger** menor; **youngest** menor; el, la menor;

young man (woman) el (la) joven

your *poss adj* tu, de ti, tuyo; vuestro, de vosotros; su, de usted, suyo

yours el tuyo, el suyo, el vuestro

yourself, yourselves *refl* te, os, se; *obj of prep* ti, vosotros(-as), usted(es)

youth la juventud

Z

zoo el (parque) zoológico

Index of Grammar and Functions

Literary Credits

Page 140, "Ay, bendito" is reprinted from *AmeRican,* by Tato Laviera (Copyright © Houston: Arte Público Press—University of Houston, 1985);   **Page 214,** "En el Taco Bell" by Jesús Solís, copyright © Jesús Solís;   **Page 214–215,** "Lujo" and "Kitchen Talk," reprinted from *Thirty an' Seen a Lot,* by Evangelina Vigil (Copyright © Houston: Arte Público Press—University of Houston, 1982); **Page 238,** "No hay que complicar la felicidad," reprinted from *Antología precoz* by Marco Denevi (Editorial Universitaria, Santiago de Chile, 1973);   **Pages 363–364,** "Entrevista con jōvenes peruanos" by Mariella Balbi, copyright Mariella Balbi.

Realia Credits

Page 20, Iberia Airlines, Madrid, Spain;   **Page 29,** Ayuntamiento de Madrid, Patronato Municipal de Turismo, Madrid, Spain;   **Page 31,** Ayuntamiento de Madrid, Patronato Municipal de Turismo, Madrid, Spain;   **Page 52,** La Chacra Restaurant, Buenos Aires, Argentina;   **Page 76,** Instituto Nacional de Antropología e Historia, Mexico City, Mexico;   **Page 100,** *Hombre* magazine, Editorial Televisa, Mexico City, Mexico;   **Page 101,** Diario *El Mercurio,* Santiago, Chile;   **Page 103,** United Nations Department of Economic and Social Development, reprinted in *Almanaque mundial* (1996);   **Page 108,** *Geomundo* magazine, Editorial Televisa, Mexico City, Mexico;   **Page 114,** *Diario El Mercurio,* Santiago, Chile;   **Page 124,** Katrina Thomas, in Jerome Aliotta's *The Puerto Ricans,* Chelsea House Publishers, Broommall, PA;   **Page 132,** Ríplica Publishing, Miami, FL; **Page 135,** Más magazine / Univisiōn Publications, Miami, FL;   **Page 138,** American Red Cross, Washington D.C.;   **Page 138,** Stanley J. Legan, Attorney at Law, Jackson Heights, NY;   **Page 138,** U.S. Department of Housing and Urban Development;   **Page 148,** Teatro Nacional, Bogotá, Colombia;   **Page 157,** *Geomundo* magazine, Editorial Televisa, Mexico City, Mexico;   **Page 161,** (center and bottom right) Casa Editorial El Tiempo, Bogotá, Colombia;   **Page 162,** Restaurante Tpico Noches de Colombia, Bogotá, Colombia;   **Page 162,** ("Querubin"), Taller de Humor Colombiano, Bogotá, Colombia;   **Page 168,** (top and bottom) *Almanaque mundial* (1996), Editorial Televisa, Mexico City, Mexico;   **Page 172,** (top left and right) Editorial Formentera, Barcelona, Spain;   **Page 191,** (left) Nike Shoe Corp.;   **Page 191,** (center) Lancome Paris, Paris, France; **Page 191,** (right) *Vanidades* magazine, Editorial Televisa, Mexico City, Mexico;   **Page 202,** *Más* magazine / Univisiōn Publications, Miami, FL;   **Page 203,** *Almanaque mundial* (1996), Editorial Televisa, Mexico City, Mexico;   **Page 207,** *Américas* magazine, Washington D.C.;   **Page 208,** *Más* magazine / Univisiōn Publications, Miami, FL;   **Page 218,** La Golondrina Mexican Restaurant, Los Angeles, CA;   **Page 219,** *Vanidades* magazine, Editorial Televisa, Miami, FL;   **Page 279,** "The Call of the Disciples" by Gloria Guevara, reprinted in Scharper's *The Gospel in Art by the Peasants of Solentiname,* Peter Hammer Verlag, Wuppertal, Germany;   **Page 284,** *Américas* magazine, Washington D.C.;   **Page 285,** Costa Rica Tourist Board, JGR & Associates, Miami, FL; **Page 285,** Marcia Scott, Seminole, FL;   **Page 286,** Costa Rica Tourist Board, JGR & Associates, Miami, FL;   **Page 286,** Costa Rica Tourist Board, JGR & Associates, Miami, FL;   **Page 288,** El Diario / La Prensa, New York, NY;   **Page 312,** Editorial Eugenio Fischgrund, Mexico City, Mexico;   **Page 337,** *Nuevo Plus* magazine, Madrid, Spain;   **Page 348,** *Muy Interesante* magazine / Provenemex, S.A. de C.V., Mexico City, Mexico;   **Page 349,** *Muy Interesante* magazine / Provenemex, S.A. de C.V, Mexico City, Mexico;   **Page 350,** *Muy Interesante* magazine / Provenemex,

S.A. de C.V, Mexico City, Mexico;   **Page 357,** Debate, Lima, Peru;   **Page 382,** Ne-engatú, Asunción, Paraguay;   **Page 401,** photo by Juan Crespo, in *Sentir Puerto Rico* by Fernando Rodríguez Jimínez, Agualarga Editores;   **Page 416,** Avensa Airlines, New York, NY;   **Page 420,** Hannsi Centro Artesanal, Caracas, Venezuela;   **Page 429,** Alicia Liria Colombo, Buenos Aires, Argentina;   **Page 443,** Feprotur—Fundación Ecuatoriana de Promoción Turística, Miami, FL.

Page 1B, Chromosohm / Sohm / Photo Researchers Inc.;   **Page 1T,** Beryl Goldberg;   **Page 2,** Beryl Goldberg;   **Page 2,** Beryl Goldberg;   **Page 4a,** Odyssey / Frerck / Chicago;   **Page 4b,** Odyssey / Frerck / Chicago;   **Page 4c,** Dick Davis / Photo Researchers Inc.;   **Page 4d,** D. & J. Heaton / Stock, Boston;   **Page 4e,** Carlos Goldin / DDB Stock Photo;   **Page 4f,** Odyssey / Frerck / Chicago;   **Page 14,** Peter Menzel / Stock, Boston;   **Page 15,** Doug Bryant / DDB Stock Photo; **Page 17,** Jane Latta / Photo Researchers Inc.;   **Page 25,** Benainous-Duclos / Gamma-Liaison; **Page 26,** Chip & Rosa de la Cueva Peterson;   **Page 38,** Odyssey / Frerck / Chicago;   **Page 39,** Algaze / The Image Works;   **Page 42,** Peter Menzel / Stock, Boston;   **Page 44,** Odyssey / Frerck / Chicago;   **Page 48,** John Moss / Photo Researchers Inc.;   **Page 51,** Odyssey / Frerck / Chicago; **Page 57,** Porterfield-Chickering / Photo Researchers Inc.;   **Page 66,** Owen Franken / Stock, Boston;   **Page 67,** Odyssey / Frerck / Chicago;   **Page 73,** Peter Menzel;   **Page 78,** Doug Bryant / DDB Stock Photo;   **Page 80,** Odyssey / Frerck / Chicago;   **Page 83,** Odyssey / Frerck / Chicago; **Page 84,** Odyssey / Frerck / Chicago;   **Page 90BL,** Chip & Rosa Maria de la Cueva Peterson; **Page 90TL,** Robert Frerck / Tony Stone Images;   **Page 91B,** Jack Vartoogian;   **Page 91M,** Odyssey / Frerck / Chicago;   **Page 91T,** Wolfgang Kaehler;   **Page 92,** Wolfgang Kaehler; **Page 93,** Rob Crandall / The Image Works;   **Page 98,** Hugh Rogers / Monkmeyer Press Photo; **Page 109,** Odyssey / Frerck / Chicago;   **Page 118,** Beryl Goldberg;   **Page 119,** Beryl Goldberg; **Page 131,** Jack Vartoogian;   **Page 141,** Courtesy of Arte Publico Press, Houston, Texas;   **Page 144,** Robert Fried;   **Page 145,** Peter Menzel / Stock, Boston;   **Page 153,** Max & Bea Hunn / DDB Stock Photo;   **Page 154,** Odyssey / Frerck / Chicago;   **Page 158,** Carlos Angel / Gamma-Liaison; **Page 169B,** Donald Dietz / Stock, Boston;   **Page 169M,** Hazel Hankin / Stock, Boston;   **Page 169T,** Odyssey / Frerck / Chicago;   **Page 170,** Stuart Cohen / COMSTOCK;   **Page 171,** Beryl Goldberg;   **Page 172BL,** Ulrike Welsch;   **Page 172BR,** Tom Freeman / PhotoEdit;   **Page 173L,** Tom Freeman / PhotoEdit;   **Page 173R,** Robert Fried / Stock, Boston;   **Page 178B,** Art Resource; **Page 178T,** Jack Vartoogian;   **Page 182,** Heaton / Stock, Boston;   **Page 188,** Courtesy of Mary Gill;   **Page 189,** Odyssey / Frerck / Chicago;   **Page 194,** Paul Conklin / Monkmeyer Press Photo; **Page 195,** Robert Fried / Stock, Boston;   **Page 204,** Margot Granitsas / The Image Works;   **Page 209,** Photo: Wolfgang Dietze Collection of Paula Maciel Benecke & Norbert Benecke, Aptos, CA; **Page 213,** Photo: Wolfgang Dietze Collection of Leonila Ramirez, Don Ramon's Restaurant San Francisco, CA;   **Page 222,** Peter Menzel;   **Page 223,** Stuart Cohen / COMSTOCK;   **Page 233,** Gary Payne / Gamma-Liaison;   **Page 237,** Courtesy of Harcourt Brace;   **Page 240,** Doug Bryant / DDB Stock Photo;   **Page 246B,** Peter Menzel;   **Page 246T,** Beryl Goldberg;   **Page 247B,** Jack Vartoogian;   **Page 247T,** Jack Vartoogian;   **Page 248,** Peter Menzel;   **Page 249,** Sven Matson / COMSTOCK;   **Page 256B,** Odyssey / Frerck / Chicago;   **Page 256T,** Gamma-Liaison;   **Page 259,** Peter Menzel;   **Page 262,** Odyssey / Frerck / Chicago;   **Page 264,** Eric Wessman / Stock, Boston;   **Page 270,** William Ervin / COMSTOCK;   **Page 271,** Odyssey / Frerck / Chicago;   **Page 280,** Wesley Bocxe / Photo Researchers Inc.;   **Page 289B,** Robert Brenner / PhotoEdit;   **Page 294,** Odyssey / Frerck / Chicago;   **Page 295,** Odyssey / Frerck / Chicago;   **Page 298,** Odyssey / Frerck / Chicago;   **Page 303,** Odyssey / Frerck / Chicago;   **Page 307,** Jack Vartoogian;   **Page 313,** Peter Menzel / Stock, Boston;   **Page 320B,** Chip & Rosa Maria de la Cueva Peterson;   **Page 320T,** Odyssey / Frerck / Chicago;   **Page 321B,** Gary Payne / Gamma-Liaison;   **Page 321T,** Odyssey / Frerck / Chicago;   **Page 322,** Chip & Rosa Maria de la Cueva Peterson;   **Page 323,** Sam Sargent / Gamma-Liaison;   **Page 326,** Esbin Anderson / The Image Works;   **Page 329,** Roger Sandler / Gamma-Liaison;   **Page 333,** The Kobal Collection;   **Page 336,** Max & Bea Hunn / DDB Stock Photo;   **Page 338,** Courtesy of the OAS;   **Page 346,** Odyssey / Frerck / Chicago; **Page 347,** Beryl Goldberg;   **Page 354,** Stephen Ferry / Gamma-Liaison;   **Page 358,** Odyssey / Frerck / Chicago;   **Page 362,** Peter Menzel;   **Page 372,** Chip & Rosa Maria de la Cueva Peterson; **Page 373,** Max & Bea Hunn / DDB Stock Photo;   **Page 379,** Stuart Cohen / COMSTOCK; **Page 384,** Max & Bea Hunn / DDB Stock Photo;   **Page 385,** Courtesy of the author;   **Page 390,**